D1727708

buch + digital

Zusätzlich zu diesem Buch erhalten Sie:

- die Web-App
- die PDF-Version zum Download
- die App für Ihr iPad
- alle Kapitel für Ihren Kindle

Hier Ihr individueller Freischaltcode:

gvU-Uav-qSt

Um die digitalen Medien zu installieren, rufen Sie im Browser bitte folgende Seite auf:
www.symposion.de/freischaltcode

Beratung von Organisationen im Projektmanagement

Herausgegeben von
REINHARD WAGNER

Mit Beiträgen von

SANDRA BARTSCH-BEUERLEIN, PHILIPP DETEMPLE, ROLAND EHRY, JENS ERASMUS, ANDREA FOLLERT, FRIEDBERT FOLLERT, LORENZ GAREIS, ROLAND GAREIS, MARTINA HUEMANN, MARILYN KRONENBERG, ASTRID KUHLMEY, THOR MÖLLER, DOMINIK PETERSEN, DIETMAR PRUDIX, STEPHEN RIETIKER, STEFFEN RIETZ, CLAUDIA SIMON, HAUKE THUN, REINHARD WAGNER, MONIKA WASTIAN, WOLFGANG WEBER, OLAF WEHREND, DAGMAR ZUCHI

symposion

Impressum
Beratung von Organisationen im
Projektmanagement

Herausgeber
REINHARD WAGNER

Projektentwicklung
MARKUS KLIETMANN,
Symposion Publishing

Lektorat
TEXT + DESIGN JUTTA CRAM

Satz
KAREN FLEMING,
Symposion Publishing

Druck
CPI buch bücher.de
Frensdorf

Umschlaggestaltung
Symposion Publishing

Photo
© Fotolia – Rawpixel

978-3-86329-658-2
1. Auflage 2015
© Symposion Publishing GmbH,
Düsseldorf
Printed in Germany

Redaktionelle Post bitte an
Symposion Publishing GmbH
Erkrather Str. 234b
40233 Düsseldorf

Bibliografische Information der Deutschen Bibliothek:

Die Deutsche Bibliothek verzeichnet diese Publikation
in der Deutschen Nationalbibliografie; detaillierte
bibliografische Daten sind im Internet über
http://www.ddb.de abrufbar.

FSC
www.fsc.org
MIX
Papier aus verantwor-
tungsvollen Quellen
FSC® C083411

Beratung von Organisationen im Projektmanagement

Seit vielen Jahren wächst die Bedeutung des Projektmanagements kontinuierlich. Mit ihr steigt der Anteil der Beratung von Organisationen im Projektmanagement. Ungeklärt ist jedoch bislang, welche Faktoren solchen Beratungsprojekten zum Erfolg verhelfen.

Um was geht es bei der Beratung von Organisationen im Projektmanagement? Welche Anforderungen stellen Kunden an die Beratungsleistungen? Welche Beratungsangebote stehen dem gegenüber? Wie wird die Beratungsleistung erbracht und welche spezifischen Angebote gibt es am Markt?
Das vorliegende Buch präsentiert erstmals umfassend alle wichtigen Aspekte der Beratung von Organisationen im Projektmanagement – und das aus unterschiedlichen Perspektiven. Zielgruppen sind Beratungsunternehmen, spezialisierte Dienstleister und selbständige Berater im Projektmanagement, das Inhouse Consulting wie auch Projektmanagementabteilungen, die Organisationen bei der Professionalisierung in allen Belangen des Projektmanagements unterstützen und nicht zuletzt die Abnehmer von Beratungsleistungen.

Über Symposion Publishing

Symposion Publishing ist ein Verlag für Management-Wissen und veröffentlicht Fachbücher und digitale Medien. Für die meisten Bücher gilt:
Symposion-Buchkunden erhalten – ohne Aufpreis – auch die digitale Ausgabe für PC, MAC, iPad & andere Geräte.

www.symposion.de

Beratung von Organisationen im Projektmanagement

7

Herausgeber und Autoren

Herausgeber

REINHARD WAGNER
ist Geschäftsführer der Projektivisten GmbH. Als Berater, Trainer und Coach hat er sich auf das Projektmanagement spezialisiert und ist seit mehr als zehn Jahren maßgeblich an der Weiterentwicklung der Disziplin beteiligt. Er engagiert sich ehrenamtlich als Vorstandsvorsitzender der GPM Deutsche Gesellschaft für Projektmanagement e. V. sowie als Präsident der IPMA International Project Management Association. Darüber hinaus ist er Herausgeber und Autor einer Vielzahl von Publikationen auf dem Gebiet des Projektmanagements.

Autoren

SANDRA BARTSCH-BEUERLEIN
studierte Informatik an der Universität Karlsruhe und promovierte in Wirtschaftswissenschaften an der Universität Bremen. 1985 gründete sie eine Informatik-Beratung, deren Schwerpunkt sich im Laufe der Jahre zum Projektmanagement-Know-how-Center wandelte. Sie ist PM-ZERT-Assessorin für die Zertifizierung von Projektmanagern, PM-Beratern und Organisationen. Sie gehörte dem internationalen IPMA-Projektteam an, das die Zertifizierung für PM-Berater entwickelte, und war Projektleiterin für die Umsetzung dieser Konzeption in Deutschland.

PHILIPP DETEMPLE
ist Projektportfoliomanager Deutschland bei der BNPParibas S.A., Niederlassung Deutschland. Nach Abschluss seines Diploms in Computerlinguistik war er als Projektleiter im Bereich IT-Entwicklung tätig. Während seines Zweitstudiums zum MBA in internationalem Marketing arbeitete er viele Jahre als Unternehmensberater für Projektmanagement und PMO-Aufbau in verschiedensten Branchen.

ROLAND EHRY
ist seit 22 Jahren in verschiedenen Funktionen in der Industrie tätig. Aufbauend auf einem technischen Studium und einem ergänzenden Wirtschaftsstudium hat er als Projekt- und Abteilungsleiter umfangreiche internationale Erfahrung im Führen von Projekten und Portfolios. Roland Ehry ist zertifizierter Senior PM Consultant und Mitglied in verschiedenen GPM- und Normen-Gremien. In seiner aktuellen Funktion bei Tognum in Friedrichshafen verantwortet er unternehmensweit das Qualitätsmanagementsystem sowie die Weiterentwicklung des Prozess- und Projektmanagements.

JENS ERASMUS
Dr.-Ing. Jens Erasmus leitet den Bereich Global Project Consulting bei der Hella KGaA Hueck & Co. Zuvor war er im IT-Projektmanagement und in der Strategieberatung tätig. Er ist studierter Wirtschaftsingenieur und hat über globalisiertes Qualitätsmanagement in der Automobilindustrie promoviert.

ANDREA FOLLERT

Dr. Andrea Follert ist mehrfach zertifizierte Trainerin, Dozentin und Coach in den Bereichen Projekt- und Qualitätsmanagement sowie Leadership. Nach der Promotion war sie 15 Jahre in Fach- und Führungspositionen in der Pharma- und Medizintechnikbranche aktiv. Seit 10 Jahren ist sie Mitinhaberin der Unternehmensberatung Follert Consulting in Kassel.

FRIEDBERT FOLLERT

Diplom-Informatiker und Mitinhaber der Unternehmensberatung Follert Consulting in Kassel leitete und entwickelte von 1990 bis 2001 den Beratungsbereich eines mittelständischen Beratungsunternehmens. Nach verschiedenen Führungsaufgaben als Manager und Projektdirektor war er 2005 Mitgründer der Follert Consulting GbR, spezialisiert auf PM-Training, Coaching und Beratung in IT- und Organisationsprojekten.

LORENZ GAREIS

Mag. Lorenz Gareis ist Prokurist der RGC Roland Gareis Consulting GmbH. Nach Abschluss des Diplomstudiums an der Wirtschaftsuniversität Wien und der Universidade Nova de Lisboa war er als Consultant bei Mercer in Frankfurt tätig. Seit 2012 ist er in der RGC als Trainer und Consultant auf nationaler und internationaler Ebene tätig. Er verfügt über langjährige Erfahrung als Consultant, Trainer und Projektmanager und ist an mehreren Fachhochschulen als Lektor für Projektmanagement engagiert.

ROLAND GAREIS

Univ. Prof. Dkfm. Dr. Roland Gareis ist geschäftsführender Gesellschafter der RGC Roland Gareis Consulting GmbH. Er berät nationale und internationale Unternehmen zu den Themen Prozess, Projekt- & Changemanagement. Er ist Autor zahlreicher Publikationen, wie z. B. der Bücher »Happy Projects!« und »Prozesse & Projekte«. Er lehrt im Professional MBA Project Management der WU Wien. 2014 gewann er den IPMA Research Achievement Award.

MARTINA HUEMANN

Professor Dr. Martina Huemann leitet die Project Management Group im Department Strategie und Innovation der WU Wien. Als wissenschaftliche Leiterin verantwortet sie den Professional MBA »Project Management«. Seit 2006 ist sie Vorstandsmitglied von pma und war langjähriges Mitglied des IPMA Research Management Boards. Dr. Huemann ist seit 20 Jahren sowohl in Wissenschaft, Ausbildung, Entwicklung und Beratung tätig. Sie ist Mitgründerin und Partnerin von enable2change, einem international tätigen Netzwerk von Expertinnen und Experten.

MARILYN KRONENBERG

ist Global Head for Organizational and Talent Development bei Sanofi Pasteur in Paris. Sie hat einschlägige Erfahrung in der Leitung unternehmensweiter Veränderungen, in der Entwicklung und Implementierung von Programmen zur Führungskräfteentwicklung und im Coaching. Als Coach unterstützt sie Manager in globalen Organisationen bei der Entwicklung von Hochleistungsprojektteams.

ASTRID KUHLMEY

Dipl.-Inf. Astrid Kuhlmey arbeitet als Senior Consultant in den Gebieten Projektmanagement, Organisationsberatung und Entwicklungscoaching. Ihr Beratungsansatz ist im Wesentlichen systemisch, ergänzt um Ideen der chinesischen Kampf- und Bewegungskünste. Astrid Kuhlmey verfügt über mehr als 30 Jahre praktische Erfahrung als Führungskraft und internationale Projektmanagerin in der Wirtschaft. Anfang 2014 hat sie sich unter eigenem Label (www.KPMO.de) selbstständig gemacht.

THOR MÖLLER

studierte Wirtschaftswissenschaft und promovierte am Institut für Projektmanagement und Innovation. Er ist Inhaber der con-thor Unternehmensgruppe mit den Firmen PM-Experten, management-poster, con-thor Verlag und Rotor Textilien. Er war acht Jahre lang Mitglied des Vorstands der GPM. Für seine Doktorarbeit erhielt er den 1. Studienpreis für

Mittelstandsforschung. Die IPMA zeichnete ihn 2011 mit dem IPMA Otto Zieglmeier Project Excellence Award aus.

DOMINIK PETERSEN
hatte nach Abschluss seines Psychologiestudiums in München sowohl als Verhaltenstherapeut als auch als -trainer mit Veränderungen zu tun. Die organisatorischen Veränderungen, die im Dienstleistungs-, besonders aber im Automobilbereich Ende der 80er-, Anfang der 90er-Jahre gefordert waren, verlangten nach einem neuen Interventionsrepertoire. Auf systemwissenschaftlicher Basis entwickelte er die Changemanagement-Methode »Wandel durch Vernetzung (WaVe)« und gründete die Drift Consulting GmbH in Baden/Schweiz. WaVe ist seit Anfang der 90er-Jahre in unterschiedlichsten Branchen in Europa, Nord- und Südamerika erprobt.

DIETMAR PRUDIX
hat nach kaufmännischer Berufsausbildung Wirtschaftswissenschaften studiert und später seine systemischen Kompetenzen weiterentwickelt. Er war sowohl selbstständig unterwegs, als auch in Konzernen wie Mars oder Daimler beschäftigt, sodass er die Themen interne sowie externe PM-Beratung kennt. Im Rahmen seiner HR-Erfahrung hat er Lern- und Weiterbildung intensiv erlebt. Er ist autorisierter Trainingspartner der GPM und arbeitet im Rahmen von PM-Beratung und PM-Training für viele bekannte Konzerne.

STEPHEN RIETIKER
ist geschäftsführender Partner der Schweizer Beratungsfirma november ag. Als Leiter der GPM-/spm-Fachgruppe »Neue Perspektiven in der Projektarbeit« befasst er sich seit vielen Jahren mit der Weiterentwicklung des Projektmanagements. Er ist Buchautor und Herausgeber und hat als Koautor an der GPM-PMO-Studie 2013/14 mitgewirkt. Seine Arbeitsschwerpunkte sind Professionalisierung des Projektmanagements, Project Health Checks, Aufbau von schlanken, aber effektiven PMOs und Leitung/Sanierung von komplexen Projekten.

STEFFEN RIETZ
Prof. Dr.-Ing. Steffen Rietz hat 20 Jahre praktische Erfahrungen im Projekt- und Prozessmanagement, größtenteils mit Personal- und in internationaler Verantwortung. Von ihm betreute Projekte und Programme beinhalteten größtenteils die interdisziplinäre Produktentwicklung bzw. Implementierungs- und Organisationsentwicklungsprojekte in der Halbleiter- und Automobilindustrie. Heute vertritt Prof. Rietz das Lehrgebiet Technisches Projektmanagement und ist Vorstand der GPM für Facharbeit und Normung.

CLAUDIA SIMON
ist Geschäftsführerin der VISTEM GmbH & Co. KG. Das Unternehmen ist auf die Entwicklung und Umsetzung nachhaltiger Wettbewerbsvorteile für Unternehmen in der Projektwelt spezialisiert. In der GPM ist sie seit 2008 in verschiedenen Gremien tätig. Ihre Fachkompetenz ist u. a. Unternehmensanalyse und Veränderungsprojekte auf Basis der Theory of Constraints (TOC). Zudem ist sie Leiterin des TOC Instituts (größter Anbieter für Seminare, Zertifizierungen und Tagungen zur TOC).

HAUKE THUN
Mit mehr als 20 Jahren Projekterfahrung schreibt Hauke Thun als Experte zu den Themen Projektmanagement und Führung. Der Gründer und Managing Director der House of PM GmbH verfügt über Zertifizierungen nach GPM/IPMA Level D, PMI/PMP und OGC/PRINCE2 sowie SCRUM ALLIANCE/Certified Scrum Master. Außerdem engagiert er sich als Assessor für den IPMA Project Excellence Award und seit 2013 als IPMA DELTA Foreign Assessor.

MONIKA WASTIAN
Dipl.-Psychologin Monika Wastian ist Projektcoach und Leiterin des Instituts für Organisationspsychologie in München. Sie hat rund 25 Jahre Management-, Coaching- und Beratungserfahrung. Zusätzlich publiziert, lehrt und forscht sie seit 2001 in ihrem Spezialgebiet: Coaching, Psychologie im Management

von Innovations-, Change- und Strategie-
projekten und Kompetenzmanagement für
Projekte.

WOLFGANG WEBER

Dr. Wolfgang Weber war nach seiner Pro-
motion in Physik zunächst ca. zehn Jahre in
der Produktentwicklung in den Bereichen
MedTech, Life Science, Automotive, Maschi-
nenbau, Luft- und Raumfahrt, Mess- und
Oberflächentechnik tätig. Seit 2003 arbeitet er
in der PM-Beratung und -Umsetzung mit den
Schwerpunkten
*   PM-Professionalisierung und Aufbau
    von PMOs,
*   Changemanagement zur Gestaltung
    projektfreundlicher Unternehmen,
*   Strategieentwicklung und
    Innovationsmanagement.
Wolfgang Weber ist Geschäftsführer von
WEBER ProConsult GmbH.

OLAF WEHREND

Dipl.-Wirtsch.-Ing. (FH) Olaf Wehrend ist
freiberuflicher Berater, Trainer und Coach für
Projektmanagement. Basis hierfür ist seine
langjährige praktische Erfahrung, die er mit
der Leitung konzernweiter Großprojekte als
verantwortlicher Projektleiter und Berater
sammeln konnte. Er ist zertifizierter Senior
Projektmanager (GPM/IPMA) und auch
selbst für die Gesellschaft für Projektmanagement (GPM) als Assessor aktiv. Daneben wirkt
er als Dozent im Bereich IT-Projektmanagement an der Hochschule München.

DAGMAR ZUCHI

Dr. Dagmar Zuchi ist Mitbegründerin und
Partnerin der Beratungsfirma enable2change
und arbeitet seit mehr als sechzehn Jahren als
Senior Beraterin und Trainerin in den Berei-
chen Projekt- und Changemanagement. Dr.
Zuchi hat als österreichische Delegierte in der
Entwicklung der ISO 21500 »Project Manage-
ment« mitgearbeitet. Sie promovierte an der
Wirtschaftsuniversität Wien und ist Lektorin
an verschiedenen Universitäten. Dagmar
Zuchi hat sich als Senior Projektmanagerin
(IPMA), als Project Management Professional
(PMI) und als PRINCE2 Practitioner (OGC)
zertifiziert.

Vorwort

Projektarbeit gehört heute zum grundlegenden Repertoire von Organisationen. Sei es die Strategie, die durch Projekte realisiert wird oder die Entwicklung von Produkten und Dienstleistungen. Es sind Projekte, in denen IT-Lösungen konzipiert werden, Organisationsstrukturen verändert oder Veranstaltungen geplant werden. All dies macht deutlich: Professionelles Projektmanagement wird zur Kernkompetenz, nicht nur für Projektpersonal, sondern auch für Organisationen und deren Leitung. Deshalb ist es nicht verwunderlich, dass der Bedarf an Beratung im Projektmanagement zunimmt. So stieg der Umsatz von Projektmanagement-Beratung in den letzten drei Jahren um durchschnittlich 7 % jährlich an, was deutlich über dem Umsatzwachstum anderer Beratungsfelder liegt. Der Stellenwert von Projektmanagement-Beratung wächst, doch ist eigentlich bekannt, unter welchen Bedingungen hier Erfolge erzielt werden?

Um was geht es bei der Beratung von Organisationen im Projektmanagement? Welche Anforderungen stellen Kunden an die Beratungsleistungen und welche Beratungsangebote stehen dem gegenüber? Wie wird die Beratung erbracht und welche spezifischen Angebote gibt es am Markt?

Diese und viele andere Fragen beantwortet das vorliegende Handbuch. Es folgt dabei dem Motto: »Aus der Praxis für die Praxis«. Erfahrene Experten geben tiefe Einblicke in eine Branche, die einen wichtigen Beitrag zur Professionalisierung von Organisationen im Projektmanagement beitragen. Dies ist besonders wichtig vor dem Hintergrund eines zunehmend globalen Wettbewerbs.

Zu Beginn des Buches kommen zwei Kunden zu Wort. So beschreibt Roland Ehry, welche Anforderungen an Beratung wie auch an Berater erfüllt sein müssen, damit das Kundenunternehmen auch einen Nutzen aus einem Beratungsprojekt zieht. Im nächsten Beitrag erläutert Philipp Detemple, wann Beratungsdienstleistungen für ein Unternehmen relevant sind, wie diese beschafft werden und was bei der Vertragsgestaltung zu beachten ist.

Anschließend fasst einer der Pioniere der Projektmanagement-Beratung, Roland Gareis, die aktuellen Ansätze und Konzepte der Beratung zusammen, von der Weiterentwicklung einzelner Managementaspekte in Projekten bis hin zur Gestaltung projektorientierter Organisationen.

Reinhard Wagner untersucht in seinem Beitrag den Markt für Projektmanagementberatungsleistungen und zeigt, wie sich ein Dienstleister mittels Marketing und Vertrieb erfolgreich positioniert. Darauf aufbauend beschreiben Dagmar Zuchi und Martina Huemann die Rolle des Beraters. Sie untersuchen welche Haltung notwendig ist, um erfolgreich zu agieren und auf welche Kompetenzen es dabei ankommt. Hierbei wird insbesondere die systemische Beratung adressiert.

Die folgenden sechs Kapitel nehmen Bezug auf den in der Praxis etablierten Ansatz der GPM Deutsche Gesellschaft für Projektmanagement e.V. für die Beratung von Organisationen im Projektmanagement. Dieser Ansatz ist in der ICBC IPMA Competence Baseline for Consultants beschrieben und wird im Rahmen von Lehrgängen vermittelt sowie durch die PM-ZERT geprüft und zertifiziert. Weitere Informationen dazu finden Sie auf der Webseite der GPM unter www. gpm-ipma.de.

Olaf Wehrend nimmt den ersten Schritt des Beratungsansatzes in den Blick. Er untersucht, wie ein möglichst klares Bild des Beratungsauftrages zu erreichen ist und auf welche Weise der systematische Aufbau der Beziehungen mit den relevanten Ansprechpartnern beim Kunden erfolgt. Thor Möller stellt Möglichkeiten zur Bestandsaufnahme und Standortbestimmung dar, auf der eine Beratungsleistung letztlich immer aufsetzen muss.

Welche externen Standards im Projektmanagement verfügbar sind, erläutert Steffen Rietz in seinem Aufsatz. Da es weltweit so viele unterschiedliche Standards gibt, fasst er für die wichtigsten Referenzdokumente die Hauptcharakteristiken und Einsatzgebiete zusammen. Astrid Kuhlmey beschreibt, wie die Entwicklung von Lösungsansätzen aussehen kann bzw. welche Interventionsarchitekturen im Rahmen des Veränderungsprozesses sinnvollerweise zum Einsatz kommen. Und Wolfgang Weber zeigt anhand eines Beispiels, in dem es um die Umsetzung eines Professionalisierungsprojektes im Projektmanagement geht, welche Rolle das Projektumfeld dabei spielt und welche Faktoren den Implementierungsweg maßgeblich bestimmen. Andrea und Friedbert Follert schließlich erläutern in ihrem Kapitel, wie Beratungsdienstleistungen evaluiert und nachhaltig verankert werden können.

Die dann folgenden Kapitel beleuchten spezielle Aspekte der Projektmanagementberatung. Dominik Petersen untersucht in seinem Kapitel das Management organisationaler Veränderungen und geht insbesondere auf den kulturellen Wandel ein, der meistens mit der Beratung verbunden ist. Nicht bei jedem Beratungseinsatz kann das große Ganze berücksichtigt werden, manchmal sind Kriseninterventionen gefragt. Hauke Thun beschreibt, wie Einsätze in kritischen Situationen ablaufen und was einen guten Krisenmanager ausmacht. Und er zeigt, was geschehen muss, um Krisen schon von vornherein zu vermeiden. Claudia Simon untersucht Probleme und Herausforderungen des klassischen Projektmanagements und setzt dem einen neuen Ansatz entgegen, das Critical-Chain-Projektmanagement.

Stephen Rietiker erläutert in seinem Kapitel, was ein PMO Project Management Office ist, welchen Mehrwert es einer Organisation bieten kann und welche Erfolgsfaktoren bei der Einführung bzw. der Weiterentwicklung des PMO zu berücksichtigen sind. Monika Wastian und Marilyn Kronenberg leuchten das Thema Projektcoaching aus und zeigen auf, wann, wie und mit welchem Nutzen es im Projektmanagement eingesetzt werden kann. Eine Abgrenzung von Beratung, Training und Coaching liefert Dietmar Prudix in seinem Kapitel. Er zeigt, wie Trainings mit Erfolg durchgeführt und evaluiert werden können und erläutert, warum die Transferleistung hierbei entscheidend ist. Jens Erasmus erklärt, was Inhouse-Consulting ist, wie sich diese Form der Beratung unterscheidet und welches Dienstleistungsportfolio einer Organisation intern angeboten werden kann. Schließlich schildert Wolfgang Weber Beratungsleistungen beim Einsatz von Projektmanagement-Software. Er zeigt in seinem Beitrag, wie diejenige Software identifiziert werden kann, die die Bedürfnisse einer Organisationen am besten abdeckt und wie der anschließende Prozess der Software-Implementierung erfolgreich erfolgt.

Das Buch endet mit einem Beitrag von Sandra Bartsch-Beuerlein, der auf Qualifizierung und Zertifizierung von Projektmanagement-Beratern aus Sicht der Deutschen Gesellschaft für Projektmanagement eingeht. Sie beschreibt in ihrem Aufsatz nicht nur, welche Kompetenzen der Berater benötigt, sondern zeigt auch die Anforderungen der Zertifizierung nach international gültigen Maßstäben.

Das vorliegende Buch ist einzigartig. Es präsentiert erstmals umfassend alle wichtigen Aspekte der Beratung von Organisationen im Projektmanagement – und das aus unterschiedlichen Perspektiven. Zielgruppen sind deshalb gleichermaßen Beratungsunternehmen, spezialisierte Dienstleister und selbständige Berater im Projektmanagement, das Inhouse Consulting wie auch PM-Abteilungen, die Organisationen bei der Professionalisierung in allen Belangen des Projektmanagements unterstützen und nicht zuletzt die Abnehmer von Beratungsleistungen.

Sie alle sollen von diesem Buch profitieren und ihre Fähigkeiten weiter professionalisieren. Aber auch das Projektmanagement selbst kann profitieren: Mit der konsequenten Anwendung der Inhalte in der Praxis kann ein wichtiger Beitrag zur Steigerung der Wettbewerbsfähigkeit des Projektmanagements in Deutschland geleistet werden.

REINHARD WAGNER

Aktuelle Anforderungen an die PM-Beratung aus Kundensicht

Damit ein Beratungsauftrag erfolgreich verläuft, gilt es, die Kundenanforderungen zu verstehen und mit den Beratungsleistungen in Einklang zu bringen. Zu berücksichtigen sind Beratungsziel und -verlauf. Die Stakeholder Kunde und Berater beeinflussen sich dabei wechselseitig.

In diesem Beitrag erfahren Sie:
- wie das Organisationsumfeld des Kunden dessen Entscheidung prägt,
- wie der ideale Berater aussehen könnte und wie Sie ihn finden sowie
- wie Sie die Anforderungen mit dem Kundenprofil abgleichen können.

ROLAND EHRY

Organisationsumfeld

Projektmanagement (PM) ist in allen mir bekannten Organisationen weiter auf dem Vormarsch. Teilweise besteht ein klares Bekenntnis des Managements, teilweise durchdringt das projekthafte Arbeiten die Organisation – getrieben durch eigene Know-how-Träger oder externe Anforderungen. Diese zunehmende Verbreitung des Projektmanagements ist auch in der Ausbildung und Studienlandschaft erkennbar. Steigende Mitgliederzahlen bei PM-Verbänden, zunehmende Zertifizierung von Projektleitern und das stark wachsende Angebot an Kongressen, Schulungen und Netzwerken folgen diesem Trend.

Erkennbar ist die »Verbreiterung« des PM mit Auswirkungen auf Strategie, Portfoliomanagement, Geschäftsprozesse und Management of Change. Projektmanagement wird interdisziplinärer und es wird zunehmend als Organisationsform akzeptiert. Schlussendlich wird

Projektmanagement zu einem treibenden Element für den Unternehmenserfolg. Daraus ergeben sich auch neue Herausforderungen an die Projektmanagementberatung.

Die erste Hürde bei der Anbahnung eines Beratungsauftrags ist die Auftragsgewinnung. Geht man davon aus, dass im Allgemeinen drei bis fünf Anbieter kontaktiert werden, liegt für den Berater die Wahrscheinlichkeit, den Auftrag zu bekommen, theoretisch zwischen 20 und 30 % – bei Neukunden nochmals deutlich weniger. Gelingt es Ihnen als Berater jedoch, die Anforderungen des Kunden, also Ihres Auftraggebers, exzellent zu verstehen und in Ihrem Angebot und der folgenden Auftragsklärung auch Ihre Vorgehensweise zu vermitteln, sind Sie »gut im Rennen«.

Um eine nachhaltige Kundenbeziehung zu erreichen, sollten Sie als Berater, nachdem Sie den Auftrag erhalten haben, während des Beratungsprozesses kontinuierlich die Anforderungen abgleichen. Dieser Abgleich ist vermutlich sogar entscheidender, als die Ziele zu erreichen, die Sie während der Auftragsklärung vereinbart haben.

Im Gegensatz zu einem Liefergeschäft werden die Kundenanforderungen typischerweise nicht in einer ausführlichen Spezifikation beschrieben – diese Basis für die Angebotserstellung fehlt. Der Liefergegenstand ist also meistens funktional, in selteneren Fällen auch konkreter definiert. Der Prozess, der zum Erreichen des Liefergegenstandes führt, ist in aller Regel *zu diesem Zeitpunkt* für den Auftraggeber nicht relevant. In einer Beratungssituation sind die Ziele ebenfalls beschreibbar, wenngleich weniger präzise – die besondere Herausforderung liegt im Prozess der Beratung. Dieser ist entscheidend für den Beratungserfolg und die Vertrauensbildung zwischen Auftraggeber und Berater – und somit Grundstein für die teils subjektive *Kundenzufriedenheit*.

In Abbildung 1 sehen Sie, welche Schritte vom Beratungs-/Veränderungsbedarf bis hin zum Folgeauftrag durchlaufen werden. Die einzelnen Schritte werden im Folgenden erläutert.

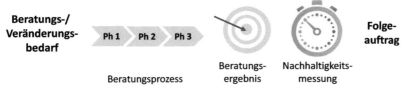

Abb. 1: *Phasen der Beratung*

Beratungs-/Veränderungsbedarf

Die Anforderung des Kunden in der ersten Phase, der Klärung des Beratungs-/Veränderungsbedarfs, also der Auftragsklärung, ist es, ein gegenseitiges Verständnis der Situation zu gewinnen. Dabei sollten möglichst alle Herausforderungen durch das »Hineinversetzen« in den Kunden ermittelt werden. Zu diesem Zeitpunkt ist es notwendig, bereits eine Vorstellung vom möglichen Prozess der Beratung zu skizzieren.

Am Ende der Auftragsklärung trägt der Berater die Ziele des Kunden mit, zeigt aber eigene Ideen auf. Idealerweise ist der Berater dann auf der Short List zur Auftragsvergabe. Der Berater gewinnt langsam das Vertrauen des Kunden.

Nach meinen Erfahrungen ist die Vergabe von Beratungsaufträgen geprägt durch eine zeitweise hohe Dynamik in der Auftragsklärung, gefolgt von langen Wartezeiten und Entscheidungsphasen. Hier ist vom Berater das richtige Maß an Nachfassen gefordert, ohne allzu aufdringlich zu werden. Meist hat der Auftraggeber, nachdem er sich zur externen Vergabe entschlossen hat, das Ziel, möglichst schnell mit der Beratung zu beginnen. Während der Auftragsklärung kommen dann aber häufig neue Erkenntnisse hinzu, die auch berücksichtigt werden sollen. Darüber hinaus ist die Komplexität der Vergabestrukturen nicht zu unterschätzen: Neben dem eigentlichen Bedarfsträger spielt in der Regel der Einkauf und ggf. die Personalabteilung eine Rolle. Bedarfsträger und finaler Entscheider müssen außerdem nicht identisch sein.

Beispiel zur Vertragsklärung

Der Kunde (höheres Management) sprach von der Beratung und Unterstützung seiner Projektleiter zur Steuerung der Projekte. Schnell wurde deutlich, dass jegliche Grundlagen fehlten und die Projektleiter sich eher eine Projektassistenz wünschten. Es waren weder Prozesse noch Grundstrukturen (wie z. B. IT-Systeme zur gemeinsamen Datenablage) vorhanden. Nachdem diese Zielkonflikte deutlich wurden, setzte der Kunde die Vergabe für einen Zeitraum von über sechs Monaten aus.

Eher am Ende der Vergabephase wird die Vertragsgestaltung zum Thema. Hier unterscheiden wir den Werkvertrag, den Dienstvertrag und die Arbeitnehmerüberlassung (zu den Unterschieden siehe weiter unten).

Beispiel zu konkurrierendem Vergabeverhalten

Der Auftraggeber kann den Beratungsauftrag nicht deutlich abgrenzen und wünscht sich eine Vergabe nach Aufwand und Tagessätzen. Der Einkauf ist gehalten, nur genau vergleichbare Anfragen am Markt zu stellen und danach die Vergabe zu platzieren (Werkvertrag). Die Personalabteilung erlässt Regeln zur Risikominimierung im Bereich der Scheinselbstständigkeit und lässt somit nur Werkverträge oder Arbeitnehmerüberlassung zu.

Beratungsprozess

Nach der Auftragsklärung und Beauftragung beginnt der eigentliche Beratungsprozess. Im Beratungsprozess ist für den Kunden der Verlauf ebenso wichtig wie die Zielerreichung. Er legt außerdem Wert auf
⇨ effizientes Vorgehen,
⇨ die Berücksichtigung des Change-Managements sowie
⇨ das unmittelbare Reagieren auf unvorhergesehene Entwicklungen.

Meiner Erfahrung nach können sich nach einer ersten Vertrauensbildung auch erste Risse im Kunden-Berater-Verhältnis ergeben: Der Kunde erwartet flexibles Reagieren des Beraters auf sich ergebende Hürden. Der Berater muss daher das Umfeld ständig analysieren und

22

bei Veränderungen kurzfristig Rückmeldung an den Kunden geben. Daraus kann sich ein regelmäßiger Abgleich und eine wiederholte Neuausrichtung des Beratungsvorgehens und der Ziele ergeben. Hier hat sich aus meiner Erfahrung die Anwendung des Deming-Regelkreises oder auch PDCA-Zyklus bewährt (s. Abb. 2).

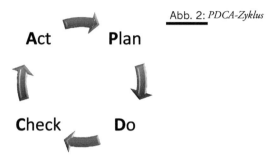

Abb. 2: *PDCA-Zyklus*

Act   Plan

Check   Do

Im Detail sieht das Vorgehen so aus:

Tabelle 1: Der Deming-Regelkreis im Detail	
Plan	Vorgehen planen
Do	Umsetzung der Planung
Check	regelmäßiges Überprüfen der Zwischenergebnisse, Beobachtung des Umfeldes, Abfrage der Kundenzufriedenheit
Act	bei Abweichungen vom Plan unmittelbar gegensteuern

Beispiel zum Deming-Kreis

Der Berater hat mit dem Auftraggeber die Optimierung des Projektmanagements in der Entwicklung vereinbart. Dazu wurden Interviews und Workshops mit Projektleitern und Abteilungsleitern durchgeführt. Entgegen den ursprünglichen Aussagen stellte sich heraus, dass die vereinbarten Multiplikator-Ressourcen für den Rollout nicht informiert und verfügbar waren. Im außerordentlich einberufenen Steuerungskreis wurden die Defizite erläutert und die Maßnahmen besprochen. Dies führte zur Anpassung des Projektplans.

Beratungsergebnis

Ein erfolgreicher Beratungsprozess ist gekennzeichnet durch einen Kunden, der mit dem Beratungsergebnis zufrieden ist – selbst dann, wenn dieses Ergebnis nicht mit den ursprünglichen Planungen und Erwartungen übereinstimmt. Am Ende dieses Prozesses sind der Berater und sein Kunde auf der Vertrauensebene und der Vertragsebene zusammengekommen. Wir sprechen dann vom »Trusted Advisor« – in etwa zu übersetzen mit »zuverlässiger Berater« oder auch »Berater des Vertrauens«. Diesen Zustand der Kundenbeziehung zu erreichen dauert in der Regel Jahre. Schneller und intensiver kann sich der Trusted Advisor durch gemeinsam erfolgreich durchlebte Krisen bilden.

Abb. 3:   *Kundenbeziehungspyramide [1]*

In der Abbildung 3 oben erkennen Sie die sieben Stufen in der Kundenbeziehungsentwicklung. Die Stufen der Pyramide zeigen den Grad der Geschäftsbeziehungen zwischen Berater und Kunde und bauen in den unteren Ebenen chronologisch aufeinander auf. Die vier Grundlagen der Zusammenarbeit sind nachfolgend erläutert:

⇨ *Serviceorientiert:* In diesem Fall erwartet der Kunde hohe Fachkenntnis in einem engen Spezialfall. Der Erfolg stellt sich durch Lieferqualität in time ein.

⇨ *Bedarfsorientiert:* In diesem Fall geht es um ein Business-Problem. Die Komplexität ist deutlich höher. Der Erfolg stellt sich durch die Lösung des Problems ein.

⇨ *Beziehungsorientiert:* Der Fokus liegt eher in der Entwicklung von Lösungsideen für die Kundenorganisation.

⇨ *Vertrauensorientiert:* Der Fokus liegt in der individuellen Beziehung zwischen Berater und dem Vertreter des Auftraggebers. Ein Verständnis auf persönlicher Ebene ist gegeben.

Beispiel zum Trusted Advisor

Zur Überbrückung eines Ressourcenengpasses im Schedule-Management für ein großes Anlagenbauprojekt sollte eine Fremdvergabe erfolgen. Es wurden drei Beratungsunternehmen angefragt. Die Entscheidungsfindung dauerte vier Wochen. Danach wurde das Unternehmen beauftragt, das extrem flexibel auf die Vertragsgestaltung und die Einsatzbedingungen reagiert hatte und bereits im Vorfeld erste Arbeitsergebnisse liefern konnte. Im Folgenden wurde aus dem geplanten dreimonatigen Einsatz eine 18 Monate dauernde Zusammenarbeit erheblich über den ursprünglichen Beratungsansatz hinaus. Noch heute erfolgt die Berücksichtigung bei allen Anfragen.

Nachhaltigkeitsmessung

Befragt man Mitarbeiter über die Auswirkungen und Veränderungen, die durch den Einsatz von Beratern bewirkt wurden, ist das Ergebnis oft ernüchternd. Die Umsetzung der Ergebnisse hat nicht nachhaltig stattgefunden, die Ergebnisse wurden verwässert und sind in der Kommunikation bei den Mitarbeitern nicht angekommen. Es folgen erneute Beratungseinsätze ggf. mit neuem Berater und/oder neuem Konzept. Um dies zu vermeiden, sollte der Berater bemüht sein, auch die Messung der Nachhaltigkeit mitzubegleiten. Hier entsteht insbesondere ein wirtschaftlicher Konflikt, da für diese Phase meist kein Budget geplant und verfügbar ist. Es obliegt hier meiner Meinung nach dem Berater, dem Kunden ein »schlankes« Beteiligungskonzept vorzuschlagen. Dieses kann eher in weicher Form z. B. durch Interviews oder in methodisch gut strukturierter Form stattfinden. Insbesondere in der PM-Beratung tendiere ich eher zur methodisch stark strukturierten Form, z. B. durch Self-Assessments der beteiligten Mitarbeiter oder durch geplante Reviews (im Stichprobenverfahren).

Beispiel zur Nachhaltigkeitsmessung

Eine der ausgeprägtesten Formen der Nachhaltigkeitsmessung ist der regelmäßige Abgleich des Projektmanagementreifegrades der Organisation. Hier werden ausgewählte beteiligte Rollen (z. B. Management, Projektleiter, Lenkungskreismitglieder, Projektbeteiligte) in z. B. jährlichen Befragungen zu PM-Methodik, PM-Tools und PM-Kultur interviewt. Diese Befragung wird konsolidiert und analysiert. Daraus ergeben sich wieder Maßnahmen zur weiteren Optimierung und Steigerung des Reifegrades. Beispiel dazu ist das IPMA Excellence Model (IPMA Delta) basierend auf der IPMA Competence Baseline, dem IPMA Project Excellence Model [5] und der ISO21500.

Der »ideale Berater« aus Sicht des Kunden

Damit der vorher beschriebe Beratungsverlauf erfolgreich ist, ist die Besetzung des Beratungsprojekts mit den »richtigen« Beratern notwendig. Dazu finden Sie nachfolgend die Ausprägung des »idealen Beraters«. Anhand dieser Beschreibung werden die möglichen Beraterausprägungen im Folgenden näher erläutert.

Der »ideale« Projektmanagementberater erfüllt folgende Anforderungen:
⇨ Er teilt das *Problemverständnis* des Auftraggebers bezüglich der Aufgabenstellung, des möglichen Beratungsverlaufs und des Aufwandes.
⇨ Der Berater genießt das *Vertrauen* des Auftraggebers auf persönlicher Ebene. Er besitzt die erwartete Aufgeschlossenheit und die notwendige Seniorität. Dazu gehört Charisma, Auftreten und Lebenserfahrung. Er ist belastbar und loyal dem Auftraggeber gegen-

über. Er hat ein vergleichbares Qualitätsverständnis und ähnliche *ethische Grundsätze* wie der Auftraggeber.

⇨ Das Beratungsunternehmen entspricht den Erwartungen bezüglich Größe, Positionierung im Markt, Internationalität und Vernetzung.

⇨ Der Berater verfügt über die *notwendigen Kompetenzen* – Fachkompetenz, Methodenkompetenz und Sozialkompetenz (siehe »Die Rolle(n) des Beraters und nötige Kompetenzen und Einstellungen«).

⇨ Die erwarteten Kompetenzen und Erfolge können mit *Referenzen, Erfahrungen und Ausbildungen* belegt und nachgewiesen werden. Dritte können dies bestätigen.

⇨ Der Berater, und hier insbesondere die Person(en) wie bei der Auftragsklärung vorgestellt, *steht* für den Auftrag *zur Verfügung*. Der Berater ist flexibel betreffend Zeitpunkt, Dauer/Verlängerung und Einsatzort.

⇨ Die notwendige *Logistik* der Einsätze wird vom Berater/Beratungsunternehmen beherrscht (z. B. Reisebereitschaft, Visa, Arbeitsmittel).

⇨ Die *kommerziellen Bedingungen* wie Vertragsart, Verrechnungssätze, Zahlungsbedingungen, Zusagen/Garantien sind akzeptabel; dies bedeutet nicht notwendigerweise besser als die des Wettbewerbers.

Diese allgemeingültige Idealvorstellung hilft im einzelnen Beratungsprojekt nicht direkt weiter. Daher habe ich versucht, die Entscheidungskriterien für die Beraterauswahl beim Erstkontakt im nachfolgenden Kapitel weiter zu strukturieren. Neben diesen Kriterien, die ein Berater besitzen kann, ist aber auch die Kundenstruktur entscheidend: Der Berater muss zum Kunden passen. Dieser Aspekt wird im Kapitel »Kundenprofil« aufgegriffen.

Beraterprofil

Da für den Kunden der »ideale Berater« in der Realität nicht existiert, wird er seine Anforderungen an den zur Verfügung stehenden alternativen Beraterprofilen bewerten. Ein möglicher Entscheidungsbaum ist nachfolgend abgebildet. Der Kunde selbst wird ein derart feines Stufenmodell nicht zur Entscheidung verwenden, sondern eher Stufen zusammenfassen, überspringen oder ggf. auch aus dem Bauch zusätzlich zur Vertragssituation entscheiden.

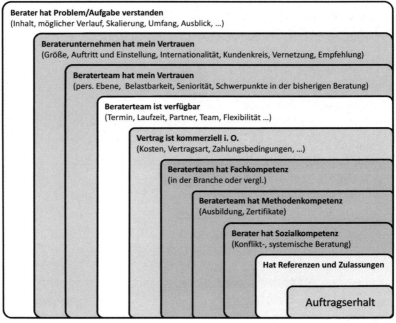

Abb. 4:   *Entscheidungsbaum zur Vergabe*

Dazu finden Sie am Ende des Beitrags eine detailliertere Checkliste »Beraterauswahl/Selbstdiagnose«. Die aus meiner Wahrnehmung besonders wichtigen Aspekte des Entscheidungsbaums in Abbildung 4 sind nachfolgend erläutert:

Skalierung: Für Auftraggeber kann es notwendig sein, während der Beratung z. B. weitere Organisationseinheiten einzubeziehen. Dann ist es wichtig, z. B. im Rollout weitere Trainingskapazitäten einzubinden. Kann der Berater auf diese Veränderungen mit seinem verfügbaren Team reagieren?

Internationalität: Ist die Kundenorganisation international aufgestellt, kann es im Auftrag zu internationalen Einsätzen kommen. Dann ist es notwendig, dass der Berater international organisiert ist oder zumindest über ein Partnernetzwerk verfügt. Beispiel: Nach der Einführung des PM-Standards soll auch die Niederlassungen in USA und Asien einbezogen werden. Hat der Berater hier auch interkulturelle Erfahrung?

Corporate Identity: Meiner persönlichen Erfahrung nach spielt dieses Thema eher bei großen Unternehmensberatungen ein Rolle (z. B. Roland Berger, KPMG) als bei Projektmanagementberatungen. Dennoch mag es sinnvoll sein, in der Auftragsklärung auch dies zu thematisieren. Dabei kann man heraushören, ob z. B. eine Zusammenarbeit mit den klassischen Unternehmensberatungen in einem Teilbereich sinnvoll und gewünscht ist. Beispiel: Im Rahmen der PM-Einführung soll auch der Engineering-Prozess überprüft werden. Dazu sind Lean-Erfahrungen im Development-Umfeld nötig!

Seniorität: Es kommt mehr auf den Berater als Person denn auf das Beratungsunternehmen an. Ich habe oft festgestellt, dass der Berater in der Vertriebsphase mit erfahrenen Mitarbeitern auftritt, diese dann im Auftragsfall aber immer mehr zurückzieht und eher die »zweite Garde« zum Einsatz kommen lässt – nach meiner Einschätzung ein großer Vertrauensverlust in der Kundenbeziehung. Viele Kunden tendieren daher mittlerweile dazu, das Beraterteam namentlich festzulegen.

Mit einer Team-Map (vgl. Abb. 5) kann die Struktur des zum Einsatz kommenden Teams gut vereinbart werden. In diesem Beispiel hat der Projektleiter Director Level während die Trainer Senior Level besitzen. Meistens definieren sich die Level, neben der verfügbaren Fachkenntnis besonders durch die Dauer der betreffenden Berufserfahrung.

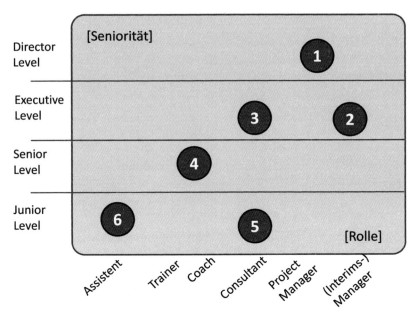

Abb. 5:   *Beispiel: Team-Map*

Systemische Beratung: Neben der methodischen PM-Kompetenz werden Erfahrungen und Kenntnisse der systemischen Beratung wichtiger. Insbesondere wenn Beratungsteams zum Einsatz kommen, sollte hier eine Mischung beider Kompetenzen im Team berücksichtigt werden.

Management of Change: Projektmanagement hat in vielen Organisationen immer noch Konfliktpotenzial – bis in die Linienorganisation hinein. Die Veränderungen sollten mit einem Management of Change begleitet werden.

Tabelle 2: Möglichkeiten der Vertragsgestaltung

Werkvertrag	Dienstvertrag	Arbeiternehmer-überlassung
Bei einem Werkvertrag schuldet man der Auftraggeberin/dem Auftraggeber die Lieferung oder Erfüllung eines Werkes. Es liegt kein »Dauerschuldverhältnis«, sondern ein »Zielschuldverhältnis« vor. Wenn sich z. B. ein Schriftsteller verpflichtet, ein Buch gegen ein bestimmtes Honorar abzuliefern, liegt ein Werkvertrag vor. [2]	Der Dienstvertrag ist ein gegenseitiger Vertrag, durch den der eine Teil zur Leistung der versprochenen Dienste und der andere Teil zur Entrichtung der vereinbarten Vergütung verpflichtet wird. Die Parteien des Vertrages heißen »Dienstberechtigter« (der Gläubiger der Dienstleistung) und »Dienstverpflichteter« (Schuldner). Beim Dienstvertrag schuldet der Dienstverpflichtete selbstständige Dienste, also eine selbstständige Tätigkeit. In Abgrenzung zum Werkvertrag schuldet der Dienstverpflichtete eine Leistung (Bemühung), aber keinen Erfolg. [3]	Der Leiharbeitnehmer steht in einem Arbeitsverhältnis zum Verleiher. Diesem gegenüber gelten die arbeitsvertraglichen, tarifvertraglichen und gesetzlichen Arbeitnehmerrechte. Das Leiharbeitsverhältnis unterliegt demselben Kündigungsschutz wie jedes andere Arbeitsverhältnis. Seine Arbeitsleistung erbringt der Leiharbeitnehmer nicht bei dem Verleiher, sondern beim Entleiher. Das Weisungsrecht wird dem Entleiher übertragen, der die Mitverantwortung für den Arbeitsschutz trägt. Weisungs- und pflichtwidriges Verhalten darf nur der Verleiher ahnden. [4]
i. d. R. Festpreis, keine Einbindung in die Zielorganisation	i. d. R. Aufwandsentschädigung	enge Einbindung in die Zielorganisation und damit Weisung durch Zielorganisation

Preisbildung: Neben den klassischen Modellen mit Tages-/Stundensätzen gewinnen Festpreisaufträge mehr an Bedeutung. Dies hängt sicher mit den Vertragsgestaltungen zusammen sowie mit den Zielen der Einkaufsorganisation, die Aufwendungen sehr verlässlich zu gestalten. Modelle, bei denen der Berater am Projekterfolg partizipiert, werden noch immer vergleichsweise selten angewandt. Aus Kundensicht kann dies allerdings ein sinnvolles Modell sein. Basis dafür ist eine Grundvergütung, die über ein Bonus-/Malussystem ergänzt wird. Ist der Kunde sehr zufrieden und wurden die Ziele erfüllt oder gar übertroffen, beteiligt er den Berater am Ergebnis, z. B. indem 150 % der Grundvereinbarung gezahlt werden. Ist das Projektergebnis unter den Erwartungen geblieben, wird die Grundvereinbarung um bis zu 50 % reduziert. Dies ist dann der Beraterbeitrag zum »nicht erfolgreichen« Projekt.

Kundenprofil

Um sich als Berater optimal zu positionieren, ist neben der Auftrags-analyse eine professionelle Kundenanalyse notwendig. Nachfolgend sind typische Kriterien zur Kundenanalyse mit möglichen Ausprä-gungen aufgeführt.

Kundenart

Die Kundenart kann nach Branche, Unternehmens-/Organisations-größe und Organisationsform unterschieden werden. In der Regel wird der Berater bereits auf bestimmte Kundenarten spezialisiert sein. Hier ein paar Beispiele:

Tabelle 3: Beispiele möglicher Kundenarten und Anforderungen an Berater-strukturen

Branche	Unternehmens-/ Organisationsgröße und -struktur	Mögliche Anforderungen an Beraterstruktur (beispielhaft)
Chemie	Großkonzern (15.000 MA) Global Headquarter	Eher große Beratungsunter-nehmen mit globalen Refe-renzen – ggf. in strategischer Bietergemeinschaft (Zusam-menschluss von mehreren Anbietern, die sich in ihrem Leistungsspektrum ergänzen)
Automotive	Mittelstand (2.000 MA) Kommunikationsabteilung	Eher kleines Beratungshaus mit starkem Projektleiter und flexiblem Team

Tabelle 3: Beispiele möglicher Kundenarten und Anforderungen an Berater-strukturen (Fortsetzung)		
Branche	**Unternehmens-/ Organisations größe und Struktur**	**Mögliche Anforderungen an Beraterstruktur (beispielhaft)**
IT	Start-up (50 MA) eigentümergeführt	Eher Einzelunternehmer mit relativ hohem Branchen-Know-how
Industrie	Stiftung Entwicklungsabteilung	Eher kleines Beratungshaus mit gutem thematischen Background auch disziplin-übergreifend

In jedem dieser Unternehmen wird eine andere Unternehmenskultur herrschen und eine andere Erwartungshaltung an einen Beratungs-auftrag gegeben sein. Die Entscheidungswege und der Vergabeprozess können komplex und langwierig sein.

Kundengruppen

Innerhalb der Kundenarten kann der Auftraggeber aus den unter-schiedlichen Bereichen kommen und somit auch unterschiedliche Er-wartungen haben. Hier ein paar Beispiele:

Tabelle 4: Beispiele möglicher Kundengruppen und Anforderungen an Berater	
Kundengruppe	**Mögliche Ausprägung/Anforderungen (beispielhaft)**
Eigentümer	⇨ Einzelperson, eher patriarchalisches Entschei-dungsverhalten
	⇨ Der Berater versteht es abzuwägen, in welchen Situationen er dem Auftraggeber »blind« folgt und in welchen Situationen er seine Ideen einbringt.
Strategieabteilung	⇨ übergreifend, mit Guidance-Funktion
	⇨ Der Berater hat starkes strategisches Denken, aber insbesondere auch Erfahrung in der Operationali-sierung der Konzepte und Vorgaben.

Tabelle 4: Beispiele möglicher Kundengruppen und Anforderungen an Berater (Fortsetzung)	
Kundengruppe	**Mögliche Ausprägung/Anforderungen (beispielhaft)**
Fachbereichsleitung	⇨ verantwortlich für direkten Geschäftserfolg ⇨ Der Berater versteht es, mit dem Auftraggeber die Ziele nach dem SMART-Prinzip zu beschreiben und Einzelerfolge zu identifizieren. Es gelingt ihm, den Aufwand/Nutzen ständig in positiver Relation zu halten.
PMO	⇨ Supportfunktion, starker Sponsor, ggf. geringe Akzeptanz ⇨ Der Berater hat umfangreiche Erfahrung mit PMOs und deren Stellung in den Organisationen. Er kann dem PMO ein klares Rollenverständnis deutlich machen.

Themenfelder/Auftragsziele

Die Themenfelder in der PM-Beratung lassen sich wie folgt gliedern, kommen aber i. d. R. nicht in Reinform vor. Die Themenfelder orientieren sich stark an der Zieldefinition. Bei den Themenfeldern ergeben sich häufig starke fachliche Ausprägungen.

Tabelle 5: Beispiele möglicher Themenfelder und Anforderungen an Berater	
Themenfelder	**Mögliche Ausprägung (beispielhaft)**
Prozessoptimierung	Lean, Wertstromanalyse, Tätigkeitsstrukturanalyse, Process Mapping, ...
Methoden-Rollout	IPMA-PM-Methoden, Qualitätsmanagementmethoden, ...
IT-Tool-Implementierung	IT-Fachkenntnisse, CMMI, SAP, ...
Change-Management	Moderation, systemische Beratung, ...
Organisationsentwicklung	Strategie, Personalentwicklung, Qualitätsmanagement, ...

Beratungsinhalte

Sinnvoll ist meines Erachtens die Trennung der Themenschwerpunkte von den Beratungsinhalten, die entgegen der Zieldefinition eher den Beratungsprozess beschreiben. Hier würde ich unterscheiden zwischen:

Tabelle 6: Beispiele möglicher Beratungsinhalte und Anforderungen an Berater	
Beratungsschwerpunkte	**Mögliche Ausprägung/Anforderungen (beispielhaft)**
Interimsmanagement	Der Berater übernimmt eine Umsetzungsaufgabe (z. B. Projektleiter auf Zeit). Er besitzt ausgeprägtes unternehmerisches Denken und ist zielorientiert. Ihm gelingt es in kurzer Zeit, das Team auszurichten. Er fühlt sich wohl im Troubleshooting.
Prozessgestaltung	Der Berater analysiert die Situation und entwickelt ein Sollkonzept für Prozess- und Aufbauorganisation; er setzt dieses ggf. auch um. Dazu verfügt er über die notwendigen analytischen Fähigkeiten sowie über Erfahrung in vergleichbaren Situationen. Er berücksichtigt die Organisation, erkennt aber auch Optionen, die die Organisation nicht sieht. Er hat ausgeprägte Moderatorenfähigkeiten.
Training	Basierend auf dem Sollkonzept werden Trainings durchgeführt. Der Berater kann die Zusammenhänge deutlich vermitteln und behält den »roten Faden«. Er kann auf unterschiedliche Kenntnisstände der Teilnehmer gezielt eingehen. Er erkennt die Nützlichkeit und die richtige Ausprägung von Zertifizierungen.
Coaching	Basierend auf den Vorgaben werden Projektbeteiligte gecoacht. Der Berater hat die notwendige Seniorität und Akzeptanz.

Beratungsanlass/Situation

Ganz entscheidend für den Beratungsauftrag ist das Umfeld und ggf. eine »Hidden Agenda«. Unter »Hidden Agenda« versteht man ein nicht ausgesprochenes/definiertes (Mit-)Ziel. Zum Beispiel: Vordergründig sollen die PM-Strukturen optimiert werden (genanntes Ziel). In Wahrheit geht es um die Ablösung des verantwortlichen Managers (Hidden Agenda).

Tabelle 7: Beispiele möglicher Beratungsanlässe und Anforderungen an Berater

Beratungsanlass	Mögliche Anforderungen (beispielhaft)
Unternehmenskrise/ Projektunfälle	Der Berater kann mit Druck, Stress und unklaren Situationen gut umgehen. Beim Arbeiten in Teams, die einer hohen Fluktuation ausgesetzt sind, wirkt er stabilisierend. Er versteht es, Prioritäten zu setzen und einzuhalten.
Ressourcenengpass	Der Berater kann sich gut in existierende Teams einbringen und die vorhandene Arbeitsweise adaptieren.
Know-how-Bedarf	Der Berater versteht es, sein Know-how an die vorgefundene Situation anzupassen, die richtige Geschwindigkeit der Prozessveränderung zu wählen, und er verfügt über gute Trainereigenschaften.
Optimierung	Der Berater stellt die »richtigen« Fragen, ist faktenorientiert und gewinnt Akzeptanz beim Team wie im Senior Management. Er ist sich der Auswirkungen seiner Arbeit bewusst und beherrscht die Grundlagen des »Management of Change«.

Externe/interne Beratung

In manchen Unternehmen gibt es auch firmeninterne Beratungen. Diese Inhouse-Beratung kann an ihre Grenzen stoßen und steht im Wettbewerb zu den externen Beratern. Insbesondere in Bezug auf Unabhängigkeit hat der externe Berater einen Vorteil. Alle anderen vorher beschriebenen Anforderungen gelten meiner Erfahrung nach für Inhouse- wie externe Beratungen.

Beispiel zur Unabhängigkeit

Ein PMO wurde beauftragt, in einem erfolgskritischen Projekt ein Projekt-Review durchzuführen. Aufgrund seiner beratenden Tätigkeit im Projekt waren dem PMO-Leiter bereits einige Defizite im Projekt bewusst. Insbesondere das Agieren des Projektleiters entsprach weder den Unternehmensvorgaben, noch folgte daraus eine transparente Projektsteuerung. Aufgrund der Machtstrukturen im Unternehmen entschied sich der Leiter des PMO für eine Fremdvergabe des Reviews. Die gewonnenen Kenntnisse wurden dann intern durch das PMO in der Umsetzung begleitet.

Ihr Berater-Benefit

Noch ein Wort zur Vertriebsphase: Messen Sie den Aufwand, den Sie bis zur Gewinnung eines Auftrags betreiben. Unterteilen Sie dazu Ihren »Sales Funnel« in vier Phasen: Hot Leads, Opportunities, Quotes und New Customers. Unter »Leads« versteht man in der Vertriebsphase den Kundenkontakt. Aus »Hot Leads« können sich Vertriebschancen (Opportunities) entwickeln. Basierend auf den Opportunities werden Angebote (Quotes) erstellt; diese wiederum führen im Erfolgsfall zu neuen Kunden (New Customers) (siehe Abb. 6).

Vergleichen Sie Aufwand/Laufzeit der gewonnenen Aufträge bzw. entscheiden Sie bewusst, welchen Leads Sie folgen und wann Sie ggf. aus dem Lead aussteigen. Denken Sie insbesondere daran, dass ein Neukunde zehnmal mehr Aufwand kostet als die Betreuung eines Bestandskunden.

Abb. 6: *Sales Funnel*

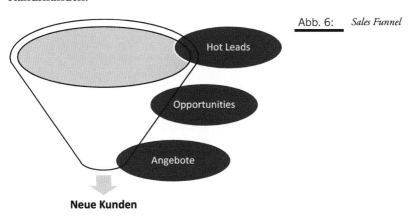

Durch den vorhandenen Wettbewerb in der Projektmanagementberatung steigt der Vertriebsaufwand weiter an. Gelingt es Ihnen, Ihren Kunden so weit zu kennen und die Vergabesituation zu analysieren, können Sie

1. Ihren Pre-Sales-Aufwand sparen – bei Kundengruppen, die nicht gut zu Ihrem Beraterprofil passen;

2. Ihren Vertriebsaufwand in der Auftragsklärungsphase auf erfolgver-
   sprechende Projekte fokussieren;
3. ggf. strategische (Bieter-)Partnerschaften eingehen;
4. das richtige Team zusammenstellen;
5. Auftragsverlustanalysen durchführen (siehe auch Checkliste am
   Ende des Beitrags);
6. Beratungsprojekte erfolgreicher durchführen;
7. Lessons Learned nach Projektabschluss besser verstehen
   (siehe Kundenzufriedenheitsabfrage am Ende des Beitrags).

Arbeitshilfen

Checkliste Beraterauswahl/Selbstdiagnose

Was führte zum Erhalt bzw. Verlust des Auftrags?	
1	Nicht ausreichendes Problemverständnis/keine ausreichende Auftrags-klärung zu den Punkten:	
	⇨ Auftragsziele/Hidden Agenda	
	⇨ Vorgehen	
	⇨ Umfang	
	⇨ Nachhaltigkeit	
2	Das Beratungsunternehmen hat nicht die richtige Aufstellung hinsichtlich	
	⇨ Größe	
	⇨ Internationalität	
	⇨ Vernetzung	
	⇨ Corporate Identity	
3	Das vorgestellte Beratungsteam ist nicht ausreichend geeignet hinsicht-lich	
	⇨ Seniorität	
	⇨ Belastbarkeit	
	⇨ Persönlichkeit	
	⇨ Erfahrung	
	⇨ Strategieverständnis	
	⇨ Unternehmertum	
4	Das Team ist nicht ausreichend verfügbar hinsichtlich	
	⇨ Termin (Start)	
	⇨ Laufzeit (Dauer)	
	⇨ Flexibilität	
5	Der kommerzielle Vertrag ist nicht akzeptabel betreffend	
	⇨ Vertragsart	
	⇨ Preis/Stundensätze	
	⇨ Pauschalierung	
	⇨ Vertragsstrafen	

6	Das vorgestellte Beratungsteam ist fachlich nicht geeignet wegen	
	⇨ nicht ausreichender Branchenkenntnis	
	⇨ nicht ausreichender Themenkenntnis	
7	Das vorgestellte Beratungsteam ist methodisch nicht geeignet wegen	
	⇨ nicht ausreichender Ausbildung/Schulungen	
	⇨ nicht ausreichender Zertifizierung	
	Das vorgestellte Beratungsteam ist hinsichtlich der Sozialkompetenz nicht geeignet	
	Dem vorgeschlagenen Beratungsteam fehlten nachprüfbare/belastbare Referenzen und ggf. Zulassungen	

Berater-Checkliste Auftragsklärung

Auftragsklärung PM-Beratung für Projekte	
Auftraggeber	
Berater	
Datum, Ort	
Projekttitel	
Projektart	
Thema/Situation/ Auslöser	
Beratungsziele	
Beteiligte (Rollen)	
Umfeld	
Beratungsauftrag	
Sonstiges	
Weitere Vorgehensweise	
Anlagen	

Kundenzufriedenheitsabfrage

Kundenzufriedenheit				
1	Wie zufrieden sind Sie insgesamt mit der Erfüllung des Beratungsauftrags?	1	2	3	4
2	Wie zufrieden sind Sie mit dem Erreichen des Beratungsziels/ Wie hoch ist die Zielerreichung?				
3	Wie zufrieden sind Sie mit dem Verlauf der Beratung?				
4	Wie zufrieden sind Sie mit den Beratern?				
	– Auftritt				
	– Erfahrung				
	– Know-how				
	– Verfügbarkeit				
	– Methodik/Tools				
5	Wie zufrieden sind Sie mit den Leistungen des Beratungsunternehmens?				
6	Wie zufrieden sind Sie mit der kommerziellen Abwicklung des Auftrags?				
7	Haben Sie weitere Kommentare?				

1 – sehr zufrieden (empfehle weiter); 2 – zufrieden (erneute Beauftragung);
3 – weniger zufrieden (Beauftragung nur bei deutlicher Veränderung);
4 – gar nicht zufrieden (keine weitere Beauftragung)

Literatur

[1]   GERDS, GERRY: *Do Your Customers Think of You as a Trusted Advisor? Online verfügbar unter: http://www.eginsight.com/news/2009/11/do-your-customers-think-of-you-as-a-trusted-advisor/ (letzter Zugriff am 18.11.2014)*

[2]   *https://www.bmf.gv.at/steuern/arbeitnehmer-pensionisten/dienstvertrag-werkvertrag/unter-schied-dienstvertrag-freier-dienstvertrag-werkvertrag.html*

[3]   *http://de.wikipedia.org/wiki/Dienstvertrag*

[4]   *http://de.wikipedia.org/wiki/Arbeitnehmer%C3%BCberlassung*

[5]   *http://ipma.ch/awards/project-excellence/the-pe-model/*

Zusammenfassung

Der Bedarf an Projektmanagement steigt weiter an, denn die Bedeutung des PM in den Organisationen nimmt zu und wird vermehrt ein treibendes Element für den Unternehmenserfolg.

Damit nimmt auch der Bedarf an PM-Beratung weiter zu. Das Bild des PM-Beraters wandelt sich dabei hin zu einem ganzheitlichen, interdisziplinären Berater. Für den Beratungserfolg für Berater und Organisation sind die Phasen vom Beratungsbedarf bis hin zum Folgeauftrag wichtig. Ein permanenter Abgleich von Verlauf und Kundenerwartungen ist notwendig.

Die Erwartungen an den »idealen Berater« sind extrem umfangreich und nicht immer vollständig durch nur einen Berater zu erbringen. Netzwerke und Partnerschaften gewinnen an Bedeutung. Die höchste anzustrebende Form der Kundenbeziehung ist erreicht, wenn der Berater zum »Trusted Advisor« geworden ist: Kunde und Berater schätzen und vertrauen sich.

Der Abgleich des Beraterprofils mit dem Kundenprofil und dessen Erwartungen hilft von Anfang an, effizient Beratungsaufträge zu gewinnen. Der Vertriebsaufwand steht dann in vertretbarer Relation zur verfügbaren Zeit.

PM-Beratung ist zukunftsgerichtet, spannend und bewegt Menschen wie Organisationen.

Beschaffung von Beratungsdienst-leistungen aus Kundensicht

Beratungsdienstleistungen gewinnen für Unternehmen immer mehr an Bedeutung. Umso wichtiger ist es, die Beraterauswahl überlegt zu treffen. Neben der Frage, wann externe Beratung zum Einsatz kommt, müssen Aspekte der Qualifikation sowie persönliche Faktoren und rechtliche Gegebenheiten betrachtet werden.

In diesem Beitrag erfahren Sie:
- wann und zu welchem Zweck externe Beratung zum Einsatz kommt,
- worauf bei der Auswahl des Beraters oder Beratungsunternehmens zu achten ist,
- was bei der vertraglichen Gestaltung und im Arbeitsalltag mit externen Beratern zu beachten ist.

PHILIPP DETEMPLE

Warum externe Unterstützung?

Die Projektlandschaft in Unternehmen mit hohem IT-Einsatz ist stets von sehr hoher Dynamik geprägt. Die Anforderungen der Kundenseite sind insgesamt vielfältig, in vielen Fällen auch komplex und mit einer hohen Erwartung hinsichtlich eines baldigen Liefertermins verbunden. In einigen Unternehmen kümmern sich zentrale Einheiten wie Project Management Offices (PMO) oder das Projektportfoliomanagement darum, die Anforderungen zu kanalisieren und insbesondere die gewünschten Liefertermine mit den zur Verfügung stehenden Ressourcen in Einklang zu bringen.

Wenn die Anforderungen die Kapazitäten der Organisation an ihre Grenzen bringen, weil beispielsweise eine Reihe sehr umfangreicher Projekte mit einem festen Liefertermin versehen sind (Bsp.: Umsetzung der SEPA-Überweisung in der Finanzbranche zum 14.02.2014),

45

muss über die Erweiterung des Ressourcenpools entschieden werden. Da derartige Situationen meist nur vorübergehend auftreten, die Projekte oft aber sehr schnell gestartet werden müssen, ist der Aufbau des internen Ressourcenpools in der Regel die zweite Wahl – wenn nicht aufgrund hauseigener und gesetzlicher Formalia sowie der Laufzeit von Ausschreibungs- und Bewerbungsprozessen vom zeitlichen Horizont her sogar unmöglich.

Neben der Entlastung der internen Mitarbeiter ist ein zweiter Aspekt bei der Entscheidung für externe Projektmitarbeiter essenziell: die Methodenkompetenz. Über lange Jahre hinweg konnte man beobachten, wie internen Mitarbeitern die bisher rein fachliche Tätigkeit mit Projektmanagementaufgaben »aufgestockt« wurde. Das hatte neben einer zeitlichen Überforderung des Mitarbeiters in vielen Fällen auch sehr negativen Einfluss auf den Projekterfolg, weil dem Mitarbeiter das Vorgehen rund um ein Projekt fremd war. Heute haben die meisten Unternehmen jedoch die Reife, dies zu erkennen, und greifen daher gerade für das Projektmanagement auf externe Unterstützung zu.

Ist die Entscheidung für den Einkauf von Projektberatung gefallen, steht man vor der Auswahl des geeigneten Anbieters und des einzelnen Beraters. Damit ist eine Reihe von Fragen mit hoher Relevanz für den Projekterfolg verbunden, die im nächsten Abschnitt erörtert werden.

Auswahl des Beraters

Externe Beratungsleistungen im Projektgeschäft sind sehr unterschiedlich. Daher sollte in die Entscheidung über den Einkauf frühzeitig der Gedanke einfließen, welchen Zweck die eingekaufte Leistung erfüllen soll. Das Spektrum geht hier von der operativen Unterstützung eines bereits vorhandenen Projektleiters über die Gesamtleitung des Projekts bis hin zur strategischen Beratung für die Art und Weise der Umsetzung des Projekts – wobei Letzteres eine hohe Kompetenz bezüglich des Projektinhalts zwingend notwendig macht.

Die operative Unterstützung eines Projektleiters meint die Übernahme von zeitaufwendigen Aufgaben rund um die Organisation, Dokumentation und das Berichtswesen des Projekts. So kann beispielsweise die Organisation von Lenkungsausschusssitzungen, das Erstellen von Finanzberichten oder die Umsetzung der Projektablaufplanung mit Aufgaben, Abhängigkeiten und Ressourcen in einem vorgegebenen Tool sehr viel Zeit erfordern.

Praxisbeispiel:

Der Konzern Cisco Systems Inc. entlastet seine Projektleiter in operativen Basistätigkeiten durch ein mehrstufiges PMO. Stufe eins ist die regionale Verwaltung des Projektleiterpools. Stufe zwei sind kontinental überregionale Callcenter für organisatorische Aufgaben. Die dritte Stufe ist als »Centralized Low Cost Backoffice« global eingerichtet. Hier werden unter anderem nach engen Vorgaben der Projektleiter Planungstools befüllt [1].

Die Gesamtprojektleitung durch externe Berater beschreibt die operative Durchführung aller Aufgaben, die der Projektleitung obliegen. Bei dieser oft gewählten Form ist zu beachten, wie im eigenen Hause Kompetenzprobleme hinsichtlich der Weisungsbefugnis für Projektmitarbeiter geregelt sind. Oft kollidieren hier mangels klar definierter Regelungen schon interne Projektleiter mit Linienführungskräften. Der Einsatz eines externen Beraters in dieser Rolle senkt zum einen die Akzeptanz in diesem Konfliktfeld von vorne herein. Als weiterer Aspekt kommen aber auch arbeitsrechtliche Fragen auf, weil externe Kräfte internen Mitarbeitern gegenüber nicht weisungsbefugt sein können. Die pragmatische Lösung in der Praxis ist hier oft, dass der externe Berater zwar mit der Gesamtprojektleitung beauftragt wird, ihm aber noch ein offiziell eingesetzter interner Mitarbeiter mit Projektleitermandat vorgesetzt ist.

Der Fall einer Gesamtprojektleitung inklusive Beratung zur Umsetzung kommt in den meisten Fällen einem kompletten Outsourcing des Projekts gleich. Hier kommen daher nur selten einzelne Berater zum Einsatz, sondern eher Beratungsunternehmen. Der wichtigste Punkt bei dieser Form der Beratungsleistung ist, dass der Auftraggeber stets den Überblick über die Durchführung seines Projekts behält. In der Praxis wird immer wieder von Fällen berichtet, in denen die externen

Beratungsunternehmen den Auftraggeber inhaltlich »abhängen«. Dieses Phänomen liegt in unterschiedlichem inhaltlichen Wissensstand und unabsichtlich intransparentem Vorgehen seitens des beauftragten Unternehmens (Betriebsblindheit) begründet. Der Einsatz eines internen Verantwortlichen mit großer Erfahrung im Umgang mit Dienstleistern und mit umfassender Kenntnis des Projektinhalts ist daher ein absolutes Muss.

Mit der Art des Einsatzes eines Beraters ist die Frage der organisatorischen Eingliederung innerhalb des Projekts und damit der Berichtsweg verknüpft. Eine operative Unterstützung sollte immer direkt an den Projektleiter berichten. Andere Anordnungen im Organigramm führen nur zu Missverständnissen im Projektteam. Bei einem externen Gesamtprojektleiter muss der Berichtsweg entsprechend der Wichtigkeit des Projekts gewählt werden. Angenommen es handelt sich um ein Projekt, dessen verspätete Umsetzung das Unternehmen in eine problematische Situation bringt (Bsp.: exportstarke Unternehmen zum Zeitpunkt der Einführung der automatischen Zollanmeldung am 01.07.2009) und das durch seine Breite und Komplexität einen sehr hohen Ressourcenbedarf hat. Dann wäre es fatal, wenn der Projektleiter durch ein zu schwaches Mandat die notwendigen Ressourcen nicht bekommt.

Für komplett an eine Beratung vergebene Projekte ist die organisatorische Eingliederung des internen Ansprechpartners analog der des Gesamtprojektleiters zu sehen. Der interne Verantwortliche sollte so etabliert sein, dass er bei Entscheidungsträgern höherer Stufen Gehör findet und im Falle von Schwierigkeiten auch schnell Termine bekommt.

Der Art der Beauftragung und dem Mandat folgt der wichtigste Punkt beim Einkauf: Die Auswahl des geeigneten Unternehmens oder einzelnen Beraters. Dieser Stufe sind die beiden nächsten Abschnitte gewidmet.

Beratungsunternehmen

Betrachtet man die Landschaft an Beratungsanbietern, wird klar, dass analog der Vielfalt bei Inhalten auch eine sehr große Menge verschieden ausgelegter Dienstleister am Markt zu finden ist. Hier sind zum einen die großen Beratungsunternehmen, die mit fünf- oder sechsstelliger Anzahl an Mitarbeitern weltweit tätig sind. Dem folgt eine Vielzahl an mittelständischen Beratungsunternehmen. Ebenso besteht eine sehr große Auswahl an Einzelunternehmern und Freiberuflern, die ihr Wissen und ihre Arbeitskraft einbringen wollen.

Die global agierenden Beratungshäuser sind bei Großprojekten meistens die erste Wahl. Dies ist in der Personalstärke dieser Unternehmen begründet, die zum einen eine ausreichende Abdeckung mit Ressourcen, vor allem aber Ausfallsicherheit gewährleistet. Zudem stützen sich diese Beratungsunternehmen auf einen sehr breiten Erfahrungsschatz, der es erlaubt, Fehler zu vermeiden. Ein weiterer Punkt für die Wahl eines solchen Beratungshauses ist die Tatsache, dass ein großer Name auch mehr Aufmerksamkeit bei der Unternehmensleitung findet, weil man sich auf Augenhöhe und somit besser aufgehoben fühlt.

Die Sicherheit und die Erfahrung mit Großprojekten in großen Unternehmen sind die positiven Punkte beim Einsatz eines Global Players aus der Beratungswelt. Tendenz zur Gratwanderung haben unter Umständen die mitgebrachten Methoden und Werkzeuge dieser Unternehmen. Auf der einen Seite ist es sehr gut und förderlich, dass die Global Player via stark besetzter Back Offices qualitativ hochwertige Methoden und auch Lösungsschemen mitbringen. Andererseits ist in der Praxis leider auch häufig der Nachteil zu beobachten, dass eben diese mitgebrachten Vorlagen und Werkzeuge zu wenig auf den jeweiligen Kunden adaptiert werden. Bei IT-Entwicklungsprojekten beispielsweise kann dies zum Einsatz von Technologien führen, die später nur mit immensem Aufwand in die hauseigene Entwicklung und Wartung zu übernehmen sind. Bei strategischen Projekten mit konzeptionellen Ergebnissen für Prozesse und Organisation kann am Ende ein High-Level-Ansatz anstatt einer lebbaren Lösung entstehen.

Bei den mittelständischen Beratungshäusern wird dem Kunden bei Konzepten und Umsetzungen erheblich mehr Individualität zuteil. Hier müssen allerdings andererseits auch das methodische Wissen und die Qualität genauer unter die Lupe genommen werden. Viele Beratungsunternehmen steuern hier durch offizielle Zertifizierungen (IPMA, PRINCE2, PMI) gegen oder legen sogar eigene Vorgehensmodelle und Beratungsmethoden vor. Die einzelnen Berater, die letztlich für den Kunden zuständig sind, werden hier üblicherweise in Einzelterminen einem Vorstellungsgespräch unterzogen, damit sich der Kunde einen Eindruck verschaffen und für ihn wichtige Punkte klären kann. Die mittelständischen Beratungshäuser haben aber auch ihre Schattenseiten. So kommt es bisweilen vor, dass hinter dem allgemeinen Auftreten des Unternehmens letztlich doch eine thematische Spezialisierung steckt. Zum Beispiel entpuppt sich der eingekaufte Projektmanager als Excel-Experte, dem das Vorbereiten und Halten von Präsentationen eher unlieb ist. Die oft befürchteten Probleme mit dem Ausfall durch Krankheit oder Ähnliches werden in mittelgroßen Betrieben erheblich besser gepuffert als erwartet.

Einzelunternehmer und Freiberufler gehören eigentlich in den nächsten Abschnitt, weil hier viel mehr auf die Person geachtet werden muss. Ähnlich wie beim einzelnen Berater im mittelständischen Unternehmen ist auch hier ein Vorstellungsgespräch Pflicht. Der Grad der Individualität ist naturgemäß sehr hoch. Standards werden zumeist in Form von offiziellen Zertifizierungen nachgewiesen. Die eingereichten Erfahrungen sind genau zu hinterfragen und bei Bedenken sollte einer Nachfrage bei einem früheren Kunden – in Absprache mit dem Berater – nichts im Wege stehen. So individuell wie die Angebote am Markt sind bisweilen auch die Erfahrungen mit Einzelberatern. Zusammengefasst kommt die Einstellungssituation hier einer Festanstellung am nächsten.

Da die meisten beauftragenden Unternehmen heutzutage strenge Einkaufsrichtlinien hinsichtlich Qualitätsmaßstäben, Vertrauensnachweisen und auch Auflagen zur Vermeidung von Scheinselbstständigkeit haben, ist es für einzelne Berater zunehmend schwieriger, von großen

Mittelständlern oder Konzernen direkt beauftragt zu werden. Aus dieser Situation heraus hat sich eine Vielzahl an Vermittlungsdienstleistern am Markt etabliert, die durch ihre Größe und Struktur den Einkaufsrichtlinien entsprechen können. Die Vermittler greifen auf einen Pool aus Einzelberatern zurück. Somit sollte man analog der Einstellung von Einzelberatern oder der Auswahl von mittelständischen Beratern vorgehen.

Qualifikation des Beraters

Die Auswahl des geeigneten Beraters ist letztlich der Kern des Projekterfolgs, aber auch die schwierigste Aufgabe. Der Kriterienkatalog ist sehr vielfältig und hängt unmittelbar mit der angedachten Aufgabe zusammen. Oft wird zwischen Junior- und Seniorberatern unterschieden. Hierbei geht es um das Erfahrungsniveau. Der Praxiserfahrung zufolge sollten Juniorberater nur zur operativen Unterstützung ausgewählt werden, da hier meist eine intensivere Anleitung notwendig ist. Einen Juniorberater mit zu vielen Freiheitsgraden auszustatten, führt erfahrungsgemäß zu einem hohen Aufkommen an Kontroll- und Korrekturaufwand.

Praxistipp:
Sollte das Beratungsunternehmen Ihrer Wahl für eine höher qualifizierte Aufgabe wie zum Beispiel Projektleitung aus Termingründen nur einen Juniorberater im Angebot haben, fragen Sie nach Begleitung durch einen Seniorberater bei angepasstem Tagessatz.

Seniorberater sind immer dann erste Wahl, wenn es um ein hohes Maß an selbstständiger Arbeit geht. Hier kann ein hohes Niveau erwartet werden. Ob ein Berater Junior oder Senior ist, lässt sich am ehesten an der Art und Dauer bisheriger Aufträge abschätzen. Aber auch hier gilt der Grundsatz, die gelisteten Erfahrungen zu hinterfragen. Auch ein Juniorberater sollte kein Berufseinsteiger sein, weil damit der Kunde zum Ausbilder würde.

Neben der Prüfung eingereichter Unterlagen ist der Kern der Auswahl das persönliche Gespräch. Werden mehrere Berater zu Vorstellungsgesprächen eingeladen, bietet es sich an, einen Fragenkatalog zu erstellen, der die Vergleichbarkeit der Angebote deutlich unterstützt. Welche Fragen im Einzelnen gestellt werden, ist sehr individuell vom Kunden und seinem Bedarf abhängig. Typische Fragengebiete sind:

⇨ Projekterfahrungen (Was hat der Bewerber bisher gemacht?)
⇨ methodische Kompetenz (Ist der Bewerber mit Standards vertraut oder nach einem Standard zertifiziert? Kam dieser schon nachweislich zum Einsatz?)
⇨ Managementerfahrung (Hatte der Bewerber bereits Führungsaufgaben? Wie wurden diese bewertet?)
⇨ Fachkenntnisse (Hat der Bewerber Kenntnisse über inhaltliche Punkte im anstehenden Projekt?)

Die Projekterfahrungen dienen der allgemeinen Einschätzung des Erfahrungsniveaus des Bewerbers und lassen vorsichtige Schlüsse darauf zu, ob der Bewerber passt und inwiefern er sich ein Bild von der bevorstehenden Aufgabe machen kann. Die Erfahrungsangaben informieren über die Inhalte und die Dauer von Auftragsverhältnissen. In diesem Kontext können auch Fragen zu eingesetzten Tools einfließen, die beispielsweise Standard im Unternehmen des Kunden sind.

Um qualitativ gute Ergebnisse zu erhalten, ist die methodische Kompetenz ein wichtiges Indiz. Wenn Standards bekannt sind und bereits angewandt wurden, fällt es dem Bewerber leichter, strukturiert zu arbeiten und diese Methoden auch im Projekt zu vertreten und im Projektteam zu vermitteln. Nicht zuletzt kann man bei einem hohen Erfahrungsgrad in einer Methodik davon ausgehen, dass ein Bewerber auch mit den vielleicht proprietären Standards des Kunden umgehen kann.

Wie zuvor bereits aufgezeigt, hat ein Gesamtprojektmanager auch den Auftrag, das Projektteam zu führen. Da Projektteams stets inhaltlich zusammengesetzt werden, ist der Projektleiter mit einer Vielzahl von verschiedenen Charakteren konfrontiert, denen er mit Gespür begegnen muss. Zudem bietet das Aufeinandertreffen verschiedener Fachbereiche Potenzial für kommunikative Missverständnisse. Hier liegt eine Kernaufgabe des Beraters in der Vermittlung. Erfahrungen im Management und der Kommunikation sind hier unabdingbar.

Fachkenntnisse zum Projektinhalt sind ein zweischneidiges Thema. Einerseits wird immer wieder verlangt, dass der Projektleiter davon viel mitbringt, weil es ihm die Arbeit insbesondere hinsichtlich planerischer Vollständigkeit und beim Erkennen von Risiken und Abhängigkeiten erleichtert. Andererseits birgt gerade die inhaltliche Kompetenz eines der größten Risiken für das Projektmanagement, da inhaltliches Wissen zur Erledigung inhaltlicher Arbeit (ver-)führt. In der Praxis kann man immer wieder beobachten, dass das Projektmanagement und folglich das Projekt erheblich darunter leidet. Fundierte Kenntnisse zur Projektmanagementmethodik sind der Erfahrung folgend stets höher zu gewichten als Fachkenntnis. Dennoch sollte ein Basiswissen über den Inhalt des Projekts zugrunde liegen, weil dies die Kommunikation mit den beteiligten Fachbereichen deutlich fördert.

Für Aufgaben im Projektmanagement müssen zusätzlich zu all diesen mess- oder nachweisbaren Fakten auch sogenannte weiche Faktoren in Betracht gezogen werden. Die oft genannte Sozialkompetenz, genauer gesagt eine gewisse Sozialverträglichkeit, ist ein essenzieller Bestandteil der erfolgreichen Arbeit als Projektmanager. Zum Prüfen dieses Elements im Rahmen eines Vorstellungsgesprächs kann kein pauschales Vorgehen an die Hand gegeben werden. Es bleibt nur der Hinweis, sich als Kunde auf sein Bauchgefühl zu verlassen und im Zweifel lieber einen weiteren Kandidaten einzuladen.

Wenn die Entscheidung für einen Berater nach ausreichender Prüfung gefallen ist, muss die Zusammenarbeit auf eine vertragliche Basis gestellt werden. Die Vertragsbasis ist Bestandteil des folgenden Abschnitts.

Vertragsgestaltung

Die vertragliche Gestaltung der Beauftragung wird wesentlich von den Vorgaben der hauseigenen Rechtsabteilung beeinflusst. Dennoch werden hier gängige Möglichkeiten kurz skizziert. Bei den Hinweisen handelt es sich um Erfahrungswerte aus der Praxis, nicht um juristisch fundierte Tipps.

Zunächst stellt sich die Frage, ob an eine längerfristige, wiederholte oder einmalige Beauftragung des ausgewählten Beratungsunternehmens gedacht wird. Entsprechend kann man den Vertrag als Einzelvertrag oder Rahmenvertrag gestalten. Üblicherweise entsteht beim ersten Auftrag an ein Beratungsunternehmen ein Einzelvertrag, der die rechtlichen Inhalte des Beratungsverhältnisses voll abdeckt. Er enthält zumindest eine Beschreibung der Aufgaben des Beraters, seinen Einsatzort, den Einsatzzeitraum, den vereinbarten Preis als Stunden- oder Tagessatz, Kündigungsmodalitäten, Haftungs- und Geheimhaltungsklauseln sowie Regelungen zur Nutzung der Arbeitsergebnisse.

Kommt es zu Folgeaufträgen an das Beratungsunternehmen, wird zur Vereinfachung zukünftiger Beauftragungen häufig ein Rahmenvertrag geschlossen. Dieser regelt die allgemeinen Grundregeln der Zusammenarbeit, wie Nutzung der Arbeitsergebnisse, Kündigungsmodalitäten, Haftung und Geheimhaltung. Des Weiteren verweist der Rahmenvertrag auf Einzelverträge, die dann für die jeweilige Beauftragung geschlossen werden. Die Einzelverträge regeln den Umfang des Auftrags in Form von Stunden- oder Tageskontingenten sowie den Einsatzzeitraum und -ort.

Praxistipp:

Abrufbare Kontingente zu beauftragen ist gängige Praxis. Bei Vertragsabschluss ist hierbei darauf zu achten, dass keine Abnahmeverpflichtung über das gesamte Kontingent eingegangen wird. Dieses Vorgehen ist darin begründet, dass zum Zeitpunkt des Vertragsabschlusses oft nur sehr vage bekannt ist, wie umfangreich die Durchführung des Auftrags sein wird. So erhält sich der Kunde seine finanzielle Flexibilität.

Die Umrechnung von Tages- in Stundensätze oder vice versa wird im Allgemeinen auf Basis eines Arbeitstages mit acht Stunden vorgenommen. Ausnahmen sind möglich. Interessanter gestaltet sich die

Frage nach der Abrechnung. Das gängige Modell ist die Verrechnung nach tatsächlichem Aufwand. Hierzu muss der Berater die von ihm geleisteten Stunden nachweisen und darf diese mit dem Stundensatz berechnen. Sehr selten findet man aber auch das Modell, bei dem der Tagessatz quasi den Deckel der Zahlung, nicht aber der Arbeitszeit darstellt. Der Fairness halber sei von diesem Modell abgeraten.

Die Beschäftigung externer Berater bietet – wie eingangs erwähnt – eine hohe Flexibilität gegenüber der Festanstellung von Projektressourcen. Bisher wurde hier nur der kurze Zeitraum zwischen Einkauf und Arbeitsstart aufgezeigt. Die Flexibilität gilt aber auch in der anderen Richtung bei der Beendigung des Auftragsverhältnisses. Gängig ist eine Kündigungsfrist des Beratervertrags von zwei Wochen zum Ende eines Monats, gelegentlich auch eines Quartals.

In manchen Fällen kann es angebracht sein, neben dem Einzel- oder Rahmenvertrag noch eine explizite Geheimhaltungsvereinbarung aufzusetzen. Dies ist insbesondere bei Projekten mit hochgradig strategischem Inhalt übliches Vorgehen.

Gerade in IT-Projekten kann es auch zu Situationen kommen, in denen der Berater mit personenbezogenen Daten des Kunden in Berührung kommt und mit diesen arbeitet. Hier ist zu beachten, dass das Bundesdatenschutzgesetz [2] verlangt, dass mit dem Berater ein Vertrag zur Auftragsdatenverarbeitung abgeschlossen wird. Hiermit wird sichergestellt, dass der Berater die Daten des Kunden nach Vorgaben des Datenschutzgesetzes behandelt, um sie gegen Missbrauch zu schützen.

Die zuvor genannten Punkte stellen Kernaspekte der Vertragsgestaltung dar. Letztlich sollte die Vertragsgestaltung immer in der Hand eines erfahrenen Juristen liegen.

Der abschließende Abschnitt über die Zusammenarbeit mit externen Beratern im Alltag enthält einerseits weitere rechtliche Punkte hinsichtlich der Fragen um den Themenkomplex »Scheinselbstständigkeit«, aber auch andere Aspekte, die eine erfolgreiche Zusammenarbeit ausmachen.

Die tägliche Arbeit mit externen Beratern

Im Grunde genommen unterscheidet sich die Zusammenarbeit mit externen Beratern kaum von der mit internen Kollegen. Daher beschränkt sich dieser Abschnitt auf Hinweise, wo Unterschiede zu machen sind, sowie Tipps für einen möglichst reibungslosen Arbeitsalltag.

Insbesondere bei der Beauftragung von Einzelberatern und Freiberuflern müssen in arbeitsrechtlicher Hinsicht Unterschiede gemacht werden. Andernfalls schwebt gerade bei längerfristigen Engagements das Damoklesschwert der Scheinselbstständigkeit über der Zusammenarbeit. Dies kann für den Berater bedeuten, seine Selbstständigkeit oder seinen Kunden zu verlieren, wird aber für den Kunden vor allem auch teuer, weil die Sozialgesetzgebung bei den Abgaben taggenaue Nachzahlungen ab Einstellungsdatum verlangt.

Grob zusammengefasst ist insgesamt darauf zu achten, dass der eingekaufte Berater organisatorisch nicht als interner Angestellter wahrgenommen werden kann. Der Berater sollte also in keinem internen Telefonverzeichnis stehen und schon gar nicht in einem internen Organigramm aufgeführt sein. Die Ausnahme sind Projektorganigramme, die eindeutig temporär und dem Auftrag zugehörig sind. Der Berater kann eine Mailadresse vom Server des Kunden bekommen, aus der aber hervorgeht, dass er kein interner Mitarbeiter ist (z. B. Der.Superberater.extern@besterkunde.de). Auch eine E-Mail-Signatur sollte deutlich klar machen, dass es sich beim Absender um einen externen Mitarbeiter handelt und von welchem Unternehmen er wirklich kommt. Die Teilnahme an Teammeetings in Linienteams und an jeglicher Veranstaltung für interne Mitarbeiter ist strikt zu vermeiden. Letzteres führt erfahrungsgemäß auch zu Unmut bei anderen Mitarbeitern gegenüber dem Berater und seinem Verantwortlichen.

Schwer umzusetzen ist, dass der Berater möglichst keine Aufgaben zugeteilt bekommt, die analog auch von einem internen Mitarbeiter erledigt werden. Hier kann meist nur eine vorsichtige Wortwahl bei der Aufgabenformulierung helfen. Ebenso ist bei einem externen Berater stets von Abwesenheit zu sprechen, auch wenn dieser einen wohlverdienten Urlaub einlegt. Die Abstimmung von Urlaub obliegt dem

Kunden nur mit seinen internen Mitarbeitern. Tägliche Arbeitszeiten können dem externen Berater auch nur in Form von Empfehlungen mitgegeben werden. Bedingt durch oft notwendige Abstimmung mit dem Kunden regeln sich Anwesenheitszeiten meist automatisch. Werden diese organisatorischen Punkte beachtet, sind rechtliche Aspekte weitestgehend abgedeckt. Auch hier ist letztlich eine juristische Beratung der sicherste Weg.

Der persönliche Umgang im Arbeitsalltag sollte sich nicht vom Umgang mit internen Kollegen unterscheiden. Eine gute Integration in das Projektteam ist wichtig und darf nicht durch deutlich unterschiedliche Behandlung gefährdet werden. Klarheit bezüglich Erwartungen und Aufgabenstellungen fördert die beidseitige Zufriedenheit mit der Arbeitsleistung. Offene Rückmeldungen helfen dem Berater, sich auf den Kunden einzustellen und sich schnell in die neue Umgebung einzufinden.

Wenn sich im Alltag herausstellt, dass die Wahl doch nicht die richtige war, sind übertriebene Rücksichtnahme oder Scheu vor dem Schritt der vorzeitigen Kündigung vollkommen fehl am Platz. Die Fortführung der Beauftragung schadet letztlich dem Projekt, dem Team und vor allem dem Budget.

Literaturverzeichnis

[1]   KREKELER, MICHAEL: *Project Management and PMO @ Cisco. Vortrag PMI-Chapter-Meeting 31.01.2014, München; http://www.pmi-muc.de/cms/images/Vortraege_2014/Ch_M_Muenchen_Jan_14/pmo%20cisco%20-%20for%20pmi%20web.pdf (abgerufen am 30.11.2014)*

[2]   *Bundesdatenschutzgesetz, Abschnitt 1, § 11; http://www.gesetze-im-internet.de/bdsg_1990/__11.html (abgerufen am 30.11.2014)*

Zusammenfassung
Ausgehend von der Frage, in welchen Situationen
Beratung eingekauft wird, wird anhand von Praxis-
erfahrungen erörtert, dass zunächst klar formuliert
sein muss, welches Ziel der Einkauf einer Beratungsleistung hat. Darauf basierend muss entschieden werden, welche Art von Beratung benötigt wird. Abhängig
von der Zielsetzung kann Beratung nur so viel leisten,
wie ihr Mandat innerhalb des Kundenunternehmens
trägt. Je höher dieses Mandat ist, desto wichtiger
ist es auch, die Qualität der Beratung im Vorfeld zu
prüfen. Bei global tätigen Beratungsunternehmen
wird von hohen Standards und somit hoher Qualität
ausgegangen. Bei mittelständischen Beratungsfirmen
sind die Leistungen hingegen individueller auf den
Kunden abgestimmt. Auch hier entscheidet erneut
die Zielsetzung des Beratungseinkaufs.

Werden Berater als Projektmanager eingesetzt,
ist die Auswahl des richtigen Beraters von immenser
Wichtigkeit. Hier müssen insbesondere Projekterfahrung, Methoden- und Managementkompetenz sowie
Fachkenntnisse betrachtet werden.

Ein letzter wichtiger Aspekt ist die vertragliche
Gestaltung des Auftrags. Hier müssen die Gegebenheiten des Beraters und des Projekts mit den Vorstellungen und Regeln des Kunden in Einklang gebracht
werden. Zudem sind rechtlich bestimmte Rahmenbedingungen einzuhalten.

Projektmanagementberatung

Projektmanagementberatung kann die Weiterentwicklung der Managementkompetenzen von Projekten oder von projektorientierten Unternehmen zum Ziel haben. Projektmanagementberatung basiert auf der Art der Wahrnehmung von Organisationen und auf dem jeweiligen Managementverständnis.

In diesem Beitrag erfahren Sie:
- welche Arten der Projektmanagementberatung unterschieden werden können und
- was Ziele und Inhalte ausgewählter Projektmanagementberatungen sind.

Roland Gareis, Lorenz Gareis

Beratung und Beratungsleistungen

Beratung aus sozialwissenschaftlicher Perspektive ist eine Interaktionsform, die dem Wissenstransfer von einem Berater zu einem Klienten dient [1]. Beratungsklienten sind dabei Organisationen.

Der Berater kann seinem Klienten Wissen bereitstellen. Er ist jedoch auf die Verwertung des Wissens durch den Klienten angewiesen. Zur Interaktionsform »Beratung« gehört ein bestimmter Grad an Freiwilligkeit im Einlassen auf diese Interaktion und ein bestimmter Grad an Freiheit in der Formulierung durch den Berater sowie in der Annahme des Rates durch den Klienten [2].

Titscher unterscheidet die Beratungsarten
⇨ Gutachtenerstellung,
⇨ Fachberatung,

⇨ Prozessberatung und

⇨ die Kombination aus Fach- und Prozessberatung [3].

Die Beratung einer Organisation ist vom Training bzw. Coaching von Individuen oder Teams und vom Management auf Zeit zu unterscheiden. Training, Coaching oder auch Moderation sind beratungsnahe Aktivitäten, die Berater dank ihrer Kompetenzen erbringen können. Sie sind dabei aber nicht in ihrer Beraterfunktion tätig. Im Rahmen eines Auftrags eines Klienten an einen Berater sind Kombinationen unterschiedlicher Leistungen und daher auch Kombinationen von Beratungen mit Trainings- oder Coachingleistungen möglich.

Grundlagen der Projektmanagementberatung

Die Ziele, Prozesse und Methoden der Projektmanagementberatung basieren auf der Wahrnehmung von Organisationen und dem vorliegenden Managementverständnis. Erst die Wahrnehmung von Projekten als Organisationen und soziale Systeme ermöglicht die Beratung und die Anwendung eines systemisch-konstruktivistischen Projektmanagementverständnisses.

Wahrnehmung von Organisationen

Organisationen können als soziale Systeme wahrgenommen werden, die nicht durch lineare Ursache-Wirkungs-Zusammenhänge, sondern durch sich selbst organisierende Strukturen charakterisiert sind. Luhmann unterscheidet soziale Systeme nach Interaktionen, Organisationen und Gesellschaften [4]. Diese Differenzierung kann durch die Unterscheidung in permanente und temporäre Organisationen ergänzt werden (siehe Abb. 1).

Projekte werden hier als temporäre Organisationen zur Durchführung relativ einmaliger, strategisch bedeutender Prozesse mittleren Umfangs verstanden.

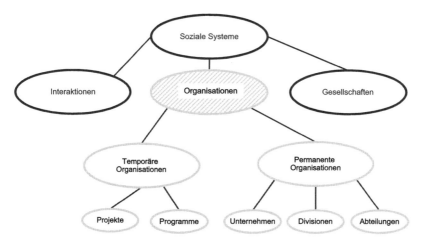

Abb. 1:   *Temporäre und permanente Organisationen als soziale Systeme*

Projektmanagementverständnis

Eine Grundlage für Projektmanagementberatung stellt das in einer Organisation existierende bzw. von einer Organisation gewünschte Projektmanagementverständnis dar. So beeinflusst z. B. der relevante Projektmanagementansatz für die Durchführung eines Managementaudits eines Projekts die Beratungsziele und den Beratungsprozess. Zu Beginn einer Projektmanagementberatung ist daher festzulegen, welcher Projektmanagementansatz angewendet wird.

Grundsätzlich kann das in internationalen Projektmanagementstandards, wie z. B. der ICB-International Competence Baseline der IPMA International Project Management Association [5], oder das im Project Management Body of Knowledge des PMI Project Management Institute [6] repräsentierte Projektmanagementverständnis relevant sein. In Unternehmen existieren oft darauf aufbauend Projektmanagementstandards, die das spezifische Projektmanagementverständnis eines Unternehmens repräsentieren.

Wir verstehen Projektmanagement als einen Managementprozess, der die Teilprozesse »Projekt starten«, »Projekt koordinieren«, »Projekt controllen« und »Projekt abschließen« bzw. auch »Projekt transformieren« und »Projekt neu positionieren« beinhaltet (siehe Abbildung 2).

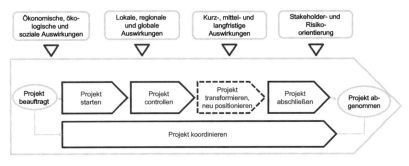

Abb. 2: *Projektmanagementprozess*

Wie in Abbildung 2 dargestellt, können im Projektmanagementprozess die Prinzipien der nachhaltigen Entwicklung, nämlich »economic, ecologic and social orientation, shortterm, midterm, and longterm orientation, local, regional, and global orientation as well as value-based« berücksichtigt werden [7].

Betrachtungsobjekte des Projektmanagements sind nicht nur die Projektleistungen, Projekttermine und Projektkosten, sondern auch die Ziele, die Organisation und Kultur, das Personal, die Infrastruktur, die Risiken und die Kontexte eines Projekts. Kontexte sind z. B. die Projektstakeholder, die durch das Projekt implementierte Investition, die Unternehmensstrategien und andere Projekte mit Beziehungen zum jeweils betrachteten Projekt.

Konstrukt des projektorientierten Unternehmens

Projektorientierte Unternehmen verfolgen »Management by Projects« als eine Organisationsstrategie und setzen daher Projekte und Programme als temporäre Organisationen ein, um relativ einmalige, umfangreiche und kurz- bzw. mittelfristige Prozesse umzusetzen. Sie haben spezifische Strukturen und Kulturen zum nachhaltigen Management von Projekten, Programmen und Projektportfolios.

Die spezifischen Prozesse des projektorientierten Unternehmens (oder Unternehmensbereichs), nämlich sowohl Projekt-, Programm- und Projektportfoliomanagement als auch die Initiierung von Projekten und Programmen und die Sicherung von deren Managementqualität, werden aus dem Maturitymodell coMATURE, das exemplarisch in Abbildung 3 dargestellt ist, ersichtlich [8].

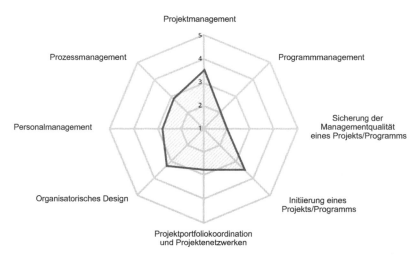

Abb. 3:   *Maturitymodell coMATURE*

Ziele des Projektinitiierungsprozesses (siehe Abbildung 4) sind die Auswahl der adäquaten Organisationsform (permanente Organisation, Arbeitsgruppe, Kleinprojekt, Projekt, Projektenetzwerk oder Programm) zum Implementieren einer Investition, die Nominierung des Projektauftraggebers zum Implementieren einer Investition, die Auswahl des Projektmanagers und die formale Projektbeauftragung des Projektteams durch den Projektauftraggeber.

Die Projektinitiierung ist ein Teilprozess eines übergeordneten Prozesses, z. B. einer Anfragebeurteilung, einer Angebotslegung, einer Antragstellung oder einer Feasibility Studie. Grundlage für die Projektinitiierung stellt eine Investitionsanalyse und Entscheidung über die Durchführung einer Investition dar.

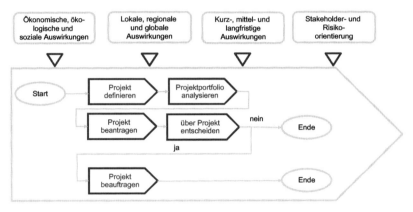

Abb. 4:   *Projektinitiierungsprozess*

Spezifische integrative Strukturen projektorientierter Unternehmen sind

⇨ ein Projektmanagement-Office (PMO) (Ziel: Sicherung eines professionellen Projekt-, Programm- und Projektportfoliomanagements),

⇨ eine oder mehrere Projektportfolio-Groups (Ziel: Management des Projektportfolios eines Unternehmens) und

⇨ Experten-Pools (Ziel: Bereitstellung qualifizierter Experten für die Projekte und Programme).

Ein Beispiel für das Organigramm eines projektorientierten Unternehmens ist in Abbildung 5 dargestellt.

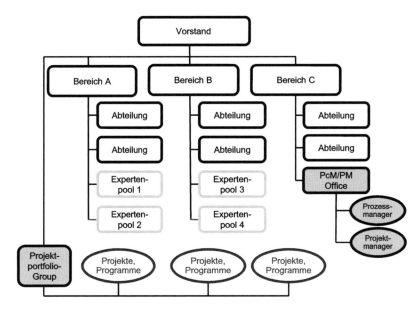

Abb. 5: *Beispiel eines Organigramms eines projektorientierten Unternehmens*

Beratungsansatz für Projektmanagementberatung

Nachhaltige Beratungsergebnisse erzielen zu können setzt voraus, dass der in einer Projektmanagementberatung angewandte Beratungsansatz mit dem für eine Organisation relevanten Management- bzw. Projektmanagementverständnis übereinstimmt. Die grundsätzlichen Werte, die Rollenverständnisse, der Methodeneinsatz, die Kommunikationsformen sowie die Herangehensweisen sollten zusammenpassen.

So kooperiert z. B. die RGC Roland Gareis Consulting mit Klienten auf Basis eines systemisch-konstruktivistischen Consultingansatzes. Dabei wird z. B. angenommen, dass es keine objektive Wirklichkeit, sondern subjektive Konstruktionen der Wirklichkeit gibt, die durch Kommunikation und Konsensfindung entstehen. In der Projektmanagementberatung wird daher mit Vertretern des Klientensystems eine gemeinsame Sichtweise über den Status eines Projekts bzw. Unternehmens konstruiert. Aktuelle Herausforderungen von Klienten werden im jeweiligen Kontext behandelt. So werden z. B. Lösungen im Projektmanagement unter Berücksichtigung der Zusammenhänge mit dem Change-, Anforderungs- und Prozessmanagement erarbeitet.

Projektmanagementberatung im Überblick

Projektmanagementberatung kann einerseits die Weiterentwicklung der Managementkompetenzen einzelner Projekte oder Programme und andererseits die Weiterentwicklung der Projektmanagementkompetenzen von Unternehmen (oder Unternehmensbereichen) zum Ziel haben. Die folgend betrachteten Beratungsleistungen für Projekte sind in ähnlicher Form auch für Programme (von Projekten) relevant. Hier wird auf eine differenzierte Betrachtung der Beratung von Programmen verzichtet.

Ziele der Managementberatung von Projekten können z. B. die Unterstützung eines Projekts im Rahmen der Projektmanagement-Teilprozesse »Projekt starten« und »Projekt controllen« sein. Ziele eines Managementaudits bzw. Health Check eines Projekts sind einerseits die Analyse der Management-Kompetenz eines Projekts und andererseits die Entwicklung von Strategien und Maßnahmen zur Weiterentwicklung dieser Managementkompetenz. Ziel einer Kurzintervention in ein Projekt ist es, einen Beitrag zu einer konkreten Lösung eines Managementproblems zu leisten.

Die Projektmanagementberatung von Unternehmen können nach Beratungen zur Etablierung eines projektorientierten Unternehmens und zur Weiterentwicklung als projektorientiertes Unternehmen unterschieden werden. Eine Beratung im Rahmen einer Projektinitiierung hat die Optimierung der Ergebnisse der Projektinitiierung für ein Unternehmen (oder einen Unternehmensbereich) zum Ziel. Ein Überblick über Projektmanagementberatung ist im folgenden Kasten dargestellt.

Managementberatung von Projekten

⇨ *Beratung eines Projekts beim Durchführen eines Projektmanagementteilprozesses*
  - Beratung eines Projekts bei »Projekt starten«
  - Beratung eines Projekts bei »Projekt controllen«
  - Beratung eines Projekts bei »Projekt abschließen«
  - Beratung eines Projekts bei »Projekt transformieren«
  - Beratung eines Projekts bei »Projekt neu positionieren«
⇨ *Durchführung eines Managementaudits eines Projekts*
⇨ *Kurzintervention in ein Projekt*

Managementberatung von projektorientierten Unternehmen

⇨ *Beratung zur Etablierung eines projektorientierten Unternehmens*
  - Entwicklung einer Projektmanagementrichtlinie
  - Einführung einer Projektmanagementsoftware
  - Etablierung eines Projektmanagement-Office (PMO)
⇨ *Beratung zur Weiterentwicklung als projektorientiertes Unternehmen*
  - Entwicklung einer Programmmanagementrichtlinie
  - Entwicklung einer Projektportfoliomanagementrichtlinie
  - Einführung einer Projektportfoliomanagementsoftware
  - Entwicklung einer Richtlinie zum Managementaudit eines Projekts
  - Etablierung einer Projektportfolio-Group
  - Weiterentwicklung des Projektmanagement-Office (PMO)
  - Durchführung einer Maturity-Analyse als projektorientiertes Unternehmen
⇨ *Beratung im Rahmen einer Projektinitiierung*

Entsprechend der oben vorgenommenen generellen Differenzierung von Beratungen in Gutachtenerstellung, Fachberatung und Prozessberatung können die Durchführung eines Managementaudits eines Projekts und die Durchführung einer Maturityanalyse eines projektorientierten Unternehmens als Gutachtenerstellung verstanden werden. Managementberatung von projektorientierten Unternehmen kann man als Fachberatung, Managementberatung von Projekten als Prozessberatung kategorisieren.

Die Managementberatung von Projekten ist vom Projektmanagementtraining, vom Coaching der Mitglieder von Projektorganisationen und vom Projektmanagement auf Zeit zu unterscheiden. Das Coaching dient einerseits dem Transfer von Trainingsinhalten in die tägliche Praxis von Trainingsabsolventen und andererseits zur Lösung aktueller »on the job«-Herausforderungen von Managern. Beim Projektmanagement auf Zeit übernimmt der Projektmanager Managementverantwortung. Management auf Zeit stellt keine Beratungsleistung dar, da es dabei zu Stellvertretungshandeln kommt. Es werden Entscheidungen für andere getroffen.

Managementberatung von Projekten wird auch mit Projektmanagementtraining und mit Coaching der Mitglieder von Projektorganisationen kombiniert. Projektmanagementberatung von Unternehmen wird oft mit Managementberatung von Projekten kombiniert.

Eine zusammenfassende Differenzierung von Beratungen und beratungsnahen Dienstleistungen sowie deren jeweilige Klienten findet sich in Tabelle 2. Klient
⇨ der Managementberatung eines Projekts ist das Projekt,
⇨ der Beratung eines projektorientierten Unternehmens ist das Unternehmen
⇨ eines Trainings ist die Teilnehmergruppe,
⇨ projektbezogener Coachings können der Projektauftraggeber, der Projektmanager, das Projektauftraggeberteam oder das Projektteam sein.

Die Beratung erfolgt durch ein Beratungssystem. Dieses stellt ein intermediäres System zwischen Klient (Projekt oder projektorientiertes Unternehmen) und der jeweiligen Organisation, aus der die Berater kommen, dar. Dieses Beratungssystem hat spezifische Ziele und Strukturen (Prozesse, Rollen, Methoden), durch das es sich z. B. vom beratenen System »Projekt« unterscheidet. Organisationen, aus denen Berater kommen, können entweder unternehmensexterne Consultingfirmen oder unternehmensinterne Beratungsorganisationseinheiten sein. In Abbildung 6 sind diese Beziehungen exemplarisch für eine Managementberatung eines Projekts dargestellt.

68

Tabelle 1: Beratung, beratungsnahe Dienstleistungen und deren Klienten		
	Beratungen	**Beratungsnahe Dienstleistungen**
Dienst-leistungen	⇨ Managementberatung von Projekten ⇨ Managementberatung von Programmen ⇨ Managementberatung pro-jektorientierter Unterneh-men (oder Unternehmens-bereiche)	⇨ Training ⇨ Moderation ⇨ Coaching
Klienten	⇨ Projekte ⇨ Programme ⇨ projektorientierte Unterneh-men (oder Unternehmens-bereiche)	⇨ Trainingsteilnehmer ⇨ Projekt- bzw. Programm-leiter ⇨ Projekt- bzw. Programm-auftraggeber ⇨ Gruppen von Projektleitern ⇨ Projekt- bzw. Programm-team ⇨ Subteams von Projekten

Abb. 6:   *In eine Managementberatung eines Projekts involvierte Systeme*

Managementberatung von Projekten

Managementberatung von Projekten können, wie in Tabelle 1 dargestellt, nach Beratungen beim Durchführen von Projektmanagement-
teilprozessen, der Durchführung eines Managementaudits und der
Durchführung einer Kurzintervention unterschieden werden. Exemplarisch werden folgend die Beratungen eines Projekts bei »Projekt
starten« bzw. bei »Projekt neu positionieren«, die Durchführung eines
Managementaudits und die Kurzintervention in ein Projekt dargestellt.

Beratung eines Projekts beim Durchführen eines Projektmanagementteilprozesses

Die Beratung eines Projekts kann beim Durchführen der Teilprozesse »Projekt starten«, »Projekt controllen«, »Projekt abschließen«, »Projekt transformieren« oder »Projekt neu positionieren« stattfinden. Eine Beratung kann sich auf einen oder auch auf mehrere Teilprozesse beziehen. So ist es z. B. üblich, ein Projekt beim Starten und anschließend bei mehreren Controllingzyklen zu beraten, um dadurch die Nachhaltigkeit der bei »Projekt starten« entwickelten Projektstrukturen und Projektkontextbeziehungen zu sichern.

Ziele der Managementberatung eines Projekts ist die (Weiter-)Entwicklung der Managementkompetenz des Projekts. Betrachtungsobjekte der Beratung sind das Design des Projektmanagementprozesses, die Qualität und die Konsistenz der Projektpläne, das Design der Projektorganisation, die Gestaltung der Projektkontextbeziehungen etc.

Eine Beratung eines Projekts im Startprozess kann folgende Leistungen beinhalten:
⇨ Analyse vorhandener Projektmanagementdokumente, Durchführung von Interviews mit Projektstakeholdern, Beobachtung erster Projektsitzungen etc.
⇨ Unterstützung bei der Auswahl der Projektteammitglieder und des Projektmanagers
⇨ Vorbereitung und Reflexion eines Projektstartworkshops
⇨ Unterstützung bei der Erarbeitung eines Projekthandbuchs
⇨ Vorbereitung und Reflexion einer Projektauftraggebersitzung
⇨ Unterstützung bei der Auswahl und/oder dem Einsatz entsprechender Projektinfrastruktur (Räume, Information and Communication Technology etc.)

Die Managementberatung eines Projekts im Teilprozess »Projekt neu positionieren« kann folgende Leistungen beinhalten:
⇨ Unterstützung bei der Definition einer Projektkrise

70

⇨ Kurzanalyse des Projekts und Unterstützung beim Treffen von Ad-hoc-Maßnahmen zur Schadensminimierung

⇨ Unterstützung beim Entwickeln von Szenarien und bei der Definition von Strategien zur Bewältigung der Projektkrise

⇨ Unterstützung bei der Umsetzung der Bewältigungsmaßnahmen wie z. B. Neudefinition der Projektziele, Neustrukturierung des Projekts, Re-Design der Projektorganisation, Neugestaltung der Projektstakeholderbeziehungen, Neukalkulation des Business Case etc.

⇨ Unterstützung bei der Kommunikation der Neupositionierung

⇨ Unterstützung bei der Beendigung der Projektkrise

Eine Beratung beim Durchführen der Projektmanagementteilprozesse wird durch ein Beratungssystem aus Beratern und Vertretern der Projektorganisation durchgeführt (siehe Abbildung 6). Der Nutzen der Managementberatung eines Projekts für unterschiedliche Stakeholder ist im folgenden Kasten dargestellt.

Nutzen der Managementberatung eines Projekts beim Durchführen der Projektmanagementteilprozesse

⇨ Nutzen für das Projekt
  – Beitrag zur Sicherung einer hohen Projektmanagementqualität
  – Beitrag zur Realisierung der Projektziele
⇨ Nutzen für Mitglieder der Projektorganisation
  – Transparenz der Projektstrukturen (Projektziele, Betrachtungsobjekte, Arbeitspakete, Termine, Rollen etc.)
  – Orientierung bezüglich der eigenen im Projekt zu erfüllenden Aufgaben
⇨ Nutzen für das projektdurchführende Unternehmen
  – Beitrag zur Sicherung des Unternehmenserfolgs
  – Aufbau von langfristig nutzbaren Projektmanagementkompetenzen
⇨ Nutzen für Kunden externer Projekte bzw. Nutzer der Projektergebnisse interner Projekte
  – Transparenz bezüglich der Projektstrukturen
  – Orientierung bezüglich der eigenen im Projekt zu erfüllenden Aufgaben
  – Beitrag zur Realisierung der Projektziele
⇨ Nutzen für Kooperationspartner und Lieferanten
  – Grundlage für eine professionelle Kooperation im Projekt

Durchführung eines Managementaudits eines Projekts

Ziel des Managementaudits eines Projekts ist die Analyse und die eventuelle Weiterentwicklung der Managementkompetenz eines Projekts. Betrachtungsobjekte eines Audits sind
⇨ das Design des Projektmanagementprozesses,
⇨ die Qualität und die Konsistenz des Methodeneinsatzes,
⇨ das Design der Projektorganisation,
⇨ die Gestaltung der Projektkontextbeziehungen etc.
jeweils während der Phasen »Projekt starten« bzw. »Projekt controllen«, aber auch während »Projekt transformieren« oder »Projekt neu positionieren«.

Ein Managementaudit eines Projekts kann folgende Leistungen beinhalten:
⇨ Analyse der Projektmanagementdokumente, Durchführung von Interviews mit Projektstakeholdern, Beobachtung von Projektsitzungen etc.
⇨ Benchmarking der Managementkompetenz des betrachteten Projekts mit anderen Projekten bzw. mit »Best Practices«
⇨ Entwicklung von Vorschlägen zur Weiterentwicklung der Managementkompetenz des Projekts
⇨ Erstellung eines Auditberichts
⇨ Durchführung eines Auditworkshops

Ein Managementaudit eines Projekts wird durch ein Team von Auditoren in Kooperation mit Vertretern der Projektorganisation durchgeführt.

Kurzintervention in ein Projekt

Ziel einer Kurzintervention in ein Projekt ist es, einen Beitrag zur Weiterentwicklung der Projektmanagementkompetenz des Projekts zu leisten. Durch eine Kurzintervention in ein Projekt soll ein Beitrag zur

Lösung akuter Projektmanagementherausforderungen mit geringem Ressourceneinsatz erfolgen. Mitglieder der Projektorganisation haben dadurch auch die Möglichkeit, neue Reflexionsarten und Arbeitsformen kennenzulernen.

Betrachtungsobjekte in Kurzinterventionen sind akute Herausforderungen im Rahmen
⇨ des Designs des Projektmanagementprozesses,
⇨ der Qualität und der Konsistenz des Methodeneinsatzes,
⇨ des Designs der Projektorganisation,
⇨ der Gestaltung der Projektkontextbeziehungen etc.

Mögliche Arbeitsformen in Kurzinterventionen sind z. B. Expertenfeedback, Consultingsituation, reflektierende Positionen, Reflecting Team, Projektsimulation und systemische Aufstellungen.

Eine Kurzintervention in ein Projekt kann folgende Leistungen beinhalten:
⇨ Analyse der Ist-Situation
⇨ Definition der akuten Projektmanagementherausforderung
⇨ Kurzanalyse der Herausforderung
⇨ Erarbeitung von Lösungsvorschlägen
⇨ Feedback zur Kurzanalyse und zu den Lösungsvorschlägen durch Vertreter der Projektorganisation

Eine Kurzintervention in ein Projekt wird durch ein Team von Beratern in Kooperation mit Vertretern der Projektorganisation durchgeführt.

Projektmanagementberatung von Unternehmen

Projektmanagementberatung von Unternehmen kann – wie im ersten Kasten dargestellt – einerseits nach Beratungen zur Etablierung bzw. zur Weiterentwicklung projektorientierter Unternehmen (bzw. Unternehmensbereiche) unterschieden werden. Andererseits stellt auch eine

Beratung im Rahmen einer Projektinitiierung eine Beratung eines projektorientierten Unternehmens dar.

Beratung zur Etablierung als projektorientiertes Unternehmen

Anlass für eine Beratung zur Etablierung als projektorientiertes Unternehmen ist meist eine zunehmende Projektorientierung von Unternehmen und ein damit verbundener Bedarf an Professionalisierung des Projektmanagements. Ziel der Beratung ist daher die Entwicklung der organisatorischen Projektmanagementkompetenz eines Unternehmens (oder Unternehmensbereichs).

Zur Etablierung als projektorientiertes Unternehmen können folgende Beratungsleistungen entweder einzeln oder gemeinsam durchgeführt werden:
⇨ Entwicklung einer Projektmanagementrichtlinie
⇨ Einführung einer Projektmanagementsoftware
⇨ Etablierung eines Projektmanagement-Office (PMO)

In einer Projektmanagementrichtlinie werden der im Unternehmen anzuwendende Projektbegriff definiert, relevante Projektarten unterschieden, die Ziele, die Teilprozesses, die Methoden, die Rollen und die einzusetzenden Formulare des Projektmanagement-Prozesses sowie die für das Projektmanagement einzusetzende Infrastruktur (Räume, Software etc.) zusammengefasst. Exemplarisch ist ein Inhaltsverzeichnis einer Projektmanagementrichtlinie im Kasten unten dargestellt. Projektmanagementrichtlinien können im Unternehmen verbindlich sein oder nur Empfehlungscharakter haben.

Die Einführung einer Projektmanagementsoftware ist eine Voraussetzung für ein professionelles Projektmanagement. Die organisatorische Zuständigkeit für den Projektmanagementprozess und damit auch für die -richtlinie und -software sollte bei einem zu etablierenden Projektmanagement-Office (PMO) liegen.

74

Inhaltsverzeichnis einer Projektmanagementrichtlinie (Beispiel)

Beratung zur Weiterentwicklung als projektorientiertes Unternehmen

Anlass für eine Beratung zur Weiterentwicklung als projektorientiertes Unternehmen ist meist ein Bedarf nach einer weiteren Professionalisierung des Projektmanagements kombiniert mit einer Einführung von Programm- und Projektportfoliomanagement. Ziel der Beratung ist daher die Weiterentwicklung als projektorientiertes Unternehmen (oder Unternehmensbereich) in diesen Themen.

Dazu können folgende Beratungsleistungen entweder einzeln oder gemeinsam durchgeführt werden:

⇨ Entwicklung einer Programmmanagementrichtlinie
⇨ Entwicklung einer Projektportfoliomanagementrichtlinie
⇨ Einführung einer Projektportfoliomanagementsoftware
⇨ Entwicklung einer Richtlinie zum Managementaudit eines Projekts
⇨ Etablierung einer Projektportfolio-Group
⇨ Weiterentwicklung des Projektmanagement-Office (PMO)
⇨ Durchführung einer Maturity-Analyse als projektorientiertes Unternehmen

Ähnlich wie die Projektmanagementrichtlinie haben auch Richtlinien zum Programm- und Projektportfoliomanagement das Ziel, organisatorische Orientierung zu geben und Verbindlichkeit zu sichern. Das Projektportfoliomanagement kann durch die Einführung einer entsprechenden Software unterstützt werden. Die Entwicklung einer Richtlinie zum Health Check von Projekten setzt bereits einen hohen Reifegrad voraus und erfolgt daher erst in einer späten Phase der Weiterentwicklung als projektorientiertes Unternehmen.

Eine weitere Institutionalisierung des Projekt-, Programm- und Projektportfoliomanagements im Unternehmen erfolgt durch die Weiterentwicklung des Projektmanagement-Office (PMO) und die Etablierung einer oder mehrerer Projektportfolio-Groups. Die Weiterentwicklung des PMO zur Erfüllung umfassender PMO-Services kann ein Beratungsziel sein. Im folgenden Kasten ist ein Katalog möglicher PMO-Services dargestellt.

Katalog möglicher PMO-Services
⇨ Projekt- und Programmmanagementservices
  – Consulting und Health Checking von Projekten und Programmen
  – Coaching von Projektauftraggebern, Projektmanagern und Projektteams
  – Projektmanagement- und Projektkommunikationsassistenz
⇨ Projektportfoliomanagementservices
  – Entwicklung und Wartung der Projektportfoliodatenbank
  – Erstellung von Projektportfolioberichten

– Analyse von Investitions- und Projektanträgen
– Planung, Vorbereitung, Durchführung und Nachbereitung von Projekt-portfolio-Group-Sitzungen
– Förderung und Unterstützung des Projektenetzwerkens
⇨ Projektpersonalmanagementservices
  – Definition der Anforderungen an das Projektpersonal
  – Entwicklung von Karrierepfaden für das Projektpersonal
  – Planung und Organisation der Entwicklung des Projektpersonals
  – Evaluierung des Projektpersonals
⇨ Organisationsservices
  – Entwicklung und Wartung der Richtlinien zum Projekt-, Programm- und Projektportfoliomanagement
  – Entwicklung und Wartung von Formularen und von Software für das Projekt-, Programm- sowie Projektportfoliomanagement

Eine Projektportfolio-Group stellt eine permanente Organisationseinheit eines projektorientierten Unternehmens dar. Ziel einer Projektportfolio-Group ist die Optimierung der Projektportfolioergebnisse. Aufgaben der Projektportfolio-Group im Projektinitiierungsprozess sind

⇨ das Abstimmen der Projektziele mit den Unternehmensstrategien,
⇨ das Entscheiden über die adäquate Organisationsform (z. B. Projekt oder Programm) zur Implementierung einer Investition,
⇨ das Auswählen des/der Projektauftraggeber etc.

Aufgaben der Projektportfolio-Group im Projektportfoliokoordinationsprozess sind

⇨ die Koordination der eingesetzten internen und externen Ressourcen,
⇨ das Festlegen von Projektprioritäten,
⇨ die strategische Gestaltung von Stakeholderbeziehungen etc.

Eine Maturity-Analyse eines projektorientiertes Unternehmens sollte als Grundlage für die Weiterentwicklung als projektorientiertes Unternehmen durchgeführt werden. Je nach Entwicklungsstatus des Unternehmens bzw. Unternehmensbereichs kann dabei der Fokus auf dem Projektmanagement liegen oder es können auch bereits das Programm- und Projektportfoliomanagement analysiert werden. Auch die Zusammenhänge zwischen den Reifegraden dieser Prozesse sind zu berücksichtigen: So setzt z. B. ein hoher Programmmanagementreifegrad einen hohen Reifegrad im Projektmanagement voraus.

Beratung im Rahmen der Projektinitiierung

Die Beratung im Rahmen einer Projektinitiierung hat deren Optimierung zum Ziel. Es sind daher Beratungsleistungen zu erfüllen, die
⇨ die Auswahl einer adäquaten Organisationsform, um eine Investition zu implementieren, sichern,
⇨ die Nominierung eines entsprechenden Projektauftraggebers ermöglichen und
⇨ eine optimale Beauftragung eines Projektmanagers (und eines Projektteams) fördern.

Die Beratung im Rahmen einer Projektinitiierung kann folgende Leistungen beinhalten:
⇨ Unterstützung bei der Definition des Projekts (Definition der Projektgrenzen und -kontexte, Erstellung von Erstansätzen der Projektpläne)
⇨ Analyse der lokalen, regionalen und globalen ökologischen sowie sozialen Auswirkungen des Projekts
⇨ Analyse der Auswirkungen des Projekts auf das aktuelle Projektportfolio
⇨ Unterstützung beim Projektantrag und -auftrag
⇨ Unterstützung beim Einbeziehen der Projektstakeholder im Initiierungsprozess

Klient dieser Beratung ist ein projektorientiertes Unternehmen (oder Unternehmensbereich).

Literatur

[1]   POHLMANN, M.: *Beratung und Weiterbildung als alternative Formen des »Wissenstransfers«
       in der Wissensgesellschaft. In: Pohlmann. M.; Zillmann, T.: Beratung und Weiterbildung.
       Fallstudien, Aufgaben und Lösungen. München und Wien: Oldenbourg, 2006*

[2]   ARIMOND, H.: *Zeitgemäße Berufsaufklärung. In: Psychologische Beiträge. Band 9, o. O.,
       1966*

[3]   TITSCHER, S.: *Professionelle Beratung. Wien: Ueberreuter, 1997*

[4]   LUHMANN, N.: *Funktionen und Folgen formaler Organisationen. Berlin: Duncker und
       Humblot, 1964*

[5]   INTERNATIONAL PROJECT MANAGEMENT ASSOCIATION: *ICB-IPMA-Kompetenzrichtlinie
       Version 3.0, Nijkerk: International Project Management Association, 2006*

[6]   PROJECT MANAGEMENT INSTITUTE: *A guide to the project management body of knowledge
       (PMBOK® guide). 5. Aufl. Pennsylvania: Project Management Institute Inc., 2013*

[7]   GAREIS, R.; HUEMANN, M.; MARTINUZZI, A.: *Project Management & Sustainable Develop-
       ment Principles. Pennsylvania: Project Management Institute Inc.*

[8]   GAREIS, R.: *Happy Projects! Wien: MANZ'sche Verlags- und Universitätsbuchhandlung
       GmbH, 2006*

Zusammenfassung

Oft wird Projektmanagement in Unternehmen als relativ unabhängig von anderen Managementansätzen wie z. B. strategische Planung, Prozessmanagement, Changemanagement und Business Analysis gesehen. Dadurch werden unterschiedliche Begriffe für dasselbe verwendet, der Methodeneinsatz ist nicht aufeinander abgestimmt, die Aufgaben der jeweiligen Rollenträger überschneiden sich teilweise, es entstehen auch Konkurrenzbeziehungen.

Erst durch eine integrative Betrachtung von Projektmanagement gemeinsam mit anderen Managementansätzen können die Voraussetzungen für ein effizientes und professionelles Management in Unternehmen gesichert werden. In der Unternehmensberatung sind einerseits die relevanten Unterschiede zwischen einzelnen Managementansätzen zu sichern und andererseits Abstimmungen und Vereinheitlichungen vorzunehmen.

Marketing und Vertrieb von Projektmanagementdienstleistungen

Die Beratung von Organisationen im Projektmanagement wird üblicherweise durch externe Experten erbracht. Diese sind auf professionelles Marketing und Vertrieb angewiesen, um Kundenanforderungen zu analysieren, geeignete Maßnahmen zu ergreifen und so die Erwartungen ihrer Kunden optimal zu erfüllen.

In diesem Beitrag erfahren Sie:
- was den Markt für Projektmanagementdienstleistungen auszeichnet,
- wie das Marketing für Projektmanagementdienstleistungen aussieht sowie
- welche wesentlichen Vertriebsaktivitäten erfolgversprechend sind.

REINHARD WAGNER

Einleitung

Organisationen wickeln heutzutage eine Vielzahl von Projekten ab, z. B. in Forschung und Entwicklung, in der IT, in der Produktion oder bei Veränderungsvorhaben. Die Fähigkeit, Projekte professionell und effizient abzuwickeln, wird deshalb für Unternehmen zu einer Kernkompetenz, egal ob in der Industrie, in der öffentlichen Verwaltung oder im Not-for-Profit-Bereich. Organisationen fragen deshalb zunehmend Beratungsleistungen nach, die von renommierten Beratungsunternehmen, eher mittelständischen, auf das Projektmanagement spezialisierten Dienstleistern, durch selbstständige Berater und auch durch interne Experten (z. B. durch PM Office oder Inhouse Consulting) erbracht werden. Insbesondere die extern tätigen Dienstleister sind auf professionelles Marketing sowie professionellen Vertrieb ihrer Projektmanagementdienstleistungen angewiesen. Die Zahl der Dienstleister hat in diesem Metier in den letzten Jahren stark zugenommen. Deshalb kommt es hier auf eine eindeutige Positionierung im Markt, eine klar auf die Anforderungen der Kunden ausgerichtete Strategie sowie einen konsequenten Vertrieb an, um im Markt erfolgreich bestehen zu können.

Die Erbringung von Projektmanagementberatungsleistungen kann definiert werden als [1]: »Höherwertige, persönliche Dienstleistung, die durch eine oder mehrere unabhängige und qualifizierte Person(en) erbracht wird. Sie hat zum Inhalt, Probleme zu identifizieren, zu definieren und zu analysieren, welche die Kultur, Strategien, Organisation, Prozesse, Verfahren und Methoden des Unternehmens des Auftraggebers betreffen. Es sind Problemlösungen (Sollkonzepte) zu erarbeiten, zu planen und im Unternehmen umzusetzen.«

Dabei gilt wie für alle anderen Dienstleistungen eine Reihe von Unterschieden. So steht der Kunde mit seinen sehr spezifischen Anforderungen am Anfang des Wertschöpfungsprozesses und wird über den gesamten Erstellungsprozess hinweg eng eingebunden. Die Dienstleistung ist weitgehend immateriell und wird vorwiegend durch Kommunikation und Interaktion zwischen dem Kunden und dem Dienstleister erbracht. Der Dienstleister muss über ein bestimmtes Know-how verfügen, das ihn für den Kunden attraktiv macht. Neben einem spezifischen Fach-Know-how (im Projektmanagement) rücken in den vergangenen Jahren insbesondere die Fähigkeiten zur Zusammenarbeit und Interaktion mit dem Kunden und mit wichtigen Stakeholdern in den Mittelpunkt des Geschehens. So stellt die Beratung von Organisationen im Projektmanagement einen komplexen Veränderungsprozess dar, der von Anfang an ganzheitlich (»systemisch«) gemanagt werden sollte.

Der Markt für Projektmanagementdienstleistungen

In den letzten Jahren hat die Zahl der Projekte in nahezu allen Bereichen der Wirtschaft zugenommen, allerdings ist eine exakte Bestimmung des Anteils der Projektwirtschaft am Bruttosozialprodukt in Deutschland nicht möglich. Eine erste Schätzung durch die Deutsche

Bank Research im Jahr 2007 ging von 2 % aus und prognostizierte ein Wachstum bis auf 15 % für das Jahr 2020 [2]. Zwei Jahre später stellte eine empirische Studie des Instituts für Beschäftigung und Employability (IBE) im Auftrag von HAYS fest [3]: »Betriebliche Projektwirtschaft gehört längst zum Alltag in den meisten Unternehmen. Drei Viertel der befragten Entscheider geben an, dass in ihrer Firma bereits projektwirtschaftliche Strukturen genutzt werden. Dabei zeigt der Mittelwert, dass mittlerweile rund 37 Prozent aller Arbeitsabläufe in Unternehmen projektwirtschaftlich organisiert werden.« Eine bislang noch unveröffentlichte Studie der GPM bestätigt diese Zahlen und sieht die deutsche Projektwirtschaft weiter im Aufwind.

Was heißt das nun für den Markt der (Beratungs-)Dienstleistungen im Projektmanagement? Auch hier gibt es keine exakten Zahlen. Je schwieriger es ist, Projekte von anderen Arten der Aufgabenerledigung abzugrenzen, umso schwieriger ist es, spezifische Dienstleistungen von anderen Dienstleistungsarten abzugrenzen. Alle zwei Jahre veröffentlicht der Bundesverband Deutscher Unternehmensberater BDU e. V. eine Analyse des Beratermarkts. Der Bericht aus dem Jahr 2014 [4] sieht seit dem Jahr 2009 steigende Umsätze für die Unternehmensberatung, im Jahr 2013 insgesamt in Höhe von 23,7 Milliarden Euro. Auch die Zahl der Berater (knapp 100.000) und Beratungsunternehmen (15.300) steigt in den letzten Jahren kontinuierlich an. Der BDU weist zwar keine Zahlen für das Projektmanagement aus, allerdings kann man aus dem mit 43 % relativ hohen Anteil für »Organisations- und Prozessberatung« schlussfolgern, dass Projektmanagementdienstleistungen einen hohen Stellenwert in der Beratung haben.

Die Beratungsleistungen teilen sich auf verschiedene Sektoren auf, so werden 33,6 % im verarbeitenden Gewerbe erbracht, 24,2 % im Finanzsektor, 9 % in der öffentlichen Verwaltung, knapp 8 % jeweils in TIMES (dies steht für Telekommunikation, Informationstechnologie, Medien, Entertainment und Security) sowie Energie- und Wasserversorgung. Die restlichen Bereiche stehen für weniger als 5 % des Umsatzes der Beratungsleistungen. Der Löwenanteil des Umsatzes wird von Unternehmen mit mehr als 500 Mitarbeitern beauftragt, nämlich

65 %, mittelständische Betriebe stehen für 22 % und Kleinunternehmen für 13 % des Umsatzes.

Für die Beratung im Projektmanagement wurde nach Aussagen des BDU ein Wachstum von 6,1 % für das Jahr 2014 prognostiziert, was leicht über den allgemeinen Wachstumsraten in der Beratung liegt und ungefähr gleichauf mit den Beratungsfeldern in Prozessoptimierung und Change-Management.

Im folgenden Kasten sind die wichtigsten Trends für den Beratungsmarkt auf Basis der BDU-Studie zusammengefasst [4]:

Trends auf dem Beratungsmarkt

⇨ Die kontinuierliche Weiterentwicklung der eigenen Kompetenzen wird zu einem USP für den jeweiligen Berater.

⇨ Verlässliche Ressourcenverfügbarkeit wird insbesondere bei umfangreicheren Projekten unabdingbar.

⇨ Die explizite Nachfrage des Klienten nach erfahrenen Beratern aus seiner Branche wird zunehmen.

⇨ Die Mitarbeiter der Klienten sind in den Beratungsprojekten immer stärker in die Problemlösung integriert.

⇨ Die Anforderungen an mittelgroße Unternehmensberatungen an eine strategische Anpassung des eigenen Beratungsgeschäfts steigen deutlich.

⇨ Für Beratungsunternehmen wird es zu einer großen Herausforderung werden, der Generation Y ein attraktives Arbeitsumfeld zu bieten.

⇨ Der Großteil der Beratungsprojekte beinhaltet heute einen hohen Transformationsanteil.

⇨ Neue Wertschöpfungsketten durch Industrie-4.0-Projekte sorgen in den nächsten zehn Jahren für zusätzliche Marktchancen.

⇨ Der formalisierte und standardisierte Angebotsprozess wird für größere Klientenunternehmen noch wichtiger.

⇨ Der Consultingmarkt befindet sich in der Reifephase.

⇨ Der Consultingmarkt in Deutschland steht in den kommenden zwei bis drei Jahren vor einer weiteren Konsolidierung.

Die Trends machen deutlich, dass der Beratungsmarkt im Wandel ist und eine eindeutige Positionierung der Anbieter im Wettbewerb erforderlich ist. Eine Befragung der GPM in Zusammenarbeit mit der German Graduate School of Management and Law (GGS) unter Anbietern und Nachfragern von Projektmanagementberatung [5] hat ergeben, dass die Bereitstellung von Ressourcen bei der operativen

Umsetzung sowie der Know-how-Transfer als wichtigste Funktion der Beratung im Projektmanagement angesehen wird. Die Steigerung der Effektivität (Wirksamkeit) und die Erwirtschaftung eines messbaren und nachhaltigen Nutzens stellt zukünftig die größte Herausforderung für die Dienstleistungsanbieter dar. Auf der Unternehmensebene werden die Verbesserung der Wettbewerbsfähigkeit und die Legitimierung von Entscheidungen als wichtigster Nutzen der Projektmanagementberatung gesehen. Ergebnisqualität und Überwindung von Ressourcenknappheit stellen auf Projektebene den größten Mehrwert dar. Auf der Ebene der Mitarbeiter soll durch die Projektmanagementberatung die Zusammenarbeit im Projektteam verbessert werden.

Als wichtige Anwendungsfelder von Dienstleistungen im Projektmanagement sehen die Befragten der GPM-Studie derzeit vor allem Projektmanagementmethoden, -prozesse sowie -kultur, zukünftig wird sich die Nachfrage dagegen verstärkt auf Projektmanagementkultur, -methoden und -strategie konzentrieren. Beim Dienstleistungsangebot stehen sowohl aktuell wie auch in Zukunft Projektmanagementoptimierungen, -zertifizierungen wie auch -konzeptionen ganz vorne auf dem Wunschzettel.

Bei den Dienstleistungen werden neben der klassischen Beratung auch noch Coaching, das sogenannte »Trouble Shooting« und Qualifizierungsleistungen nachgefragt – mit einem klaren Trend zum individuellen Coaching. Bei der Auswahl von Beratern wird vor allem nach den Empfehlungen, Referenzen und bestehenden Rahmenverträgen gefragt. In der Praxis sind die häufigsten Einsatzbereiche für Berater die Organisations- und Prozessberatung sowie IT-Beratung. Die Strategieberatung hat bei den Nachfragern ebenfalls eine große Bedeutung. Dabei wird Projektmanagementberatung überwiegend (70 %) durch Einzelberater geleistet. Beratungsaufträge im Projektmanagement haben üblicherweise ein Projektvolumen von mehr als 20 Personentagen und werden in Form eines Dienstvertrags erbracht.

Eine Studie der Fachhochschule des BFI Wien zum Outsourcing von Projektmanagementaktivitäten bestätigt den Trend zur Vergabe von Aufgaben an spezialisierte Dienstleister [6]. Das Outsourcing versetzt Unternehmen in die Lage, Unternehmensfunktionen und Prozesse durch die Beauftragung von externen (nicht mit dem eigenen Unternehmen verbundenen) Dienstleistern mit Leistungen, die zuvor durch interne Funktionsträger erbracht wurden, zu optimieren.

Die Studie offenbart eindeutig, dass schon vielen Umfrageteilnehmern die Möglichkeit, einzelne Projektmanagementaktivitäten an einen Dienstleister zu vergeben, bekannt ist. Dabei wurden insbesondere die Zeit-, Ressourcen- und Kostenplanung, darüber hinaus das Risikomanagement sowie Coaching und Moderation im Zusammenhang mit Outsourcing genannt. Vor allem wurden das Auslagern der kompletten Projektleitung sowie des Projektcontrollings als bereits bekannte Möglichkeiten häufiger angegeben. Die Studie konstatiert, dass ein Trend in Richtung Outsourcing von Projektmanagementaktivitäten feststellbar ist. Es handelt sich dabei um ein Thema, das in vielen Unternehmen – zumindest versuchsweise – umgesetzt wird.

Demnach eignen sich nicht alle Aktivitäten gleichermaßen für Outsourcing – unterstützende Aktivitäten werden noch vor dem Controlling als geeignet für Outsourcing betrachtet. Das Outsourcing der gesamten Projektleitung wird hingegen eher kontrovers gesehen. Vor allem organisatorische Aspekte, wie z. B. die Abgrenzbarkeit von Aktivitäten, das eigene Know-how oder die Wechselwirkung mit dem Kontext, entscheiden darüber, ob das Outsourcing sinnvoll erscheint. Bei international verteilter Projektarbeit kann man sich Outsourcing von Projektmanagementaktivitäten gut vorstellen. Das Outsourcing ist jedoch nicht an eine bestimmte Projektart gebunden.

Als Gründe für das Outsourcing von Projektmanagementaktivitäten werden in der Studie vor allem genannt:
⇨ Konzentration auf die Kernkompetenzen
⇨ Mangel an Erfahrung bzw. Nutzung von fremdem Know-how
⇨ professionellere und standardisiertere Prozessabwicklung
⇨ optimaler Ressourceneinsatz
⇨ neutrale Sicht der Dinge

Auffällig ist, dass Kostenreduktion nicht unter den am wichtigsten eingestuften Gründen ist. Argumente, die möglicherweise gegen das verstärkte Outsourcing sprechen:

⇨ Abhängigkeit vom Dienstleister
⇨ Abgrenzungsprobleme der Leistungen und daraus resultierende Nachforderungen im Verlauf der Zusammenarbeit
⇨ erhöhter Aufwand für Kommunikation und Koordination
⇨ Know-how-Abfluss
⇨ erhöhte Kosten

Die Studienteilnehmer nannten auch noch Voraussetzungen für das Outsourcing, so z. B. definierte Schnittstellen zwischen Organisationseinheiten, eine entwickelte Projektkultur in der Organisation sowie gelebte Transparenz. Weitere Informationen zum Outsourcing von Projektmanagementaktivitäten finden sich in [7].

Diese Ausführungen zeigen deutlich, dass der Markt für Dienstleistungen auf dem Gebiet des Projektmanagements bezüglich des Volumens groß, strukturell aber eher unübersichtlich und ausdifferenziert ist. Vor dem Start von Marketing- und Vertriebsaktivitäten sollte sich ein Dienstleister also weitergehend mit dem Markt, ggf. sogar in einer bestimmten Region oder fachlichen Nische auseinandersetzen, um daraus Rückschlüsse für sich als Anbieter bzw. das Angebot zu ziehen.

Marketing von Dienstleistungen im Projektmanagement

Die vorherigen Ausführungen haben gezeigt, dass der Markt für Dienstleistungen im Bereich des Projektmanagements sehr heterogen ist. Anbieter von Dienstleistungen sollten sich genau überlegen, welche Dienstleistungen sie dem Markt überhaupt anbieten wollen, bevor sie mit dem operativen Marketing und dem Vertrieb beginnen.

Strategisches Dienstleistungsmarketing

Ausgangspunkt für die Überlegungen im Bereich Marketing und Vertrieb sind strategische Gesichtspunkte. So sollte der Anbieter zuerst eine strategische Analyse des Marktes mit den Wettbewerbern und Kunden auf Basis der eigenen Position durchführen. Anschließend ist es sinnvoll, die eigene Strategie zu formulieren, aus der dann eine Strategie für das Marketing und den Vertrieb abgeleitet werden kann.

Im Folgenden soll eine pragmatische Vorgehensweise erläutert werden, mit der eine Strategie für den Dienstleister erarbeitet werden kann. Abbildung 1 zeigt die notwendigen Schritte.

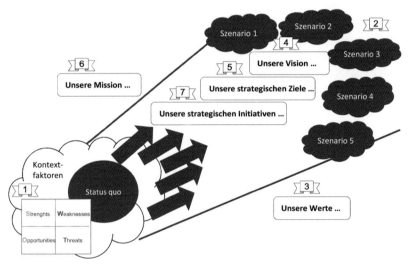

Abb. 1:   *In sieben Schritten zur Strategie*

Im ersten Schritt gilt es, das Umfeld der Organisation zu analysieren und die wichtigsten Einflussfaktoren wie auch Stakeholder herauszuarbeiten. Danach sollte der Status quo der eigenen Organisation genauer unter die Lupe genommen werden, die Geschichte, das Selbstverständnis, das Geschäftsmodell, die Leistungen etc. Nach der Identifikation der Hauptwettbewerber kann eine Analyse der Stärken, Schwächen, Chancen und Gefahren (»SWOT-Analyse«) wertvolle Erkenntnisse in Bezug auf den Handlungsbedarf und die -optionen bringen.

Im zweiten Schritt wird der Horizont für die Strategie definiert. Dieser sollte nicht zu knapp und nicht zu weit bemessen sein, idealerweise sieben Jahre in die Zukunft. Mithilfe von Szenariotechniken oder Zukunftsforschung sollten mögliche Szenarien für den relevanten Bereich der Organisation identifiziert werden. Diese Szenarien können zudem noch mit Eintrittswahrscheinlichkeiten hinterlegt werden, sodass man einzelne Szenarien mit dem »Best Case« und »Worst Case« für die Entwicklung der Strategie kennt.

In einem veränderlichen Umfeld kommt es auf die Werte einer Organisation an. Sie drücken üblicherweise aus, was für die Organisation wichtig ist, was geht und was nicht geht. Werte sind die Fixsterne einer Organisation, wenn es mal wieder drunter und drüber geht. Oft sind die Werte nicht allen Mitarbeitern bewusst, sie sind in der Geschichte gewachsen und werden u. a. durch Rituale, Geschichten oder Symbole transportiert. In einem dritten Schritt lohnt es sich deshalb, genauer nachzuforschen und die Werte offen zu kommunizieren.

Auf Basis von Status quo, SWOT-Analyse, Zukunftsszenarien und Werten kann im vierten Schritt nun eine Vision formuliert werden. Eine Vision drückt ein vages Zukunftsbild aus, das mit der Organisation erreicht werden soll. Aus meiner Sicht muss dieses Bild nicht immer »realistisch« sein, es soll vor allem positive Assoziationen wecken, Energien freisetzen und die Richtung für alle Beteiligten aufzeigen. Eine Vision sollte weniger in Worten, sondern mehr in Bildern formuliert werden. Umso einprägsamer ist sie.

Menschen brauchen neben der Vision auch greifbare, d. h. quantifizierte Ziele für die Zukunft. Sonst fällt es ihnen schwer, ihre Handlungen auf die langfristige Vision hin auszurichten. Mit dem fünften Schritt werden strategische Ziele formuliert, mit deren Hilfe alle Initiativen und Maßnahmen daraufhin überprüft werden können, ob sie auf diese Ziele einzahlen. Allerdings sollten diese strategischen Ziele ausgewogen sein. So hilft z. B. eine Balanced Scorecard (BSC) dabei, strategische Ziele an verschiedenen Dimensionen (u. a. an Kunden, Finanzen, Prozesse, Entwicklung) auszurichten.

Der vorletzte Schritt ist die Mission der Organisation. Darin drücken sich die Stärken einer Organisation aus. Mit Selbstbewusstsein und basierend auf den Stärken einer Organisation wird der »Auftrag« formuliert, den die Organisation in der Welt erfüllen soll. Die Mission hilft bei der Strategieentwicklung, klare Leitplanken zu setzen, innerhalb derer sich die Aktivitäten der Organisation bewegen.

Mit dem letzten, dem siebten Schritt beginnt nun die Hauptarbeit der Strategieentwicklung, nämlich die Formulierung der strategischen Initiativen und Projekte, mit denen die Vision bzw. die strategischen Ziele erreicht werden sollen. Hier kommt schnell vieles zusammen, sodass üblicherweise einmal jährlich bei der Umsetzung alles auf den Prüfstand muss und auf Basis der verfügbaren Ressourcen die Initiativen und Projekte priorisiert werden. Dies zählt sicherlich zu einer der schwierigsten Aufgaben, will doch jeder seine »Steckenpferde« umsetzen. Hier gilt es, konsequent zu sein und das große Ganze nicht aus den Augen zu verlieren.

Der Ansatz hat natürlich in der Praxis seine Tücken. Insbesondere sollte man sich sehr gut vorbereiten und möglichst viele Informationen über die eigene Organisation und die Beteiligten sammeln. Einerseits kann man nur eine begrenzte Zahl an Menschen an der Entwicklung der Strategie beteiligen, andererseits braucht man viele Informationen von Menschen, die an der Strategieentwicklung nicht direkt beteiligt werden können. Insofern kann man den Prozess in mehreren Iterationen durchlaufen und so das Ergebnis verbessern. Es hilft sicherlich dabei, einen neutralen Moderator für die Begleitung zu engagieren. Allerdings kennt sich dieser natürlich nicht so gut mit der Organisation und den Beteiligten aus. Deshalb kann es durchaus sinnvoll sein, einen Mitarbeiter der Organisation für die Moderation der Strategieentwicklung zu nutzen. Schließlich ist die Strategieentwicklung immer nur ein Blitzlicht und sollte deshalb in regelmäßigen Abständen wiederholt werden.

Auf Basis einer übergreifenden Unternehmensstrategie kann eine spezifische Strategie für das Marketing und den Vertrieb der Dienstleistungen abgeleitet werden. Selbstverständlich gibt es hierfür eine Vielzahl von Optionen, so z. B.

⇨ eine Strategie auf Basis von Kostenführerschaft,
⇨ Differenzierung durch besondere Leistungsbreite/-merkmale,
⇨ Spezialisierung auf bestimmte Leistungen, auf eine oder mehrere
   Branchen, Kundengruppen, Nischen bzw. Regionen oder
⇨ die überregionale/internationale Ausdehnung.

Dienstleistungen können allein oder aber zusammen mit Kooperationspartnern erbracht werden. Dies spielt besonders für kleine Dienstleister im Beratungsmarkt eine Rolle, haben diese doch nicht genügend Ressourcen für den Vertrieb und die gleichzeitige Erbringung von Beratungsdienstleistungen. Darüber hinaus kann auch eine Kombination unterschiedlicher Strategien sinnvoll sein (siehe vertiefend dazu [8]). Die ideale Verbindung zwischen strategischem und operativem Marketing bzw. Vertrieb ist die Analyse und Gestaltung der eigenen

Schlüssel-partner	Schlüssel-aktivitäten	Wert-angebote	Kunden-beziehung	Kunden-segmente
Das Netzwerk von Lieferanten und Partnern, die zum Gelingen des Geschäftsmodells beitragen	Dinge, die ein Unternehmen tun muss, damit sein Geschäftsmodell funktioniert	Paket von Produkten und Dienstleistungen, das für ein bestimmtes Kundensegment Wert schöpft	Arten von Beziehungen, die ein Unternehmen mit bestimmten Kunden-segmenten eingeht	Gruppen von Personen oder Organisationen, die ein Unter-nehmen erreichen und bedienen will
	Schlüssel-ressourcen Wichtige Wirt-schaftsgüter, die für das Funktionieren des Geschäfts-modells wichtig sind		**Kanäle** Wie ein Unternehmen seine Kundesegmente erreicht und anspricht, um ein Wertangebot zu vermitteln	
Kostenstruktur Alle Kosten, die bei der Ausführung eines Geschäftsmodells anfallen			**Einnahmequellen** Einkünfte, die ein Unternehmen aus jedem Kundensegment bezieht	

Abb. 2: *Neun Bausteine eines Geschäftsmodells nach Osterwalder und Pigneur [9]*

Positionierung im Markt. Osterwalder und Pigneur haben in einem wegweisenden Buch [9] beschrieben, wie ein innovatives Geschäftsmodell entwickelt werden kann. Abbildung 2 zeigt das Analyseraster, mit dem in einem ersten Schritt die Ausgangssituation analysiert und auf Basis der vorformulierten, übergeordneten Strategie die Ausgestaltung eines innovativen Geschäftsmodells vorangetrieben werden kann.

Die Analyse der neun Bausteine hilft dabei, Ideen für ein neues oder für die Weiterentwicklung des bestehenden Geschäftsmodells zu sammeln und darauf aufbauend operative Maßnahmen in Marketing und Vertrieb einzuleiten.

Operatives Dienstleistungsmarketing

Im Rahmen des operativen Dienstleistungsmarketings sollten Festlegungen getroffen werden, was Leistungen, Kommunikation, Distribution, Preisgestaltung und Kompetenzen betrifft. Letztere sind bei Dienstleistungen besonders wichtig, sind verfügbare Kompetenzen bei immateriellen Dienstleistungen doch eine Grundvoraussetzung für die Wertschöpfung.

Die oben erwähnten Studien zur Beratung bzw. zum Outsourcing im Bereich Projektmanagement haben deutlich gemacht, wie heterogen die angebotenen Dienstleistungen am Markt sind. Der Dienstleister muss sich deshalb entscheiden, welche Leistungen angeboten werden sollen. Das Spektrum kann im Projektmanagement von der Beratung, über Lehre, Training und Coaching bis zum Interimsmanagement und zur verantwortlichen Übernahme von Projekten reichen. Es ist auch möglich, spezialisiertes Personal für Aufgaben im Projektmanagement zu suchen, zu vermitteln oder zeitlich befristet (z. B. im Rahmen der Arbeitnehmerüberlassung) bei Kunden einzusetzen. Die Beratungsleistung kann sich entweder auf die Einführung oder auch auf die Optimierung von Projektmanagementsystemen beziehen. Dabei reicht es in der Regel nicht aus, nur die Prozesse und Methoden des Projektmanagements in die Beratungsleistung einzubeziehen, zumeist sind unweigerlich komplexe Veränderungen bei Strategie, Struktur, Kultur und den Beteiligten die Folge einer Beratung.

Bei der Kommunikation besteht die Frage darin, welche Zielgruppe je nach Dienstleistung auf welchem Weg und mit welcher Botschaft angesprochen werden soll. Die Studie der GPM [5] zeigt, dass die meisten Beauftragungen über persönliche Empfehlungen und Referenzen erfolgen, mit großem Abstand gefolgt von bestehenden Rahmenverträgen, Ausschreibungen und Initiativbewerbungen bzw. -vertrieb. Zielgruppe der Kommunikation sind Entscheider, zumeist die Geschäftsführung bzw. die Bereichsleiter in größeren Unternehmen. Für den Einstieg kann es auch sinnvoll sein, die Leitung Projektmanagement/ -Office (PMO) anzusprechen. Diese haben in der Regel den Bedarf, können aber oft nicht selbst über die Bedarfsdeckung entscheiden. Bei den Themen Qualifizierung, Zertifizierung und Coaching ist oftmals die Personalabteilung/-entwicklung Ansprechpartner für Dienstleistungen. Ähnliches gilt für die Arbeitnehmerüberlassung oder das Interimsmanagement. Die Botschaften hängen im Wesentlichen von der strategischen Ausrichtung bzw. dem gewählten Geschäftsmodell ab. Im Rahmen der Öffentlichkeitsarbeit kann es darüber hinaus durchaus sinnvoll sein, mit Erfahrungsberichten in Fachzeitschriften (z. B. projektManagement Aktuell) oder auf den relevanten Fachkongressen (z. B. PM Forum der GPM) für sich zu werben.

Die Distribution der Dienstleistungen im Projektmanagement erfolgt häufig direkt durch den Berater, der später dann auch die Leistungen selbst erbringt. Dies ist der Tatsache geschuldet, dass die größte Zahl der Beratungsunternehmen Selbstständige, d. h. Ein-Personen-Unternehmen sind. Bei mittleren und größeren Dienstleistern kann es dagegen schon einen spezialisierten Vertrieb geben, der für die eigenen Berater oder für selbstständige Berater im Unterauftrag akquiriert. Einige Personal- und Engineering-Dienstleister haben sich auf die Akquisition und Vermittlung von Projektpersonal oder Projektmanagementdienstleistungen spezialisiert, die sie zwar im Portfolio führen, aber dann oft mithilfe von externen Beratern (Selbstständigen) abwickeln. Eine weitere Möglichkeit ist es, Aufträge über Internetplattformen zu akquirieren, die sich auf Unterstützung im Projektmanagement spezialisiert haben (u. a. GULP).

Im Bereich von Dienstleistungen ist die Preisgestaltung (das »Pricing«) vor allem von den Vergütungen für die eingesetzten Berater abhängig. Die GPM analysiert immer wieder die Gehälter im Bereich Projektmanagement. Auf der Website der GPM können die Ergebnisse der Studie eingesehen werden [10]. Neben den Gehaltsstrukturen von Projektmanagern in einem Angestelltenverhältnis wurden auch die Bezüge von Freiberuflern (Dienstleistern) untersucht. Die Daten basieren dabei auf 69 in der Stichprobe enthaltenen Freiberuflern. Im Fokus standen deren aktuelle Tagessätze sowie die Entwicklung dieser Sätze. Zudem sollte die Entwicklung der Kapazitätsauslastung innerhalb der vergangenen zwei Jahre ermittelt werden. Hinsichtlich des ersten Aspekts – den von Freiberuflern verlangten Tagessätzen – zeichnet sich ein verhältnismäßig heterogenes Bild ab. So wird bei den Tagessätzen eine Spanne von 300 Euro bis 2.000 Euro voll ausgenutzt. Der mittlere Tagessatz liegt bei 959 Euro. Bei der Entwicklung der Tagessätze der Freiberufler innerhalb der vergangenen zwei Jahre lassen sich keine nennenswerten Veränderungen nachweisen.

Sicherlich spielen beim Pricing auch folgende Faktoren eine Rolle:
⇨ Einsatzdauer (je länger ein Einsatz, umso niedriger das Tageshonorar)
⇨ Vertragsart
⇨ übernommenes Risiko für den Dienstleister (so wird z. B. bei einem Werkvertrag ein höheres Risiko übernommen, das der Auftraggeber entsprechend honorieren muss)
⇨ Branche

So werden nach einer Veröffentlichung der Computerwoche für Juniorberater in der IT Tagessätze von 380 Euro bezahlt, für Consultants mit zwei bis drei Jahren Berufserfahrung schon 670 Euro. Die Senior Consultants können demnach 970 Euro Tagessatz verlangen, Manager 1.140 Euro und Senior Manager – mit mindestens acht Jahren Berufserfahrung – sogar 1.620 Euro [11].

Von der Aufgabenstellung abhängig ist die Antwort auf die Frage, welche Kompetenzen ein Berater für die Dienstleistung mitbringen muss. Die GPM-Beraterstudie [5] offenbart hier die Einsicht, dass sowohl für die Nachfrager als auch für Anbieter Projektmanagementerfahrung, Kommunikationskompetenz, Projektmanagementkenntnis und Konfliktlösungskompetenz die wichtigsten Kompetenzen sind, die einen Berater auszeichnen sollten. Allerdings gibt es bei der Gewichtung einen signifikanten Unterschied: Während die Nachfrager der PM-Erfahrung die größte Bedeutung beimessen, ist für Anbieter Kommunikationsfähigkeit die wichtigste Kompetenz. Auf den mittleren Plätzen rangieren die Fach- und Verhandlungskompetenz wie auch Teamfähigkeit. Weiter abgeschlagen sind Branchen-, Prozess-, Führungs- und interkulturelle Kompetenz. Für drei Viertel der befragten Nachfrager von Beratung im Projektmanagement spielt das Vorhandensein eines Beraterzertifikats bereits eine Rolle – neben den üblichen PM-Zertifikaten von GPM, PMI und Axelos zunehmend auch ein spezifisches Zertifikat für die Projektmanagementberatung (z. B. zertifizierter Projektmanagementberater nach GPM).

Vertrieb von Dienstleistungen im Projektmanagement

Aufgrund der Besonderheiten des Dienstleistungsvertriebs sollte der Vertrieb möglichst als integrierter Vertriebsprozess geplant und gesteuert werden. Die Abbildung 3 zeigt einen integrierten Vertriebsprozess.

Auf Basis der weiter oben schon vorgestellten Unternehmensstrategie wird für den Vertrieb eine entsprechende Strategie abgeleitet sowie eine Markt-, Wettbewerbs- und Kundenanalyse durchgeführt, die als Basis für die Vertriebsarbeit dient. Im Bereich von Dienstleistungen kommt es vor allem auf eine kundenorientierte Einstellung im Vertrieb an, beispielsweise auf zielgruppengerechte Ansprache, kundenindividuelle Betreuung sowie nachhaltige Auftragsabwicklung und Nachbetreuung.

Mit der Akquisition beginnt der Anbieter, im Dialog mit dem Kundenansprechpartner mögliche Aufgabenstellungen für die Beratung abzuklären. Häufig gibt dieser Dialog wertvolle Hinweise über

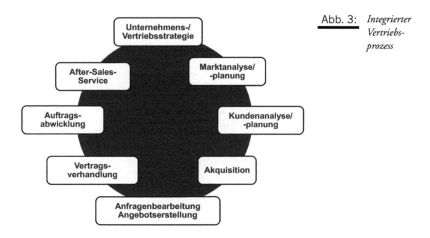

mögliche Handlungsbedarfe der Kunden und damit für die Ausgestaltung der eigenen Dienstleistungen. Insofern gehen die Kundenanalyse sowie die Akquisitionsbemühungen Hand in Hand. Das persönliche Gespräch ist bei der Akquisition von Beratungsleistungen einem fernmündlichen Gespräch oder einem schriftlichen Austausch vorzuziehen. Leider nimmt die Zahl der Ausschreibungen bei Beratungsleistungen weiter zu, die damit einhergehende Distanz führt dabei allzu häufig zu Missverständnissen bei Auftragsklärung und -abwicklung. Auch das »Pitchen«, d. h. die Beteiligung mehrerer Dienstleister an einem Wettbewerb für einen Beratungsauftrag, wird inzwischen immer häufiger praktiziert. Ein Problem ist dabei: Der Auftraggeber beschreibt die Problem- und Aufgabenstellung sowie die Anforderungen an die Dienstleistung aus seiner Sicht. Ob er damit alle erfolgskritischen Aspekte erfasst, ist fraglich. Deshalb sollte vor dem »Pitchen« möglichst intensiv mit dem Auftraggeber gesprochen, klare Spielregeln für den Wettbewerb und ein Zeitplan für den gesamten Prozess vereinbart werden.

Auf Basis der Informationen aus der Akquisition wird ein Angebotsprozess gestartet. Das Angebot sollte nach DIN EN 16114:2011 Un-
ternehmensberatungsdienstleistungen folgende Punkte umfassen:
⇨ den sachlichen Zusammenhang,
⇨ abzuliefernde Leistungen,
⇨ Herangehensweise und Arbeitsplan,
⇨ Zuordnungen und Verantwortlichkeiten sowie
⇨ die Bedingungen [12].

Beim ersten Punkt geht es vor allem darum, wichtige Hintergrundinformationen zusammenzutragen und Annahmen, Anwendungsbereich
sowie Grenzen der Dienstleistung klarzustellen. Darüber hinaus sind
auch noch Einschränkungen und Risiken sowie die Stakeholder interessant. #Mehr hierzu in diesem Buch im Kapitel »Beziehungsaufbau
und Auftragsklärung«.#

Da Beratungsleistungen üblicherweise als Projekt realisiert werden,
spielen Herangehensweise und Arbeitsplan natürlich eine entschei-
dende Rolle bei der Auswahl des Anbieters. Hier sollte der Dienst-
leister – insbesondere im Tätigkeitsfeld Projektmanagement – durch
professionelles Management überzeugen. Die Norm nennt folgende
Punkte [12]:
⇨ Ziele, Anwendungsbereich
⇨ Änderungsmanagement
⇨ Inhalte
⇨ Dokumentation
⇨ Daten, Information und technische Mittel
⇨ Personal der Unternehmensberatung und dessen Verantwortlich-
   keiten
⇨ Personal des Klienten und dessen Verantwortlichkeiten
⇨ Zeitplan
⇨ Projektmanagementmethoden
⇨ Kommunikation
⇨ Eskalationsverfahren

97

⇨ Qualitätsprogramm
⇨ Leistungen oder Arbeitsergebnisse

Eine wichtige Rolle für die Klärung der Zusammenarbeit ist auch die Vertragsform. Will der Auftraggeber, dass der Berater die Verantwortung für einen bestimmten Erfolg übernimmt, dann bietet sich ein Werkvertrag nach § 631 BGB an. Typischerweise kann der Dienstleister diese Verantwortung allerdings nicht übernehmen, da er »nur unterstützt«, die Umsetzung aber aufseiten des Auftraggebers passiert. Deshalb wird die Beratungsleistung häufig nach § 611 BGB als Dienstvertrag angeboten. Hier schuldet der Dienstleister nicht ein bestimmtes Ergebnis, wohl aber die ordnungsgemäße Erbringung der versprochenen Dienste. Darüber hinaus kann auch das Arbeitnehmerüberlassungsgesetz genutzt werden, um Dienstleistungen im Projektmanagement zu erbringen. Hier überlässt der Dienstleister dem Kunden einen Arbeitnehmer. Der Kunde kann den Mitarbeiter flexibel bei sich einsetzen. Er unterliegt auch keinen Einschränkungen, was Integration und Weisungen gegenüber dem Mitarbeiter angeht, was bei Werk- wie auch Dienstvertrag ein praktisches Problem ist. Allerdings stellt sich bei der Arbeitnehmerüberlassung eine Reihe von Fragen, so z. B. in Bezug auf das Image der »Zeitarbeiter«, den Know-how-Verlust für den Kunden nach Ende des Einsatzes sowie den möglichen Verlust eines Mitarbeiters für den Dienstleister, sollte sich der Kunde dazu entschließen, den Mitarbeiter einzustellen. Weitere Vertragsformen (u. a. Konsortium) sind in der Praxis möglich, aber eher selten.

Nach erfolgreichem Vertragsabschluss beginnt die Umsetzung des Beratungsprojekts, das #Vorgehen wird in den folgenden Kapiteln dieses Buches# ausführlich behandelt. Sollte es eine Trennung zwischen Vertrieb und Projektabwicklung geben, dann ist es wichtig, den Vertrieb ständig auf dem Laufenden zu halten, Rückmeldungen zum Status und zu möglichen Problemen bei der Auftragsabwicklung zu geben, damit der Vertrieb dem Berater bei Bedarf bei der Arbeit zur Seite stehen kann. Während der Auftragsabwicklung sollte auch die Möglichkeit für weitere Beratungsaufträge eruiert werden. Oft ergeben sich Änderungen oder Erweiterungen im Laufe eines Beratungsauftrags (u. a. Schulungsmaßnahmen für Führungskräfte oder ein Coaching) sowie mögliche Folgeaufträge in derselben oder einer anderen Abteilung des Kunden. Dabei sind ethische Grundsätze zu beachten, die z. B. in der DIN EN 16114 aufgeführt sind [12] oder beim Berufsverband Deutscher Unternehmensberater BDU e. V. als Download bereitstehen [13].

Nach Abnahme der Dienstleistung durch den Kunden ist der Beratungsprozess noch nicht abgeschlossen. Eine Evaluation der Beratungsleistung sollte bewerten, inwieweit alle Ziele erfüllt wurden und ob die Dienstleistung nachhaltige Ergebnisse erzielt hat. Eventuell ist eine weitere Betreuung durch den Dienstleister nötig, weitere Leistungsumfänge kommen hinzu oder die Erkenntnisse aus der Nachbetrachtung (»Lessons Learned«) sollen für zukünftige Vorhaben nutzbar gemacht werden. Der Dienstleister kann aus dieser Nachbetrachtung für das eigene Unternehmen viele Erkenntnisse ziehen: einerseits für die Strategie und das Dienstleistungsangebot, andererseits auch für die eigene Kompetenz der Dienstleistungserbringung. Insofern sollte hier ein möglichst intensiver Dialog zwischen den beim Auftraggeber wie auch beim Dienstleister beteiligten Personen stattfinden. DIN EN 16114 nennt eine Reihe von Kriterien für die Evaluation.

Literatur

[1]   NIEDEREICHHOLZ, C.: *Unternehmensberatung. Band 1 – Beratungsmarketing und Auftrags-akquisition. 4. Aufl. München: R. Oldenbourg Verlag, 2004*

[2]   HOFMANN, J.; ROLLWAGEN, I.; SCHNEIDER, S.: *Deutschland im Jahr 2020 – Neue Herausfor-derungen für ein Land auf Expedition. Frankfurt: DB Research, 2007*

[3]   RUMP, J. ET AL: *Betriebliche Projektwirtschaft. Eine Vermessung. Ludwigshafen: Institut für Beschäftigung und Employability (IBU), 2010*

[4]   BDU: *Facts & Figures zum Beratermarkt 2013/2014. Bonn: Bundesverband Deutscher Unternehmensberater BDU e. V., 2014*

[5]   GPM: *Beratung im Projektmanagement – Trends, Potentiale, Perspektiven. Nürnberg: GPM Deutsche Gesellschaft für Projektmanagement e. V., 2010*

[6]   KREINDL, E.; ORTNER, G.; SCHIRL, I.: *Outsourcing von Projektmanagement-Aktivitäten, Potentiale, Perspektiven. Wien: Fachhochschule des BFI Wien, 2012*

[7]   ORTNER, G.: *Projektmanagement-Outsourcing. Chancen und Grenzen erkennen. Berlin: Springer Gabler, 2014*

[8]   SIMON, W.: *Kursbuch Strategieentwicklung. Analyse – Planung – Umsetzung. München: FinanzBuch Verlag, 2008*

[9]   OSTERWALDER, A.; PIGNEUR, Y.: *Business Model Generation – Ein Handbuch für Visionäre, Spielveränderer und Herausforderer. Frankfurt: Campus, 2011*

[10] *http://www.gpm-ipma.de/know_how/studienergebnisse.html (letzter Zugriff am 21.12.2014)*

[11] VASKE, H.: *So viel darf ein Consultant kosten. Online verfügbar unter: http://www.compu-terwoche.de/a/so-viel-darf-ein-consultant-kosten,2503247 (letzter Zugriff am 21.12.2014)*

[12] DIN EN 16114:*2011-12: Unternehmensberatungsleistungen. Deutsche Fassung. Berlin: Beuth Verlag, 2011*

[13] *http://www.bdu.de/beraterdatenbank/berufsgrundsaetze/ (letzter Zugriff am 21.12.2014)*

Zusammenfassung

Marketing und Vertrieb von Beratungsleistungen auf dem Gebiet des Projektmanagements sind wesentliche Voraussetzungen für einen externen Dienstleister. Der Markt ist heterogen, unübersichtlich und erfordert eine klare Positionierung vom Dienstleister. Das strategische und operative Dienstleistungsmarketing schafft die Voraussetzungen für einen erfolgreichen Vertrieb.

Rolle, Haltung und Kompetenzen von PM-Beratern

In diesem Beitrag erläutern wir die unterschiedlichen Arten der PM-Beratung und beschreiben die Rolle, die zugrunde liegende Haltung und die Kompetenzen von systemischen PM-Beratern. Wir beziehen uns auf das Beraten von Projekten, Programmen und projektorientierten Organisationen.

In diesem Beitrag erfahren Sie:
- dass Beratung als Fach- und Prozessberatung verstanden werden kann,
- dass der Gestaltung von Kommunikationsprozessen ein maßgeblicher Anteil am Gelingen einer Intervention im Beratungssystem zukommt.

DAGMAR ZUCHI, MARTINA HUEMANN

Arten der Beratung

Zunächst wollen wir die Arten der Beratung kurz erklären und damit die Aufgaben und die Rolle des PM-Beraters skizzieren. Es wird zwischen Kernbereichen der professionellen Beratung und beratungsnahen Aktivitäten unterschieden. Zu den Kernbereichen der Beratung werden häufig Fachberatung, Fach- und Prozessberatung sowie Organisationsberatung gezählt. Als beratungsnahe Aktivitäten werden beispielsweise Trainings, Moderationen oder Management auf Zeit genannt. In Beratungsaufträgen werden Kernbereiche der Beratung und beratungsnahe Aktivitäten oft kombiniert.

Fach- und Prozessberatung

Bei einer Fachberatung beschränkt sich die Beratung auf die sachliche Bearbeitung eines inhaltlichen Problems. Der Fachberater übernimmt die Rolle als inhaltlicher Experte, um Fachwissen einzubringen, das beim Kunden nicht oder nicht in ausreichendem Maß vorhanden ist. Der Fachberater weiß die »richtige« Lösung und stellt sie dem Kunden zur Verfügung.

Eine reine inhaltliche Beratung, ohne jeglichen Prozessanteil, kann es aus Sicht der systemischen Beratung nicht geben. Eine Beratung beinhaltet immer Fach- und Prozessanteile. Die Teilung in Inhalt und Prozess ist eine künstliche Teilung. Beratung ist ein Kommunikationsprozess; daher bedarf es immer der Kommunikation mit den Vertretern der Kundenorganisation. Von Beratung wird erwartet, dass sie Veränderung für die Kundenorganisation bringt. Damit ist sie mit einem Prozess verbunden, der durch die Art und Weise, wie Informationen gesammelt bzw. wie Informationen (und damit auch Fachwissen) dem Kunden zur Verfügung gestellt werden, gesteuert wird. Berater gestalten diesen Prozess und wenden dazu unterschiedliche Methoden an, wie zum Beispiel Interviews, Beobachtungen oder Workshops zur Erarbeitung von Lösungen mit Vertretern der Organisation. Der Grad des Prozessanteils und die Art und Weise, wie der Berater den Beratungs-/ Veränderungsprozess gestaltet, ist abhängig vom jeweiligen Beratungsansatz und damit verbunden der Haltung des Beraters.

Organisationsberatung
Organisationsberatung bezieht sich auf die Beratung von Organisationseinheiten bzw. Unternehmen. Versteht man – wie wir – Projekte und Programme als temporäre Organisationen, so lässt sich der Begriff »Organisationsberatung« auch auf Projekte und Programme anwenden. In der NCBC [1] findet sich zur Breite der PM-Beratung die Unterteilung in Beratung der Organisation (im Sinne eines Unternehmens), des Projekts oder des Programms.

Externe und interne Beratung
Die Unterscheidung zwischen externer und interner Beratung erfolgt in Hinblick auf die Herkunft des Beraters. Der Berater kann aus einem Beratungsunternehmen oder unternehmensintern aus einem Pool an

»internen Beratern« stammen. In großen projektorientierten Organisationen sind interne PM-Berater keine Ausnahme mehr. Oft sind sie organisatorisch einem PMO oder einem Projektmanagement-Kompetenzzentrum zugeordnet.

PM-Berater: Systemische Haltung

In Anlehnung an die oben beschriebenen Arten der Beratung verstehen wir PM-Beratung als Fach- und Prozessberatung von Organisationen,

⇨ im Speziellen von temporären Organisationen wie Projekten und Programmen und

⇨ Organisationen, die auf Dauer ausgelegt sind, z. B. Unternehmen, Unternehmensbereiche oder Verwaltungseinheiten, die Projektmanagement einführen oder ihre Projektorientierung weiter professionalisieren wollen.

Wir konzentrieren uns in diesem Beitrag auf die Kompetenzen von systemischen PM-Beratern. Das bedeutet, dass PM-Berater immer Fach- und Prozessberater sind, da aus systemischer Sicht Inhalt und Prozess stark zusammenhängen und jede Trennung eine künstliche wäre. Berater bringen Wissen ein bzw. entwickeln Wissen gemeinsam mit Vertretern des Kunden und ermöglichen damit Veränderung. Das geschieht über eigens darauf ausgelegte Kommunikationsprozesse.

Der Unterschied zu nicht systemischen Beratern drückt sich insbesondere in der Haltung und im Verständnis von Beratung aus. Nachfolgend werden die Haltung und die Grundlagen systemischer Beratung kurz skizziert.

Die systemische PM-Beratung nimmt Abschied von der Annahme linearen Wirkungen. Projekte, Programme und Unternehmen bzw. Unternehmenseinheiten werden als soziale Systeme betrachtet. Als wesentliche Aspekte systemischer Beratung lassen sich Ganzheitlichkeit, Unterschiedsbildung, Kontextabhängigkeit und gegenseitige Wechselwirkung anführen [2]. Tabelle 1 macht den Unterschied zwischen trivialen und sozialen Systemen deutlich. Eine direkte Einflussnahme durch den PM-Berater auf das soziale System ist nicht möglich.

Tabelle 1: Gegenüberstellung trivialer und sozialer Systeme (in Anlehnung an [3])	
Triviale Systeme	**Soziale Systeme**
⇨ vorhersehbar	⇨ nicht vorhersehbar
⇨ kontextunabhängig	⇨ kontextabhängig
⇨ direkt beeinflussbar	⇨ nicht direkt beeinflussbar
⇨ Ergebnisse der Beeinflussung klar	⇨ Ergebnisse der Beeinflussung unklar
⇨ Anwendung von Standardlösungen	⇨ Notwendigkeit, Widersprüche zuzulassen

Abbildung 1 zeigt das Beratungssystem, das als intermediäres System auf Zeit zwischen dem Klienten- und dem Beratersystem etabliert wird. Berater agieren mittels Interventionen. Unter Interventionen verstehen wir zielgerichtete Kommunikation, um dem Klientensystem Impulse zu geben [4].

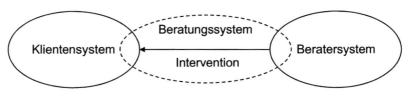

Abb. 1:   *Beratungssystem*

Das Beratungssystem wird über sachliche, zeitliche, soziale und räumliche Abgrenzung definiert [4]. Der Beratungsprozess wird durch ein zyklisches Vorgehen bestimmt, das aus den Schritten *Informationen sammeln, Hypothesen bilden, Interventionen planen* und *Intervenieren* besteht (Abb. 2). Klientensysteme sind in der PM-Beratung Projekte, Programme und projektorientierte Organisationen oder Organisationen, die Projektmanagement einführen wollen.

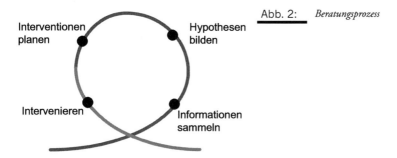

Abb. 2: *Beratungsprozess*

In der ICBC [5] wird die Relevanz folgender Grundwerte und Einstellungen des Beraters betont:

⇨ Professionalität
⇨ dem Wohle des Kunden verpflichtet
⇨ wertschätzende Grundhaltung
⇨ Anerkennung der Kompetenz und der Interessen des Kunden
⇨ Ressourcenorientierung
⇨ Lösungsorientierung
⇨ Transparenz, Klarheit
⇨ partnerschaftliche Zusammenarbeit
⇨ Vertraulichkeit
⇨ Beachtung der Rechte geistigen Eigentums

PM-Berater: Kompetenzen im Überblick

Das Wort »Kompetenz« wird vom lateinischen Wort »competere« abgeleitet, was so viel wie *zusammenfallen* oder *zusammentreffen* bedeutet. Wenn die Erfordernisse einer Situation mit dem individuellen Potenzial einer Person »zusammentreffen«, so besitzt diese die Kompetenz zur Bewältigung dieser Situation. Kompetenzen werden als Selbstorganisationsdispositionen aufgefasst [6]. Das bedeutet, Kompetenzen sind das Potenzial einer Person, eine Rolle, in unserem Fall die Rolle des PM-Beraters, zu erfüllen. Dafür braucht der PM-Berater Folgendes:

⇨ Fachkompetenz bzw. inhaltliche Kompetenz: Jeder PM-Berater benötigt Fachwissen und Erfahrung im Projekt-, Programm-, Projektportfolio- und im Management der projektorientierten Organisation. Darüber hinaus kann der Berater zusätzlich spezifisches inhaltliches Fachwissen und Erfahrung einbringen, zum Beispiel im Change Management.

⇨ Prozesskompetenz: PM-Berater brauchen die Kompetenz, Interventionen als zielgerichtete Kommunikation zu designen und Veränderungsprozesse als Kommunikationsprozesse gemeinsam mit dem Kunden zu gestalten. Hierbei geht es um die Etablierung des Beratungssystems, die Gestaltung der Beziehung zum Klientensystem und insbesondere die Gestaltung des Beratungsprozesses und das Planen und Einsetzen von Interventionsmethoden. Der PM-Berater kann auch hier spezifische Kompetenzen zur Prozessgestaltung haben, wie zum Beispiel die Kompetenz, Prozesse unter Einbeziehung von künstlerischen Elementen oder spezifischen Methoden der systemischen Organisations-/Managementaufstellung zu gestalten.

⇨ Soziale Kompetenz: Mit sozialen Kompetenzen sind kommunikative Kompetenzen gemeint. Es bedeutet »vor allem kommunikativ, kooperativ und selbstorganisiert zu handeln, sich mit anderen kreativ auseinander- und zusammenzusetzen, sich gruppen- und beziehungsorientiert zu verhalten« (vgl. [7], S. 13). Beratung ist über Kommunikation mit dem Klientensystem verbunden und initialisiert Veränderungen darin. Daher benötigen Berater ein hohes Maß an sozialer Kompetenz – auch um mit Widerständen oder Unsicherheiten adäquat umgehen zu können.

⇨ Selbstkompetenz (auch als »personale Kompetenz« bezeichnet): Selbstkompetenzen beziehen sich auf das Selbstmanagement des Beraters, wie das eigene Zeitmanagement oder das Kennen und Managen eigener Emotionen. Es beinhaltet auch die Kompetenz, beobachten und relevante Informationen zur Situation sammeln und für Interventionen aufbereiten zu können.

Tabelle 2: Kompetenzen des PM-Beraters im Überblick	
Kompetenz	**Beschreibung**
Fachkompetenz/ inhaltliche Kompetenz	⇨ Projektmanagement
	⇨ Programmmanagement
	⇨ Portfoliomanagement
	⇨ Management der projektorientierten Organisation
	⇨ zusätzliche Kompetenzen: z. B. Change Management, Branchenkompetenz, systemischer Zugang
Prozesskompetenz	⇨ Gestaltung des Beratungsprozesses
	⇨ Makro- und Mikrodesign von Prozessen und Kommunikation
	⇨ Interventionsmethoden
Soziale Kompetenz	⇨ Kommunikation mit anderen; kann auch als integrierter Teil der Prozesskompetenz des PM-Beraters betrachtet werden
Selbstkompetenz	⇨ Selbstmanagement: z. B. eigenes Zeitmanagement, Emotionsmanagement, Umgang mit Stress, beobachten können, Entscheidungen treffen können, Reflektieren können

Im Folgenden werden wir auf die Fach- und Prozesskompetenzen des PM-Beraters eingehen und diese mit Beispielen illustrieren.

Fachkompetenz

Kompetenzen im Projekt-/Programm-/Projektportfoliomanagement

PM-Beratung kann auf unterschiedlichen Ebenen erfolgen. Entsprechend sind bei einem PM-Berater die dafür erforderlichen inhaltlichen Kompetenzen rund um das Thema »Projektmanagement« fokussiert. Dabei sollte aber auch bedacht werden, dass ein PM-Berater anschlussfähiger sein und leichter neue Inhalte und Lösungen erkennen wird, je mehr Wissen und Erfahrung er in einer spezifischen Branche oder Projektart hat.

In jedem Fall bedarf es allerdings eines fundierten Projektmanagementverständnisses. Entsprechend dem Einsatzgebiet (Industrie/Projektart/national/international) genügt es heute meist nicht mehr, nur einen PM-Ansatz zu kennen und zu vertreten – der PM-Berater muss einen breiten Überblick über existierende »PM-Sprachen« haben, um auch kompatibel im Gespräch mit seinem Gegenüber zu sein.

Neben IPMA, PMI, PRINCE2, Scrum, der ISO 21500 »Projektmanagement« oder auch diversen nationalen Normen zum Projektmanagement bedarf es auch des Grundverständnisses dafür, dass Kunden ihrerseits meist »hybride« oder eigene »Projektmanagementsprachen« einsetzen, sich das aus ihrer Sicht »Beste« bestehender Ansätze heraussuchen und sich einen eigenen – firmeninternen – PM-Ansatz kreieren.

Der PM-Berater muss dies bei der ersten Begegnung und Auftragsklärung herausfinden und abklären. Wenn – wie so oft in der Praxis – der Kunde noch keinen PM-Ansatz vertritt, gilt es, ihm einen eigenen Ansatz anzubieten oder ihn bei der Auswahl eines der internationalen Ansätze zu beraten. Nach einer Studie der GPM (Beratung im Projektmanagement: Trends, Potenziale, Perspektiven) greift ein Großteil sowohl der Anbieter als auch der Nachfrager auf einen eigenen Standard zurück bzw. bietet ihn an (vgl. [12], S. 7).

Kompetenzen zum Projektmanagement verstehen sich in den meisten Fällen bereits als über die PM-Methodenkompetenz hinausgehend. Wenn beispielsweise die ICB 3.0 der IPMA [8] herangezogen wird, sieht man die Unterscheidung in PM-technische Kompetenzelemente, PM-Verhaltenskompetenzelemente und PM-Kontext-Kompetenzelemente.

PM-Berater brauchen Wissen und Erfahrung in all diesen Kompetenzelementen, da sie nur dann authentisch Projekte, Programme oder Organisationen beraten können. Wenn ein Berater sich mehr auf PMI, PRINCE2 oder die agilen Vorgehensweisen spezialisiert hat, so gilt es, die entsprechend vorhandenen Kompetenzelemente bzw. Standards zu kennen und, um entsprechend kompetent zu agieren, selbst auch schon angewandt zu haben.

Ähnlich gilt dies für die erforderlichen Kompetenzen zum Programmmanagement. Auch hier gibt es unterschiedliche Ansätze, wie

z. B. von PMI »The Standard for Program Management« oder von Axelos »Managing Successful Programmes (MSP®)« [13, 14]. Auch beschäftigt sich derzeit das Technical Committee der ISO (»ISO/TC 258 Project, programme and portfolio management) mit der Entwicklung eines Standards zu Programmmanagement. Ähnlich wie beim Projektmanagement gilt es, dass ein (zumindest Senior-) PM-Berater sowohl diese Entwicklungen als auch die Inhalte der verschiedenen nationalen und internationalen Ansätze kennt, um hier im Klientensystem einen entsprechenden Nutzen stiften zu können. Oft ist es auch so, dass der Kunde zu Beginn einen Auftrag für eine Projektberatung erteilt, weil Programme in vielen Organisationen noch nicht etabliert sind oder als zusätzlicher Nutzen erkannt werden. Entsprechend muss der Berater in den Anfangsgesprächen – wenn oft auch erst nach Auftragsklärung möglich – einschätzen können, ob es sich tatsächlich um ein Projekt handelt oder ob nicht doch ein »Programm« die bessere Organisationsentscheidung wäre. Dies ist oft herausfordernd, da viele Kunden keine Kompetenzen im Programmmanagement haben und entsprechend den Nutzen dieser eigenen Organisationsform nicht erkennen.

Kompetenzen zum Projektportfoliomanagement sind insbesondere für Beratungen auf der Organisationsebene erforderlich. »Die projektorientierte Organisation ist stark prozessorientiert und wendet Projekt-/Programmmanagement, Beauftragung von Projekten und Programmen, Projektportfoliomanagement als spezifische Geschäftsprozesse an. Die projektorientierte Organisation hat spezifische Organisationsstrukturen, z. B. ein PM Office.« (vgl. [9], S. 74)

Auf Organisationsebene sollte der Berater einerseits bei einer bereits etablierten Projektorientierung den jeweiligen Reifegrad einschätzen und Optimierungspotenziale orten, anderseits bei der Einführung von Projekt-/Programm-/Projektportfoliomanagement Modelle anbieten können. Die Feststellung des organisationsspezifischen Entwicklungsgrades einer projektorientierten Organisation kann auf Basis von Reifegradmodellen oder Scoring-Modellen unter Anwendung von Kennzahlen erfolgen. Seit 2013 bietet die IPMA die »IPMA Organisational Competence Baseline« und entsprechend die PM-Delta-Zertifizierung an. »Die IPMA Organisational Competence Baseline (IPMA OCB) befasst sich mit der Fähigkeit von Organisationen, Menschen, Ressourcen, Prozesse, Strukturen und Kulturen in Projekten, Programmen und Portfolios innerhalb eines unterstützenden Governance- und Managementsystems zu integrieren und in Einklang zu bringen.« (vgl. [10], S. 4)

Zusätzliche Kompetenzen
An dieser Stelle soll erwähnt werden, dass die eigene Positionierung als Berater oder Beratungsunternehmen von entscheidender Bedeutung im Marketing und schließlich bei der erfolgreichen Akquisition ist. Berater müssen wissen, welche PM-Beratungsdienstleistungen es am Markt gibt, wie die eigene Position im Verhältnis zu Mitbewerbern eingeschätzt werden kann und schließlich, wie und wodurch die eigenen Dienstleistungen bestmöglich verkauft werden können. Das eigene Angebot muss gut verhandelt und (vertraglich) vereinbart werden können.

Es gilt, zu Beginn bzw. vor der Auftragserteilung den Auftrag gut genug klären und die Veränderung, die ein Projekt auslöst, adäquat einschätzen zu können. Je nach Projektart ist am Anfang eine Analyse der Projektgrenzen und des Projektkontextes erforderlich – oder aber auch eine grobe Organisationsanalyse (siehe dazu auch [1]).

Definition der Projektabgrenzung und Analyse des Projektkontextes
Die zukünftige Erwartungshaltung des Kunden kann frühzeitig in die richtigen Bahnen gelenkt bzw. abgeklärt werden, indem vorweg eine grobe Abgrenzung und Kontextanalyse erfolgt. Hier ist darauf zu achten, einerseits die Erwartungshaltung an das Projekt selbst, aber auch die Erwartungshaltung an die Aufgaben- und Verantwortungsaufteilung zwischen dem Kunden und dem Berater zu beschreiben.
⇨ Zeitlich
  – Abgrenzung: Start-/Endereignis und -termin
  – Kontextdefinition: Vor-/Nachprojektphase

⇨ Inhaltlich
  - Abgrenzung: Ziele, Nicht-Ziele, Lieferobjekte, Phasen, Budget
  - Kontextdefinition: Zusammenhang mit Unternehmensstrategie und anderen Projekten, Business-Case-Ziele
⇨ Sozial
  - Abgrenzung: Rollen: PAG (Projektauftraggeber), PM, Projektteam
  - Kontextdefinition: wesentliche Stakeholder

Je nach Vertragsart kann das dem Berater auch helfen, die eigenen Budget- und Ressourcenerwartungen besser zu steuern. Wir haben in der Vergangenheit mithilfe dieser Methode der Projektabgrenzung und Kontextanalyse – teilweise auch unterstützt durch eine etwas detailliertere Projektplanung (z. B. einem Projektstrukturplan mit Angabe, welche Aufgaben vom Kunden und welche vom Berater durchgeführt werden) – viel an Vorwegorientierung im Angebot geschaffen und damit vielleicht auch einen wesentlichen Beitrag zur Beauftragung selbst erzielt. Denn wenn der Kunde bereits im Angebot sieht, dass Projektmanagementmethoden zum Einsatz kommen, die genau auf sein eigenes Unternehmen zugeschnitten sind, erkennt er, dass sich der Berater bereits ernsthaft und kundenspezifisch mit dem Kundenauftrag auseinandergesetzt hat. Das schafft Vertrauen.

Organisationsanalyse
Anhand des Identitätsmodells (siehe auch [15]) kann zu Beginn der Beratungskooperation ein gemeinsames Verständnis vom Ausmaß der Veränderung, die das Projekt in der Organisation bewirken wird, geschaffen werden.
⇨ Strukturen der Organisation
  - Vision, Ziele, Strategien
  - Kunden, Märkte
  - Dienstleistungen, Produkte
  - Organisationsstrukturen
  - Aufbauorganisation

113

- Ablauforganisation
- Personal, Kultur
- Infrastruktur
- Budget, Finanzen
⇨ Kontexte der Organisation
- übergeordnetes soziales System
- Stakeholder
- Geschichte, Zukunft

Beispiel für die Durchführung einer Organisationsanalyse

Am Beginn eines größeren Change-Projekts wurden Interviews mit unterschiedlichen Vertretern des Kundenunternehmens durchgeführt. Im Zuge der Interviews wurde einerseits über den Change berichtet, andererseits wurden Erwartungshaltungen seitens der Vertreter von unterschiedlichen Berufsgruppen aus der Führungsebene abgefragt und auch eine Analyse der derzeitigen Situation anhand des oben erwähnten Identitätsmodells durchgeführt. Im Folgenden soll das Design dieser Interviewsituation gezeigt werden:

Change – grober Leitfaden zu den Gruppeninterviews
(1) Ziele der Gruppeninterviews
  - Sammeln von Informationen zur Detailplanung des Change
  - Vorbereitung der Arbeit im Projekt »Konzeption Unternehmen neu«
  - Beitrag zur Schaffung aktueller Informationsstände zwischen allen Beteiligten
  - Erfassung der aktuellen Situation in den einzelnen Organisationseinheiten
  - Erfassung der Erwartungen an den Change
(2) Inhalte der Gruppeninterviews (grob)
  - Einstieg: Kurzpräsentation zum Change
  - Aktuelle Situation in der Organisationseinheit
    i.   Organisatorische Strukturen
        1. Derzeitige Aufgabenschwerpunkte
        2. Organisation & Personal (Organigramm, Personal, Qualität etc.), organisatorische Hilfsmittel
        3. Kommunikationsstrukturen (Jour Fixe, Meetings etc.)
        4. Infrastruktur
        5. Marketing
    ii. Beziehungen zu anderen Organisationseinheiten
    iii. Aktuelle Herausforderungen
        - Handlungsbedarf, Anregungen für die inhaltliche Arbeit im Change
        - Erwartungen an den Change
        - Abschluss: Ausblick

(3) Teilnehmer der Gruppeninterviews
   - Leiter der Organisationseinheit
   - Ausgewählte weitere Vertreter (2–4; vom Leiter auszuwählen und einzu-laden)
     i. Mit Erfahrung
     ii. Unterschiedliche Rollen und Hierarchien
   - Spielregel: Offenheit trotz hierarchischer Unterschiede
(4) Dauer, Ort je Gruppeninterview
   - Ca. 2–3 Stunden, gesamte Gruppe auf einmal
   - Ort: vor Ort

Zur besseren Veranschaulichung soll im Folgenden ein Beispiel aus einem Beratungskontext gezeigt werden.

Prozesskompetenz

Die ICBC (oder in ihrer deutschen Übersetzung die NCBC) spricht von der erforderlichen Kompetenz des PM-Beraters zu »Beratungsphasen«. Es gilt, den gesamten Beratungsprozess und seine Phasen zu planen bzw. zu gestalten, um adäquat auf die Kundenanforderungen eingehen zu können. Das reicht von der Gestaltung der Projektinitialisierung und Auftragsklärung über eine Soll-Konzeptionierung sowie Maßnahmen- und Zielbestimmung bis hin zur schrittweisen Umsetzung und Implementierung. Die ICBC unterscheidet hier insgesamt sieben Beratungsphasen.

Neben der Planung und Gestaltung des gesamten Beratungsprozesses und seiner Phasen muss der Berater auch innerhalb der einzelnen Beratungsphasen die entsprechenden Prozesse, Kommunikationssituationen und damit auch die geeigneten Interventionsmethoden identifizieren und einsetzen.

»Grundsätzlich stellt jede Handlung (oder Nicht-Handlung) des Beraters im Kundensystem eine Intervention dar. […] Beratung ist damit immer ein Eingriff, eine Intervention in die zu beratende Organisation.« (vgl. [1], S. 23)

Königswieser und Exner (vgl. [4], S. 35 ff.) unterscheiden zwischen folgenden typischen Methoden, die bei diesen Interventionsmöglichkeiten angewandt werden können:

⇨ Zirkuläres Fragen
- im weiteren Sinne: Fragen nach Rangfolgen, nach Vorher/Nachher, nach Alternativen, nach Unterschieden von Subgruppen
- im engeren Sinne: Fragen nach Beziehungen

⇨ Paradoxe Intervention
- Symptomverschiebungen
- Umdeutung und Reframing
- Splitting

⇨ Analoge Intervention
- Metaphern, Bilder, Skulpturen, Sketches, Pantomimen, Märchen, Geschichten

Zur Intervention in das Kundensystem gibt es unterschiedliche Methoden, deren (Nicht-)Anwendung wahrscheinlich einen der wesentlichsten Unterschiede zwischen den Beratern ausmacht.

Im Folgenden werden zwei Beispiele aus Beratungskontexten angeführt, in denen Prozessgestaltungen und ausgewählten Interventionsmethoden gezeigt werden.

Beispiel für das Design einer Roadshow zur Information und Akzeptanzsicherung

Prozessgestaltung
Am Beginn der Umsetzung einer neu entwickelten Strategie eines Unternehmens ging es darum, die Mitarbeiter über die geplante Neuausrichtung des Unternehmens zu informieren und gleichzeitig auch Rückmeldungen und offene Fragen der Mitarbeiter einzuholen. Dazu wurde eine Roadshow in allen Organisationseinheiten geplant, insgesamt neun Workshops von je vier Stunden Dauer. Da in der Vergangenheit Informationsveranstaltungen oftmals in ein »Berieseln« übergingen und die Mitarbeiter auf Fragen sehr verhalten reagierten, wurde bei der Planung dieser Roadshow ganz bewusst auf das Design der einzelnen Workshops geachtet und auf für alle Beteiligten überraschende Interventionen gesetzt. Im Folgenden das Design:

Roadshow (9 Workshops) zur Akzeptanzsicherung der neuen Unternehmens-strategie und -ausrichtung

Ziele der Workshops:

⇨ Information zum Change, zur neuen strategischen Ausrichtung und deren konkreter Umsetzung
⇨ Sichtbarmachung von daraus resultierenden Erwartungshaltungen an die Mitarbeiter
⇨ Beitrag zur Entwicklung eines neuen Selbstverständnisses
⇨ Sammlung von Informationen zu Bedenken, Ideen, aktuellen Herausforde-rungen seitens der Mitarbeiter
⇨ Förderung der direkten Kommunikation im Unternehmen

Teilnehmer an den Workshops:
⇨ Alle Mitarbeiter der jeweiligen Organisationseinheit
⇨ Führungskräfte der jeweiligen Organisationseinheit
⇨ Geschäftsführung
⇨ Change Agents
⇨ Change Manager
⇨ Beraterteam
⇨ Punktuell: Vertreter der Mitarbeiterzeitung

Standardablauf eines Workshops (Moderation Beraterteam):
(1) Sequenz 1: Einstieg (5′)
(2) Sequenz 2: Interview I (30′)
⇨ Interview (20′)
  – Arbeitsform: Interview
  – Rollen
    – Interviewer: Geschäftsführung
    – Interviewte: 5–6 in der Vorbereitung ausgewählte Mitarbeiter der Organisationseinheit unterschiedlicher Berufsgruppen
    – Beobachter: Rest
⇨ Podiumsreflexion (10′)
  – Arbeitsform: Reflexion vor Publikum
  – Rollen
    – Reflektierende: Führungskräfte der jeweiligen Organisationseinheit und Change Agents
    – Beobachter: Rest
  – Reflexionsthemen
    – Was wurde gesagt?
    – Was wurde nicht gesagt?
    – Relevanz für mich als Führungskraft, Change Agent, für den Change?

(3) Sequenz 3: Information, Reflexion, Interview (70′)
⇨ Information (15′)
  – Arbeitsform: Präsentation
  – Rollen
    – Präsentatoren: Geschäftsführung
    – Publikum: Rest
  – Inhalte
    – Information zum Change, zur strategischen Ausrichtung und deren konkreten Umsetzung in Aufbaustufe und Endausbaustufe

117

- Sichtbarmachung von daraus resultierenden Erwartungshaltungen
- Bezugnahme auf Interview
⇨ Reflexion seitens der Mitarbeiter (25´)
  - Arbeitsform: moderierte Kleingruppendiskussion
    - Ziel: Austausch, Sammlung von Fragen
    - Dokumentation über Flipcharts
  - Rollen
    - Moderatoren: Führungskräfte, anwesende Change Agents
    - Gruppenmitglieder: Mitarbeiter der Organisationseinheit
      (Gruppen von ca. 10 Mitarbeitern)
  - Fragen
    - Wie geht's mir damit?
    - Welche Unterstützung brauche ich, von wem?
    - Was finde ich gut an …?
    - Was beschäftigt mich derzeit?
⇨ Pause (10´)
  - Auswahl von Fragen aus den Kleingruppen für das folgende Interview
  - Moderatoren: Beraterteam
⇨ Interview (20´)
  - Arbeitsform: Interview
  - Rollen
    - Interviewte: Geschäftsführung
    - Interviewer: Moderatoren
  - Fragen:
    - Auswahl von 5–8 Fragen aus der Reflexion
(4) Sequenz 4: Abschluss (5´)

Interventionsmethoden
Wie Sie dem Design entnehmen konnten, wurde zu Beginn dieser Workshops
nicht – wie gewohnt – die Strategie präsentiert, sondern mit einem Interview
seitens der Geschäftsführerin begonnen. Dabei hat das Beraterteam für die
Geschäftsführerin Fragen vorbereitet, die sie teilweise eins zu eins, teils abge-
wandelt anwandte:
⇨ Was beschäftigt Sie in der täglichen Arbeit?
⇨ Was haben Sie vom Change gehört?
⇨ Was finden Sie gut/nicht gut?
⇨ Welche Wünsche gibt es an …?
⇨ Welche Beiträge können von Ihnen kommen?
⇨ Was glauben Sie, denkt … vom Change?
⇨ Wenn Sie abends nach Hause kommen, was erzählen Sie Ihrem/Ihrer Part-
ner/in?
⇨ Wenn ich Ihre Mutter fragen würde, was würde sie über den Arbeitsplatz ihres
Sohnes/ihrer Tochter sagen?
⇨ Wenn Sie an meiner Stelle wären, was würden Sie morgen – als Geschäftsfüh-
rerin – im Unternehmen anders machen?

Das für die Mitarbeiter Überraschende war, dass zu Beginn der jeweiligen
Veranstaltung nicht eine lange Präsentation stand, sondern die Geschäftsführerin Fragen an die Mitarbeiter stellte. Damit dies auch zu Akzeptanz führte,
wurden im Vorfeld die Leiter der betroffenen Organisationseinheiten gebeten,

Mitarbeiter dafür auszuwählen. Diese wurden wiederum vom Beraterteam im Vorfeld über ihre Rolle und Aufgabe als Interviewte informiert. Dabei ging es vor allem darum, die Vorgehensweise in den Workshops zu erklären und auch die zu Interviewenden ein wenig auf die möglichen Fragen vorzubereiten. In den Workshops selbst wurde das von den restlichen 50 Mitarbeitern, die zuhörten, als überraschendes Erlebnis und zumeist auch als humorvoller Start in den Workshop wahrgenommen, was den restlichen Verlauf des Workshops sehr viel angenehmer gestaltete

Beispiel aus einem Teamentwicklungsworkshop

Im Zuge einer Beratung zur Teamentwicklung wurde für das anfängliche Team-Assessment ein Set an unterschiedlichen Interventionsmethoden zusammengestellt und schließlich über das endgültige Design des Team-Assessment-Workshops mit dem Einsatz der jeweiligen Interventionstechniken entschieden. Eine der in diesem Kontext angewandten analogen Interventionsmethoden war die Aufstellung des Team-Soziogramms anhand der coaching•disc® [11]:

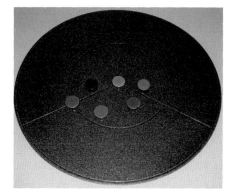

Abb. 3: *coaching•disc®*

Jeder Teilnehmer wurde zu Beginn aufgefordert, einen Stein zu nehmen und mit seinem Namen zu beschriften. Dann wurde der Teamleiter aufgefordert, sich zuerst zu positionieren. Danach sollten sich die anderen Teammitglieder – einer nach dem anderen – dazu positionieren. Nach jedem weiteren Stein auf der Disc unterbrach die Beraterin kurz und fragte nach, ob sich durch den letzten Stein ein Änderungswunsch bei den bereits positionierten Personen ergeben hat. Dieser Prozess dauerte so lange, bis alle mit ihrer jeweiligen Position zufrieden waren. Dann wurde in einem gemeinsamen Reflexions- und Diskussionsprozess das aufgestellte Bild interpretiert und damit auch Zugehörigkeiten und Unterschiede herausgearbeitet. Dies führte zu einem besseren wechselseitigen Verständnis und mit den damit verbundenen Aussagen und Interpretationen zu einem weiteren Schritt in der Teamentwicklung.

PM-Berater: Entwicklung

Die IPMA bietet internationale, aber auch nationale Baselines an, die das Berufsbild des Projektmanagers weiter professionalisieren sollen und mit unterschiedlichen Zertifizierungen auch einen Karrierepfad im Projektmanagement unterstützen. Seit einigen Jahren existiert nun auch ein »Standard für Kompetenzen von PM-BeraterInnen« und darauf aufbauend eine entsprechende Zertifizierungsmöglichkeit, die in einigen Ländern angeboten wird, so auch in Deutschland, Österreich und der Schweiz. Auch hier gibt es zwei Stufen und damit die Möglichkeit, sich weiterzuentwickeln bzw. sich von anderen zu differenzieren.

Oft gibt es in Beratungsunternehmen einen »Karrierepfad« als Berater, vom Junior- bis zum Senior- oder gar Principal-Berater. Voraussetzungen sind die vorhandenen Kompetenzen, oft auch die Zugehörigkeit zu einer Beratungsfirma. In Beratungsaufträgen arbeiten auch Beraterteams zusammen, ein Senior- gemeinsam mit einem oder mehreren Junior-Beratern. Damit kann auch Wissen und Erfahrung von erfahrenen Beratern innerhalb des Beratungsunternehmens weitergegeben werden.

Die Übernahme der Rolle als interner PM-Berater geht meist mit der innerhalb des Unternehmens aufgebauten Akzeptanz als erfahrener Projekt- oder Programmmanager einher. Oftmals kommen interne PM-Berater auch aus einem PMO, sind entweder im PMO als »Pool« an Beratern gebündelt oder schlicht der PMO-Manager, der diese Beratungsleistungen als PMO-Dienstleistungen mit in seinem Dienstleistungsportfolio hat. Auch hier kann sich ein »Karrierepfad« im Unternehmen herauskristallisieren, der vom Junior- über den Senior-Projekt-/Programmmanager bis hin zum internen PM-Berater reichen kann.

Was am Ende noch gesagt werden soll

Berater bringen ihr Wissen in das Beratungssystem ein und entwickeln gemeinsam mit dem Kunden Wissen und Lösungen. Berater ermöglichen Veränderung durch die Gestaltung von Kommunikationsprozessen. Fachkompetenz in Projekt-, Programm- und Projektportfoliomanagement, aber auch Change Management und Industrie-Know-how beeinflussen die inhaltliche Ausprägung dieser gemeinsamen Lösungen. Die dabei stattfindenden Kommunikationsprozesse und die Moderation der Umsetzung sind geprägt von der Prozess- und der sozialen Kompetenz des Beraters. Der Berater muss Beziehungen aufnehmen und gestalten, sich angemessen in gruppendynamischen Prozessen verhalten und gleichzeitig eine gute Balance zwischen Engagement und Abgrenzung halten können. Zudem sollte er sich seiner eigenen Möglichkeiten und Grenzen bewusst sein (siehe dazu auch die Definition von sozialer Kompetenz nach Holtz, vgl. [7], S. 13). Die Ausübung der Rolle eines Beraters basiert auf einer Grundhaltung, die sich durch Distanz, Nähe, Transparenz, Offenheit, Wertschätzung und Vertraulichkeit auszeichnet.

Literatur

[1]   GPM Deutsche Gesellschaft für Projektmanagement e. V: *NCBC – National Competence Baseline Consulting Ergänzung zu der IPMA Competence Baseline für PM-Berater, Version 1.0 Juni 2011*

[2]   Heinrich, H.: *Systemisches Projektmanagement: Grundlagen, Umsetzung, Erfolgskriterien, München: Carl Hanser Verlag, 2015*

[3]   Kasper, H.: *Die Handhabung des Neuen in organisierten Sozialsystemen. Berlin: Springer Verlag, 1990*

[4]   Königswieser, R.; Exner, A.: *Systemische Interventionen: Archtiketuren und Design für Berater und Veränderungsmanager. Beratergruppe Neuwaldegg, Stuttgart: Klett-Cotta, 1998*

[5]   IPMA: *ICBC– Addition to the IPMA Competence Baseline for PM Consultants, Version 1.0, June 2011*

[6]   Erpenbeck, J.; von Rosenstiel, L.: *Handbuch Kompetenzmessung – Erkennen, verstehen und bewerten von Kompetenzen in der betrieblichen, pädagogischen und psychologischen Praxis. 2. Aufl. Stuttgart: Schäffer-Poeschel Verlag, 2007*

[7]   Majer, C.; Schaden, B.; Stabauer, L.: *Entfachen Sie das Teamfeuer: Soziale Kompetenz – DER Erfolgsfaktor im Projektmanagement. Wien: SOKRATES Luis-Stabauer GmbH, 2014*

[8]   IPMA: *Organisational Competence Baseline, Version 1.0, November 2013*

[9]   PROJEKT MANAGEMENT AUSTRIA: *pm baseline, Version 3.0, August 2008, Wien: Management Austria*

[10] IPMA: *ICB Kompetenzrichtlinie, Version 3.0, Juni 2006*

[11] *coaching•disc®, entwickelt von Elisabeth Wrubel, http://www.coachingdisc.com/*

[12] *GPM-Fachgruppe »Beratung im Projektmanagement«: Beratung im Projektmanagement: Trends, Potenziale, Perspektiven – eine Studie in Zusammenarbeit mit der German Graduate School of Management and Law (GGS), 2010*

[13] PROJECT MANAGEMENT INSTITUTE: *The Standard for Program Management. Third Edition, 2013*

[14] AXELOS: *Managing Successful Programmes. Norwich: TSO, 2011*

[15] GAREIS, R.; STUMMER, M.: *Prozesse & Projekte. Wien: Manz Verlag; 2006*

Zusammenfassung

In diesem Beitrag erläutern wir die unterschiedlichen Arten der PM-Beratung und beschreiben die Rolle, die zugrunde liegende Haltung und die Kompetenzen von systemischen PM-Beratern. Wir verstehen Projekte und Programme als temporäre Organisationen. Damit bezieht sich aus unserer Sicht die PM-Beratung auf das Beraten von Projekten, Programmen, projektorientierten Organisationen oder Unternehmen bzw. Organisationen, die sich projektorientiert aufstellen wollen.

Unsere Sichtweise ist systemisch, Beratung damit immer Fach- und Prozessberatung. Berater bringen Wissen ein bzw. entwickeln Wissen gemeinsam mit Vertretern des Kunden über die und mittels der Gestaltung von Kommunikationsprozessen – und ermöglichen damit Veränderung. Die Gestaltung der Kommunikationsprozesse hat daher maßgeblichen Anteil am Gelingen einer Intervention in ein Beratungssystem.

Auftragsklärung und Beziehungsaufbau

Zwei Themenbereiche spielen bei Projektstart bzw. Projektanbahnung eine Schlüsselrolle: Eine komplexe Aufgabenstellung korreliert mit einem personellen Beziehungsgeflecht. Das Augenmerk der Beratung liegt somit auf der strukturierten Auftragsklärung und einem gelungenen Beziehungsmanagement.

In diesem Beitrag erfahren Sie:
- wie ein möglichst klares Bild des Projektauftrags entsteht, das sich mit der Auffassung aller wesentlichen Beteiligten deckt,
- wie das Beziehungsgeflecht aller Stakeholder transparent wird und gestaltet werden kann,
- wie systemische Beratung hier unterstützen kann.

OLAF WEHREND

Großes Nutzenpotenzial in der Initiierungsphase eines Projekts

Dieser Beitrag beschäftigt sich mit der *Auftragsklärung* und dem *Beziehungsaufbau* als initialer Phase bei der Projektmanagementberatung von Organisationen in einem systemischen Kontext. Die Bedeutung der Initiierungsphase wird in der Studie »Beratung im Projektmanagement – Trends, Potenziale, Perspektiven« [18] deutlich: Es wurden sowohl Anbieter als auch Nachfrager aufgefordert, in einer Rangfolge anzugeben, in welcher Projektphase sie den größten Nutzen innerhalb einer Projektmanagementberatung aus aktueller Sicht und in Zukunft vermuten. Im Ergebnis sehen die Anbieter besonders die Initiierungsphase als die Phase mit dem größten Nutzenpotenzial an. Auf dieser Basis scheint eine detailliertere Betrachtung lohnenswert zu sein.

125

Definition und Begriffseinordnung

Die folgende Grafik gibt eine grobe Vorstellung von der *Choreografie* eines Beratungsprojekts, seiner Beteiligten und von dem Kontext, in dem sie sich bewegen:

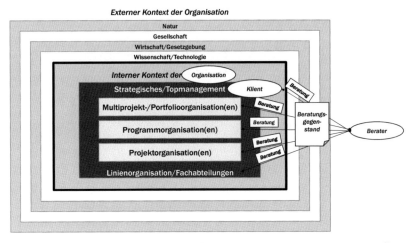

Abb. 1:   *Projektorientierte Organisation und (externer) Berater im Kontext – eigene Darstellung auf Grundlage der IPMA OCB, 2014 [08]*

Bevor wir tiefer in die Thematik einsteigen, benötigen wir ein gemeinsames Verständnis über einige in der obigen Darstellung hervorgehobenen im weiteren Verlauf immer wieder vorkommende Begriffe. Diese werden im nachfolgenden Teil genauer erläutert.

Was ist eine Organisation?

Die internationale Norm ISO 9000 beschreibt eine Organisation als »Menschen und Einrichtungen mit einer Festlegung von Verantwortlichkeiten, Befugnissen und Beziehungen« [3]. Projektmanagementberatung von bzw. in Organisationen beinhaltet eine große Vielfalt von Formen mit dem und ohne das Ansinnen, eine Organisationsentwicklung im Bereich Projektmanagement herbeizuführen. Organisationen

126

können als Anordnung von hierarchischen Strukturen betrachtet werden oder als Anordnung von Prozessen, die Input in Output verwandeln. »Der (Arbeits-)Ablauf aller Prozesse definiert die Wertschöpfungskette von der Kundenerwartung bis hin zur Lieferung« [8]. Diese Betrachtung ist zum einen funktional bzw. im anderen Fall an Kernprozessen orientiert. Beide Betrachtungsweisen sollten im Rahmen einer nachhaltigen Projektmanagementberatung von Organisationen berücksichtigt werden.

Was ist die Rolle des Klienten?

Die Projektmanagementberatung *komplexer Organisationen* ist darauf ausgerichtet, die Organisation als komplexes System mithilfe von Veränderungen der Organisationsstruktur sowie ihrer Rollen und Verantwortlichkeiten, der Prozesse und Abläufe (Interaktion und Kommunikation), aber auch der technischen (IT-)Unterstützung weiterzuentwickeln, z. B. in Richtung einer höheren Projektorientierung der Organisation, und hat somit die ganzheitliche Organisationsentwicklung zum Ziel. Dabei kann – bei entsprechender Anzahl der beteiligten Personen innerhalb einer Organisation – nicht davon ausgegangen werden, dass alle Individuen beraten werden, sondern es muss eine Auswahl getroffen werden, wer die Gesamtheit als Einzelpersonen vertritt, angelehnt an die Entscheidungswege dieser Organisation. Zusammengefasst heißt das: »Organisationen verändern sich, wenn entweder ihre Programme oder ihre Strukturen oder ihre Kultur oder die Personen, die in ihnen arbeiten (oder eine Auswahl davon oder alles zusammen) geändert wird oder sich ändern« [21].

Die PM-Beratung von Organisationen konzentriert sich daher auf die Veränderung der Organisation als ganzheitlichem Gebilde in Form der Organisationsentwicklung – der Klient ist dann Vertreter einer Gruppe von Personen.

Was ist die Rolle des Beraters?

Folgende Rollen werden dem Berater typischerweise durch die zu beratende Organisation angeboten und in der National Competence Baseline Consulting (NCBC) [15] der GPM beschrieben:

⇨ die Rolle des *Experten* (Expertenberatung)
⇨ die Rolle des *Prozessbegleiters* (Prozessberatung)
⇨ die Rolle des *Prozessbegleiters* und *Experten* (konvergente oder komplementäre Beratung)
⇨ die Rolle des *neutralen externen Begutachters* (Gutachtertätigkeit)
⇨ die Rolle des *Coaches* (Unterstützung und Begleitung)
⇨ die Rolle des *Managers* oder *Projektmanagers auf Zeit* (Interimsmanagement)
⇨ die Rolle des *Mitarbeiters* bei der konkreten Arbeit (Interimseinsatz)

Die jeweilige Ausprägung der Rolle des Beraters hat große Bedeutung für das Verhältnis zum Klienten oder für den zu wählenden Beratungsansatz.

Was ist der Beratungsgegenstand?

Traditionelle Beratung bedeutet häufig, Maßnahmen für (vermeintlich) offensichtliche *Pain Points* (= Handlungsbedarfe) des Kunden zu entwickeln. Dies führt jedoch meist dazu, Auswirkungen organisatorischer Unzulänglichkeiten zu behandeln, statt die Ursache, die innerhalb der Organisation zu finden ist, zu heilen.

Oft wird also eher ein einzelnes PM-Training durchgeführt oder ein einzelnes Projekt gerettet. Eine (systemische) Organisationsberatung empfiehlt im Gegensatz dazu eher, eine interne Qualifizierung im Bereich Projektmanagement in den Karrierepfad des Unternehmens einzubetten (= nachhaltige Hilfe zur Selbsthilfe). Außerdem würden vorab die übergreifenden Unternehmensprozesse, Rollen und Verantwortlichkeiten, d. h. die organisatorischen Rahmenbedingungen, untersucht, die den möglicherweise sogar ausreichend qualifizierten Projektmitarbeiter erst in die Lage versetzen, sein volles Potenzial auszuschöpfen. Es geht also um eine Neuordnung oder auch Definition und Beschreibung organisatorischer Abläufe, Rollen und Verantwortlichkeiten.

Die richtige und passgenaue Bestimmung des Beratungsgegenstandes ist somit eines der wichtigsten Erfolgskriterien für Beratungsprojekte.

Was ist (systemische) Beratung?

Abhängig vom Beratungsgegenstand kommen im Rahmen von Projektmanagement zwei Beratungsansätze zum Zuge: zum einen die *Expertenberatung* und zum anderen die *Prozessberatung*.

Expertenberatung kennzeichnet sich dadurch, dass der Berater das momentan vorhandene Lösungswissen aufzeigt (inkl. empirischer Zusammenhänge) bzw. viele Lösungsmöglichkeiten zu einem bestimmten Thema sowie Erfahrungen zur Lösungsumsetzung mitbringt. Der Fachberater ist also in der Lage, Lösungen zu entwickeln und diese umzusetzen. Dies kann mitunter zu einseitigen oder schematischen Lösungswegen führen bzw. funktioniert nur, »wenn der Klient das Problem vollständig diagnostiziert und korrekt an den Berater kommuniziert hat und wenn schließlich durch die Beratung keine zusätzlichen Nebenwirkungen auftreten« [20]. Diese Voraussetzungen sind im Zusammenhang mit komplexen Problemstellungen innerhalb der Projektmanagementberatung nur schwer zu erfüllen.

Die *Prozessberatung* dagegen ist die bereits oben angesprochene Hilfe zur Selbsthilfe, d. h. der Berater unterstützt den Klienten auf der Suche nach Problemursachen und Lösungswegen. Im Bereich des Projektmanagements wird die Organisation durch den Berater in die Lage versetzt, ihr Projektmanagementsystem eigenständig zu entwickeln und zu pflegen und damit Projekte innerhalb der eigenen Organisation erfolgreich durchzuführen. Prozessberatung allein wäre jedoch ebenfalls nicht ausreichend, erwartet der Klient doch zu recht, auch vom Expertenwissen eines Beraters zu profitieren. Insofern ist die (systemische) Organisationsberatung eine Kombination aus Prozess- und Expertenberatung [10], wobei der Schwerpunkt je nach Beratungsgegenstand/ Thematik unterschiedlich sein kann.

»Die systemische Organisationsberatung geht dabei davon aus, dass sich komplexe Probleme nicht lösen lassen, wenn man die Aufmerksamkeit lediglich auf ein Element des Gesamtsystems richtet. Der inhaltliche Schwerpunkt liegt auf der Stärkung der Ressourcen und Kompetenzen der zu beratenden Organisation« [26].

Projektmanagementberatung bedeutet somit auch, eine systemische Abgrenzung vorzunehmen unter der Berücksichtigung des externen und internen Kontextes einer Organisation [8]. Der Berater hat dabei ebenfalls Einfluss auf das System [10, 22].

Ein weiteres Kennzeichen der Organisationsberatung, v. a. auch bei der Projektmanagementberatung, ist, diese als *methodisch geleitetes Handeln* zu verstehen. Im Gegensatz zu einer unstrukturierten – oder schlimmer noch: unprofessionellen – Beratung wird sie »planvoll, fachkundig und methodisch geschult durchgeführt« [14]. Das bedeutet die Anwendung umfangreicher Methodenrepertoires und bestehender Standards auf Basis gelebter »Best Practices«. Einige davon werden für den Bereich des Beziehungsaufbaus und der Auftragsklärung in den folgenden Abschnitten eingehender vorgestellt und erläutert.

Auftragsklärung im Kontext der (systemischen) Organisationsberatung für Projektmanagement

Der Initiierungsphase eines Projekts kommt eine besondere Bedeutung zu. Sie wird mit Fug und Recht als kritischer Erfolgsfaktor gesehen [19]. Die Möglichkeiten, Resultate eines Projekts zu beeinflussen, nehmen im Verlauf des Projekts rapide ab, die Kosten für Änderungen nehmen dagegen im gleichen Maß zu [17, 4, 2].

Daher sollte der Projektinitialisierung besondere Aufmerksamkeit geschenkt werden. Als wesentliches Ergebnis dieser Phase wird ein möglichst klares Bild des *Projektauftrags* angestrebt. Dieses Bild sollte für alle Stakeholder des Projekts, vor allem aber für Auftraggeber (AG) und Auftragnehmer (AN) möglichst deckungsgleich sein und in einem Projektauftrag/-vertrag dokumentiert werden.

Zur *Auftragsklärung* als wesentlichem Bestandteil der Projektinitialisierung zählt, neben der sachlichen Einigung, auch der *Beziehungsaufbau* der Menschen im Projekt.

Ein hilfreiches Modell zur Strukturierung des Beratungsprozesses für die Projektmanagement-Beratung bietet das *GROW-Modell* von John Whitmore [23]. Diesem Modell liegt eine zeitlogische Struktur zugrunde und es kann für die in diesem Beitrag im Vordergrund stehende ganzheitliche Organisationsberatung verwendet werden:

1. Goal (= Orientierungsphase): Zielklärung
2. Reality (= Diagnosephase): Klärung Ist-Situation
3. Options (= Lösungsphase): Sammlung von Lösungsoptionen
4. Will (= Abschlussphase): Festlegung Handlungsplan

Die beiden ersten Phasen »Orientierung« und »Klärung/Diagnose« sind für den Bereich »Auftragsklärung« und »Beziehungsaufbau« relevant. Die folgende Matrix stellt die Inhalte der beiden Phasen in Beziehung zur tätigkeitsbasierten Struktur dar:

Tabelle 1: Matrix der zeit- und sachlogischen Strukturierung der Organisationsberatung – eigene Darstellung, 2014

	A) Auftragsklärung	B) Beziehungsaufbau
1) Orientierung	A1.1 Beratungsangebot vorstellen A1.2 Kundenproblemstellung einordnen A1.3 Projekthintergründe und Motivation klären	B1.1 Orientierungsgespräch vorbereiten und durchführen B1.2 Soziales Umfeld einordnen und bestimmen B1.3 Beziehungen und Motivation der Stakeholder bestimmen
2) Klärung/ Diagnose	A2.1 Kundensystem analysieren A2.2 Kundenproblemstellung analysieren A2.3 Beratungsansatz anpassen A2.4 Projektauftrag festlegen	B2.1 Auftragsklärungsgespräch vorbereiten und durchführen B2.2 Soziales System analysieren B2.3 Beratungsprojektorganisation bilden B2.4 Projektvertrag/-auftrag verhandeln

Die *Auftragsklärung* dient somit vor allem dazu, eine belastbare Grundlage für eine vertrauensvolle und nutzbringende Zusammenarbeit zwischen Klient und Berater herzustellen und »mündet in der Regel im Beratungsauftrag« [15]. Dazu muss ein Beratungsangebot passgenau zu einer spezifischen Kundenherausforderung sein. Am Anfang eines Projektmanagementberatungsprojekts geht es in der Auftragsklärung (bereinigt um den Beziehungsaufbau) um die folgenden wesentlichen Punkte:

⇨ Anpassung des Beratungsansatzes an die spezifische Kundensituation

⇨ Einordnen und Analysieren der Problemstellung des Klienten

⇨ Hintergründe und Motivation zum Vorhaben klären

⇨ Kundensystem und organisationale Kompetenz des Klienten erfassen

⇨ Festlegen des Beratungsauftrags

Auf Grundlage der Struktur aus Tabelle 1 werden im Weiteren die einzelnen Unterpunkte dargestellt.

Beratungsangebot vorstellen (A1.1)

Grundlage für eine systemische Projektmanagementberatung ist die Fähigkeit des Beraters, Experten- und Prozesswissen für eine individuelle Kundensituation anwendbar zu machen. Dies bedingt aber, dass der Berater einen hohen Anspruch an das eigene Handeln stellt. Dieser äußert sich auch dadurch, dass der Berater anhand der jeweiligen Kundensituation bewertet, ob er in diesem speziellen Fall tatsächlich geeignet ist zu beraten. Es muss also ein *Mapping* (= Abgleich) erfolgen zwischen dem Angebot des Beraters hinsichtlich seiner theoretischen Grundlagen, seinem Methodenwissen, seiner Fachkenntnisse und seiner Erfahrungen sowie den Anforderungen des Beratungsgegenstands. Das kann auch bedeuten, dass lukrativ erscheinende Projekte unter Umständen abgelehnt werden müssen. Nur dann ist die folgende Aussage anwendbar: »Begeisterte Kunden, die mehr als erwartet erhalten haben, die sich wohl fühlen und fair behandelt wurden, greifen gern auch bei neuen Aufgaben wieder auf die Dienste des Beraters zurück und nehmen vielleicht auch mal innovative Dienstleistungsangebote in Anspruch. Zum Abschluss des Beratungsprozesses spielt daher die Anschlussakquisition eine wichtige Rolle« [15]. Die Passgenauigkeit von Beratungsangebot und Kundensituation ist also von großer Wichtigkeit – auch und vor allem unter wirtschaftlichen Gesichtspunkten.

Wie erfolgt nun dieser Abgleich? Im ersten Schritt, wird hierzu eine *unspezifische Kundenanalyse* durchgeführt. »Bei der unspezifischen Kundenanalyse zu oder vor Beginn der Beratung geht es um die ersten Eindrücke, die der Berater vom Kunden gewinnt. Dies sind einerseits Dokumente wie Geschäftsberichte, der Internetauftritt oder Produkte, andererseits Wahrnehmungen beim Kunden vor Ort, wie Architektur, Empfang, der Umgang miteinander oder Kommunikationsstile. Diese Informationen dienen einerseits als Hintergrund für die Auftragsklärung, andererseits geben sie erste Anhaltspunkte über die Unternehmens- bzw. Führungskultur, die im Verlauf der Beratung relevant sein können.« [15]

Eine weitere Komponente für den Abgleich stellt das *Orientierungsgespräch* dar. Basierend auf den hieraus gewonnenen Informationen sollte es dem Berater möglich sein, eine erste Präsentation seines Beratungsangebots, abgestimmt auf die Bedürfnisse des Klienten, vorzubereiten. Dieses kann dann im Weiteren, nach genaueren Erkenntnissen über die Historie des Vorhabens, die Problemstellung des Kunden und des Kundensystems, zu einem angepassten Beratungsansatz führen, der Teil des Projektauftrags/-vertrags wird.

Kundenproblemstellung einordnen (A1.2)

»Die Leute wissen nicht, was sie wollen, bis man es ihnen anbietet«
(Terence Conran)

Der erste Kontakt und die darauf folgende Klärungsphase zwischen
Berater und Klient bietet auf der einen Seite ein ungeheures Potenzial
für eine für beide lohnende Zusammenarbeit, jedoch auf der anderen
Seite auch jede Menge Gelegenheit für Irritation und Scheitern einer
Geschäftsbeziehung. Zu keinem anderen Zeitpunkt sind die Freiheits-
grade hinsichtlich des Ergebnisses der Zusammenarbeit größer als hier.
Der Beratungsbedarf eines Klienten begründet sich dabei häufig in
einer unstrukturierten Problemstellung – Beispiel hierzu wäre folgende
Aussage: »Die Quote erfolgreicher Projekte ist bei uns zu niedrig.« Dabei sind oft verschiedene Ausprägungen zu beobachten:

1. Der Klient kennt (vermeintlich) die Lösung, ohne die Problemstellung (und ihre Ursachen) gründlich analysiert zu haben: »Wir
   brauchen dringend umfassende Projektmanagement-Trainings für
   unsere Mitarbeiter.«
2. Der Klient verliert sich in einer Fülle von Einzelmaßnahmen und
   verliert den Überblick über den Umfang an erforderlichen Veränderungen und deren Priorität: »Wir wissen, was wir tun müssen,
   jedoch nicht, wann und in welcher Reihenfolge bzw. Intensität, um
   dies zu ändern.«
3. Der Klient ist von der Problemstellung überfordert und benötigt
   Beratung auf dem Weg zu einer Lösung: »Wir wissen nicht, was wir
   tun sollen, um dies zu ändern.«

Organisationsberatung bedeutet hier Unterstützung beim Lösen von
Problemen in Form von »Hilfe zur Selbsthilfe«, d. h. der Berater unterstützt den Klienten bei der Entscheidungsfindung, ohne die Entscheidung selbst zu treffen bzw. zu verantworten. Ziel der Beratung ist es,
»einer Person, Gruppe, Organisation oder einem größeren System zu
helfen, die für diese Auseinandersetzungen erforderlichen inneren und
äußeren Kräfte zu mobilisieren« [11].

Projekthintergründe und -motivation klären (A1.3)

Sehr hilfreich für eine professionelle Beratung und dringend notwendig für die Entwicklung eines »systemisch offenen« Beratungsansatzes ist die Kenntnis der jeweiligen *Vorgeschichte* eines jeden Vorhabens zur Projektmanagementberatung. Die Erfahrungen, die der Klient mit diesem Vorhaben bereits gesammelt hat, müssen berücksichtigt werden – das Überstülpen eines vorgefertigten starren Konzepts wirkt hier voraussichtlich eher kontraproduktiv. Folgende Aspekte sollten durch den Berater in Betracht gezogen werden:

⇨ Problem- bzw. Aufgabenhistorie und bisherige Lösungsversuche klären
⇨ Vorerfahrungen der Klientenorganisation mit Organisationsberatung bzw. mit Beratern eruieren
⇨ allgemeine Rahmenbedingungen, Einschränkungen, bekannte Risiken und mögliche Behinderungen, z. B. auch bestehender Projektabgrenzungen [4] klären
⇨ Unternehmensstrategie und Zielsetzung des Vorhabens abgleichen – wie gut passen diese zusammen?
⇨ Klären, ob die Machbarkeit des Vorhabens im Vorfeld (z. B. als Vorprojekt) geprüft worden ist, z. B. in Form einer *Feasibility Study*
⇨ Klären, ob ein Lastenheft vorliegt
⇨ Informationen über die Unternehmenskultur sammeln
⇨ Ziel-, Interessens- oder andere Konflikte prüfen
⇨ Erfolgsfaktoren für das jeweilige Vorhaben prüfen und Erfolgsbestimmung zur aktuellen Projektsituation
⇨ Nutzenerwartung hinsichtlich des Vorhabens evaluieren
⇨ Projektklassifizierung sichten (gibt z. B. Auskunft über strategische Bedeutung des Vorhabens für den Klienten) [4]
⇨ Abgleich von Wichtigkeit und Dringlichkeit des Vorhabens [4]

Einige dieser Informationen sind öffentlich zugänglich in Presseberichten, auf der Website des Kunden o. Ä. Ergänzt werden diese Informationen durch Details aus dem Orientierungsgespräch. Ein gewisses Fin-

135

gerspitzengefühl, welche Fragen legitim sind, gehört allerdings dazu. Bei einem solchen persönlichen Gespräch »[…] stehen die persönlichen Einschätzungen und Erfahrungen sowie das jeweils unterschiedliche Verständnis zur Problembeschreibung der Gesprächspartner im Vordergrund sowie die vorzufindenden Unterschiede der jeweiligen Einschätzungen. Wesentlich für diese Phase ist die rezeptive, offene Fragehaltung des Beraters, d. h. hypothesengeleitete Fragen dürfen nur einen minimalen Anteil haben.« [15]

Die dritte Variante der Informationsgewinnung bietet sich in Form informeller Quellen, z. B. über aus anderen Projekten bekannte Mitarbeiter oder andere Personen aus dem Netzwerk eines Beraters, die den Klienten oder vielleicht sogar das entsprechende Vorhaben kennen.

Kundensystem analysieren (A2.1)

Die Analyse des *Kundensystems* im Rahmen der Auftragsklärung dient der Erhebung der wesentlichen *sachlichen* (auch *materiellen* [9]) und *sozialen* [9] Einflussfaktoren auf das Kundensystem. Dabei ist die »Analyse des Kundensystems […] mehr als Information anhand des Internet. Sie ist der Versuch, bereits im Vorfeld wichtige Informationen über den ›Kunden‹ zu erhalten. Analyse des Kundensystems heißt, die relevanten Faktoren in einem (möglicherweise bislang unbekannten) sozialen System zu erfassen« [9].

König/Volmer stellen die folgenden Fragen, die für den Berater relevant sein sollten [9]:
1. Wer sind die für den Beratungsauftrag relevanten Personen?
2. Was sind die subjektiven Deutungen der relevanten Personen?
3. Was sind relevante soziale Regeln?
4. Gibt es Verhaltensmuster (Regelkreise), die immer wieder auftreten?
5. Was ist die Systemumwelt?
6. Was ist die Vorgeschichte in Bezug auf Organisationsberatung?

Die SWOT-Analyse ist in diesem Zusammenhang ein geeignetes methodisches Werkzeug, um mehr Klarheit und Transparenz über das Kundensystem zu erhalten. Eine komprimierte Darstellung der Stärken (S = Strengths), Schwächen (W = Weaknesses), Möglichkeiten (O = Opportunities) und Gefahren (T = Threats) hilft dem Berater, eine strukturierte Betrachtung des Kundensystems durchzuführen.

Die IPMA OCB (= Organizational Competence Baseline) beschreibt »das Konzept der organisationalen Kompetenz für das Management von Projekten« [8]. Diese Kompetenz ist in verschiedenen Organisationen bzw. Kundensystemen unterschiedlich ausgeprägt. Reifegradmodelle wie z. B. IPMA Delta verwenden das Konzept von Kompetenzklassen, um den Zustand der aktuellen Projektmanagementkompetenz einer Organisation bewerten zu können. Im Idealfall führen Klient und Berater eine solche Bewertung im Vorfeld eines Beratungsauftrags durch (je nach benötigtem Detaillierungsgrad kann hier auch eine abgespeckte Variante als *Quick Check* ausreichend sein). Die genaue Kenntnis des Ist-Zustandes eines Kundensystems ermöglicht erst eine qualitativ hochwertige Beratung in Richtung eines gewünschten Soll-Zustandes. Im Rahmen der Auftragsklärung ist es normalerweise ausreichend, wenn Berater und Klient sich auf die Bereitschaft zur Durchführung einer solchen Analyse im Rahmen der Beratung verständigen.

Kundenproblemstellung analysieren (A2.2)

Die Analyse der *Kundenproblemstellung* dient dazu, das Anliegen des Klienten herauszuarbeiten. Das kann in Form eines *Projektantrags/ -auftrags* erfolgen. Dieser Beratungsauftrag sollte alle wesentlichen Parameter eines Projekts beinhalten und »[…] kann so definiert werden, dass die Information ausreicht, um […] klare Vereinbarungen zur Leistungserbringung im Projekt abschließen zu können« [16].

Dazu gehören:
⇨ Projektinhalt, -scope, -abgrenzung
⇨ grobe Projektziele, v. a. auch Nichtziele und wesentliche Zielbeziehungen
⇨ grober Kostenrahmen
⇨ zur Verfügung stehende Ressourcen
⇨ erster Phasenplan inkl. Meilensteine
⇨ Projektteam, Organe und Gremien, Kompetenzen der einzelnen Rollen
⇨ weitere Rahmenbedingungen, Einschränkungen, Ausschlüsse
⇨ erste Einschätzung zu Umfeld, Chancen und Risiken

Besondere Bedeutung kommt hier dem gemeinsamen Verständnis des Projektinhalts und seiner Abgrenzung zu. Verlässliche Informationen sind ein kritischer Erfolgsfaktor im Rahmen der Auftragsklärung. So muss der Berater im Projekt zwischen Fakten, Meinungen und Annahmen [4] unterscheiden und Informationsverfälschungen erkennen. Ein methodisches Hilfsmittel, um ein solches gemeinsames Verständnis zu erhalten, ist die sog. *kus(s)-Analyse* [25]. Diese dient als strukturierte Vorgehensweise, um im Dialog mit dem Auftraggeber Informationen zur Auftragsklärung einzuholen. Der Auftragnehmer formuliert und gruppiert Themen/Fragen zum Projektauftrag – nach k = klar, u = unsicher und s = strittig. Alle drei Kategorien werden mit dem Auftraggeber besprochen und entweder verifiziert (= k und u) oder gelöst (= s).

Beratungsansatz anpassen (A2.3)

Auf Grundlage der strukturiert durchgeführten Auftragsklärung kann der Berater nun einen passgenauen Beratungsansatz für die zugrunde liegende Problemstellung formulieren und bei Bedarf oder – im besseren Fall – auf Wunsch beim Klienten präsentieren. Der Klient wird in diesem Beratungsansatz seine eigenen Kenntnisse zum Beratungsgegenstand wiedererkennen und dies im Normalfall positiv aufnehmen. Zudem ist ein Blick auf die *Checkliste zur Analyse der vorbeugenden*

138

Maßnahmen gegen Projektprobleme [4] hilfreich, um noch offenen Handlungsbedarf im Rahmen der Definition des Beratungsansatzes zu identifizieren. Der Klient wird es außerdem sicher zu schätzen wissen, wenn der Berater auf Grundlage seines bisherigen Erkenntnisgewinns in der Lage ist, sogenannte *Quick Wins* (= schnelle Erfolge) transparent darzustellen.

Projektvertrag/-auftrag festlegen (A2.4)

Ergebnis der Auftragsklärung ist im optimalen Fall ein durch den Klienten und den Berater gemeinsam wertschätzend verhandelter und unterzeichneter *Projektauftrag*. Dies reduziert die Wahrscheinlichkeit klassischer Konflikte im Auftraggeber/-nehmerverhältnis, die durch die unterschiedliche Auslegung des Beratungsauftrags entstehen können.

Die wesentlichen Inhalte des Projektvertrags/-auftrags sind [4]:
⇨ Projektbezeichnung
⇨ Auftraggeber und Projektleiter
⇨ Projektziele
⇨ zu erarbeitende Ergebnisse
⇨ Phasen und Meilensteine
⇨ mögliche Projektrisiken
⇨ Budget, Kosten, Aufwand, Ressourcen, Dauer
⇨ Unterschrift durch Projektleiter und Auftraggeber

Die Auftragsklärung ist nach Freigabe des Projektauftrags abgeschlossen. Wenden wir uns im Folgenden nun den zwischenmenschlichen Aspekten der Projektinitialisierung zu.

Beziehungsaufbau im Kontext der (systemischen) Organisationsberatung für Projektmanagement

Der *Beziehungsaufbau* in einem Beratungsprojekt ist wesentlicher Bestandteil des Projekterfolgs. Dabei geht es nicht nur um die Beziehung zwischen Berater und Klient, sondern um das Beziehungsgeflecht aller beteiligten Stakeholder: »Der Erfolg von Projekten ist die Anerkennung der Projektergebnisse der relevanten Interessengruppen« [7]. Dazu müssen sowohl die *relevanten* Interessengruppen im Projekt bekannt sein als auch deren *Erwartungen* – und sie müssen berücksichtigt werden. Der Berater profitiert in besonderem Maß von positiven Kundenerlebnissen und hat ein hohes Interesse an *gelebter* Beziehung, d. h. aktiver Interaktion mit wichtigen Bezugspersonen beim Kunden bzw. potenziellen Geschäftspartnern.

Wie erreicht man positive Kundenerlebnisse, v. a. in der Phase der Auftragsklärung? »Eine wesentliche Aufgabe besteht darin, durch geeignete Interview-, Befragungs- und Gesprächsführungsmethoden mit dem Auftraggeber und in Klärungsgesprächen mit wesentlichen Beteiligten, neue Lösungsmöglichkeiten sichtbar zu machen und neue relevante Ansatzpunkte zu identifizieren« [15]. Gelingt das dem Berater, hat er sicherlich gute Voraussetzungen geschaffen, eine positive Beziehung aufzubauen.

Bei der Beziehungsgestaltung seitens des Beraters sind lt. NCBC [15] im Wesentlichen folgende Faktoren zu beachten:
⇨ Entwicklung und kontinuierliche Arbeit an Haltung und Auftritt
⇨ Festlegungen zu den Informationen, die gesammelt werden sollen
⇨ Reflexion des eigenen Menschenbildes und der Rollenzuschreibungen
⇨ Analyse der Beziehungsnetzwerke in der Kundenorganisation
⇨ Festlegen von Anlässen und Zeitpunkten für Kontakte

Orientierungsgespräch vorbereiten und durchführen (B1.1)

Die Qualität einer Beziehung misst sich am Grad des *Vertrauens,* das die Menschen bereit sind, einander entgegenzubringen. Bei der Beziehung zwischen Berater und Klient kommt dem Faktor Vertrauen eine besondere Wichtigkeit zu. Ist der Klient doch gezwungen, dem Berater zu vertrauen, da er selbst nicht die Kenntnisse besitzt, seine Problemstellung zu lösen. Dieser Umstand ist der Grund dafür, dass die

Akquise von Neukunden im Beratungsgeschäft als »hartes Brot« gilt. Umgekehrt gilt dadurch aber auch: Hat man sich das Vertrauen eines Kunden erworben (durch erwiesene Beratungskompetenz in Form von Projekterfolg), greift der Kunde auch gerne mal auf bewährte Kräfte zurück (und stellt finanzielle Aspekte in den Hintergrund). Vertrauen wiederum gründet sich auf Verlässlichkeit. Und »Verlässlichkeit ist Qualität, über die Zeit gesehen« [4]. Auch das ist ein Argument für eine nachhaltige Beziehung zwischen Berater und Klient.

Da sich Berater und Klient in der Phase der Auftragsklärung meist noch fremd sind, bietet es sich an, sehr früh ein erstes *Orientierungsgespräch* zu führen. Dabei wird sich der Klient auf sachlicher Ebene ein Bild über das Beratungsangebot machen. Sehr viel wichtiger und entscheidender wird jedoch sein, ob zwischen den Gesprächspartnern »die Chemie stimmt« und man sich persönlich versteht.

Die Entscheidung, ob der Klient mit dem Berater auf emotionaler Ebene »warm wird« – der Fachbegriff lautet »Rapport« –, entscheidet sich bekanntermaßen innerhalb weniger Sekunden und Minuten. »Rapport ist eine Beziehung zwischen zwei Menschen, die auf gegenseitiger Achtung, Wertschätzung und Vertrauen beruht. Eine solche Beziehung ist die Voraussetzung jeder Beratung« [12]. Auch wenn man als Berater keinen direkten Einfluss auf die Gefühlswelt des Klienten hat, so gibt es doch ein paar Verhaltensweisen, die den Kontakt fördern [vgl. 1, 6, 13]. Als förderliche Verhaltensweise gelten [9]:

⇨ die passende Sitzposition wählen, d. h. Positionierung, Distanz
⇨ Köperhaltung spiegeln, Beachtung der *nonverbalen Kommunikation* [vgl. 16, 4]
⇨ Small Talk
⇨ Türöffner und Aufmerksamkeitsreaktionen [05], d. h. Einladung, über bestimmte Themen zu sprechen (»Kann ich Ihnen dabei helfen?«) und Teilnahme beim Zuhören (»wirklich?«, »aha«, »verstehe«)
⇨ Thema und Ziel des Gesprächs festlegen
⇨ Rahmenbedingungen und Ablauf des Beratungsgesprächs klären

Das Orientierungsgespräch ist eine gute Gelegenheit für den Klienten, aber auch für den Berater, einen Eindruck zu bekommen, ob eine Zusammenarbeit lohnenswert erscheint.

Soziales Umfeld einordnen und bestimmen (B1.2)

Zur Bestimmung des *sozialen Umfelds* einer Projektmanagementberatung ist es nötig, *Abgrenzungen* vorzunehmen [15]:
⇨ Auf welche Organisationsbereiche soll sich das Beratungsprojekt beziehen?
⇨ Welche handelnden Personen können identifiziert werden?
⇨ Wer ist in welcher Form einzubinden?
⇨ Welche Organisationseinheiten und Umfeldgruppen sind beteiligt oder betroffen?

Es gibt allerdings *Systemprobleme in der Organisationsberatung,* die beim Beziehungsaufbau zu beachten sind [24]:
⇨ *Vereinnahmung,* d. h. die Organisation »vereinnahmt« den Berater, es entstehen emotionale Schranken und eine nicht sachlich begründbare Rücksichtnahme, v. a. bei länger dauernden Beratungsprojekten.
⇨ *Abspaltung,* d. h. der Berater ist nicht in der Lage, das Klientensystem zu beeinflussen (= geschlossene Systeme).

Außerdem kann die Einordnung des sozialen Umfelds anhand des *Beratungsdreiecks* [13] hilfreich sein. Der Berater muss verstehen, ob die Beratung als Dienstleistung (= Know-how einkaufen), als *politisches Spiel* (= Absichern und Durchsetzen von Interessen) oder als *Emanzipationsprozess* (= sich von Abhängigkeiten befreien) im sozialen System des Klienten verstanden wird.

Das soziale Umfeld, in dem sich der Berater bewegt, bewusst wahrzunehmen, ermöglicht es, aktiv gegen negative Faktoren vorzugehen oder sich zumindest auf diese vorzubereiten.

Beziehungen und Motivation der Stakeholder bestimmen (B1.3)

Eine strukturierte *Stakeholderanalyse* auf Basis der ICB beinhaltet die Identifikation und Bewertung aller relevanten Stakeholder für das Projekt. Dabei untersucht der Berater, welche Erwartungen und Befürchtungen die einzelnen Stakeholder in Bezug auf den Beratungsgegenstand haben, und auch, wie sehr sie davon betroffen sind. Die *Motivation* vor allem der wesentlichen Stakeholder, am Erfolg des Beratungsprojekts mitzuwirken, ist ein wichtiges Erfolgskriterium für Beratungsprojekte.

Zur Entwicklung von Maßnahmen für den Umgang mit Stakeholdern sind vor allem zwei Kriterien entscheidend: Die zu erwartende *Konfliktwahrscheinlichkeit* und die *Machtintensität,* mit der der jeweilige Stakeholder auf das Projekt einwirken kann. Über die Konfliktwahrscheinlichkeit erhält man eine Trennung der Stakeholder in Opponenten und Promotoren. »Für Beratungsprozesse sind prinzipiell zwei Ebenen von *Machtverteilung* wichtig: die zwischen Berater und Kundensystem und die innerhalb des Kundensystems.« [15]

Die Macht des Beraters liegt in seiner ausgeprägten Fach- und Methodenkompetenz, ist jedoch abhängig von der ihm zugewiesenen Rolle entweder in Form der *Expertenberatung* (Umsetzungskompetenz) oder der *Prozessberatung* (Empfehlung für die Hilfe zur Selbsthilfe). Das Maß der Rechte- bzw. Verantwortungsübertragung sollte vertraglich festgelegt werden. »Dies ist deshalb wichtig, weil es gerade in schwierigen Prozessen immer wieder vorkommt, dass Klienten inhaltliche Verantwortung oder Führungsverantwortung auf den Berater abwälzen oder mikropolitische Nebenziele durch den Berater umsetzen wollen. Letzteres kann durch ein konsequentes Definieren und Festhalten der Beratungsziele im Rahmen der Auftragsklärung und durch Transparenz gegenüber den Betroffenen minimiert werden.« [15]

Auftragsklärungsgespräch vorbereiten und durchführen (B2.1)

Das *Auftragsklärungsgespräch* dient im Wesentlichen zur Vorbereitung eines Angebots durch den Berater und sollte dazu genutzt werden, Unklarheiten und Unsicherheiten hinsichtlich des Beratungsgegenstandes zu beseitigen. Der Berater vermittelt dabei durch kluges Fragen bereits hier hohe Beratungskompetenz – dies gelingt durch professionelle Vorbereitung auf das Gespräch auf Grundlage der im Vorfeld gewonnenen Informationen. Das Gespräch kann so auf die Bedürfnisse des Klienten ausgerichtet werden. Dazu kann der Berater ein strukturiertes Interview vorbereiten, in dessen Rahmen er vorbereitete Fragen (= Checkfragen zur Kundenanalyse) stellt und versucht, so viele Informationen wie möglich zu erhalten. Es gelten die gleichen sozialen Mechanismen wie im Orientierungsgespräch.

Soziales System analysieren (B2.2)

Ergänzend zur einzelnen Betrachtung der Stakeholder im Rahmen einer strukturierten Stakeholderanalyse nach ICB [7] kommt nun die Analyse des *sozialen Systems des Klienten* und des Beratungssystems dazu. Hilfreiches Werkzeug in diesem Zusammenhang ist die *Systemvisualisierung* [9].

Das Beratungssystem beschreibt das Stakeholdersystem für den Beratungsprozess: Wer sind die relevanten Stakeholder, welche Ziele verfolgen sie, welche Rolle spielt der Berater, welche Position nimmt der Berater in diesem System ein, wie ist das Verhältnis zwischen Berater und Auftraggeber usw.? Die Aufgabe des Beraters ist es, ein *stabiles* und *funktionsfähiges Beratungssystem* [9] zu schaffen und zu erhalten.

144

Tabelle 2: Die sechs Faktoren sozialer Systeme nach König/Volmer, 2000, S. 35 ff. mit Leitfragen für die Beziehungsanalyse (gekürzt) [9]	
Leitfragen zur Beziehungsanalyse können sein:	
1. Personen	Wer ist beteiligt oder betroffen?
2. Deutungen	Wie denken diese Personen übereinander?
3. Regeln	Welche offenen und heimlichen Regeln oder Verabredungen gelten zwischen ihnen?
4. Interaktionsstrukturen	Welche eingespielten Muster, Regelkreise, Gewohnheiten etc. haben sich zwischen ihnen ausgebildet?
5. Kontext	In welcher Umwelt treffen sie aufeinander?
6. Entwicklung	Welche Vorgeschichten haben diese Personen, was erwarten sie in der Zukunft?

Beratungsprojektorganisation bilden (B2.3)

Es wurde bereits dargestellt, dass es nötig ist, eine *Systemabgrenzung* vorzunehmen und die beteiligten Organisationsbereiche zu bestimmen. Auf Basis der *Visualisierung* des Klienten- und des Beratungssystems werden die Beteiligten und Betroffenen ermittelt und eine *Projektorganisation* definiert. Der Berater strukturiert den Beratungsprozess. In diesem Zuge sollte er einen Vorschlag erstellen, wie dieser organisatorisch im Klientensystem abgebildet werden kann. Dazu müssen
⇨ die Rollen und Verantwortlichkeiten zu der zu erstellenden Lösung definiert werden,
⇨ die interne Projektleitung berufen werden,
⇨ die Mitglieder des Kernteams festgelegt werden,
⇨ soziale Regeln [9] definiert werden,
⇨ die Art der Projektorganisation des Beratungsprojekts bestimmt werden inkl. ihrer Einbettung in die Stammorganisation sowie
⇨ die möglicherweise benötigte externe Unterstützung festgelegt werden.

Das erarbeitete Resultat wird mit dem Klienten besprochen bzw. verhandelt und findet schließlich – nach Einigung zwischen Berater und Klient – Eingang in den Projektauftrag.

Projektvertrag/-auftrag verhandeln (B2.4)

Als letzte Stufe des Beziehungsaufbaus innerhalb der Auftragsklärung kommt es im Idealfall dazu, dass Berater und Klient die Voraussetzungen dafür schaffen, dass ein Projekt erfolgreich durchgeführt werden kann, indem sie mit einem klaren *Projektauftrag* Verbindlichkeit für die Vertragspartner schaffen. Dieser Projektauftrag muss sich nicht zwangsläufig auf das komplette Beratungsprojekt erstrecken, er kann auch die Beauftragung von Teilphasen zum Inhalt haben [4].

Die *Verhandlungssituation* kann und sollte zum Beziehungsaufbau genutzt werden. Die Verhaltensweisen, die hier gezeigt werden, haben eine starke Signalwirkung und sind Entscheidungspunkt für die (möglicherweise) folgende weitere Zusammenarbeit im Projekt.

Die Anwendung einer gängigen Verhandlungsmethodik anhand der Vorgaben aus der ICB [4] dient dem Berater als methodischer Leitfaden in der konkreten Verhandlungssituation. Wichtig hierbei ist die gemeinsame Entwicklung mit dem Kunden auf Basis von Vorschlägen durch den Berater. »Gleichwohl wird ein erfahrener Verhandlungsführer schon im Vorfeld Optionen entwickeln, ausgestalten und auch durch Anwendung verschiedener Szenarien die weitergehenden Folgen der Optionen für beide Seiten abschätzen.« [4]

Ein gemeinsam entwickelter und von beiden Parteien unterzeichneter Projektauftrag bildet ein solides Fundament bei der Projektmanagementberatung. Er stellt den Abschluss der Auftragsklärung und des damit verbundenen Beziehungsaufbaus zwischen Berater und Klient dar.

Literatur

[1]   BANDLER, RICHARD; GRINDLER, JOHN: *Neue Wege der Kurzzeittherapie. Frogs into Princes.* 15. Aufl. Paderborn: Junfermann, 2013

[2]   BEA, FRANZ-XAVER; SCHEURER, STEFFEN; HESSELMANN, SABINE: *Praxis der Projektplanung. Projektmanagement konkret. Konstanz: UVK Verlagsgesellschaft mbH, 2013*

[3]   DIN EN ISO 9000, 2014

[4]   GESSLER, MICHAEL (HRSG.): *Kompetenzbasiertes Projektmanagement (PM3). Handbuch für die Projektarbeit, Qualifizierung und Zertifizierung auf Basis der IPMA Competence Baseline Version 3.0. 2. Aufl., 2009*

[5]   GORDON, THOMAS: *Managerkonferenz: Effektives Führungstraining. Neuausgabe. München: Heyne, 2005*

[6]   GROCHOWIAK, KLAUS: *Das NLP-Practitioner Handbuch. 3. Aufl. Paderborn: Junfermann, 2007*

[7]   *ICB – IPMA Competence Baseline in der Fassung als Deutsche NCB – National Competence Baseline Version 3.0 der PM-ZERT Zertifizierungsstelle der GPM e. V., GPM Deutsche Gesellschaft für Projektmanagement e. V. überarbeitete Aufl., 2009*

[8]   *IPMA Organizational Competence Baseline OCB 1.0, International Project Management Association (IPMA), 2014*

[9]   KÖNIG, ECKARD; VOLMER, GERDA: *Handbuch. Systemische Organisationsberatung. 2. Aufl. Weinheim und Basel: Beltz, 2014*

[10] KÖNIGSWIESER, ROSWITHA; SONUC, EBRU; GEBHARDT, JÜRGEN: *Komplementärberatung. Das Zusammenspiel von Fach- und Prozess-Know-how. Stuttgart: Klett-Cotta, 2008*

[11] LIPPITT, GORDON; LIPPITT, RONALD: *Beratung als Prozess. Was Berater und ihre Kunden wissen sollten. 4. Aufl. Renningen: Rosenberger Fachverlag, 2006*

[12] MOHL, ALEXA: *Der große Zauberlehrling. Teil 1 & 2: Das NLP-Arbeitsbuch für Lernende und Anwender. 3. Aufl. Paderborn: Junfermann, 2006*

[13] MÜLLER, WERNER R.; NAGEL, ERIK; ZIRKLER, MICHAEL: *Organisationsberatung. Heimliche Bilder und ihre praktischen Konsequenzen. Wiesbaden: Gabler, 2006*

[14] MUTZEK, WOLFGANG: *Kooperative Beratung. Grundlagen, Methoden, Training, Effektivität, Weinheim und Basel: Beltz, 2014*

[15]   *NCBC – NATIONAL COMPETENCE BASELINE CONSULTING – Ergänzung zu der IPMA Competence Baseline für PM-Berater, GPM Deutsche Gesellschaft für Projektmanagement e. V., Version 1.0, Juni 2011*

[16]   PLATZ, J.: *Projektstart. In RKW (Rationalisierungs-Kuratorium der Deutschen Wirtschaft e.V.) & GPM (Deutsche Gesellschaft für Projektmanagement e. V.) (Hrsg.): Projektmanagement Fachmann. 7. Aufl. Eschborn: RKW-Verlag, 2003*

[17]   PROJECT MANAGEMENT INSTITUTE INC.: *A Guide to the Project Management Body of Knowledge (PMBOK Guide). 5. Aufl. Project Mgmt. Inst., 2014*

[18]   *Studie »Beratung im Projektmanagement – Trends, Potenziale, Perspektiven« durchgeführt durch die Gesellschaft für Projektmanagement (GPM) in Zusammenarbeit mit der German Graduate School of Management and Law (GGS), 2010, 5.1 Entwicklungsbedarf*

[19]   *Studie »Konsequente Berücksichtigung weicher Faktoren« durchgeführt durch die Gesellschaft für Projektmanagement (GPM) und PA Consulting Group, 2006*

[20]   SCHEIN, EDGAR H.: *Process Consultation – its role in organization development. Addison-Wesley Pub. Co., 1969*

[21]   SIMON, FRITZ B.: *Einführung in die (System-)Theorie der Beratung. Heidelberg: Carl-Auer Verlag, 2014*

[22]   TITSCHER, STEFAN: *Intervention. Zur Theorie und Techniken der Einmischung. In: Hofmann, Michael: Theorie und Praxis der Unternehmensberatung. Bestandsaufnahme und Entwicklungsperspektiven. Heidelberg: Physica-Verlag, 1991*

[23]   WHITMORE, JOHN: *Coaching für die Praxis. 2. Aufl. Staufen: allesimfluss Verlag, 2011*

[24]   WIMMER, RUDOLF: *Organisationsberatung: Neue Wege und Konzepte. Wiesbaden: Gabler Verlag, 1994*

Internetquellen

[25]   *http://projekte-leicht-gemacht.de/blog/pm-in-der-praxis/kuss-formel/ (aufgerufen am 25.10.2014)*

[26]   *http://wirtschaftslexikon.gabler.de/Archiv/18169/systemische-organisationsberatung-v7.html (aufgerufen am 20.10.2014)*

Zusammenfassung

Die Auftragsklärung und das Beziehungsmanagement müssen als kritische Erfolgsfaktoren für Projektmanagement-Beratungsprojekte bezeichnet werden. Gerade weil ganz zu Beginn eines solchen Beratungsvorhabens noch vieles unbekannt ist, herrscht große Unsicherheit. Dies führt bei einer nicht strukturierten Vorgehensweise und einer nichtsystemischen Betrachtung des Beratungsgegenstands mit hoher Wahrscheinlichkeit zum Abbruch der Beziehung zwischen Berater und Klient. Die in diesem Beitrag beschriebene methodische Vorgehensweise bzw. systemische Betrachtung eines Beraters, ergänzt um eine gute Portion an Fachwissen und sozialer Kompetenz sowie ein gerütteltes Maß an Erfahrung, ergibt den Mix, auch solche hoch riskanten (da die gesamte Organisation betreffend) Beratungsprojekte erfolgreich über die zahlreichen Hürden einer Projektinitialisierung zu heben. Dann wird auch deutlich, dass in dieser Phase aufgrund der noch hohen Freiheitsgrade nicht nur die größten Risiken, sondern eben auch die meisten Chancen zu finden sind. *Hier wird das Fundament bereitet, auf das im weiteren Verlauf des Projekts aufgebaut wird.* Unter diesem Aspekt wird die Bedeutung von Auftragsklärung und Beziehungsmanagement besonders deutlich.

Bestandsaufnahme und Standortbestimmung

Bestandsaufnahme und Standortbestimmung ermitteln die Ausgangssituation des Projekts. Von hier ausgehend werden Aktivitäten auf dem Weg zum Ziel festgelegt. Eine genaue Kenntnis des Ausgangspunkts ist daher für einen professionellen Start der Planung und Umsetzung von besonderer Bedeutung.

In diesem Beitrag erfahren Sie:
- warum Bestandsaufnahme und Standortbestimmung so wichtig sind,
- welche Werkzeuge es für die Bestandsaufnahme und Standortbestimmung gibt und
- warum eine aktive Integration der Betroffenen dabei den Projekterfolg wesentlich beeinflusst.

THOR MÖLLER

Einführung

»Wir wissen zwar nicht, wo wir hinwollen, aber wir werden uns dennoch beeilen!« So läuft es leider noch in allzu vielen Projekten. Eine konsequente Zieldefinition für Beratungsprojekte soll diese Art von Aktionismus vermeiden. Ist allen Protagonisten das Ziel bekannt, dann kann das Projektteam den Weg dorthin planen und beschreiben. Doch um den Weg zum Ziel zu bestimmen, muss man eben nicht nur dieses Ziel, sondern auch den Ausgangspunkt und im weiteren Projektverlauf jeweils aktuellen Standort kennen. Und nicht nur aus diesem Grund ist die Bestandsaufnahme und Standortbestimmung eine zwingende Voraussetzung für professionelle und erfolgreiche Beratungsprojekte. In der Beratungspraxis müssen die betroffenen Personen auch »abgeholt« werden. Eine nachhaltige Wirksamkeit von Beratung funktioniert nur, wenn der Berater die Entwicklung der betreffenden Organisation

mitsamt den betroffenen Bereichen und Mitarbeitern auf ihrem Weg vom Ausgangspunkt zum Ziel begleitet. Je genauer der Ausgangspunkt bestimmt wird, desto reibungsloser verlaufen der Start und die Umsetzung, insbesondere in den frühen Phasen des Projekts.

Die Bestandsaufnahme und Standortbestimmung hat somit zwei wesentliche Hintergründe: Zum einen geht es um die Analyse der Ausgangssituation, die im zweiten Abschnitt dieses Kapitels vorgestellt wird. Andererseits geht es um die aktive Partizipation der Betroffenen. Sie ist Bestandteil des dritten Abschnitts. Vorab zeigt der erste Abschnitt die Bedeutung der integrativen Bearbeitung von Situationsanalyse und Partizipation der Betroffenen auf.

Zusätzlich ist die Unterscheidung zwischen den Blickwinkeln aus Berater- und Kundensicht auf das Projekt wichtig. Die Beratungsinstitution muss in der Regel aus zwei Perspektiven blicken: Zum einen organisiert sie ein eigenes Beratungsprojekt, zum anderen muss sie ein Kundenprojekt unterstützen. Das Beratungsprojekt ist dabei normalerweise nur ein Teil des Kundenprojekts. Es besteht also ein gemeinsamer Bereich des Projekts. Nur in Ausnahmefällen können diese beiden Projekte deckungsgleich sein.

Integrative Bearbeitung von Situationsanalyse und Partizipation

Die Analyse der Ausgangssituation und die Partizipation der Betroffenen können nicht voneinander losgelöst behandelt werden. Es besteht ein wichtiges Wechselspiel dieser beiden Aktivitäten. Durch die Beteiligung der Betroffenen erhält man einerseits relevante Informationen für das Beratungsprojekt, nämlich über die aktuelle und die erstrebenswerte Situation sowie eine Vielzahl von Ideen, Bedenken, Ängsten etc. Andererseits bewirkt man durch die Einbeziehung eine gewisse Identifikation der Betroffenen mit dem Projekt und den angestrebten Ergebnissen. Durch die aktive Mitgestaltung sind die Betroffenen Teil des Prozesses und der Lösung und somit am Gelingen interessiert. Leider läuft es in der heutigen Praxis häufig anders: Vieles wird über die Köpfe der Betroffenen hinweg entschieden. Die erste Reaktion ist dann meistens – anstelle von aktiver Mitarbeit – eher ein Boykott.

Ein einfaches Beispiel für die integrative Bearbeitung von Situations-analyse und Partizipation sind die *vier Fragen an die Anwender* (siehe Kasten). Zur Vorbereitung der Entwicklung einer neuen Software, die ein bestehendes Programm ablösen soll, werden den Anwendern vier Fragen gestellt. Aus den Antworten kann man darauf schließen, welche Funktionalitäten die neue IT-Lösung aus Anwendersicht haben sollte und welche nicht erforderlich bzw. überflüssig sind. Diese wertvollen Informationen können in der Regel direkt in die Spezifikation einflie-ßen. Somit ist ein bedeutender Anteil der Situationsanalyse getätigt. Ebenso wichtig ist aber auch die Wirkung dieser Partizipation. Voraus-setzung ist selbstverständlich die ernsthafte Absicht zur Partizipation der Anwender (siehe Abschnitt »Aktive Partizipation der Betroffenen«).

Vier Fragen an die Anwender

1. Was funktioniert bei der bisherigen Lösung gut?
   (alternative Fragestellung: Worauf wollen Sie nicht verzichten?)
2. Was läuft schlecht bei der bisherigen Lösung?
   (alternative Fragestellung: Was sollte unbedingt verbessert werden?)
3. Welche Teile der bisherigen Lösung werden nicht genutzt?
   (alternative Fragestellung: Worauf können Sie verzichten?)
4. Was fehlt bei der bisherigen Lösung?
   (alternative Fragestellung: Was sollte die neue Lösung unbedingt zusätzlich können?)

Neben dem Wechselspiel zwischen Analyse der Ausgangssituation und der Partizipation ist zu beachten, dass es sich um einen permanenten Prozess handelt. Die Bestandsaufnahme und Standortbestimmung sind nicht nur zu Beginn des Projekts erforderlich. Sie müssen regelmäßig wiederholt werden (siehe Abbildung 1). Nur so gelingt eine durchgän-gige Identifikation und Motivation mit dem Projekt.

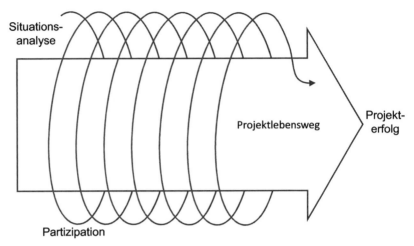

Situations-
analyse

Projektlebensweg

Projekt-
erfolg

Partizipation

Abb. 1:   *Bestandsaufnahme und Standortbestimmung als permanenter Prozess (eigene Darstellung)*

Moderne Ansätze des Veränderungsmanagements, die sich in der Praxis bereits bewährt haben, verkörpern auch genau diese Vorgehensweise. Zu diesen Ansätzen gehören z. B. die Methode *Capacity Works* der GIZ (Deutsche Gesellschaft für Internationale Zusammenarbeit) und der Ansatz *Deep Democracy. Capacity Works* [1] setzt sehr stark auf die kooperative Zusammenarbeit aller Beteiligten. Im Unterschied zu vielen anderen Werkzeugen verkörpert es auch eine sehr wertschätzende Haltung gegenüber den Stakeholdern.

Warum sich die integrative Bearbeitung von Situationsanalyse und Partizipation nur sehr langsam in der Praxis durchsetzt, scheint recht klar zu sein: Es liegt am sogenannten Macher-Syndrom. Der Druck, schnell Ergebnisse erzeugen zu müssen, führt dazu, dass mit der Umsetzung frühzeitig begonnen wird, obwohl noch lange nicht alles klar definiert ist und die Betroffenen noch nicht richtig integriert sind. So beginnt die Umsetzung zwar wesentlich früher, jedoch entstehen währenddessen so viele Probleme, dass es immer wieder zu starken Verzögerungen kommt (siehe Abbildung 2 oberer Teil). Bei integrativer Definition und Planung fängt die Umsetzung wegen der vielen

Planungsrunden zwar wesentlich später an – es entstehen aber viel weniger Probleme und das Projekt wird insgesamt nicht nur in kürzerer Zeit realisiert, sondern auch die Zufriedenheit der Beteiligten und Betroffenen ist in der Regel höher (siehe Abbildung 2 unterer Teil).

Abb. 2:   *Die Bedeutung solider Planung und Integration (eigene Darstellung)*

Aus Sicht der Beratungsinstitution ist es daher unerlässlich, eine Integration aktiv herzuleiten und umzusetzen. Die einzelnen Phasen des Beratungsprozesses müssen gründlich bearbeitet werden. Ein Beispiel für eine Übersicht über die Phasen des Beratungsprozesses aus Sicht der Beratungsinstitution stellt ein von Thor Möller entwickeltes Poster [2] dar.

Analyse der Ausgangssituation

Erst durch die Bestimmung des aktuellen Standorts kann man die Distanz messen und den Weg zum Ziel aufzeigen. Bei jeder Veränderung des Standorts in Richtung Ziel handelt es sich in der Regel um einen Projektfortschritt.

In Projekten definierte Ziele haben unterschiedliche Funktionen. Dazu gehören u. a.
⇨ die Orientierungsfunktion,
⇨ die Kontrollfunktion,
⇨ die Verbindungsfunktion,
⇨ die Motivationsfunktion und
⇨ die Selektionsfunktion.

Um diese Funktionen nutzen zu können, ist allerdings nicht nur die definierte Zielsetzung wichtig, sondern auch die Kenntnis des aktuellen Standorts.

Zur Bestimmung des aktuellen Standorts können eine große Menge an Tools in unterschiedlicher Kombination verwendet werden. Dazu gehören z. B.

⇨ Stärken-Schwächen/Chancen-Risiken-Analyse (SWOT),
⇨ Kontext-Modell,
⇨ Machbarkeitsstudie (Feasibility Study),
⇨ Stakeholderanalyse,
⇨ Organisations- und Kulturanalyse,
⇨ Personalpotenzialanalyse,
⇨ Geschäftsprozessanalyse,
⇨ Pareto-Analyse (ABC-Analyse),
⇨ 5 ×Warum-Analyse,
⇨ Ishikawa-Diagramm (Fischgrät-Diagramm/Ursachen-Wirkungs-analyse),
⇨ Soziogramm,
⇨ Systemanalyse,
⇨ Risikoanalyse
⇨ uvm.

Ausgesuchte Methoden werden im Folgenden kurz vorgestellt:

Tools zur Prozessaufnahme und Geschäftsprozessoptimierung (GPO)
Das Geschäftsprozessmanagement ist ein riesiger Handlungsbereich zur Optimierung von Unternehmen und somit ein bedeutender eigener Beratungszweig. Auf eine Darstellung der grundlegenden Instrumente des Geschäftsprozessmanagements wird daher an dieser Stelle verzichtet. Für die Bestandsaufnahme und Standortbestimmung von Beratungsprojekten mit dem Hintergrund der Optimierung sind diese Tools unerlässlich. Sie dienen zusätzlich während und vor allem nach dem Projekt zur Erfolgsmessung. Ansonsten kann die Wirkung des Beratungsprojekts nicht strukturiert und plausibel dargestellt werden.

5 × Warum-Analyse

Die einfache Frage nach dem *Warum* bei Problemen oder Fehlern reicht in der Regel nicht zur Ursachenanalyse aus. Häufig liegen die Ursachen tiefer und können nur durch weitere, angeschlossene Warum-Fragen eruiert werden. Auf die erste Warum-Frage erhält man in der Regel ausweichende Antworten. Durch das fortgeführte Hinterfragen der jeweiligen Antwort mit dem Fragewort »Warum?« wird der Befragte gezwungen, immer präziser zu antworten, und kann so nach wenigen Wiederholungen kaum noch ausweichen. Nach drei- bis fünfmaliger Wiederholung ist man in der Regel beim Kernproblem angelangt. Diese Technik wird von vielen Kindern (Warum-Phase) verwendet. Wenn Erwachsene sie anwenden, dann fühlen sich die Befragten sehr schnell in die Enge getrieben und bedroht. Man sollte sich der besonderen Aggressivität dieser Methode bewusst sein und sie sehr behutsam einsetzen.

Pareto-Diagramm (ABC-Analyse)

Der italienische Wirtschaftsforscher Vilfredo Pareto hat die nach ihm benannte Methode bereits vor über 100 Jahren entwickelt. Sie erleichtert die Identifikation der wichtigen und weniger wichtigen Probleme, sodass diese in der richtigen Reihenfolge bearbeitet werden. Man konzentriert sich auf die wesentlichen Aspekte, anstatt sich im Dschungel aller Aspekte zu verlieren. In der Praxis trifft man immer häufiger auf die ABC-XYZ-Analyse. Diese interessante Variante erlaubt es, eine weitere Bewertungsdimension einzufügen und so ein verknüpftes Bild beider Dimensionen zu erhalten. Pareto formulierte auch das hiermit stark verbundene Pareto-Prinzip (auch als 80 : 20-Regel bekannt).

SWOT-Analyse

Die Stärken-Schwächen/Chancen-Risiken-Analyse (SWOT) ist ein hervorragendes Tool zur Selbst- und Fremdbewertung (siehe Abbildung 3). Sie kann die Ausgangssituation sehr deutlich beschreiben und gibt direkte Hinweise auf Optimierungspotenziale. Eine ganz besondere psychologische Komponente der SWOT-Analyse ist das Aufzeigen von Stärken und Chancen: Die Betroffenen können deutlich erkennen, dass es nicht nur Schwächen, Probleme und Risiken gibt, sondern in der Regel auch eine große Anzahl an Stärken und Chancen. Verwendet man für die Durchführung eine Tabellenkalkulation, so kann man durch Hinzufügen weiterer Spalten für jede Stärke, Schwäche, Chance und jedes Risiko Maßnahmen definieren, Umsetzungszeitpunkte und Verantwortliche bestimmen, den Fortschritt messen etc.

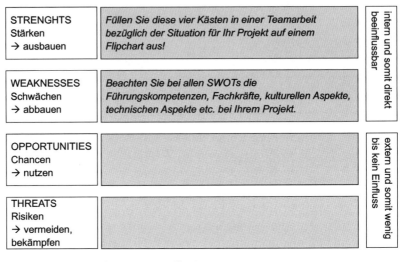

Abb. 3:   *SWOT-Analyse (eigene Darstellung)*

Ishikawa-Diagramm (Fischgrät-Diagramm/Ursachen-Wirkungsanalyse)
Das Ishikawa-Diagramm hat zum Ziel, die wirklichen Ursachen eines Problems zu eruieren und übersichtlich darzustellen. In der Praxis wird häufig nur an den Symptomen von Problemen gearbeitet. Somit finden aber keine Problemlösungen, sondern lediglich Problemverschiebungen statt. Das strukturierte Vorgehen des Ishikawa-Diagramms fördert die echte Problemlösung durch Bekämpfung der Ursachen. Ausgehend vom Problem betrachtet man rückwärts gerichtet die Problementstehung. Dabei analysiert man die typischen Ursachenbereiche

Menschen, Maschinen, Material, Management, Mitwelt und *Methoden.*
Diese sechs Ursachenbereiche werden als 6 M bezeichnet (siehe Abbildung 4). Ishikawas Erkenntnissen nach ist in der Regel nicht eine einzelne Ursache, sondern ein Ursachenbündel für ein Problem verantwortlich. Erst die Kombination aus Ursachen aus den unterschiedlichen 6 M führen zum Problem. Mit der Korrektur dieser Ursachen findet die Problemlösung statt.

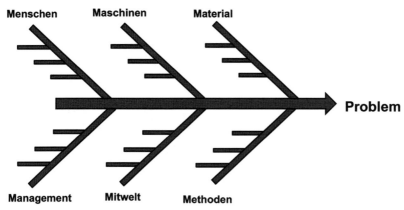

Abb. 4:   *Ishikawa-Diagramm (eigene Darstellung)*

Des Weiteren ist eine laufende Standortbestimmung von Bedeutung. Mit dem Projektfortschritt ändert sich auch immer wieder der aktuelle Standort. Dieser ist dann wiederum Ausgangspunkt für die Festlegung des Wegs zum Ziel. Diese ständige Fortschreibung erfolgt durch die Statusanalyse und ist Bestandteil des Projektcontrollings. Einerseits können hierfür die in diesem Abschnitt beschriebenen Instrumente verwendet werden, indem sie entsprechend fortgeschrieben werden. Andererseits müssen auch die entsprechenden Werkzeuge des Projektcontrollings zum Einsatz kommen.

Aktive Partizipation der Betroffenen

Externe Beratung führt bei den Betroffenen häufig zu Reaktanzen.
Den zu beratenden Personen stellen sich viele Fragen, wie z. B.:

⇨ Warum soll ich beraten werden?

⇨ Habe ich eine Beratung nötig, wird mir Unfähigkeit unterstellt?

⇨ Soll der Berater mich aushorchen?

⇨ Wird der Berater eventuelle Schwächen von mir dokumentieren
und nach oben berichten?

⇨ Muss ich mein Know-how preisgeben?

⇨ Steht mein Arbeitsplatz zur Disposition?

⇨ Soll ich vielleicht versetzt oder sogar gekündigt werden?

⇨ u. v. m.

Die Fragen resultieren aus typischen Ängsten hinsichtlich der beruflichen Existenz und/oder Erfahrungen mit bisherigen Beratungsprojekten. In der Beratung muss an dieser Stelle Vertrauen aufgebaut werden. Hier muss offene und ehrliche Kommunikation stattfinden. Durch unehrliche Kommunikation kann man sicherlich für das Projekt einen Vorteil erzielen, langfristig hinterlässt man aber »verbrannte Erde«. Wenn beispielsweise immer wieder betont wird, dass keine Stellen abgebaut werden, dies am Ende aber doch geschieht, dann wird ein Vertrauensaufbau in künftigen Beratungsprojekten nahezu unmöglich sein. Die Kommunikation sollte nicht nur formell stattfinden – vor allen auch informelle Gespräche leisten einen erheblichen Anteil zur Vertrauensbildung.

Ein Berater muss die Mitarbeiter in den zu beratenden Bereichen dort abholen, wo sie stehen. Die Standortbestimmung der zu beratenden Personen bezieht sich aber nicht nur auf deren Können (Kompetenzen und Wissen), sondern auch auf deren Wollen (intrinsische und extrinsische Motivation, Ängste etc.). Ohne diese Abholung findet kein begleitender Beratungsprozess, sondern eher eine abgehobene und somit recht unwirksame Beratung statt. Dafür muss der Berater auch die Sprache des Kunden sprechen können. Außerdem ist grundsätzlich ein ganzheitlicher Ansatz erstrebenswert. Ein Training für das Team nützt z. B. wenig, wenn die organisatorischen Voraussetzungen nicht erfüllt sind. Auch sollte stets eine entsprechende Kultur für die Anwendung von neuen Strukturen, Prozessen und Kompetenzen geschaffen werden. Das magische Dreieck der integrierten Unternehmensentwicklung in Abbildung 5 zeigt symbolhaft die Zusammenhänge der drei Dimensionen *Organisationsentwicklung,* Kulturentwicklung und Personalentwicklung.

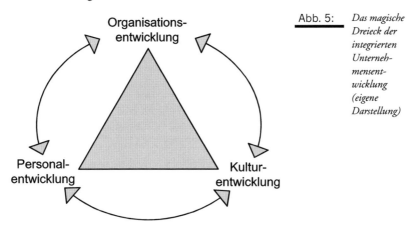

Abb. 5: *Das magische Dreieck der integrierten Unternehmensentwicklung (eigene Darstellung)*

Die Partizipation kann aber auch Probleme nach sich ziehen. Natürlich darf ein Berater kein »Wunschkonzert« zulassen. Befragt man die Betroffenen nach ihren Vorstellungen und Wünschen, dann glauben manche, die Erfüllung vieler bereits seit Längerem bestehender Wünsche einfordern zu können. Hier muss den Befragten umgehend und direkt verdeutlicht werden, welche der Wünsche im Rahmen des Projektumfangs berücksichtigt werden können und welche nicht. Tut man das nicht, entstehen bei den Betroffenen unerfüllbare Erwartungen an das Projekt. Werden diese Erwartungen nicht von Beginn an konsequent reflektiert, so sind sie während der Projektumsetzung kaum noch steuerbar.

Außerdem ist es von besonderer Bedeutung, die Betroffenen wirklich ernsthaft zu integrieren. Eine Befragung zu Beginn des Projekts ohne jede Rückmeldung an die Befragten wird die Motivation eher reduzieren als erhöhen. Noch schlimmer ist eine Bestandsaufnahme bei den Betroffenen, die dann aber im weiteren Projektverlauf unberücksichtigt bleibt. Beim Betroffenen entsteht so ganz schnell der Eindruck, dass er nicht ernst genommen wird und man nicht wirklich an ihm interessiert ist. Die Befragungsvorgänge zu Beginn des Projekts werden berechtigterweise als unnötige Show und Zeitverschwendung wahrgenommen. Jedem Berater muss hier also klar sein, dass er mit Menschen arbeitet und diese von ihm auch den grundlegenden Respekt erwarten. Leider weist auch die aktuelle Beratungspraxis hier immer noch einen großen Anteil an Dilettantismus und Arroganz auf.

Literatur

[1]   GIZ GmbH (Hrsg.): *Kooperationsmanagement in der Praxis – Gesellschaftliche Veränderungen gestalten mit Capacity WORKS. Wiesbaden: Springer Gabler, 2015; siehe auch www.giz.de/fachexpertise/html/4619.html (aufgerufen am 22.10.2014)*

[2]   MÖLLER, THOR: *Phasen des Beratungsprozesses aus Sicht der Beratungsinstitution: http://www.pm-poster.de/index-Dateien/Page442.htm (aufgerufen am 11.12.2014)*

Zusammenfassung

Ein professioneller Start der Planung und Umsetzung von Beratungsprojekten kann nur bei genauer Kenntnis der Ausgangssituation erfolgen. Für die Bestandsaufnahme und Standortbestimmung von Projekten stehen verschiedene Werkzeuge zur Verfügung. Die Anwendung dieser Werkzeuge sollte die Beteiligten und Betroffenen des Projekts aktiv integrieren. Nur so erhält man wirklich belastbare Ergebnisse und fördert gleichzeitig die Akzeptanz des Projekts sowie die Motivation zur Mitarbeit.

Projektmanagementstandards zur externen Orientierung

Arbeitet ein Unternehmen nicht in standardisierten Projekten und Prozessen, erscheint die Zusammenarbeit umständlich und unabgestimmt. Sind Standards eingeführt, führt deren konsequente Befolgung gefühlt an den Rand der Handlungsunfähigkeit. Berater sollten beide Situationen kennen und auflösen können.

In diesem Beitrag erfahren Sie:
- warum ein Standard zwei Seiten hat und nicht per se gut oder schlecht ist,
- warum der Zweck des Standards und seine Grundcharakteristik wichtig sind,
- dass es konkurrierende, aber auch harmonisch einander ergänzende Standards gibt.

STEFFEN RIETZ

Warum Standards?

Werden Organisationen im Projektmanagement beraten, so gilt es, eine inhaltlich/fachlich richtige Antwort auf aktuelle Herausforderungen des Kunden zu geben und diese im Sinne einer Handlungsempfehlung zu präsentieren oder direkt zu implementieren. Dieser Anspruch gliedert sich in zahlreiche Detailfragen, u. a. nach dem Charakter der empfohlenen Lösung: Soll bzw. darf es ein Standard sein? Oder bewusst nicht? Die Vielfalt möglicher Lösungsansätze und deren zunehmende Komplexität führt immer häufiger zum Griff nach Standards, was mehrere Vorteile hat.

Als primäre Vorteile der Verwendung einer standardisierten Lösung für den Kunden gelten:

⇨ *Die innere Harmonisierung:* Arbeiten alle unternehmensinternen Projekte, Abteilungen, Bereiche etc. nach gleichen oder zumindest vergleichbaren Vorgehensmodellen, so ergeben sich Synergien. Durch eine hohe Wiederholhäufigkeit der Abläufe steigt die Erfahrungskurve deutlich schneller an. Eine projekt- und/oder abteilungsübergreifende Zusammenarbeit läuft reibungsloser ab, wird vielleicht sogar erst ermöglicht. Mitarbeiter sind teamübergreifend einsetzbar. Neben dem Lernen jedes Einzelnen wird das organisationale Lernen gefördert.

⇨ *Kompatibilität zur Außenwelt:* Jede Projektgruppe oder Organisationseinheit ist i. d. R. Teil einer Wertschöpfungskette. Kunden, Lieferanten und Netzwerkpartner müssen eingebunden werden. Der Abstimmungsaufwand an den zahlreichen sich ergebenden Schnittstellen wird deutlich minimiert, vielleicht sogar erst ermöglicht, wenn arbeitsorganisatorisch und prozessual Standards aufeinandertreffen.

⇨ *Rückgriff auf erprobte Vorgehensweisen:* Standardisierte Lösungen existieren schon weit vor der individuellen Lösungserarbeitung, sind schon qualitätsgeprüft, ggf. sogar schon vielfach praxiserprobt. Der Kunde kann die künftige Lösung dadurch deutlich besser einschätzen. Potenziale und Probleme und der Umgang mit beidem sind weitgehend bekannt. Der notwendige Change-Prozess wird kalkulierbar, weil mehrfache Korrekturen der neuen Lösung eher unwahrscheinlich sind.

Für den beratenden Experten haben die beim Kunden eingeführten Standards auch zwei wesentliche Vorteile:

⇨ *Zeitsparende Lösungserarbeitung:* Jede Projektmanagementlösung muss konzipiert und/oder detailliert werden. Das kostet sehr viel Zeit, in der es a) dem Kunden nicht schnell genug gehen kann und die b) insbesondere, wenn sie im eigenen Backoffice erbracht wird, gern zu Diskussionen bzgl. der fakturierbaren Zeit führt. Wird auf existierende Standards zurückgegriffen, beschränkt sich die Erarbeitung der Lösung auf ein Minimum.

⇨ *Verantwortungsteilung in der Qualitätssicherung:* So wie Entwicklungsleistungen mehrfach hinterfragt, getestet, abgesichert, geprüft, simuliert etc. werden, so ist auch die Richtigkeit, Vollständigkeit und Zielorientiertheit einer empfohlenen Projektmanagementlösung vor der Implementierung nachzuweisen. Wird auf einen Standard verwiesen, so sind oft Argumentationsketten und Auswirkungen seiner Einführung in die Organisation bekannt. Oft liegen schon Referenzimplementierungen vor, die zusätzlich überzeugend wirken.

Achtung:

Wenn von Standards im Sinne erprobter Vorgehensweisen die Rede ist, bedeutet dies oft – aber nicht zwangsläufig! –, dass die bestmögliche, weil schon vielfach erfolgreich angewendete Lösung implementiert wird. Standards entstehen in einem Standardisierungsprozess, d. h. aus der Harmonisierung mehrerer leicht abweichender Ziele, Interessen und Arbeitsweisen. Ein wesentlicher Bestandteil der Standardisierung ist das Finden von Kompromissen unter den standardisierenden Kollegen/Gremien/Organisationen. Dabei entstehen Lösungen, die eine überdurchschnittlich gute Antwort für den Mittelwert aller einfließenden Anforderungen darstellt. Ob das für den konkreten Einzelfall auch gilt, ist gewissenhaft zu prüfen. Unterbleibt diese Prüfung, werden sich die *Nachteile und/oder typischen Implementierungsfehler* von Projektmanagementstandards schneller und deutlicher bemerkbar machen, als die Vorteile Wirkung entfalten, nämlich:

⇨ Es wird sich zu sehr auf erprobte Vorgehensweisen verlassen. Für die notwendige Anpassung eines Standards an die unternehmensspezifische Situation wird der Aufwand unterschätzt.
⇨ Signifikant viele Betroffene sind nicht überzeugt, nicht motiviert, verfolgen ggf. ihre Hidden Agenda. Die Einführung eines Standards kennt viele Gewinner und einen Gesamtgewinn für die Organisation. Es wird aber auch punktuelle »Verlierer« im Prozess geben, die gehört werden müssen.
⇨ Ein Standard entfaltet seine volle Leistungsfähigkeit erst bei einer hinreichend hohen Wiederholung und einer entsprechend kleinen Anzahl von Abweichungen. Die Selbstbeschränkung in der Flexibilität und Individualität muss die Organisation sich leisten können und wollen.

Anstelle einer wissenschaftlichen Definition des Begriffs »Standard« sollen abschließend lediglich einige Synonyme wie *Vereinheitlichung, Norm, Muster, Durchschnitt* oder *Richtschnur* aufgeführt sein. Das

verdeutlicht zumindest, dass es immer eine nennenswerte Grundgesamtheit von Experten gibt, die einen Standard entwickeln, seine Richtigkeit bestätigen und sich ihm verpflichtet fühlen. Die weitgehende
Unbekanntheit, wie groß genau die Grundgesamtheit der Entwickler
oder Anwender hinter einem Standard ist, kann dazu führen, dass einige »Standards« lediglich für solche gehalten werden oder erst dabei
sind, sich zu einem solchen zu entwickeln. Für den praktischen Einsatz
ist es eher nebensächlich, ob ein Standard diese Bezeichnung tatsächlich verdient hat. Aus Beratungssicht im Sinne der zielführenden Auswahl und Einführung eines geeigneten Standards soll aber nachfolgend
etwas differenziert werden.

Was sind Standards?

Organisationen, die nach einem Standard fragen, überlegen selten, was
ein Standard wirklich ist. Sie wollen einfach, dass ihre Projekte, Strukturen und Abläufe einfacher werden (Komplexitätsreduzierung), dass
es schneller geht (Zeitziele), dass es kostengünstiger wird (Kostenziele)
und einfach besser läuft (Qualitätsziele und allgemeine Handhabbar-
keit). Feine Unterschiede werden schnell übersehen [17]. Die Aussage
»Wir entscheiden uns für einen Standard im Projektmanagement«
sollte aber mindestens mit folgenden Prüfungen einhergehen:
⇨ In welchem *Wirkungsradius* muss der Standards als ein solcher ak-
   zeptiert sein?
   – *Innensicht:* In welchen (meinen) Bereichen soll der Standard
     gelten?
   – *Außensicht:* In welchen Bereichen gilt der Standard allgemein?
⇨ Wie hoch soll das *Maß der Verbindlichkeit* sein?
   – *Innensicht:* Wie sollen Vorschrift und Freiwilligkeit bei der Nut-
     zung des Standards ausbalanciert werden?
   – *Außensicht:* Ist der Nutzer überhaupt der Entscheider über das
     Maß der Verbindlichkeit oder werden neben den Inhalten auch
     die Implementierungsvorschriften weitgehend außerhalb des
     Unternehmens definiert?

⇨ Zu welchem Kernthema bzw. in welcher *inhaltlichen Ausrichtung* soll ein Standard gefunden werden?

- *Innensicht:* Wie kann das Handlungsfeld am besten beschrieben werden, um gezielt einen geeigneten Standard auszuwählen?
- *Außensicht:* Welche tangierenden Themen bieten ggf. Standards mit überlappenden Unterstützungsangeboten, sodass der thematische Abdeckungsgrad ggf. größer oder kleiner wird, damit aber der Standardisierungsgedanke besser umgesetzt wird?

Die in Tabelle 1 genannten, das Thema »Projektmanagementstandards« tangierende Optionen sollen daher immer frühzeitig berücksichtigt werden.

Tabelle 1: Projektmanagementstandards – Worüber sprechen wir wirklich?		
Wirkungsradius	**Maß der Verbindlichkeit**	**Inhaltliche Ausrichtung**
⇨ Unternehmensstandard	⇨ Gesetz/Gesetzcharakter	⇨ Projektmanagement
⇨ Branchenstandard	⇨ Norm	– Projekt-Programmmanagement
⇨ anwendungsspezifischer Standard	⇨ unabhängig nachgewiesene Implementierung inkl. Selbstverpflichtung	– Projekt-Portfoliomanagement
⇨ regionaler/nationaler/internationaler Standard	– Auditierung	⇨ verwandte Themen
⇨ (nationaler Standard mit internationaler Anerkennung und Wirkung)	– Zertifizierung	– Prozessmanagement
⇨ …	– Akkreditierung	⇨ integrierte/tangierende Themen
	⇨ Kundenforderung	– Qualitätsmanagement
	⇨ Empfehlung/Richtlinie	– Risikomanagement
	⇨ Best Practice	– Konfigurationsmanagement
		– Daten- und Dokumentenmanagement
		⇨ …

Die *Betrachtung des Wirkungsradius* ist noch relativ einfach, weil aus dem Namen ableitbar. Unternehmens- und Branchenstandards gelten nur in einem Unternehmen oder sind in der gesamten Branche etabliert. Regionale oder (inter-)nationale Standards haben eine Verbreitung in dem jeweils angegebenen Einzugsbereich erfahren. Einige ursprünglich nationale Standards sind inzwischen so weit verbreitet und akzeptiert, dass sie als internationale Standards wahrgenommen werden. Das PMBoK des PMI [6] ist z. B. ein US-amerikanischer Standard, der in den USA und durch US-Experten betreut wird, aber nach vielen Jahren kontinuierlicher Weiterentwicklung durch amerikanische Projektgruppen, international tätige US-Unternehmen sowie durch Lieferanten, Kunden und Partner der amerikanischen Wirtschaft inzwischen eine weltweite Verbreitung erfahren hat und als internationaler Standards angesehen werden muss.

Bei anwendungsspezifischen Standards ist es schon schwieriger, die entsprechenden Anwender branchenübergreifend zu identifizieren. So gibt es z. B. eine Reihe von IT-Standards, die nicht nur in der IT-Branche angewendet werden (z. B. SPiCE [4]), sondern auch z. B. in der Automobilentwicklung (Automotive-SPiCE des VDA QMC), weil der IT-Anteil in Autos inzwischen sehr groß ist und alle elektronischen, sensorischen und informationstechnischen Systeme unter Anwendung der entsprechenden Entwicklungsstandards entstehen. Auch Standards für Bauprojekte finden nicht nur in der Baubranche Anwendung, sondern z. B. in der Windenergie, weil sowohl im Tiefbau (Fundament und Gründung) als auch im Hochbau (Onshore-Anlagen bis 140 m) und dem Spezialbau (Offshore-Anlagen in Wassertiefen von 40 m und mehr) gemeinsame Herausforderungen bestehen.

Bei der *Festlegung der Verbindlichkeit* eines Standards ist die unternehmensinterne Philosophie schnell definiert. Eine dabei nicht zu vernachlässigende Frage ist, welches Maß an Verbindlichkeit der Charakter des Standards von Beginn an mitbringt. Gesetze zum Projektmanagement gibt es nicht. Ein unternehmensinterner Gesetzescharakter (Pflicht zu Anwendung des Standards inkl. »Bestrafung«/ Sanktionierung bei Nicht-Beachtung) ist möglich, wird aber immer seltener praktiziert. Eine wesentlich höhere Akzeptanz wird erfahrungsgemäß erzielt, wenn die Motivation zur Nutzung eines Standards aus dessen Vorteilhaftigkeit für die Projektarbeit entsteht. Berührung im Arbeitsalltag mit Gesetzestexten kann trotzdem schnell entstehen. Typische Anknüpfungspunkte sind alle Arten von Verträgen, d. h. die (ggf. standardisierte) Vertragsgestaltung, Rahmenverträge etc. Auch bei weitgehender Vertragsfreiheit liegt der Fokus von Standards hier weniger auf der fachlich-inhaltlichen, sondern mehr auf der rechtlichen Absicherung. Ein hohes Maß an Sicherheit kann durch Branchenstandards erreicht werden, z. B. durch die Verwendung der FIDIC-Vertragsmuster, die keineswegs zwingend zu verwenden sind, auf deren Definitionen aber oft im Sinne einer Kundenforderung verwiesen wird. Die hier definierten Regeln zur Abnahme und Übergabe von Liefergegenständen aus Bauprojekten werden häufig ebenso hart von Kundenseite eingefordert wie die funktionale Bauausführung.

Gesetzesähnliche Vorschriften sind z. B. Bundesrechtsverordnungen wie die HOAI. Die Honorarordnung für Architekten und Ingenieure ist eine Vergütungsregelung, der in der Kalkulation, der Angebotsphase, der Rechnungsstellung und Nachkalkulation – alles ist häufig mehr oder weniger unternehmensintern standardisiert – eine hohe Bedeutung zukommt.

Weit abgeschwächter in ihrer Verbindlichkeit – aber ggf. mit einer ebenso hohen Bedeutung für den praktischen Einsatz und den Projekterfolg – sind Normen, die das Ergebnis eines nationalen oder internationalen Normungsprozesses sind. Für das Projektmanagement führend zu nennen sind hier auf nationaler Ebene die DIN 69900 [1] und die DIN 69901 [2] sowie auf internationaler Ebene die E DIN ISO 21500 [5].

Empfehlenswert im konkreten Anwendungsfall sind ergänzend die Richtlinien und Empfehlungen einschlägiger Verbände. Die VDI 6600 ist z. B. eine Empfehlung des Vereins Deutscher Ingenieure zur Kompetenzbeurteilung und zum Aufbau von Personalentwicklungskonzepten im Projektmanagement [14]. Bei über 150.000 Mitgliedern im VDI ist das zwar »nur« eine Empfehlung eines einzelnen Verbandes, aber als Standard der Ingenieurdisziplinen akzeptiert und als wichtiger Input zur Erarbeitung unternehmensinterner Standards hilfreich. Andere Verbände geben in anderen Bereichen, ggf. auch in Kooperation, un-

171

verbindliche Empfehlungen, so z. B. der VDA, die GPM und ProSTEP iViP mit der »Recommendation for Schedule Management« [13].

Last but not least ist auch die *inhaltliche Ausrichtung* eines Standards zu hinterfragen und weit weniger eindeutig, als dies auf den ersten Blick scheint. Liegt die Herausforderung bei der Suche nach einem Projektmanagementstandard tatsächlich im Managen eines kompletten Projekts oder nur im Managen einzelner Aspekte, z. B. der Risiken eines Projekts, oder gar im Managen einer Multiprojektlandschaft? Für viele Aspekte des Projektmanagements gibt es separate Normen und Standards, so z. B. für das Qualitäts- oder Risikomanagement, die diesen Bereich deutlich umfassender beleuchten und mit dem entsprechenden Qualitäts- bzw. Risikomanagement der gesamten Organisation verzahnen. Sie gestatten damit eine Betrachtung innerhalb, aber auch außerhalb der Projektarbeit der gleichen Grundphilosophie folgend. Daraus kann ggf. sogar eine Hierarchie von Standards entstehen. Wird z. B. ein Projektmanagementstandard gesucht, dessen qualitätssichernde Aspekte sich auch im Qualitätsmanagement außerhalb der Projektarbeit fortsetzen? (Das ist sinnvoll, wenn wesentliche Teile der Organisation in Projekten organisiert sind und das Umfeld einer darauf abgestimmten Philosophie folgen soll.) Oder wird ein Qualitätsmanagementstandard gesucht, dessen projektgestaltende Denk- und Arbeitsweise sich nahtlos in den Projekten fortsetzt? (Das ist sinnvoll, wenn ein hoher Qualitätsanspruch in Produkten und Prozessen die oberste Unternehmensphilosophie verkörpern und punktuelle Projektarbeit sich kompatibel dazu in die Organisation einfügen soll.)

Sind Projekte nicht die Ausnahme, sondern die Regel und sind die Projekte in hohem Maße vergleichbar (z. B. viele Entwicklungsprojekte im Entwicklungsbereich), so kommen auch prozessorientierte Projektstandards oder gänzlich Prozessstandards infrage. Die Stage-Gate™-Philosophie und andere Wasserfall- oder Phasenmodelle haben eine hohe Akzeptanz und Verbreitung und sind häufig das zentrale gestaltende Element eines Projektmanagementstandards, ohne selbst ein solcher zu sein. Es bleiben Prozessstandards für die Projektarbeit [16, 17].

Die Mutter der Projektmanagementstandards: die ICB

In vielen Themenbereichen, so auch im Projektmanagement, existieren mehrere Standards, teilweise ergänzend, teilweise konkurrierend. Es ist müßig, den Standard aller Standards zu suchen. Exemplarisch soll an dieser Stelle ein Projektmanagementstandard vorgestellt werden, der weltweit verbreitet und allgemeingültig ist: die ICB 3.0. Die IPMA Competence Baseline ist der Standard der IPMA, der international weitverbreiteten Interessenvertretung der Projektmanager [7].

⇨ *Weltweit verbreitetet* bedeutet: In der IPMA sind aktuell 57 Landesgesellschaften organisiert (darunter alle führenden Industrienationen und Länder auf allen Kontinenten).

⇨ *Allgemeingültig* bedeutet: Der Standard in seiner jetzigen Form kennt keine Implementierungsbarrieren bzgl. Region, Branche oder Anwendungsfall.

Die ICB ist ein kompetenzbasierter Standard, d. h. sie systematisiert die Kompetenzen, die ein Projektmanager bei Übernahme einer Projektverantwortung besitzen sollte. Er sollte PM-technische Kompetenzen (d. h. Grundlagen der Termin-/Ressourcenplanung, Kommunikation etc.), die für erfolgreiche Projektarbeit erforderlichen Verhaltenskompetenzen (d. h. Grundlagen der Führung, Durchsetzungsvermögen, Kreativität etc.) und PM-Kontextkompetenzen besitzen (z. B. im Bereich des Personalmanagements, der Finanzierung, rechtliche Aspekte etc.) [7].

Gleichzeitig ist davon auszugehen, dass nicht jeder Projektmanager immer alles braucht. Im Berufsleben eines Projektmanagers steigen mit zunehmender Größe und Komplexität der Projekte auch Art und Umfang der Verantwortung. Entsprechend sollte jeder Betroffene seine Kompetenzfelder berufsbegleitend angemessen aufbauen. Die ICB unterstützt dies über ein 4-L-Q- bzw. 4-L-C-System: Über ein vierstufiges Modell wird die Qualifizierung und Zertifizierung der Projektmanager und -teammitglieder angeboten. Das System qualifiziert das Projektpersonal und professionalisiert damit insgesamt die Projekt-

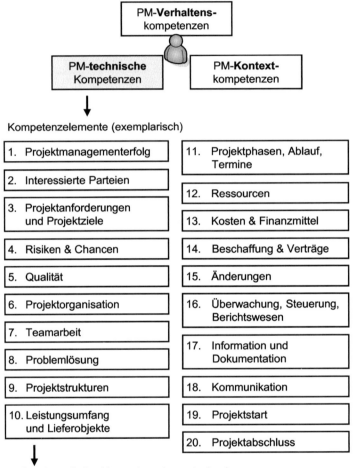

Kompetenzelemente (exemplarisch)

1. Projektmanagementerfolg	11. Projektphasen, Ablauf, Termine
2. Interessierte Parteien	12. Ressourcen
3. Projektanforderungen und Projektziele	13. Kosten & Finanzmittel
4. Risiken & Chancen	14. Beschaffung & Verträge
5. Qualität	15. Änderungen
6. Projektorganisation	16. Überwachung, Steuerung, Berichtswesen
7. Teamarbeit	17. Information und Dokumentation
8. Problemlösung	
9. Projektstrukturen	18. Kommunikation
10. Leistungsumfang und Lieferobjekte	19. Projektstart
	20. Projektabschluss

Aufbereitung jedes Kompetenzelements durch:
• Definition
• mögliche Prozessschritte
• angesprochene Themenfelder
• Schlüsselkompetenzen auf Levelebene
• Hauptbeziehungen zu anderen Kompetenzelementen
• für Verhaltenskompetenzelemente: Verhaltensmuster

Abb. 1:   *IPMA Competence Baseline – ein exemplarischer Blick in die Struktur des kompetenz-*
          basierten Standards

arbeit. Die damit verbundene Grundidee ist die Annahme, dass die Performance eines Projektteams ganz wesentlich von der Performance der Projektbeteiligten abhängt. Das bedeutet nicht, dass punktuell »Könige« oder »Helden« benötigt werden, sondern ein flächendeckend gut ausgebildetes Team. Der Standard stiftet ab der ersten Minute über seine Professionalität und viel eingeflossene Erfahrung einen Nutzen. Der Nutzen steigt nochmals deutlich, wenn ergänzend neben dem Projektleiter alle signifikant Beteiligten in gleicher Weise ausgebildet sind und auch die Akteure an den Schnittstellen (Auftraggeber, Portfolio- oder Programmmanager, Ansprechpartner bei Kunden, Lieferanten und Partnern, …) einem einheitlichen Grundverständnis folgen und gemeinsam ein harmonisch arbeitendes Team ergeben. Holistische Effekte (das Leistungsvermögen des Teams ist höher als die Summe des Leistungsvermögens der Teammitglieder) ergeben sich, weil der – im Fall der ICB sogar international anerkannte und verbreitete – Standard von vielen Projektmitgliedern akzeptiert und praktiziert wird.

Die Mutter der Prozessmanagementstandards: das Stage-Gate™-Modell

Prozesse werden definiert, wenn das Wissen nicht primär oder nicht alleinig in den Köpfen der Akteure abgelegt sein soll, sondern personenunabhängig in der Organisation verankert wird. Der am häufigsten anzutreffende Prozessstandard ist ein der Stage-Gate-Philosophie folgendes Phasenmodell. Es ist ursprünglich an der McMasters University Canada aus der Analyse von über 2.000 Projekten zur Produktentwicklung entstanden und heute auf fast alle Projektarten in fast allen Branchen übertragbar. In kleinen übersichtlichen Bereichen ergibt es sich teilweise sogar ganz von selbst, folgt man einfach seiner Vorstellung einer arbeitsteiligen Zusammenarbeit größerer Gruppen über eine längere Zeit. Der größte Nutzen ergibt sich bei hierarchieübergreifendem, interdisziplinärem und ggf. standortübergreifendem Arbeiten.

Die *Gestaltungselemente* eines Stage-Gate-Prozesses sind:
⇨ *Stages (Phasen, Prozessabschnitte)*
  Zeiträume, in denen gearbeitet, das Produkt entwickelt, ein Mehrwert geschaffen wird, und
⇨ *Gates (Meilensteine, Review- und Freiagebepunkte)*
  Zeitpunkte, zu denen die parallel geleistete Arbeit der Vergangenheit kontrolliert wird, deren Ergebnisse synchronisiert werden und das Vorliegen der Eingangsvoraussetzungen zur Eröffnung der nächsten Projektphase geprüft und bestätigt wird.

Durch die Abwechslung von Stages und Gates ergeben sich [16]:
⇨ eine strenge Markt- und Zielorientierung
⇨ strikte Go-/Kill-Kriterien (zur effektiven Zwischenbewertung)
⇨ Benchmarks (zur Kalkulation von Folgeprojekten und als Basis eines projektübergreifenden KVP-Prozesses)
⇨ Standard-Prozessinterfaces (zur Ein- und Ausspeisung einzelner Gewerke und Teilleistungen)

Während der »Ur-Stage-Gate-Prozess« einem fünfphasigen Prozessmodell folgt (siehe Abb. 2), sind in der Praxis heute Prozessmodelle mit drei bis 15 Phasen je nach Anwendungsfall und Branche anzutreffen:

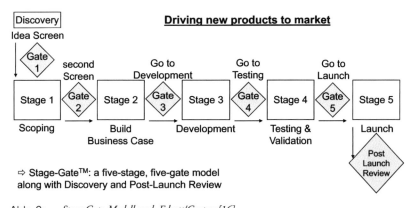

⇨ Stage-Gate™: a five-stage, five-gate model along with Discovery and Post-Launch Review

Abb. 2:   *Stage-Gate-Modell nach Edgett/Cooper [16]*

wenige Phasen vorwiegend bei innovationsgetriebenen Entwicklungs-prozessen (Exploration – Invention – Realisation) und eine zweistellige Phasenanzahl, wenn Großprojekte z. B. die notwendigen Logistikleistungen (komplizierte Transporte notwendiger Teile) in eigenen Phasen beschreiben oder Technologie- und Produktentwicklung in einem Projekt kombiniert werden.

Die branchenübergreifende Akzeptanz des Ansatzes liegt in dem generischen und recht allgemeinen Ansatz, der sehr viel Flexibilität innerhalb der Phasen gestattet. Die heute üblichen Stage-Gate-Modelle der dritten Generation stellen die letzte und fortgeschrittenste Ausbaustufe dar. Cooper, der geistige Vater der Stage-Gate-Philosophie, nennt sie die höchste Stufe der Evolution und ergänzt darin die wenigen Umsetzungsvorschriften (z. B.: Ein GateReview wird niemals verschoben!) durch die fundamentalen sechs Fs [16]:

1. Flexibility: Flexibilität
2. Fuzzy Gates: unscharfe Phasentrennung
3. Fluidity: schleichende Phasenübergänge mit überhängenden Aktivitäten
4. Focus: Übergang vom Multiprojekt- zum Portfoliomanagement
5. Facilitation: Facility Management in Prozessen, Einsatz von Prozessmanagern
6. Forever Green: Frontloading und Risikomanagement oder konsequenter Abbruch

Es ist erstaunlich, dass Cooper schon so früh voraussehen konnte, wie sich seine Methode entwickeln muss, um auch künftigen Herausforderungen standhalten zu können. Ebenso erstaunlich ist, dass die Stage-Gate-Prozesse in vielen Unternehmen bis heute, Jahrzehnte nach dem Bekanntwerden der methodischen Grundlagen, größtenteils immer noch unvollständig oder inkonsequent implementiert sind. Die o. g. Punkte 2. und 3. machen den meisten Unternehmen in der Operationalisierung aufgrund mangelnder Disziplin oder Konfliktscheue bis heute große Sorgen [17].

Klassifizierung von Standards nach Charakterprofilen

Es ist durchaus möglich, sogar üblich, dass zu einem Thema mehrere Standards existieren. Sofern diese nicht nur das gleiche Thema besetzen, sondern auch den gleichen Zweck verfolgen und die gleiche Zielgruppe ansprechen, ergeben sich direkt konkurrierende Standards, was dem Anwender eine gewisse Vielfalt bietet. Genau das ist aber nicht im Sinne der Anwender und auch dem Grundgedanken der Standardisierung folgend nicht gewollt. So stehen konkurrierende Standards in einem Wettbewerb, was zu Bereinigungsprozessen nach marktwirtschaftlichen Mechanismen führt: Einige Standards setzen sich durch, andere verlieren zunächst an Bedeutung und verschwinden irgendwann gänzlich (siehe Abb. 3).

Anders verhält es sich, wenn Standards nicht direkt konkurrieren, sondern ergänzende Lösungsansätze aufzeigen und sich daraus eine parallele Existenzberechtigung, ggf. sogar eine Bereicherung ergibt. Es ist notwendig, sehr genau hinzusehen und zu klassifizieren. Möglich ist eine Klassifizierung von Projektmanagementstandards nach den in Tabelle 1 genannten Kriterien *Wirkungsradius, Maß der Verbindlichkeit* und *inhaltliche Orientierung und Ausrichtung,* auch im Detail. Dazu kommt etwas ganz Wesentliches: die *Klassifizierung der Projektmanagementstandards nach ihren Charakterprofilen.*

So unterscheiden wir z. B.:
⇨ *Begriffsstandards*
  – z. B. DIN 69901-5:2009 »Projektmanagement – Projektmanagementsysteme – Begriffe« (mit 110 Begriffsdefinitionen [2])
⇨ *Kompetenzstandards*
  – z. B. ICB, IPMA Competence Baseline (mit 46 Kompetenzelementen [7])
  – z. B. GAPPS »Global Alliance for Project Performance Standards – A Framework for Performance Based Competency Standards for Program Managers« [12]

⇨ *systemische Projektmanagementstandards*
  - z. B. IPMA OCB, IPMA Organisational Competence Baseline (Organisationssicht auf Projekte und Stärkung der organisationalen Kompetenz) [8]
  - z. B. OPM3, Organizational Project Management Maturity Model des PMI (Verbesserung der Fähigkeit der Organisation, Projekte, Programme und Portfolios zum Erfolg zu führen, über konsequenten Wissensaufbau (Knowledge), regelmäßige Fähigkeitsüberprüfung (Assessment) und ständige Verbesserung (Improvement) [11])

⇨ *prozessuale Projektmanagementstandards*
  - z. B. DIN 69901-2:2009 »Projektmanagement – Projektmanagementsysteme – Prozesse und Prozessmodell« (mit Prozesshaus, 5 Phasenmodellen und 59 Einzelprozessbeschreibungen) [2]
  - z. B. E DIN ISO 21500:2013 »Guidance on Project Management« (Prozesslandkarte aus 10 Themenbereichen und 5 Prozessgruppen mit insg. 39 Prozessen / Input-/Output-Modellen) [5]
  - z. B. PMBoK des PMI, Project Management Body of Knowledge des Project Management Institute (Prozesslandkarte aus 10 Wissensgebieten und 5 Prozessgruppen mit insg. 47 Prozessen / Input-/Output-Modellen) [6]

⇨ *Prozessstandards und Phasenmodelle* für die Anwendung in der Projektarbeit
  - z. B. Stage-Gate-Modell (lineares Vorgehensmodell in 5 Phasen) (als am weitesten verbreitete Form des linearen Wasserfallmodells) [16]
  - z. B. Spiralmodell (iteratives Vorgehensmodell)
  - z. B. V-Modell/V-Modell XT (lineares Phasenmodell in iterativer Anwendung)
  - z. B. Scrum, Kanban u. a. (agile Vorgehensmodelle)

⇨ *Reifegradmodelle*
  - z. B. OPM3, Organizational Project Management Maturity Model (organisationaler Reifegrad in 5 Reifegradstufen in den Domänen *Projekt, Programm, Portfolio*) [11]

- z. B. CMMI, Capability Maturity Model Integration (organisationaler Reifegrad in 3 Reifegradstufen) [10]
- z. B. ISO IEC 15504-5, das Prozess-Assessment-Modell der sog. SPiCE-Norm, Software Process Improvement Capability Determination (Projektreifegrad in 5 Reifegradstufen) [4]
- z. B. IPMA Delta, Reifegradmodell der IPMA in 5 Reifegradstufen mit 360°-Perspektive in den Modulen I (Individuals), P (Projects) und O (Organization)
- z. B. HOOD Capability Model for Requirements Definition & Requirements Management (synchronisiertes Reifegradmodell im Requirements Engineering; als Beispiel zahlreicher unternehmensspezifischer Ansätze)

⇨ *Mischformen*
- z. B. ISO/IEC 15504, SPiCE (= Prozess-Referenzmodell + Prozess-Assessment-Modell) [4]
- z. B. CMMI (= organisationales Referenzmodell + Appraisals) [10]
- z. B. OPM3 (= organisationales Referenzmodell + Assessment-Modell) [11]

Mischformen sind nicht damit zu verwechseln, dass ein Standard auch mehrere einander nicht ausschließende Eigenschaften gleichzeitig haben kann (wie z. B. ICB = kompetenzbasierter Standard und internationaler Standard).

⇨ *Rahmenstandards*
beschreiben nicht Strukturen und Abläufe in Projekten, sondern in dem Rahmen, in dem Projekte ablaufen; z. B. in einer Multiprojektumgebung
- z. B. DIN 69909 »Multiprojektmanagement – Management von Projektportfolios, Programmen und Projekten« (Teil 1 und 2) [3]
- z. B. MSP of Axelos »Management Successful Programmes«

180

Hinweis:

Die Aufzählung der Projektmanagementstandards nach ihrem Charakterprofil verzichtet bewusst auf Modellierungs- und Toolstandards, obwohl beidem eine hohe Bedeutung in der betrieblichen Anwendung zukommt.

⇨ Modellierungsstandards haben einen hohen Anwendungsbezug zu Prozessstandards, weil hier Art und Umfang der Prozessmodellierung festgeschrieben wird. Im Sinne des Strukturierungsansatzes sind sie aber eher den Begriffsstandards zuzuordnen, weil ähnlich einem einheitlichen Vokabular auch einheitliche Modellierungsnotationen festgeschrieben werden.

⇨ Toolstandards sichern die grundsätzliche Arbeitsfähigkeit in kooperativen Projekten. Im User-Frontend werden Funktionalitäten sichtbar, die sich eindeutig den o. g. Charakterprofilen zuordnen lassen (d. h. Zuordnung zu Kompetenzfeldern oder Prozessschritten). Auf der Datenebene werden Datenaustauschformate definiert, die keinen direkten Projektbezug mehr haben, sondern von Datenbankexperten und Programmierern realisiert werden.

Allein diese Systematisierung der unterschiedlichen Projektmanagementstandards inkl. deren Klassifizierung nach ihren Charakterprofilen lässt vermuten, dass die parallele Entwicklung und Pflege mehrerer Standards zum Projektmanagement durchaus seine Berechtigung hat. Ob das wirklich so ist, soll anhand der Aussagekraft, der Zielgruppe und der Zielrichtung der einzelnen Klassen geprüft werden.

In *Begriffsstandards* (auch: Glossar) wird zunächst das verwendete Vokabular harmonisiert. Dabei werden einheitliche Begriffe geschaffen (z. B. Projektmanager vs. Projektleiter) und es wird weitgehende Einigkeit über deren Bedeutung festgeschrieben (z. B. Verantwortungsbereich, Kompetenzen und Befugnisse eines Projektmanagers). Damit werden Missverständnisse auf ein Minimum begrenzt. Alle Beteiligten schaffen sich ein gemeinsames Grundverständnis und damit eine sehr wichtige Voraussetzung für jede weitere Abstimmung und gemeinsame Arbeit. Zu beachten ist hier das unterschiedliche Maß der Verbindlichkeit. So sind z. B. die Kompetenzen und Befugnisse eines Projektmanagers nicht international genormt, weil in den Normungsgremien der ISO keine branchen- und länderübergreifende Einigkeit darüber erzielt werden konnte.

Darauf aufbauend, ggf. auch parallel, können dann Standards implementiert werden, welche die grundsätzliche Handlungsfähigkeit, d. h. das gemeinsame Agieren mehrerer Teammitglieder in einem Projekt zur Bewältigung einer komplexeren Aufgabenstellung absichern. Typische Inhalte sind Arbeitsschrittfolgen, Rollenmodelle o. Ä. Unabhängig davon, dass die Erscheinungsform eines Standards in der Wahnnehmung Vieler zunächst ein Dokument bzw. eine Datei ist, müssen die Inhalte in der Realität irgendwo angebunden sein. Für dieses »irgendwo« gibt es mehrere Möglichkeiten.

⇨ *Kompetenzbasierte Standards* stellen den Akteur in den Mittelpunkt des Geschehens und begreifen das Projekt primär als eine von Menschen getragene Form gemeinsamer Arbeit. Das Wissen wird in den Köpfen der Akteure verankert. Zielgruppe sind operative Projektmanager und Projektteammitglieder.

⇨ *Prozessorientierte Standards* stellen den Fluss, d. h. den Informations- und Materialfluss in den Mittelpunkt des Geschehens und begreifen das Projekt primär als eine Folge von Phasen und Vorgängen, deren richtige Reihung zum Projekterfolg führt. Das Wissen wird in Prozess- bzw. Phasenmodellen verankert, die zentral entwickelt und gepflegt und dezentral angewendet werden. Die hohe inhaltliche und strukturelle Nähe mehrerer prozessorientierter Standards (z. B. ISO 21500 und PMBoK) erzeugt eine hohe Kompatibilität, aber einen geringen Mehrwert.

Der Unterschied zwischen prozessorientierten Projektmanagementstandards und Prozessstandards beantwortet sich darüber, ob die Prozesse für die Anwendung in Projekten optimiert wurden oder einfach aus dem betrieblichen Alltag in die Projektarbeit übertragen werden können. Dies ist nicht immer eindeutig, wird aber z. B. über das Rollenmodell (generisch oder projektspezifisch) sichtbar.

⇨ *Systemreferenzierende Standards* stellen die Organisationseinheit (das Unternehmen, den Geschäftsbereich o. Ä.) in den Mittelpunkt des Geschehens und begreifen das Projekt primär als Beitragszahler für den wirtschaftlichen Erfolg der Organisation. Das Wissen wird in der Stammorganisation verankert, d. h. in den Verantwortungsbereichen der Abteilungs- und Bereichsleiter, dort langfristig gepflegt und den in Projekten agierenden Mitarbeitern zur Verfügung gestellt.

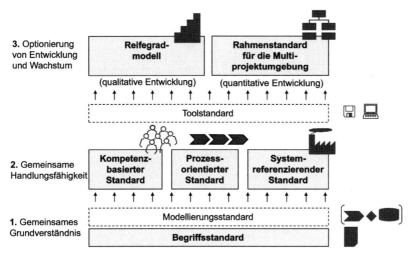

Abb. 3:   *Typen von Projektmanagementstandards inkl. einer Empfehlung der Implementierungsreihenfolge*

Die Implementierung *eines* Projektmanagementstandards ist üblich und nach aller Erfahrung ausreichend. Die parallele Standardisierung notwendiger Kompetenzen, zielführender Prozesse und systemreferenzierender Projektarbeit wäre möglich (sofern diese sich in ihren inhaltlichen Aussagen nicht widersprechen), erzeugt aber eine unnötige Komplexität und eine unverhältnismäßig hohe Administration. Branchen- und im internationalen Maßstab kulturelle Anforderungen geben nach den alles dominierenden Unternehmensanforderungen den Ausschlag, in welcher Art und Weise ein Standard im Unternehmen verankert werden soll.

Ist das Projektmanagement hinreichend standardisiert, kann das Unternehmen die Basis langfristiger stabiler Weiterentwicklung legen. Wächst das Untenehmen quantitativ, d. h. steigt die Anzahl parallel zu bewältigender Projekte, sind die Grundlagen für eine systematische Planung und Steuerung einer Multiprojektlandschaft zu legen. Dafür stehen Standards zum Projektportfolio- und Projektprogrammmanagement zur Verfügung. Steigt der qualitative Anspruch, oft getrieben durch steigende Kundenforderungen oder die Notwendigkeit wachsender Professionalität als Antwort auf wachsende Komplexität, können Reifegradmodelle eingeführt werden. Sie sind die Guideline einer stabilen und kontinuierlichen Entwicklung der Standards.

Lebenszyklusmodell und Reife von Projektmanagementstandards

Es ist schwer, den konkreten Zeitpunkt zu benennen – weder rückblickend und schon gar nicht vorausschauend –, wann ein Standard zum Standard wird. Im Entwicklungs- und Reifeprozess werden aber Phasen beobachtet, denen jeweils ein signifikanter Qualitäts- und Implementierungssprung zugeordnet werden kann. Leichte Unterschiede gibt es lediglich in der Entstehungsursache.

Level 1: Generisch entwickelte Standards gelten erstmals als existent, wenn sie definiert und dokumentiert sind. Experten (Personen, Gremien, Verbände) schaffen einen Standard im Sinne eines gemeinsamen Grundverständnisses Vieler. Je größer der Kreis der Autoren und Herausgeber, desto breiter die Massenbasis und desto größer die Erfolgswahrscheinlichkeit des Standards. Dies gilt z. B. für viele VDA-Richtlinien, die unter Beteiligung aller deutschen Automobilhersteller (Audi, BMW, Daimler, Porsche, Volkswagen) entstehen und in allen Projekten zur Fahrzeugentwicklung angewendet werden [13].

Dem gegenüber stehen einige aus Best Practices entstandene Standards, die zwar seltener zentral dokumentiert sind, sich aber im Sinne einer Best Practice etabliert haben. Das konkludente Handeln Vieler führt zu Quasi-Standards, die als »ungeschriebenes Gesetz« gelten. Dazu ist z. B. das MS Office-Paket zu zählen. Dieses ist selten oder lediglich mündlich zwischen Projektpartnern vereinbart. Es wird aber allgemein davon ausgegangen – auch in unternehmensübergreifenden Projektgruppen –, dass eine Word-, Excel- und PowerPoint-basierte

Kommunikation und Dokumentation von allen Beteiligten gelesen und verarbeitet werden kann.

Level 2: Die nächste Stufe verbesserter Akzeptanz ist erreicht, wenn ein Standard von Nicht-Autoren und Nicht-Initiatoren nachgefragt wird. Insbesondere wenn die Beschaffung mit Kosten (Beschaffungskosten oder Lizenzgebühren) verbunden ist und Nachfrager diese Kosten als lohnendes Investment ansehen, ist dies ein Indikator weitgehender Anerkennung und Akzeptanz der Inhalte. Die Nachfrage sagt zunächst noch nicht allzu viel über die flächendeckende Nutzung durch den Nachfrager aus. Insbesondere in größeren Konzernen werden oft Projekte zur punktuellen Pilotierung oder vergleichenden Evaluierung gestartet. Die ernsthafte Berücksichtigung eines Standards in solchen Prüfungsszenarien ist bereits ein Qualitätsindikator.

Level 3: Wurde erfolgreich evaluiert oder pilotiert, wird anschließend implementiert, d. h. der Standard hat sich ein weiteres Unternehmen erschlossen. Ein Branchen- oder allgemeiner Standard wird zum Unternehmensstandard. Mit steigender Anzahl nutzender Unternehmen und Organisationen steigt auch die Bedeutung des Standards selbst. Die bewusste und systematische Wiederverwendung durch zahl-

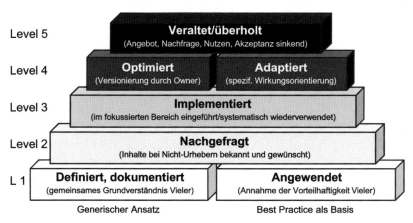

Abb. 4:   *Lebenszyklusphasen eines Projektmanagementstandards*

reiche Anwender unterstreicht die Überlegenheit gegenüber anderen Lösungen.

Level 4: Im Sinne des Lessons Learned entsteht bei einer Vielzahl von Anwendern auch ein umfangreiches Feedback. Wird dieses von einem Betreiber/einem Owner des Standards eingeholt, ausgewertet und zu einer Optimierung des Standards selbst genutzt, so ist die schnelle Anpassung an geänderte Anforderungen sehr wahrscheinlich. Der Standard ist in der Lage, mit den Anforderungen und den Unternehmens- und Projektbedürfnissen mitzuwachsen. Dies erhöht seine mittelfristige Akzeptanz und Marktdurchdringung deutlich.

Ist der Standard nicht generisch, sondern aus Best Practices entstanden, so ist häufig keine Optimierung im herkömmlichen Sinne, sondern eine Adaption zu beobachten. Die ursprünglichen Anwendungsgebiete sind tendenziell kleiner und daher von Beginn an sehr gut abgedeckt. Eine Verallgemeinerung würde neue Anwenderkreise erschließen, aber den Nutzwert für die ursprüngliche Zielgruppe verwässern. Üblich sind daher branchenspezifische Übertragungen. Damit entsteht eine verbesserte Wirkungsorientierung für verschiedene Zielgruppen. So folgte z. B. der SPiCE-Norm ein Automotive-SPiCE (für die Automobilindustrie) sowie ein SPiCE for Space (für die Luft- und Raumfahrt) [4].

Level 5: Sind Optimierungs- und Adaptionszyklen mehrfach durchlaufen, wird der Standard an seine Grenzen evolutionärer Entwicklung stoßen. Eine revolutionäre Veränderung ist dann häufig mit einer neuen Grundidee verbunden, die in Form eines gänzlich neuen Standards den alten abzulösen versucht. Die letzte Lebenszyklusphase der Veralterung bzw. Überalterung ist durch sinkende Nachfrage und ein parallel rückläufiges Angebot gekennzeichnet. Re-Zertifizierungen sind nicht mehr möglich, oft auch nicht mehr nötig, weil sie von keinem Kunden verlangt werden.

Kernfragen zur sicheren Auswahl und Anwendung von Projektmanagementstandards

Wird nach Projektmanagementstandards gefragt, so werden oft die drei weltweit verbreiteten (ICB, PMBoK und PRINCE2) genannt. Die Inhalte dieser drei führenden, frei zugänglichen Standards wiederzugeben, hätte nur einen geringen Mehrwert. Zusammenfassend sollen daher die Leitfragen für eine sichere Auswahl und Einführung eines Projektmanagementstandards aufgeführt sein, deren Beantwortung Hilfestellung und Orientierung in der stetig wachsenden Anzahl von Standards gibt.

1. Wie kann eine Herausforderung im Projektmanagement oder der Projektlandschaft angemessen beschrieben werden, um daraus *konkrete Anforderungen* an einen methodischen Lösungsansatz abzuleiten?

2. Soll und muss für die individuelle Situation eine individuelle Lösung gefunden werden oder ist es möglich und sinnvoll, einen vorhandenen *Projektmanagementstandard* zu implementieren?

3. Welchen *Akzeptanz- und Wirkungsradius* soll der Standard haben? Wird ein Unternehmensstandard geschaffen oder ein Branchen-, nationaler/internationaler Standard gesucht?

4. Soll ein unternehmensübergreifend existierender Standard implementiert werden, so sind Anforderungen an dessen *Charakteristik* unabhängig von der inhaltlichen Aussage zu beschreiben.

   a. Wird ein allgemeiner, alle Disziplinen und Aspekte umfassender Standard oder ein sehr konkreter Standard gesucht, der nur eine punktuelle, aber sehr hohe Leistungsfähigkeit entwickelt? (Projektmanagement- vs. disziplinenspezifischer Standard – z. B. im Risiko- oder Qualitätsmanagement – bzw. für spezielle Einsatzfälle wie IT-Projekte o. Ä.)

   b. Welcher Grundphilosophie sollte der Standard folgen? (kompetenzbasiert vs. prozessorientiert vs. systemreferenziert)

   c. Mit welcher Verbindlichkeit soll der Standard verbunden sein bzw. eingeführt werden? (Muss/kann/sollte/ … zwischen Gesetz und Empfehlung)

187

d. Sollte die Implementierung des Standards nachweisbar sein und auch nachgewiesen werden? (Audit/Assessment/Akkreditierung mit oder ohne Zertifikat)

e. Soll ein möglicher Nachweis einmalig erfolgen (um die Wiederholung des administrativen Aufwands zu vermeiden) oder mehrmalig (um Motor eines ständigen Verbesserungsprozesses zu sein)? (einmalige vs. Re-Zertifizierung)

f. Begibt man sich in die Abhängigkeit des Standards und ggf. eines Owners des Standards? (Ist eine Entwicklung/ein konkreter Entwicklungstrend absehbar? Sind Kosten, ggf. wiederkehrende Lizenzgebühren fällig?)

g. Ist der Standard kompatibel zu anderen Standards, zu anderen etablierten Denk- und Vorgehensmodellen im eigenen Unternehmen bzw. bei Kunden, Lieferanten und Kooperationspartnern?

5. Ist der Nutzung des Standards lediglich der Implementierungs- oder auch ein Individualisierungsaufwand vorgeschaltet? (Art und Umfang des Customizings)

6. Nach der Implementierung: Soll der Standard in Abhängigkeit des eigenen Anspruchs weiterentwickelt werden? (keine Weiterentwicklung vs. Weiterentwicklung beobachten und bewerten vs. aktive/führende Rolle in der Weiterentwicklung des Standards übernehmen)

Abkürzungsverzeichnis

A-SPiCE	Automotive SPiCE	(www.vda-qmc.de)
CMMI	Capability Maturity Model Integration	(www.sei.cmu.edu)
DIN	Deutsches Institut für Normung	(www.din.de)
FIDIC	International Federation of Consulting Engineers	(www.fidic.org)
GAPPS	Global Alliance for Project Performance Standards	
HOAI	Honorarordnung für Architekten und Ingenieure	(www.hoai.de)
ICB	IPMA Competence Baseline	(www.gpm-ipma.de)
ISO	International Organization for Standardization	(www.iso.org)
OCB	IPMA Organisational Competence Baseline	(www.gpm-ipma.de)
OPM3	Organizational Project Management Maturity Model	
PMBoK	Project Management Body of Knowledge	(www.pmi.org)
PMI	Project Management Institute	(www.pmi.org)
PRINCE2	Projects in Controlled Environment	(www.prince-officialsite.com)
SPiCE	Software Process Improvement and Capability Determination	(www.intacs.info)
VDA	Verband der Automobilindustrie	(www.vda.de)
VDA QMC	Qualitätsmanagement Center des VDA	(www.vda-qmc.de)
VDI	Verein Deutscher Ingenieure	(www.vdi.de)

Quellenverzeichnis
Projektmanagementstandards/Normen

[1]   DIN 69900:2009-01 »Projektmanagement – Netzplantechnik, Beschreibungen und Be-
      griffe«

[2]   DIN 69901:2009-01 »Projektmanagement – Projektmanagementsysteme«, Teile 1–5

[3]   DIN 69909:2013-03 »Multiprojektmanagement – Management von Projektportfolios,
      Programmen und Projekten«, Teile 1 und 2

[4]   ISO IEC 15504 »Information Technology – Process assessment«, Teile 1–10

[5]   E DIN ISO 21500:2012-09 »Guidance on Project Management«

[6]   PMBoK »Project Management Body of Knowledge«, 5th edition, 2013 by PMI
      (auch als ANSI/PMI 99-001-2013 und IEEE 1490-2003)

Projektmanagementstandards (nicht genormte)

[7]   ICB »IPMA Competence Baseline«, Vers. 3.0 von 2006

[8]   OCB »IPMA Organisational Competence Baseline«, Vers. 1.0 von 2013

[9]   PRINCE2 »PRojects In Controlled Environment«, 2009 by AXELOS Ltd.

[10] CMMI »Capability Maturity Model Integration«, Vers. 1.4

[11] OPM3 »Organizational Project Management Maturity Model« by PMI

[12] GAPPS »Global Alliance for Project Performance Standards«, Vers. 1.2, 2011

[13] VDA 4959 »Recommendation for Schedule Management«

[14] VDI 6600 »Der Projektingenieur«, Blätter 1 und 2

Literatur

[15] GPM/SPM/M. GESSLER (HRSG): Kompetenzbasiertes Projektmanagement: Handbuch
      für die Projektarbeit , Qualifizierung und Zertifizierung auf Basis der IPMA Competence
      Baseline Version 3.0. GPM, Deutsche Gesellschaft für Projektmanagement, 5. Auflage 2011

[16] R.G. COOPER: Winning at new products – Accelerating the processes from idea to launch.
      New York: Basic Books; 2001

[17] RIETZ, S.: Prozessmanagement mit Engineering-Standards. In: Prozessmanagement –
      Strategien, Methoden, Umsetzung. Hg. von Jochem, R.; Knote, T.; Mertins, K. Düsseldorf:
      Symposion-Verlag, 2010

Zusammenfassung

»Mein Lösungsansatz funktioniert immer, weil es ein Standard ist« ist ein gefährlicher, weil trügerischer Ansatz. Wer nur einen Standard kennt, wird auch nur eine Art von Problemstellung bewältigen können. Elementar wichtig für die Beratungsleistung in Optimierungs-, Pilotierungs- und Implementierungsprojekten ist ein breites Wissen über zahlreiche Standards inkl. deren Auswahl und Handhabung.

Optimal ist es, neben der grundlegenden Kenntnis verschiedener Standards die wichtigsten auch aus eigener Erfahrung einschätzen zu können. Nur so wird auch die Sensitivität für Schnittstellen entstehen, sowohl an der Unternehmensgrenze zu Kunden, Lieferanten und Partnern als auch intern zwischen z. B. Kompetenzstandards, Vorgehens- und Reifegradmodellen etc.

Nicht zuletzt sind Berater und beratende Organisationseinheiten – vielleicht sogar mehr als andere Branchen – neben der Erhöhung ihrer Ergebnisqualität auch zu einer permanenten Verkürzung der Umsetzungszeit angehalten. Das beginnt in der Angebotserstellung, ist dem Kunden parallel zur Beratung nachzuweisen und wird u. a. über die Nutzung von Standards realisiert. Da Standards eine hohe Wiederholhäufigkeit in der Anwendung zeigen, liegen hier auch die größten Implementierungserfahrungen vor. Das erleichtert vieles. Viel Erfolg!

Entwicklung von Lösungsansätzen und Interventionsarchitekturen

Basierend auf den Erfahrungen der Autorin finden Sie in diesem Beitrag Anregungen und Ideen, wie in Organisationen Projektmanagement oder besser: eine Projektmanagementkultur etabliert werden kann und wie dementsprechende Lösungsansätze aussehen.

In diesem Beitrag erfahren Sie:
- dass Lösungsansätze steten Änderungen unterworfen und für jede Organisation anders sind,
- dass die Einführung einer Projektmanagementkultur als Change-Projekt aufgesetzt werden sollte,
- wie Sie als Berater darin Ihre Rolle gestalten können.

ASTRID KUHLMEY

Bergrifflichkeiten

Für die kommenden Abschnitte möchte ich unterscheiden zwischen *Interventionsarchitektur* (das Vorgehen(s)modell) zur Einführung einer PM-Kultur in einer Organisation) sowie *PM-Konzeption* (die inhaltlichen Aspekte des Projektmanagements, das Sie in der Organisation etablieren wollen, also PM-Standards, Templates, Tools, Prozesse etc.). Beide Begriffe fasse ich unter *Lösungsansatz* zusammen.

Wenn Sie dieses Kapitel durchlesen, werden Sie feststellen, dass die vorgestellte Interventionsarchitektur immer wieder die Themen Auftragsklärung, Bestandsaufnahmen und Umsetzung aufnimmt und auch Überschneidungen mit weiteren Kapiteln des vorliegenden Buches, wie z. B. der Beraterrolle, aufweist. Die Einführung einer PM-Kultur ist ein kultureller Change, der sich nach meiner Erfahrung nicht in Phasen, sondern nur in Iterationszyklen durchführen lässt. Jeder dieser Zyklen ist ein Teil-Change, der alle Phasen durchläuft und der zwangsläufig die existierende Umgebung ändert. PM-Konzeption und Interventionsarchitektur sind daher in jedem Zyklus zu prüfen und anzupassen.

Meine Grundsätze zu Lösungsansätzen

Eine der wichtigsten Botschaften dieses Kapitels ist – und deshalb wiederhole ich sie: Einmal entwickelte Lösungsansätze sind *nicht* der Schlüssel zum Erfolg, denn es geht in den meisten Organisationen um einen kulturellen Change-Prozess weg von der Linie hin zum Denken (auch) in Projekten. In Change-Prozessen sind Lösungsansätze einem steten Wandel unterworfen und müssen immer wieder an sich ändernde Rahmenbedingungen angepasst werden.

Die zweite Kernbotschaft ist: Es gibt kein Geheimrezept für Lösungsansätze. Organisationen sind individuelle Systeme mit individuellen Spielregeln und einer eigenen Kultur, zu der ich auch den PM-Reifegrad zähle. Lösungsansätze müssen sich daran orientieren. Hypothesen über Kultur und Spielregeln gehören zum notwendigen Handwerkszeug von Beratern, die eine PM-Kultur nachhaltig etablieren wollen.

Und die dritte Kernbotschaft: Auch wenn Sie als Berater wissen, wie »gutes Projektmanagement« aussieht – PM-Konzeptionen entstehen nicht im stillen Kämmerlein, das Wissen der Organisation muss in die Konzeption einfließen.

Die vierte Kernbotschaft ist ähnlich: Ein erfolgreicher Lösungsansatz hat als Basis den steten Austausch mit Entscheidungsträgern, Befürwortern *und* Gegnern einer PM-Kultur in der Organisation, aber auch mit Beraterkollegen vor Ort oder als Supervisoren im Hintergrund. Neben fachlichen Fragen werden die Hypothesen über die Organisation reflektiert und immer wieder infrage gestellt, Erfolge und Misserfolge werden kritisch hinterfragt, nächste Schritte abgeleitet. Nur so kommt es zu einem sinnvollen und akzeptierten Lösungsansatz.

Ich empfehle, die Einführung einer PM-Kultur selbst als ein (Change-)Projekt durchzuführen, und zwar als Kultur- und Organisa-

194

tionsprojekt. Indem Sie die Einführung einer PM-Kultur als Projekt aufsetzen, gehen Sie bereits einen ersten Schritt in die gewollte Richtung, nämlich hin zu einem Denken in Projektstrukturen. Je nach Reifegrad des Unternehmens im PM wird dies ein einfacherer oder ein sehr schwer durchsetzbarer Schritt werden. Aus der Reflexion lernen Sie viel über den Reifegrad der Organisation im PM und können Ihren Lösungsansatz entsprechend ausrichten. Etablieren Sie so schnell wie möglich ein Projektteam mit Mitarbeitern der Organisation, bevorzugt mit einem Projektleiter aus deren Reihen an der Spitze. Achten Sie darauf, dass die Mitglieder des Projektteams ausreichend Reputation in der Organisation besitzen und vergessen Sie das Teambuilding nicht! Wie bei allen Projekten gilt: Das Projektteam ist Ihre wichtigste Ressource und der engste Kreis potenzieller Multiplikatoren – es entscheidet über Erfolg oder Misserfolg. Und fordern und etablieren Sie einen einflussreichen Lenkungsausschuss!

Stellen Sie als (in- oder externer) Berater sich und anderen – prozessbegleitend und beginnend bereits bei der Auftragsklärung – immer wieder folgende Fragen:
⇨ Was soll hier erreicht werden? Woran wird konkret festgemacht, dass es erreicht wurde?
⇨ Was gilt es nicht zu erreichen?
⇨ Wo sind Tabus in der Organisation?
⇨ Was ist aktuell machbar von dem, was erreicht werden soll?
⇨ Was ist dabei meine Rolle und Verantwortlichkeit als Berater, was sind die Erwartungen an mich? Was kann ich zum Scheitern des Auftrags beitragen?

Das iterative Vorgehensmodell
Die von mir bevorzugte Interventionsarchitektur ist iterativ, d. h. zyklisch. Eine erste Vorstellung davon können Sie Abbildung 1 entnehmen.

Wie bei jedem Veränderungsprozess stehen am Beginn die Vision und die Frage, welche Interessen das Umfeld hat. Die Ergebnisse und

Antworten münden in einem Konzept und daran anschließend in einer Implementierungsstrategie. Am Ende einer jeden Iteration steht ein konkretes, lebbares und geprüftes Ergebnis mit anschließender Überarbeitung der Vision sowie der Stakeholderinteressen – und der nächste Zyklus startet.

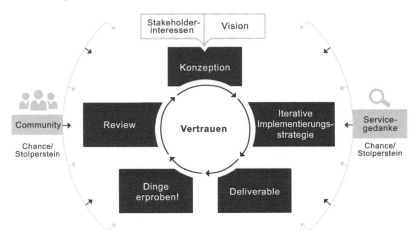

<u>Abb. 1:</u>   *Vorgehensweise*

Die PM-Vision

Basierend auf den Antworten aus Auftragsklärung und Bestandsaufnahme erarbeiten Sie in einer Art Projekt-Kickoff gemeinsam mit dem Projektteam eine Vision für das zukünftige PM im Unternehmen. Die Kernfragen, die es mit dieser Vision zu beantworten gilt, sind:

Angenommen, die PM-Kultur ist in Ihrer Organisation in zwei bis drei Jahren erfolgreich etabliert,
⇨ woran machen Sie das konkret fest?
⇨ was ist dann anders (besser) als heute?
⇨ was werden Sie vermissen?

196

Sorgen Sie dafür, dass in den Köpfen aller Beteiligten ein *gemeinsames* Bild entsteht. Aus der neurobiologischen Forschung wissen wir, dass es für erfolgreiche Umsetzungen visionäre Bilder braucht, um unser Unterbewusstes zur Mitarbeit zu bringen. Achten Sie darauf, welche unterschiedlichen Vorstellungen die Einzelnen haben, und geben Sie all diesen ausreichend Raum.

Wichtig in diesem Prozessschritt ist, dass Sie Ihre eigene Vision eines allgemeingültigen PMs nicht in den Vordergrund stellen (oder die Ihres Auftraggebers). Sie können natürlich Ideen anregen, wichtig ist aber, was die Organisation selbst will und kann. Hier hilft es oft, Ihre eigene Rolle in die eines inhaltlichen Beraters und die eines Moderators aufzuteilen und transparent zu machen, aus welcher heraus Sie gerade agieren. Und achten Sie darauf, dass die Vision wirklich gemeinsam getragen wird. Oft liegt der Kern eines späteren Scheiterns darin, dass der Berater »alles alleine gestaltet« und dann der alleinig Treibende ist. Das Projekt wird zum »Beraterprojekt« ohne Verantwortungsübernahme in der Organisation.

In Projektteams, die für die Einführung einer PM-Kultur eingesetzt sind, habe ich meist erfahrene Projektleiter vorgefunden. Die Vision dieses Teams gilt es nun im zweiten Schritt mit den Vorstellungen anderer Stakeholdergruppen, wie z. B. Linienmanagement, Topmanagement und Projektmitarbeiter, abzugleichen und Anpassungen vorzunehmen. Kennen Sie diese Vision nicht aus Ihrer Bestandsaufnahme, empfehle ich, ausgewählte Personen aus diesen Kreisen gezielt zu interviewen. Mein bevorzugtes Werkzeug hierfür sind systemische Interviews (vgl. [1, 2]).

Darüber hinaus habe ich gute Erfahrungen gemacht, in dieser frühen Phase mit dem Projektteam bereits folgende Fragen zur späteren Implementierung zu diskutieren, selbst wenn diese bereits mit dem Auftraggeber abgestimmt wurden. Die Antworten können durchaus anders sein, als Ihr bisheriger Auftrag es erahnen ließ:

⇨ Wie ist die strategische Einbettung des Change-Projekts in die Gesamtorganisation?
 – Welche Priorität hat die Aktivität?

- Wo laufen vergleichbare, Einfluss nehmende Initiativen, mit denen kooperiert werden kann oder die in Konkurrenz sind?
- Gibt es ausreichend Unterstützung aus dem Topmanagement?
- Welche Vision und welche Strategie hat die Organisation und wie kann eine PM-Kultur dazu beitragen?

⇨ Welche Risiken sind bereits zu diesem Zeitpunkt für die Umsetzung bekannt?
- Welche Widerstände gibt es?
- Wie sieht die Auslastung der Teammitglieder neben dem Projekt aus?
- Welchen Einfluss und welche Interessen haben die Linienvorgesetzten?
- Wird der Auftrag von der Organisation überhaupt als Change gesehen? (Falls nicht, halte ich es für essenziell, an dieser Denkweise begleitend zu arbeiten.)

Die Konzeption

In der PM-Konzeption erarbeitet das Projektteam die wesentlichen Aspekte des zukünftigen Projektmanagements in der Organisation. Im Folgenden sind Leitfragen aufgeführt, die die Konzeption beantworten sollte:

⇨ Soll der zukünftige PM-Prozess als Vorgabe eingeführt werden (Governance) oder geht es darum, den Projektleitern eine Art Best-Practices-Leitfaden zur Unterstützung an die Hand zu geben? Hier gibt es alle Bandbreiten und Mischformen – es gilt, eine günstige *und* machbare für die vorliegende Organisation zu finden.
⇨ Wie sieht der zukünftige PM-Prozess konkret aus?
- Orientiert er sich an externen PM-Standards und wenn ja, an welchen?
- Bis zu welchem Detaillierungsgrad ist er zu definieren? In Abhängigkeit vom Reife- und Standardisierungsgrad der Organisation können sehr unterschiedliche Ansätze erforderlich sein. In Organisationen mit ähnlichen Projekten ist eine hohe

Standardisierung oft hilfreich. Sie erhöht die Vergleichbarkeit und erlaubt ein schnelles Einarbeiten. In Organisationen, in denen die Projekte sehr unterschiedlich aufgesetzt und durchgeführt werden, reicht oft ein Minimalstandard im Reporting und an den Schnittstellen zur »normalen« Linienfunktion – alles andere wird als administrativer Overhead wahrgenommen und behindert das Vorankommen der Projekte tatsächlich.

Hier wie auch in der Umsetzung gilt der Satz von Aristoteles »Der Gebildete treibt die Genauigkeit nicht weiter, als es der Natur der Sache entspricht«.

- Welche PM-Methodenbeschreibungen sind erforderlich?
⇨ Spielregeln für die Zusammenarbeit zwischen Projekt und Linie
- Welche Entscheidungsspielräume haben Projekte?
- Gibt es eine eigene Projektfunktion oder werden Projekte (überwiegend) aus der Linie heraus getrieben?
⇨ Festlegungen zum PM-Berichtswesen
- Welche Berichte braucht das Management?
- Welche Berichte helfen den Projektleitern bei der Steuerung des Projekts?
- Was benötigen eventuelle Kunden/Auftraggeber der Projekte?
- Wie kann der administrative Aufwand für das Berichtswesen minimiert werden?
⇨ Festlegungen zur PM-Software-Unterstützung
- Soll der PM-Prozess durch (ein) Tool(s) unterstützt werden?
- Welche Zielgruppen werden mit dem Tool unterstützt?
- Welches Tool passt? (Softwareauswahl – erst in dem Iterationszyklus relevant, in dem das Tool eingeführt wird)
- Wie ist die Einführungsstrategie?
⇨ Welche Ausprägungen von Multi-, Portfolio- und Ressourcen-Management braucht die Organisation?
⇨ Bereits in der Konzeption sollten auch Überlegungen zu möglichen Quick Wins angestellt werden, die sich dann in der Implementierungsstrategie wiederfinden.

Interaktive Implementierungsstrategie

Die Implementierungsstrategie umfasst grundsätzlich die Vorgehens-schritte der Umsetzung. Sie wird in jeder Iteration an den Stand des Wissens angepasst und damit abgestimmt. Für den aktuellen Iterations-zyklus beschreibt die Implementierungsstrategie detailliert und sehr konkret das Vorgehen, welcher Teil der PM-Konzeption wie umgesetzt und eingeführt wird.

In der Implementierungsstrategie geht es darum, einen fruchtbaren Boden für die Akzeptanz der PM-Kultur zu bereiten. Die Betroffenen (und dazu zählen im Wesentlichen Management, Projektleiter, Projekt-teams und Kunden) müssen einen Mehrwert für sich erkennen, denn es ändern sich die bisherigen Verfahren und Abläufe. Solche Ände-rungen werden üblicherweise als belastend empfunden. Den Mehrwert gilt es daher als Kernbestandteil der Interventionsarchitektur herauszu-arbeiten.

Was als Mehrwert empfunden wird, hängt erneut individuell von der Kultur der Organisation ab. Es gibt solche, in denen es ausreicht, erkennbar Mehrwert für die Organisation per se zu schaffen. In ande-ren möchte jeder »seinen« Mehrwert haben. Oft ist es gerade im letzten Fall hilfreich zu prüfen, wo die Betroffenen »akute Schmerzen« haben, und diese in den ersten Implementierungsschritten zu lindern oder gar zu beheben. Auch an dieser Stelle ist eine ordentliche Kulturanalyse und Hypothesenbildung über die Organisation essenziell, um die an-stehenden Einführungsschritte abzuleiten.

Und beachten Sie bei allen Implementierungsbetrachtungen, dass es da, wo es Mehrwert und Gewinner gibt, auch immer Verluste und Verlierer geben wird. Diese werden spätestens in der Umsetzung zu Widerständlern, wenn sie in der Interventionsarchitektur nicht ausrei-chend berücksichtigt werden.

Viele Umsetzungen schauen zunächst auf die Defizite der Organi-sation und versuchen, »diese Löcher zu stopfen«. Als Systemikerin habe ich eine etwas andere Betrachtungsweise: Meine Interventionsarchitek-tur berücksichtigt bei der Umsetzung insbesondere, was in der Organisation schon funktioniert hat und wie sich dies in Richtung der Vision ausbauen lässt. Natürlich gilt es für die Organisation, auch Neues zu lernen, denn nur so ist Entwicklung möglich – immer jedoch gepaart mit dem Blickwinkel, wie ein solches Lernen in dieser Organisation erfolgreich ist. Basis dafür ist wieder die Kulturanalyse und die Hypothesenbildung.

Und last, but not least: Organisationen, die bereits einen hohen Reifegrad haben, empfinden komplexe PM-Prozesse, Templates und Werkezuge oft als hilfreich, da die Projekte »die Welt nicht neu erfinden müssen«. Organisationen mit wenig Erfahrung sind dadurch aber überfordert, und eine hohe Komplexität bei der Einführung gefährdet selbst bei bester Schulung und adäquatem Management-Support (und beides ist oft nicht gegeben) den Umsetzungserfolg der Lösungsansätze. Es kann also durchaus sinnvoll sein, in den ersten Iterationszyklen mit einem sehr schlanken Prozess zu starten, selbst wenn aus rein fachlicher Sicht mehr sinnvoll wäre.

Deliverables

Im Schritt »Deliverables« werden die für die Einführung erforderlichen Ergebnisse produziert und bereitgestellt. Das können z. B. Prozessvorgaben, Werkzeuge oder Standardreports sein.

Dinge erproben

Die bereitgestellten Deliverables werden in der Praxis eingeführt und genutzt. Ob dies zunächst in wenigen ausgewählten Projekten erfolgt, für alle neuen Projekte gemacht wird oder ob alle (auch die laufenden Projekte) betroffen sind, ist mit großer Sorgfalt zu prüfen. Wichtige Einflussfaktoren sind Zusatzaufwand vs. Mehrwert bei den Projekten, Bereitschaft und zu erwartende Widerstände der Betroffenen sowie potenzielle Mehrwerte für eine organisationsweite, vergleichbare Projektübersicht/Portfoliosteuerung.

In diesem Schritt zeigen sich dann auch mit aller Konsequenz (versteckte) Widerstände der Organisation. Diese gilt es *nicht* etwa zu brechen und zu unterdrücken, sondern es ist zu fragen, welche Ursache sie haben, und bei den Ursachen anzusetzen.

Ein Beispiel für solche Widerstände kann die Aussage von Projektleitern sein, dass ein weitgehend öffentlich zugängliches Reporting für sie wenig hilfreich, aber extrem aufwendig sei. Ein weiteres Beispiel könnte die Aussage des Linienmanagements sein, dass ein organisationsweites Ressourcen-Management nicht erforderlich sei. In beiden Fällen verbirgt sich hinter diesen Argumenten oft die Angst vor Transparenz. Und hier sind wir an einer Stelle, an der viele PM-Einführungen scheitern. Außerdem ist zu erwarten, dass die Veränderung, die sich spätestens in diesem Teilschritt zeigt, zu Unsicherheit bei den Betroffenen führt.

Daher ein kurzer Ausflug in das Thema »kulturelle Veränderungen«: Ihre Interventionsstrategie muss solche Ängste unbedingt so früh wie möglich berücksichtigen. Ich bin davon überzeugt, dass eine sinnvolle PM-Kultur eine Vertrauenskultur ist. Nur gemeinsam und mit Vertrauen können Projekte, die entsprechend der Definition immer etwas Neues sind, »gestemmt« werden. Ist die Kultur der Organisation aber eher wenig vertrauensfördernd, kommt es spätestens in diesem Teilschritt zu massiven Störungen.

Was können Sie als Berater im Rahmen Ihres Vorgehens dagegen tun? Nun, Sie können Vertrauen fördern, indem Sie selbst transparent agieren, Probleme sowohl im Projekt als auch beim Management ehrlich ansprechen und (eingeschränkte) Machbarkeiten deutlich machen. Bleiben Sie authentisch und vor allem: Versprechen Sie nur, was Sie auch halten können. Setzen Sie bei der Umsetzung nicht auf Druck durch eine »Managementansage« – diese ist hilfreich und im Sinne von Klarheit und Strategie auch erforderlich, als dauerhafter »Druck von oben« ist sie nicht nachhaltig. Und bleiben Sie wertschätzend – es ist durchaus mutig, Widerstände zu zeigen.

Review

Zum Abschluss eines Iterationszyklus gilt es, die entstandenen Erfahrungen auszuwerten:
⇨ Was hat sich bewährt, was nicht?
⇨ Was hat geholfen, was nicht?
⇨ Was vom erwarteten Mehrwert wurde erreicht, was nicht, was darüber hinaus?
⇨ Wo sind Änderungen am Eingeführten erforderlich?
⇨ Was hat sich in der Organisation verändert?
⇨ Was lernen wir aus all dem? Auch: Was bedeutet das für unsere Hypothesen?

Und nun beginnt der nächste Zyklus, in dem es all dies zu berücksichtigen gilt. Sie befinden sich in einem kulturellen Änderungsprozess – selbst die Vision ändert sich da manchmal, sei es durch Ihr Kulturprojekt selbst oder durch geänderte strategische Vorgaben oder neue Stakeholder.

Die Rahmung

Nach meinen Erfahrungen haben sich Interventionsarchitekturen bewährt, die auf die Unterstützung auch außerhalb des Projekts setzen, auf Partizipation der Betroffenen. Ein wesentlicher Faktor dafür sind Multiplikatoren (sowohl Management als auch Projekte), die bereit und mutig genug sind, die Deliverables zu erproben und anderen »schmackhaft« zu machen. Es ist hilfreich, wenn diese Multiplikatoren in der Organisation etabliert und akzeptiert sind.

Bauen Sie kontinuierlich eine PM-Community auf, die Sie schrittweise erweitern und in die Sie mehr und mehr Betroffene einbeziehen. In welchen Schritten dies erfolgt, ist organisationsindividuell. Die PM-Community kann zum Beispiel als eine Art Sounding-Bord (eine Art Sprechergruppe, die das Projekt beratend begleitet [3]) fungieren und die PM-Konzeption und die Implementierungsstrategie begleiten.

203

Ein weiterer Grundsatz meiner Interventionsarchitektur ist der Servicegedanke. Service ist für mich eine Haltungsfrage. Natürlich kann eine PM-Kultur »von oben zwangsweise verordnet« werden und »alle machen dann mit«. Die Nachhaltigkeit eines solchen Ansatzes ist allerdings fragwürdig. Spätestens mit der nächsten Initiative ist die Einführung von Projektmanagement nicht mehr im Fokus des Managements der Organisation. Betrachten Sie sich mit dem Kulturprojekt hingegen als Dienstleister für alle Betroffenen mit dem Anspruch, »dass alle etwas davon haben« und dass »wir als Projektteam aktiv unterstützen und nicht nur anordnen (lassen)«, ist ein langfristiger Erfolg wahrscheinlicher.

Partizipation aller Betroffenen (natürlich nach und nach), Umgang auf Augenhöhe und Dienstleistermentalität sind für mich Schlüssel zum Erfolg.

Und beachten Sie bei der Ausgestaltung der Implementierungsstrategie (scheinbare) Stolpersteine, wie z. B. unerwartete Widerstände, aber nutzen Sie gleichzeitig auch Chancen, die sich plötzlich ergeben. Beispiele für solche Chancen sind neue Manager, die Ihr Projekt unterstützen, ein neues Projekt, das dringenden Bedarf für die von Ihrem Team entworfenen Templates oder das neue Tool hat, eine Anfrage des Vorstandes, welche Projekte es denn aktuell im Unternehmen in welchem Status gibt und wie viel Geld in Projekte fließt.

Die Interventionsstrategie muss offen sein für Veränderungen, anpassbar auch innerhalb eines Iterationszyklus. Hier reichen die Methoden des klassischen PM, die aus meiner Erfahrung heraus stark planungsorientiert sind, nicht aus. Es gilt sie um Methoden aus dem Change-Management und dem Umgang mit Ungewissheit und Komplexität zu ergänzen.

Nachhaltigen Erfolg sicherstellen

Ein wesentlicher Bestandteil der Interventionsarchitektur ist, zu überlegen, woran sich der langfristige Erfolg festmachen lässt: Wann ist in einer Organisation Projektmanagement eingeführt und eine PM-Kultur nachhaltig etabliert? Kriterien hierzu sind nach meiner Erfahrung eher qualitativer Natur und lassen sich aus der Visionsarbeit ableiten. In der Konzeption und Implementierungsstrategie werden sie verfeinert und dokumentiert. Sie sind individuell für jede Organisation. Für die einzelnen Iterationszyklen ist in der Implementierungsstrategie zu prüfen, welchen Beitrag sie zu dieser nachhaltigen Veränderung leisten. Dabei ist zu beachten, dass es nicht immer um inhaltliche Fortschritte gehen muss. So ist z. B. auch das Entstehen der oben erwähnten Vertrauenskultur oder die zunehmende Stabilität der Betroffenen im Veränderungsprozess selbst als Erfolg zu bewerten und in den Maßnahmen sogar explizit einzuplanen. Wichtig dabei ist aber wieder, sie organisationsspezifisch zu definieren.

Über diese Kriterien hinaus gibt es weitere allgemeine Aussagen, an denen sich der Erfolg des Veränderungsprozesses hin zu einer PM-Kultur festmachen lässt. Wie auch in den beiden obigen Beispielen sind sie organisationsindividuell zu konkretisieren:

⇨ Das bisher Entstandene und Eingeführte wird benutzt und führt kein »Schattendasein«.

⇨ Projektmanagement hat im Unternehmen eine mit der Linie vergleichbare Akzeptanz und einen vergleichbaren Einfluss auf Unternehmensentscheidungen.

⇨ Projektstände und -probleme werden offen kommuniziert.

⇨ Projektarbeiten werden bei der Auslastung der Mitarbeiter angemessen berücksichtigt.

Und es gibt auch Anzeichen dafür, wie der Veränderungsprozess an sich verläuft:

⇨ Wichtige Themen aus dem Veränderungsprozess werden an den dafür vorgesehenen Stellen besprochen und nicht auf dem Flur oder in der Kaffeeküche.

⇨ Die Betroffenen entwickeln sich (in ihrem Tempo!) weiter und lernen kontinuierlich dazu.

⇨ Die Iterationszyklen erreichen die definierten Ziele und/oder tragen zum Lernen bei.

⇨ Die ursprüngliche Konzeption und die erste Planung möglicher Iterationsschritte ändern sich. Dies gilt ebenso für die Hypothesen zur Organisation.

⇨ Es zeigen sich in der Arbeit Flow-Effekte.

Der Mut abzubrechen

Nachdem nun Hinweise zum Thema »Erfolgreiche Veränderung« gegeben wurden, darf auch das Gegenstück, nämlich »Wann gilt es abzubrechen?«, nicht fehlen. Auch hier sollten Sie sich bereits bei der allerersten Beschäftigung mit der Interventionsarchitektur Gedanken machen. Im Folgenden einige Anregungen aus meiner Erfahrung, wann es lohnt, einen Abbruch ernsthaft ins Auge zu fassen:

⇨ Das Management signalisiert ausschließlich verbales Commitment. Eskalationen und Anfragen um Unterstützung verlaufen im Sand.

⇨ Das (mittlere) Linienmanagement verhindert aus Angst vor Macht-verlust die Entstehung einer PM-Kultur. Alle gestarteten Maßnah-men, diese für eine PM-Kultur zu motivieren, verlaufen im Sand.

⇨ Die Organisation verharrt im Bestehenden. Jede Veränderung wird abgelehnt und sogar verhindert. Gegenmaßnahmen verlaufen im Sand.

Hier abschließend noch ein paar Anregungen, wie Sie sich verhalten können, um das Commitment von Mitarbeitern und Führungskräften zugunsten einer PM-Kultur zu beeinflussen.

Tabelle 1: Maßnahmen, um Unterstützung von Mitarbeitern und Management zu erhöhen

	Management-Commitment nicht vorhanden	Management-Commitment vorhanden
Mitarbeiter-Commitment vorhanden	Iteratives Vorgehen, Führungskräfte mithilfe von Multiplikatoren (aus dem Kreis der Führungskräfte und der Mitarbeiter) für die Veränderung motivieren; Mehrwert für die Organisation und die Arbeit des Managements aufzeigen und verifizieren.	Das Projekt zur Einführung von PM nach den Regeln des klassischen PMs durchführen; ggf. ist auch ein Vorgehen in Phasen statt in Zyklen möglich.
Mitarbeiter-Commitment nicht vorhanden	Kleine Piloten starten; falls dies nicht zu Haltungsänderung führt: Abbruch!	Iteratives Vorgehen, Mitarbeiterpartizipation ist essenziell; dabei das Verständnis für die Notwendigkeit und Wichtigkeit erhöhen (sense of urgency); Mehrwert für die Arbeit der Mitarbeiter aufzeigen und verifizieren.

Und wann immer Sie als Berater beobachten, dass

⇨ Sie (mit missionarischem Eifer) Projektmanagement in der Organisation etablieren wollen,

⇨ Sie der Einzige oder einer von ganz wenigen sind, die Energie in diesen Veränderungsprozess einbringen, und

⇨ sich der Kreis der Unterstützer/der Überzeugten nicht merkbar vergrößert,

brechen Sie ab. Sie übernehmen (heimlich) eine Verantwortung, die nicht Ihrer Rolle als Berater entspricht.

Die Beraterhaltung

Bevor ich Ihnen als Abschluss dieses Kapitels ein Praxisbeispiel gebe, möchte ich noch ein paar Worte zur Haltung des Beraters im Veränderungsprozess schreiben. Um authentisch handeln zu können, halte ich es für unumgänglich, dass Sie sich mit Ihrer Haltung beschäftigen. Haltung ist etwas sehr Individuelles – nehmen Sie die nun folgenden

Punkte daher nur als Ideen und Anregungen, was für Sie hilfreich sein könnte und was nicht.

⇨ Machen Sie sich Gedanken über Ihre Rolle(n) als (interner) Berater und das, was von Ihnen erwartet wird. Geben Sie explizit Feedback, was Sie als Ihre Aufgabe sehen und was nicht. Machen Sie Rollenwechsel zwischen Beratung und Moderation transparent. Schauen Sie genau hin, was Sie als Externer bewegen können bzw. wollen und was von den Betroffenen (also von innen heraus) bewegt werden muss.

⇨ Als PM-Berater und -Experte haben Sie vermutlich, wie auch ich, eine sehr konkrete Vorstellung, was »gutes« Projektmanagement umfasst, und natürlich möchten Sie dies auch vermitteln und etablieren. Dabei ist das Risiko hoch, Verantwortung zu übernehmen, die nicht Ihrer Rolle entspricht. Ich empfehle, dies immer wieder zu reflektieren und sich durch Supervision unterstützen zu lassen.

⇨ Im Beratungsprozess werde ich immer wieder mit meinen eigenen Emotionen konfrontiert, insbesondere auch meiner Angst, den Erwartungen anderer nicht zu genügen. Innere Stabilität hilft, dies auszuhalten, Supervision auch.

⇨ Lassen Sie los, wenn es nicht geht. Brechen Sie ab, wenn Sie nicht an den Erfolg der Veränderung glauben. Denn wenn Sie nicht an den Erfolg glauben, wird er mit großer Wahrscheinlichkeit auch nicht eintreten.

⇨ Wenn Sie an sich ein Verhalten sehen, das Ihnen eigentlich fremd ist, prüfen Sie – am besten gemeinsam mit dem Kunden/dem Projektteam –, was dieses Verhalten mit der Organisation, in der Sie Projektmanagement etablieren wollen, zu tun hat. Möglicherweise gibt es Übertragungseffekte.

⇨ … und nehmen Sie Ihre Intuition und Ihr Gespür ernst. Sie sind Experte!

Ein Praxisbeispiel: Projekt zur Einführung eines (Tool-gestützten) PM-Prozesses in einer IT-Organisation

Das folgende Beispiel habe ich selbst erlebt, es wurde aber in seiner Darstellung verfremdet und für das vorliegende Kapitel auf wesentliche Kernaspekte reduziert.

Die Organisation

Es handelt sich um eine IT-Organisation eines größeren Unternehmens, bestehend aus fünf bis sechs Abteilungen, die Softwareanwendungen für das Unternehmen erstellen und betreiben. Eine eigenständige Funktion für Projektmanagement gibt es nicht, ein PMO existiert als Stabsfunktion in der Linie.

Die Projekte

Die Projekte/Initiativen sind sehr unterschiedlich sowohl in ihrer Dimension als auch im Inhalt (von Automatisierungssoftware bis hin zu SAP-Standard); Projekte müssen zusätzlich auch den PM-Prozess des Kunden zur Einführung von Software unterstützen, der von dem der IT-Organisation abweicht.

Der PM-Prozess

Der PM-Prozess ist sehr einfach gestaltet, im Wesentlichen sind nur die Schnittstellen zur Umwelt (Linie, Kunde) definiert. Das Projektmanagement innerhalb der Projekte kann von den Projektleitern »frei« gestaltet werden.

Vor dem Projekt

Der zu etablierende PM-Prozess war in der IT-Organisation Vorgabe, wurde jedoch nur sehr vereinzelt (meist für Audits) genutzt. Existierende Templates wurden ignoriert oder veraltete Versionen benutzt. In vielen Fällen wurden Projekte nicht als solche geführt, sondern als sog. »Initiativen der Linie«. Eine Übersicht über die Projekte der gesamten Organisation gab es nicht, vielmehr hatte jede Abteilung ihre »eigenen Übersichten«. Projekten zugesagte Kapazitäten wurden nicht in vollem Umfang bereitgestellt und teilweise sogar (ohne Information) abgezogen.

Hypothesen über das System

1. Die Organisation ist stark linienorientiert, Machtstrukturen orientieren sich an den Linienfunktionen (Abteilungen). Diese »verteidigen« ihre Autonomie.
2. Projektmanagement wird als »Konkurrenzveranstaltung« zur Linie wahrgenommen.
3. Transparenz gefährdet aus Sicht aller Betroffenen (sowohl Linie als auch Projekte) die eigenen Handlungsspielräume.
4. Die Mitarbeiter fühlen sich als »Künstler«, Standardisierung wird als Einschränkung empfunden.
5. Der PM-Prozess der Organisation wird als überflüssig betrachtet, (Projekt-)Mitarbeiter und Linie erkennen keinen Mehrwert.
6. Das Linienmanagement sieht sich als Kriseninstanz, bewertet Krisen zwar offiziell als Belastung, sieht ohne diese jedoch die eigene Existenz gefährdet.
7. Die eigentlichen Projektleiter sind die Abteilungsleiter, die die Projekte verantworten und an den entscheidenden Stellen die Richtung vorgeben. Die benannten Projektleiter sind eher »operative Handlanger« dieser heimlichen Projektleiter.

Die Interventionsarchitektur

Die Interventionsarchitektur hatte zum Ziel, Vertrauen in der Organisation zu schaffen und die Grenzen der Linienorganisation durchlässiger zu machen. Weiterhin sollte nach und nach eine PM-Kultur etabliert werden, in der Projekte neben der Linie ihre eigene Verantwortung wahrnehmen können. Der existierende, einfache PM-Prozess bildete eine gute inhaltliche Basis, um Verständnis für die wesentlichen Aspekte des PM zu erlangen. Es gab folgende Komponenten:
⇨ systemische Interviews mit den Linienverantwortlichen (Abteilungsleiter) über deren Interessen

⇨ Bildung einer Projektleiter-Community (als Kernteam) aus ca. acht erfahrenen Projektleitern, die von der Linie nominiert wurden

⇨ Erstellung einer gemeinsamen PM-Vision mit dieser Community, Abstimmung der Vision mit der Linie

⇨ ständige Information der Linie über Veränderungen (gelebte Transparenz) sowie Berücksichtigung des Feedbacks

⇨ Etablierung des PMO als interner Motor zur Etablierung der PM-Kultur

⇨ stringente Dienstleistungsorientierung des PMOs (PM-Vorgaben nur durch die Linie, PMO ausschließlich mit Angebotscharakter)

⇨ Partizipation der Mitarbeiter
  – regelmäßige Information aller Mitarbeiter, Feedbackrunden zum Erreichten
  – zielgruppenspezifische Veranstaltungen zur Vorstellung und Diskussion des PM-Prozesses (mehrfach pro Zielgruppe)
  – bei der Tool-Einführung Benennung von Key-Usern aus den Abteilungen zur Unterstützung

⇨ Erfragen der Schmerzpunkte in den Projekten, Orientierung des iterativen Vorgehens an diesen Schmerzpunkten

⇨ ausgewählte Quick Wins für Management und Vorzeigeprojekte

⇨ sehr vorsichtiger Umgang mit Transparenz über die Abteilungsgrenzen hinaus

⇨ nur in sehr wenigen, seltenen Fällen Eskalation von Widerständen an den Leiter der Organisation

⇨ Auswahl von allgemein anerkannten »Vorzeigeprojekten« zur Erprobung von Prozess und Tool

PM-Konzeption und Implementierungsstrategie

⇨ *Iterationszyklus 1:*
  PMO-Angebot zur Verbesserung des gelebten Projektmanagements:
  – Unterstützung der Projektleiter in Form von Einzelcoaching
  – Zeitweise Pflege der Projektlisten für die Abteilungsleiter
  – Durchführung von Workshops für Projekte (Kick-off, Lessons Learned)

⇨ *Iterationszyklus 2:*
Einführung einer organisationsweiten Projektübersicht: Diese schei-
terte in der ersten Phase. Nach fast vollständiger Erfassung wurde
die Pflege konsequent »ausgesessen« und nur unter Druck durchgeführt. Aufgrund dieser Erfahrung konnte Hypothese 3 verifiziert
werden. Bei der späteren Einführung eines PM-Tools wurde Transparenz im Reporting sehr »konservativ« aufgesetzt.

⇨ *Iterationszyklus 3:*
Einführung eines Projektmeetings auf Managementebene, in dem
die Projektleiter über ausgewählte Projekte Erfahrungsberichte
gaben und Unterstützung erfragen konnten: Das Meeting war gut
geeignet, um Projekte stärker in den Fokus des gesamten (Linien-)
Managements zu bringen. Eine wirkliche Unterstützung erfolgte
jedoch weiterhin nur durch den zuständigen Linienvorgesetzten.

⇨ *Iterationszyklus 4:*
Einführung eines PM-Tools: Das PM-Tool richtete sich an den Bedürfnissen (Schmerzpunkten) der Projektleiter aus. Darüber hinaus
wurden die Transparenzängste der Abteilungsleiter berücksichtigt.
Das PM-Tool unterstützte auf einfache Art und Weise den Work-
flow des PM-Prozesses und die damit verbundenen Dokumente
und reduzierte so die Sorge, Mehraufwand durch den PM-Prozess
zu haben. Gleichzeitig konnte der PM-Prozess im Einzelprojekt
begründet geändert werden, was die Sorge vor »unlebbaren« Einschränkungen reduzierte.

Innerhalb der Zyklen gab es weitere, sehr flexible Iterationen.
Zusammenfassend lässt sich sagen, dass dieser Ansatz ein erstes
Umdenken in Richtung einer wirklichen Projektkultur bewirkt hat.
Der Ansatz war jedoch nicht so durchgreifend, dass Projekt und Linie
nun gleichberechtigt wären. Projekte laufen bis heute unter der Auf-
sicht der Linie, die heimliche Projektleitung durch die Linie ist allerdings nicht mehr zu erkennen. Eine zunehmende Zahl an Projektleitern teilt die Vision einer PM-Kultur, verfügt jedoch nicht über
ausreichend Einfluss, dies durchzusetzen. Das PM-Tool ist zumindest

in einer Abteilung durchgängig eingeführt, Parallellösungen konnten organisationsweit reduziert werden.

Als aufgrund von Sparmaßnahmen das PMO abgebaut wurde, entfiel der eigentliche Treiber für die Einführung einer PM-Kultur. Der Change konnte somit nicht weiter vorangebracht werden, zumal andere, hoch priorisierte Aktivitäten Vorrang bekamen.

Dieses Beispiel zeigt, wie mit viel Geduld und langem Atem Schritte in Richtung einer PM-Kultur beschritten werden können und was erforderlich ist, damit sie erfolgreich sind:

⇨ der Wille zur Veränderung in der Organisation selbst
⇨ adäquate Managementunterstützung (nicht im Sinne von Durchsetzungsdruck, aber im Sinne von Bereitschaft zur Mitgestaltung)
⇨ eine gemeinsame PM-Vision
⇨ situative Anpassung der Interventionsarchitektur und der PM-Konzeption
⇨ … und Abbruch oder zumindest eine längere Pause, wenn die Energie für das Veränderungsprojekt im System nicht mehr vorhanden ist

Externe Beratung versus interne

Nach meinen Erfahrungen sind die in diesem Abschnitt geschilderten Aspekte in vielen Punkten unabhängig davon, ob Sie als interner oder als externer Berater fungieren. Gerade bei der Berücksichtigung von Machtstrukturen und Ihrer eigenen Haltung zum System kann es jedoch Unterschiede geben. Als Interner sind Sie insgesamt abhängiger und stärker gefährdet, »in das System hineingezogen zu werden«. Übernehmen Sie zusätzlich noch die Projektleitung für das Veränderungsprojekt, lastet noch mehr Verantwortung »auf Ihren Schultern«. Dies gilt es in der Interventionsstrategie umfassend zu berücksichtigen. Aber das ist schon wieder ein anderes Kapitel.

Literatur

[1]   Kuhlmey, Astrid: *Systemische Interview-Technik als Basis für die Service-Definition eines Projekt Office. Vortrag auf dem PM Forum, Nürnberg 2008 (Präsentation)*

[2]   Kuhlmey, Astrid: *Project Management Offices implementieren und Akzeptanz sichern, Projekt Magazin 10/2012*

[3]   *https://www.projektmagazin.de/glossarterm/soundingboard*

Weiterführende Literatur

[1]   Berner, Winfried: *Culture Change. Stuttgart: Schäffer-Poeschel, 2012*

[2]   Böhle, Fritz; Bürgermeister, Markus; Porschen, Stephanie: *Information durch Management des Informellen. Berlin/Heidelberg: Springer Gabler, 2012*

[3]   Doppler, Klaus; Lauterburg, Christoph: *Change Management. Frankfurt/New York: Campus, 2005*

[4]   Kindl-Beilfuss, Carmen: *Fragen können wie Küsse schmecken. Heidelberg: Carl Auer, 2012*

[5]   Prior, Manfred: *MiniMax-Interventionen. Heidelberg: Carl Auer, 2007*

[6]   Schlippe, Arist von; Schweitzer, Jochen: *Systemische Interventionen. Göttingen: Vandenhoek & Ruprecht, 2010*

[7]   Wolf, Henning: *Agile Projekte mit Scrum, XP und Kanban im Unternehmen durchführen. Heidelberg: dpunkt.verlag, 2012*

Zusammenfassung

Auf den vorangegangenen Seiten habe ich dargestellt, wie ich Lösungsansätze zur Einführung von
Projektmanagement in Unternehmen gestalte. Mir
ist wichtig, dass Sie als Berater mitnehmen, dass die
PM-Konzeption nicht »das Beste an PM darstellt, was
man (Sie) sich vorstellen kann (können)«, sondern
dass sie zur Organisation und damit auch zu deren
Reifegrad passt. Mitgestaltung durch die Betroffenen
ist der Schlüssel zum Erfolg.

Meine Interventionsarchitektur ist grundsätzliche
iterativ angelegt. Ausgehend von einer – in jedem
Zyklus zu überprüfenden – Vision entstehen die Pro-
jektmanagementgrundlagen der Organisation sowie
die Einführungsstrategie. Erprobung und Partizipation
sind Schlüsselfaktoren zu deren erfolgreicher Umsetzung.

Erlauben Sie mir abschließend ein paar Worte zu
einem Thema, das mir persönlich wichtig ist: Ich bin
kein Freund von Projektmanagement, das »als Governance daherkommt«. Projektleiter sind hoch kompetente Menschen mit großer Verantwortung, und es ist
das Ziel, dass sie diese auch konsequent übernehmen
(können). Natürlich macht es Sinn, ähnliche Vorgehen und Dokumente auch ähnlich zu gestalten. Je
nach Branche und Organisation kann ein Mehr oder
Weniger an solchen Standards sinnvoll sein. Aber
bitte beachten Sie bei all unserem Hang zur Standardisierung, dass Projekte bereits in ihrer Definition
den Charakter der Einmaligkeit und Innovation in sich
tragen – und dafür braucht es bei den dafür Verantwortlichen ausreichend Freiräume.

Umsetzung einer PM-Professionalisierung

Eine umfassende PM-Professionalisierung ist fast immer auch ein Change-Projekt. Hier werden seine wichtigsten Voraussetzungen, die grundsätzliche Vorgehensweise und die wichtigsten Einflüsse auf den dauerhaften Gesamterfolg – insbesondere der Einfluss des Projektumfelds – beschrieben und diskutiert.

In diesem Beitrag erfahren Sie:
- was die Voraussetzungen einer PM-Professionalisierung sind,
- welche Rolle das Projektumfeld dabei spielt und
- was den Implementierungsweg bestimmt.

WOLFGANG WEBER

Einleitung

Unter einer Projektmanagement(PM)-Professionalisierung versteht man eine Initiative zur Einführung, Verbesserung oder Stärkung eines PM-Systems, d. h. gemäß DIN 69901-5 eines »Systems von Richtlinien, organisatorischen Strukturen, Prozessen und Methoden zur Planung, Überwachung und Steuerung von Projekten« [1].

Eine konsequent durchgeführte PM-Professionalisierung verändert ein Unternehmen oft spürbar und ist daher gleichzeitig immer auch ein Change-Projekt: Wenn es erfolgreich umgesetzt ist, haben sich wichtige interne Prozesse – und meist auch die Organisation selbst und ihre Kultur – merklich verändert. Wegen dieser weitreichenden Folgen und wegen der »Einmaligkeit« eines solchen Vorhabens erscheint die Durchführung als Projekt bzw. als Programm geradezu zwingend.

Im ersten Teil des Artikels werden die notwendigen Voraussetzungen für eine erfolgreiche PM-Professionalisierung dargestellt. Teil zwei beschreibt die grundsätzliche Vorgehensweise mit vier unterschiedlichen Durchführungsvarianten, und im dritten Teil werden die (PM-System-)Umgebung, in welcher Projekte in Unternehmen ablaufen, und ihre wichtigsten Wechselwirkungen mit der Professionalisierung diskutiert. Der vierte Teil beschreibt die Implementierung einer vollumfänglichen PM-Professionalisierung sowie ihre Wechselwirkungen mit dem Projektumfeld.

Voraussetzungen

Am Anfang einer Professionalisierung steht meist die Frage nach externer Unterstützung. Diese Frage kann anhand der drei Voraussetzungen, die für jedes Veränderungsvorhaben notwendig sind, sowie mittels der jeweiligen Ressourcensituation beantwortet werden.

Diese drei Voraussetzungen sind: ein tatsächlich erkannter Professionalisierungs*bedarf*, ein ernsthafter Umsetzungs*wille* und die für die Umsetzung erforderlichen fachlichen *Fähigkeiten*. Dabei handelt es sich allerdings nur um *notwendige* und keine *hinreichenden* Voraussetzungen, denn wie im dritten Kapitel gezeigt wird, hat vor allem das jeweilige *Unternehmensumfeld* einen entscheidenden Einfluss auf den Umfang, den Ablauf und insbesondere den Erfolg einer Professionalisierung.

Bedarf

Der Bedarf für eine PM-Professionalisierung kann sich auf unterschiedliche Weise zeigen, z. B.:
⇨ Die Zahl erfolgreicher Projekte ist inakzeptabel gering.
⇨ Die Projektkosten laufen aus dem Ruder und der Gewinn schmilzt weg.
⇨ Niemand (mehr) im Unternehmen kennt die gesamte Projektlandschaft.

⇨ Projekte entstehen aus dem Nichts und verschwinden auch wieder dorthin.

⇨ PM ist zu einem Formalismus verkommen.

⇨ Die Innovationskraft ist unzureichend, die Wettbewerbsfähigkeit sinkt.

Damit »endlich etwas passiert«, muss vor allem die Unternehmensführung den Professionalisierungsbedarf erkannt haben und ihn zudem klar begründen können. Ohne die aktive Unterstützung des Topmanagements ist ein solches Vorhaben eigentlich immer zum Scheitern verurteilt. Analysen zur aktuellen (schlechten) Projektsituation können zwar zur Untermauerung des Bedarfs herangezogen werden – als Ersatz für ein echtes Bedarfsgefühl taugen sie jedoch nicht.

Wille

Jedes Change-Projekt führt zu weitreichenden und spürbaren Veränderungen der Arbeits- und Verhaltensweise der betroffenen Mitarbeiter. Daher erzeugt nur ein deutlich wahrnehmbares *Gefühl der Dringlichkeit* bei den Entscheidungsträgern den Umsetzungswillen, der für solch ein Vorhaben unabdingbar ist. Ohne diesen Willen kann man solch einen »Langstreckenlauf« nicht durchhalten.

Nach Kotter [2] sollten bei jedem Change-Projekt zumindest 25 Prozent aller Mitarbeiter bereit sein, dafür ein Extra an Arbeit zu leisten – und auch eine PM-Professionalisierung benötigt ähnliche Voraussetzungen, wenn sie erfolgreich sein soll. Sonst besteht die große und durchaus reale Gefahr, dass das Unterfangen bald versackt und seine Ziele am Ende weit verfehlt. Ein späterer Neustart ist dann sehr schwierig, denn meist ist »die Erde gründlich verbrannt«.

Fähigkeit

Wenn der Bedarf erkannt und das Dringlichkeitsgefühl vorhanden ist, kommt die Frage nach den *Fähigkeiten:* Hat das Unternehmen eine genügend große Zahl von Mitarbeitern, die über die notwendige PM-fachliche und -methodische und vor allem die soziale Kompetenz verfügen, eine Professionalisierung durchzuziehen?

Gelegentlich ist die fachliche und methodische (PM-)Kompetenz zwar vorhanden, aber auf viele verschiedene Einzelpersonen und Abteilungen verteilt. Oder es existieren verschiedene PM-Methoden parallel, wie z. B. eine »IT-PM-Methode«, eine »R&D-PM-Methode« usw. Vor allem aus Akzeptanzgründen sollte man zumindest versuchen, diese Methoden in einen neuen, unternehmensweit standardisierten PM-Prozess zu integrieren. Hat das Unternehmen dagegen keine ausreichende PM-Kompetenz, kann diese relativ leicht extern beschafft werden.

Ressourcensituation

Schließlich muss die Ressourcensituation geprüft werden. Denn insbesondere eine vollumfängliche Professionalisierung kann, wie weiter unten beschrieben, beträchtliche personelle und finanzielle Ressourcen binden. Fehlen die internen Ressourcen für das Vorhaben oder könnte der voraussichtliche Ressourcenbedarf das laufende Geschäft in Mitleidenschaft ziehen, kann auch hier externe Unterstützung helfen.

Die grundsätzliche Vorgehensweise

Umfang des Vorhabens

Der Umfang einer PM-Professionalisierung kann sehr unterschiedlich ausfallen: Sollen z. B. Einzel-, Multi- und Programmmanagement (EPM, MPM und PrM) von Grund auf entwickelt sowie trainiert und gecoacht werden? Oder möchte man »nur« ein bereits bestehendes PM-System verbessern oder dieses auf einen größeren Unternehmensbereich ausweiten? Sollen gänzlich neue Methoden wie Projektportfolio- und integriertes Ressourcenmanagement (PPM, RM) neu hinzukommen? Oder geht es gar um alles zusammen?

220

Die Professionalisierungsziele müssen zunächst sorgfältig geklärt, vereinbart und festgelegt werden. Sie sind die unabdingbare Grundlage für die spätere Projekt- bzw. Programmplanung.

Festlegung des Durchführungsbereichs

Auch muss entschieden werden, in welchen Unternehmensbereichen die Professionalisierung durchgeführt werden soll. Erfahrungsgemäß ist es ratsam, die Implementierung in einer Pilotphase zunächst auf abgegrenzte Bereiche zu beschränken und dann schrittweise auszuweiten. Andernfalls besteht die Gefahr, dass allein die schiere Größe des Unterfangens dieses zum Scheitern bringt.

Als Pilotbereiche bieten sich ausgewählte Regionen oder Business Units an, in denen bereits ein gewisser Projektleidensdruck herrscht und die daher gegenüber neuen Wegen und Methoden eine größere Aufgeschlossenheit erwarten lassen. Und mittels erster greifbarer Erfolge in den Pilotbereichen erreicht man leichter die notwendige Akzeptanz in den später zu erfassenden Bereichen.

Das Flussdiagramm (Abb. 1) zeigt die Entscheidungsrauten *Bedarf, Wille, Fähigkeit* und *Ressourcen,* die zu vier verschiedenen Vorgehensvarianten führen:

Variante 1: Das Vorhaben wird ausschließlich von externen Beratern geplant und durchgeführt.
⇨ Vorteil: Der laufende Geschäftsbetrieb wird nicht belastet.
⇨ Nachteile: Am Vorhaben ist niemand direkt beteiligt, der das Unternehmen mit seinen Besonderheiten gut kennt. Es ist daher fraglich, ob die »sachliche Passung« und insbesondere die für den dauerhaften Erfolg zwingend erforderliche Akzeptanz im Unternehmen erreicht werden können. Zudem erfordert diese Variante u. U. ein beträchtliches Budget.

221

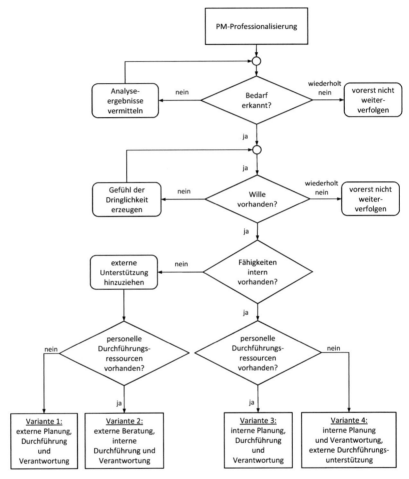

Abb. 1: *Flussdiagramm*

Variante 2: Die externen Berater steuern die fachliche und methodische PM-Kompetenz und eine unabhängige Sichtweise bei. Fallweise können sie zusätzlich auch für Projektworkshops und für Trainings- und Coachingaufgaben eingesetzt werden. Interne Mitarbeiter verantworten den Projekterfolg und die Leistungserbringung, d. h. sie stellen den Projektauftraggeber, den Projektleiter und die Projektmitarbeiter.

⇨ Vorteile: Die erforderliche PM-Kompetenz ist gewährleistet und das Unternehmen profitiert von der übergreifenden Erfahrung der Berater. Es findet sozusagen »Hilfe zur Selbsthilfe« statt, und der neutrale Blick von außen kann grundsätzlich neue Perspektiven erschließen. Diese Variante erfordert i. d. R. nur ein begrenztes Budget.

⇨ Nachteil: Die Berater könnten »ihre« Lösung zu sehr in den Vordergrund stellen und die tatsächlichen Unternehmensbelange zu wenig berücksichtigen.

Variante 3: Das gesamte Vorhaben wird ausschließlich von internen Mitarbeitern geplant und durchgeführt.

⇨ Vorteile: Es entstehen keine Beratungskosten und die Suche nach einer geeigneten externen Unterstützung entfällt.

⇨ Nachteile: Das laufende Geschäft kann wegen eines evtl. großen Ressourcenbedarfs in Mitleidenschaft gezogen werden. Und in der Praxis bewährte Konzepte und externe Erfahrungen bleiben womöglich unberücksichtigt und blinde Flecken im Unternehmen bestehen weiter. Zudem kann es zu Akzeptanzproblemen kommen, wenn die betroffenen Mitarbeiter den internen Beratern und Umsetzern Eigeninteresse, Abteilungsdenken oder eine fehlende Außensicht unterstellen (»Der Prophet im eigenen Lande ...«).

Variante 4: Das Vorhaben wird von internen Mitarbeitern geplant und verantwortet, die Durchführung leisten externe Berater.

⇨ Vorteil: Der interne Ressourcenaufwand ist eher gering.

⇨ Nachteile: Wie bei Variante 3 könnte die grundsätzlich neue Sichtweise, die eine Professionalisierung mit sich bringt, unberücksichtigt bleiben und so die Chance auf eine spürbare und dauerhafte Verbesserung *aller* geschäftlichen Abläufe – und nicht nur der Projektarbeit – zunichtemachen. Für diese Variante kann zudem ein beträchtliches Budget erforderlich sein.

Die Unternehmensumgebung

Es ist wie mit einem Garten: Damit die Pflanzen gedeihen können, müssen seine wesentlichen Merkmale wie Lage, Ausrichtung, Erde, Bewässerung usw. gut aufeinander abgestimmt sein.

Ähnlich verhält es sich mit der Projektarbeit: in den seltensten Fällen liegt es an unfähigen Projektleitern (PL), mangelndem Fachwissen oder fehlenden Werkzeugen, wenn die Projekte nicht vom Fleck kommen. Vielmehr ist der Misserfolg fast immer in einem zu wenig *projektfreundlichen Umfeld* begründet [3]. Dieses zwingt die PL, ständig Konflikte zu lösen, die von außen in das Projekt »hineingekippt« werden und die mit der eigentlichen Projektarbeit nichts zu tun haben, sondern sie behindern.

S. Rietiker [3] schreibt dazu: »Die für Projektarbeit geforderte Verantwortungsbereitschaft, Risikofreude, Selbständigkeit, Kommunikations- und Kooperationsfähigkeit bedürfen eines Umfeldes, das diese Qualitäten fördert und nicht verhindert.« Oder mit anderen Worten: ein ungeeignetes »Betriebssystem« ist die eigentliche Ursache für mangelnden Projekterfolg.

Einige Praxisbeispiele für ein projekt*un*freundliches Umfeld:
⇨ Der Projektauftraggeber (PAG) nimmt seine Rolle nicht wahr, d. h. eine sorgfältige Zielklärung findet nicht statt, die Ziele ändern sich laufend und niemand schützt das Projekt vor dem ständigen Durchgriff der Linie.
⇨ Projekte werden nicht als temporäre Parallelorganisation (zur Linie) geführt, sondern irgendwie *innerhalb* der Linie und ohne verbindlich zugewiesene Ressourcen durchgekämpft.
⇨ Bei Ressourcenkonflikten wird nicht gemäß einer vereinbarten Projektpriorität entschieden, sondern die persönliche Durchsetzungsfähigkeit des jeweiligen PAG entscheidet, ob das Projekt die erforderlichen Ressourcen erhält oder nicht.
⇨ Der Business Case des Projekts ist vom Controlling »schöngerechnet« und hat daher kaum eine Chance auf Realisierung.

224

⇨ Projekte verfügen über kein eigenes Budget. Dies zwingt die PL dazu, wegen jeder Ausgabe wie Bittsteller in zahlreichen Abteilungen vorzusprechen.

⇨ Die Jahresbeurteilung der Projektmitarbeiter basiert zu 100 Prozent auf deren Linientätigkeit. Bei Ressourcenkonflikten der Art »Linie oder Projekt?« gewinnt daher immer die Linie.

Abbildung 2 zeigt das gesamte PM-System. Es besteht aus dem *inneren* PM-System (EPM, PPM und RM) und aus dem *Systemumfeld* mit seinen drei Ordnungselementen *Strategie, Struktur* und *Kultur*.

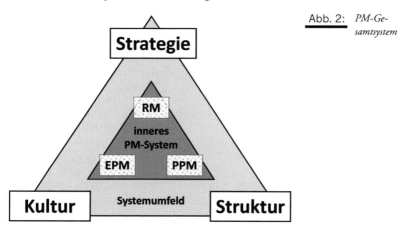

Abb. 2: *PM-Ge-samtsystem*

Häufig erstreckt sich der Planungshorizont einer PM-Professionalisierung nur auf das innere System – das Systemumfeld wird in vielen Fällen gar nicht oder nur marginal berücksichtigt. Schon die wenigen Beispiele oben zeigen jedoch, dass das Umfeld einen ganz entscheidenden Einfluss auf den Projekterfolg hat – und damit auf die geplante Stoßrichtung und den Umfang einer PM-Professionalisierung. Dem Projektumfeld und seiner gezielten (Um-)Gestaltung sollten daher ausdrücklich Beachtung geschenkt werden, oder mit anderen Worten: Nicht jedes Umfeld lässt jede Professionalisierung zu. Die wichtigsten Einflüsse der drei Ordnungselemente werden im Folgenden kurz diskutiert.

Strategie und Professionalisierung

Unter »Strategie« werden hier die Antworten auf die Fragen verstanden, die sich das Unternehmen bzgl. seiner zukünftigen Organisation stellt, z. B.:

⇨ Welchen Umsatzanteil generieren bei uns Projekte bzw. die Linienarbeit? Wie müssen wir uns daher organisieren und wie gehen wir mit den absehbaren Ressourcenkonflikten um?

⇨ Wollen wir mit einem transparenten Portfoliomanagement zukünftig sicherstellen, dass unsere Geschäftsstrategie die Projektlandschaft steuert – und nicht umgekehrt?

⇨ Ist unser Geschäft grundsätzlich eher bewahrend oder eher auf Wandel ausgerichtet? Welches Gewicht wollen wir daher der Projektarbeit – also dem Wandel – geben?

⇨ Wollen wir unternehmerische Verantwortung (teilweise) auf tiefere Ebenen delegieren? Dann müssten wir dafür sorgen, dass jeder Mitarbeiter im Unternehmen unsere Strategie genau kennt. Wollen wir das wirklich?

Die Antworten auf diese und ähnliche Fragen sind bestimmend für den *realistischen* Umfang einer Professionalisierung, und sie entscheiden maßgeblich über ihren *Aufwand* und ihren *langfristigen Erfolg*. So muss z. B. in stark hierarchischen Organisationen, die von Anordnen-und-Durchführen, Bereichsdenken und Verteilen von Information durch das Management geprägt sind, für eine Professionalisierung weitaus mehr Energie aufgewandt werden als in Unternehmen, in denen selbstständiges Handeln, bereichsübergreifende Sichtweise und zielgerichtetes Handeln bereits zum Arbeitsalltag gehören.

Struktur und Professionalisierung

Auch strukturelle Gegebenheiten beeinflussen das Vorhaben und sollten daher miteinbezogen werden, z. B.:

⇨ Gibt es ein funktionierendes und akzeptiertes Project Management Office (PMO)? Dann kann dieses die Implementierung mitgestalten und möglicherweise deutlich erleichtern.

⇨ Wenn die Organisation im Arbeitsalltag bewusst zwischen Linien- und Projektorganisation unterscheidet, ist bereits ein wesentliches Element professionellen Projektmanagements vorhanden.

⇨ Wenn die Projekte eigene Budgets und Budgethoheit haben, ist ein wichtiger Schritt zu einer projektfreundlichen Umgebung getan.

⇨ Sind auch das Top- und das obere Management hinreichend projektkompetent? Dann ist eine tatkräftige Unterstützung der Professionalisierung auch »in rauem Fahrwasser« i. d. R. gewährleistet.

Kultur und Professionalisierung

Wenn sich kein Projekterfolg einstellt, liegt sehr oft in der Unternehmenskultur der sprichwörtliche »Hund« begraben. Kulturelle Eigenheiten sind von außen zwar nur schlecht zu erkennen, haben aber einen außerordentlich großen Einfluss auf das Verhalten der Mitarbeiter und damit auf den Erfolg einer Professionalisierung.

Dazu einige Beispiele und ihre Auswirkungen:

⇨ Wie sehr ist der generelle Veränderungsgedanke ein Teil des Unternehmensalltags? Bei einer weitverbreiteten Einstellung wie: »Das haben wir immer schon so gemacht« wird jede Veränderung rasch zu einem nervenaufreibenden Hürdenlauf.

⇨ Eine PM-Professionalisierung ist immer ein »Langstreckenlauf«. Hat das Unternehmen in der Vergangenheit schon bewiesen, dass es solch zähe, lang andauernde und manchmal frustrierende Vorhaben durchziehen kann? Dann lassen sich vermutlich auch genügend Mitstreiter für das Projekt finden.

⇨ Wird die Extraleistung der Mitarbeit in einem solchen Vorhaben honoriert? Oder gilt vielmehr der Grundsatz »Eines obendrauf geht immer noch«? Dann wird es schwierig, Mitarbeiter mit den notwendigen Durchhaltequalitäten zu gewinnen und vor allem ihre Motivation im Projektverlauf nicht zu beschädigen.

⇨ Ist Transparenz wirklich erwünscht oder wird sie bloß lautstark gefordert? Gut funktionierendes Einzelprojekt- und Portfoliomanagement erzeugen oft eine »fürchterliche« Transparenz, welche Schwachstellen und persönliche Fehlleistungen schonungslos aufzeigt. Die Transparenzgegner sind oft zahlreicher als man denkt, und man tut gut daran, bei der Implementierung mit großer Umsicht vorzugehen und die Transparenz nur in verkraftbarer Dosierung zu erhöhen.

⇨ Beruht die Kultur auf einer selbstständigen, vertrauensvollen Arbeitsweise und wird eine intensive und offene Kommunikation gepflegt? Falls nicht, wird es schwierig sein, die zwingend erforderliche Akzeptanz für Veränderungen bei den Mitarbeitern zu erzeugen und vor allem dauerhaft zu erhalten.

Die Bedeutung der Unternehmenskultur für den Erfolg einer Professionalisierung kann kaum überschätzt werden; ihre Besonderheiten sollten daher ausdrücklich berücksichtigt werden. Die Kultur gibt die Antwort auf die alles entscheidende Frage: »Wollen und (wie) können wir solch ein Vorhaben wirklich durchziehen?« Die Antwort steuert den Umfang des Vorhabens und die Besetzung der Projektteams, sie bestimmt das Tempo und die »Dosierung«, das Durchhaltevermögen und die Akzeptanz – und damit letztlich den dauerhaften Erfolg.

Die Implementierung

Im Folgenden wird die Implementierung einer umfassenden, gewissermaßen einer »maximalen« Professionalisierung beschrieben. Sie ist der Übersichtlichkeit halber in drei Projekte mit jeweils mehreren »Phasen« gegliedert. Letztere dienen lediglich der inhaltlichen Strukturierung; d. h. sie sollen keine zwingende zeitliche Abfolge suggerieren. Die Darstellung kann als *ein* möglicher Weg bzw. als (grobe) *Checkliste* für solch ein i. d. R. mehrjähriges Vorhaben verwendet werden. Bedarfsweise können Inhalte weglassen oder neue hinzugefügt werden.

Projekt 1: »Einzelprojektmanagement (EPM)«
⇨ Phase 1: Aufbau eines generischen EPM-Prozesses inkl. der erforderlichen Formblätter
⇨ Phase 2: Aufsetzen von (wenigen) Pilotprojekten nach dem neuen EPM-Prozess und Coaching der betreffenden Projektleiter
⇨ Phase 3: PM-Training aller Mitarbeiter der Pilotprojekte
⇨ Phase 4: laufende PM-Auswertung der Pilotprojekte und erforderlichenfalls Anpassung des EPM-Prozesses
⇨ Phase 5: verbindliche Anwendung des EPM-Prozesses auf *alle neuen* Projekte
⇨ Phase 6: Auswahl, Customizing, Installation und Schulung einer PM-Software und deren Implementierung für die Pilotprojekte

Projekt 2: »Portfoliomanagement (PPM)«
⇨ Phase 1: Konzipierung eines PPM einschließlich einer strategie-basierten Projektpriorisierung
⇨ Phase 2: Zusammentragen aller aktiven Projekte in einer Projekt-masterliste in der PM-Software
⇨ Phase 3: Gliederung der Projektlandschaft in Portfolios und Festle-gung von Portfolioteams
⇨ Phase 4: verbindliche Priorisierung aller aktiven Projekte
⇨ Phase 5: Einrichtung, Training und Coaching der Portfolioteams
⇨ Phase 6: Aufbau eines unternehmensweiten Risikomanagements
⇨ Phase 7: Aufbau eines unternehmensweiten PM-Wissensmanage-ments

Projekt 3: »Ressourcenmanagement (RM)«
⇨ Phase 1: Festlegung des erforderlichen RM-Detaillierungsgrades
⇨ Phase 2: Erfassen aller personellen und materiellen Ressourcen im Unternehmen

⇨ Phase 3: Übertragung aller Linienaufgaben (als »Quasi-Projekte«) in die Projektmasterliste sowie deren Priorisierung

⇨ Phase 4: Umstellung auf Projektvollkostenrechnung und auf Projekte als Kostenträger

⇨ Phase 5: PM-Software-Schulung aller mit Ressourcenplanung und -controlling befasster Mitarbeiter

⇨ Phase 6: Umstellung aller Projekte und Linienaufgaben auf integrierte Ressourcenplanung und -steuerung mittels der PM-Software

⇨ Phase 7: Aufbau eines PM-Karrierepfads und einer PM-basierten Incentivierung

⇨ Phase 8: Aufbau eines unternehmensweiten PM-Trainings- und -Coachingkonzepts

⇨ Phase 9: Aufbau eines strategischen RM

Grundsätzlich erscheint die Reihenfolge: EPM – PPM – RM logisch und zwingend, denn: Nur ein standardisiertes, von Realitätssinn geprägtes EPM kann die Daten liefern, die ein funktionierendes PPM als Input benötigt. Dies sind u. a. belastbare und miteinander vergleichbare Projektbudgets, Statusberichte oder Ressourcenbedarfe. Erst mit einer soliden Datenbasis kann die Projektlandschaft nachvollziehbar und faktenbasiert priorisiert und gesteuert werden.

In einem zweiten Schritt kann dann – basierend auf dieser Projektpriorisierung – die unternehmensweite Ressourcenplanung aufgebaut werden, um so insbesondere die wertvollen Engpassressourcen den jeweils wichtigsten Projekten zuzuweisen.

Die Projekte und deren »Phasen« können sich durchaus zeitlich überschneiden oder es kann eine andere Reihenfolge sinnvoll sein, z. B.:

⇨ Die konzeptionellen Arbeiten für EPM und PPM können gleichzeitig durchgeführt werden, sofern ihre inhaltliche Synchronisation gewährleistet ist.

⇨ Ein früher Einführungszeitpunkt der PM-Software kann nützlich sein, wenn in den Projekten möglichst schnell standardisierte Formblätter wie z. B. Projektauftrag und Statusbericht zum Einsatz kommen sollen (siehe auch #»Beratungsleistungen beim Einsatz von PM-Software«).

⇨ Mit der Erstellung der Projektmasterliste kann bereits begonnen werden, sobald alle Projekte sauber gegeneinander abgegrenzt sind.

⇨ Die Gestaltung der *endgültigen* Portfoliolandschaft kann sich verzögern, wenn man mit einem neu geschaffenen PPM zunächst Erfahrung sammeln möchte.

⇨ In vielen Unternehmen besteht der dringendste Handlungsbedarf bei der Ressourcenplanung. Die vollständige Erfassung aller Ressourcen zu einem frühen Zeitpunkt kann daher einen beträchtlichen Zeitgewinn bedeuten.

Wie der Umfang einer Professionalisierung werden aber auch der *Weg* und die *Geschwindigkeit* ihrer Implementierung durch das vorhandene Projektumfeld wesentlich mitbestimmt.

Daher soll der Einfluss der drei Ordnungselemente *Strategie, Struktur* und *Kultur* auch auf Implementierungsweg und -geschwindigkeit beispielhaft beleuchtet werden.

Strategie und Implementierung

Eigenverantwortung und unternehmerisches Denken und Handeln sind zentrale Elemente der Projektarbeit. Sie bilden sich am schnellsten in Unternehmen heraus, bei denen die gezielte Verlagerung von Geschäftsverantwortung auf tiefere Hierarchieebenen ein gelebter Bestandteil der *Führungsstrategie* ist.

Oder: Wenn ein Schwerpunkt der *Marktstrategie* auf der kontinuierlichen Weiterentwicklung der eigenen Produkte, d. h. auf der Projektarbeit, liegt und wenn diese Strategie zudem klar kommuniziert wird, kann eine Professionalisierung ihre volle Wirkung rascher entfalten. Dagegen wird eine eher statische und auf Bewahren ausgerichtete Marktstrategie diese Entfaltung verzögern.

Ist die Unternehmensführung entschlossen, die Projektlandschaft zukünftig an der Markt- und Führungsstrategie auszurichten (und nicht umgekehrt), kann ein professionelles PPM meist zügig aufgebaut werden.

Struktur und Implementierung

Strukturelle PM-Elemente wie ein funktionierendes PMO oder wie in bestimmten Bereichen schon gelebte PM-Prozesse unterstützen eine Professionalisierung meist. Doch gelegentlich tritt auch genau das Gegenteil ein: Die Mitarbeiter sind nicht bereit, ihre bereichsintern oder regional vereinbarten Prozesse zugunsten eines neuen, unternehmensweit standardisierten Vorgehens aufzugeben. Dies ist ein Zeichen dafür, dass der Professionalisierungsbedarf in diesen Bereichen (noch) nicht erkannt wurde. Auch andere »Altlasten« wie z. B. zugekaufte, aber schlecht integrierte Fremdfirmen, generell in der Organisation unklar definierte Aufgaben und Befugnisse oder Bereichsrivalitäten können eine Professionalisierung in ein dornenreiches Vorhaben verwandeln.

Kultur und Implementierung

Das im Grunde einzige Ziel einer Professionalisierung ist, den Projekt- und damit den Unternehmenserfolg dauerhaft zu gewährleisten. Dies erfordert also zwingend, dass die Professionalisierung – selbst ein (Change-)Projekt – erfolgreich implementiert wird.

S. Rietiker sagt dazu: »Die Unternehmenskultur prägt und begrenzt die PM-(Sub-)Kultur, die sich vornehmlich darin äussert, wie in einer Organisation mit den Themen Projekte und PM umgegangen wird.« [3] Einige Beispiel sollen verdeutlichen, wie die Unternehmenskultur die Implementierung beeinflussen und damit letztlich Einfluss auf den langfristigen Unternehmenserfolg nehmen kann:
⇨ Sind die Führungskräfte und Mitarbeiter an wiederkehrende gezielte Veränderungen im Unternehmen gewöhnt und gehören langfristiges, bereichsübergreifendes und eigenverantwortliches Denken ohnehin zum Berufsalltag (d. h. man sucht nach Lösungen, nicht

nach Schuldigen), so sind bereits wichtige kulturelle Voraussetzungen für eine erfolgreiche Implementierung erfüllt

⇨ Gute kulturelle Bedingungen liegen auch vor, wenn die Führung Transparenz als eine zwingend notwendige Voraussetzung für richtige Entscheidungen versteht – und nicht als Vehikel für Schuldzuweisungen.

⇨ Sind genaues Zuhören, Vertrauen und eine gewisse Zähigkeit gegenüber hartnäckigen Problemen Kulturbestandteil, hat eine Professionalisierung ebenfalls gute Erfolgschancen. Dasselbe gilt, wenn man in der Organisation stets alles daran setzt, Probleme, die den Projektverlauf gefährden können, *vor* Projektbeginn zu lösen – und nicht *in* den Projekten.

⇨ Versteht die oberste Führung die Unternehmenskultur als eigentliches Gestaltungsobjekt und geht sie bzgl. der Unternehmenswerte vorbildhaft voran? Dann wird eine Professionalisierung auch von vielen Mitarbeitern nicht in erster Linie als Bedrohung, sondern als Chance wahrgenommen werden und eine ausreichende und dauerhafte Unterstützung finden.

Fehlen dagegen unterstützende Kulturelemente weitgehend, muss man das Implementierungstempo u. U. verringern, um so zu erreichen, dass die betroffenen Mitarbeiter den Veränderungen im Arbeitsalltag auch folgen können und hinter dem Implementierungsteam nicht »das Abschleppseil reißt«. Sonst bleibt das Unterfangen schnell im Dickicht von Widerständen und Befindlichkeiten stecken.

Kulturveränderung

Eine *direkte* zielgerichtete Veränderung der Unternehmenskultur in Richtung Projektfreundlichkeit kann eigentlich nur auf zweierlei Weise erfolgen: durch gute Personalentscheidungen und durch die Vorbildfunktion des Topmanagements.

Indem man auf wichtige, zentrale Positionen Mitarbeiter bringt, die Unternehmenswerte wie Verlässlichkeit, Respekt, Vertrauen und Wertschätzung im Arbeitsalltag glaubhaft vertreten und für alle sichtbar vorleben, lassen sich entscheidende »Ankerpunkte« für einen Kulturwandel setzen.

Zum anderen beobachten die Mitarbeiter sehr genau, ob sich das Verhalten insbesondere der obersten Führung tatsächlich verändert oder der Wandel nur scheinbar betrieben wird und sich in bloßen Lippenbekenntnissen erschöpft. In diesem Fall werden sich auch das Verhalten der Mitarbeiter und somit die Kultur nicht verändern.

Für einen solchen nur scheinbaren Gesinnungswandel ein (selbst erlebtes) Beispiel: Obwohl das für die globale Entwicklung im Konzern verantwortliche Mitglied des Executive Committee der neuen PM-Herangehensweise zuvor ausdrücklich zugestimmt hatte, war seine Antwort auf die per E-Mail gestellte Frage eines PLs, ob diese Richtlinie denn zukünftig verbindlich zu befolgen sei: »Ignorieren Sie diesen Unsinn doch einfach.« Die absolut verheerende Wirkung dieses Verhaltens bedarf keiner Erklärung mehr.

Die Unternehmenskultur kann zusätzlich auch *indirekt* beeinflusst werden, und zwar durch strukturelle und organisatorische Maßnahmen wie z. B. durch Standardisierung der (PM-)Prozesse und ihrer Werkzeuge, Einrichtung eines PMO und eines PPM, Bewertung der Projektarbeit in der Mitarbeiterbeurteilung, Aufbau einer Projektvollkostenrechnung, einer integrierten Ressourcenplanung und anderes mehr.

Zusammenfassend noch einmal S. Rietiker: »Während das Arbeits- und Wirkungsumfeld relativ rasch umstrukturiert werden kann, bedarf es grosser Anstrengungen über einen längeren Zeitraum, um auch das schwer zugängliche kollektive Verhalten und die Kultur an sich in eine neue Richtung zu bewegen. Voraussetzung für eine wirkliche Veränderung der kollektiven Denk- und Arbeitsweise ist jedoch eine Änderung der grundlegenden Annahmen und Überzeugungen beim Topmanagement; ansonsten wird Wandel nur an der Oberfläche betrieben, d. h. Umstrukturierungen und neue Prozesse und Managementsysteme mögen zwar Organigramme und die Rhetorik verändern, aber nicht das kollektive Verhalten und die Kultur an sich.« [3]

234

Literatur

[1] DIN 69901-5:*2009-01*

[2] KOTTER, JOHN P.: *Leading Change. München: Vahlen, 2011*

[3] RIETIKER, S.: *Der neunte Schlüssel. Bern: Haupt, 2006*

Zusammenfassung

Für eine erfolgreiche PM-Professionalisierung müssen ein tatsächlich erkannter Bedarf, ein echter (Umsetzungs-)Wille und die notwendigen fachlich-methodischen und sozialen Fähigkeiten vorhanden sein. Aus deren Ausprägung sowie der Ressourcensituation lässt sich der für die jeweilige Organisation am besten geeignete Beratungsansatz, d. h. die beste *Umsetzungsvariante* ermitteln.

Der *Umfang* des Vorhabens leitet sich einerseits aus der aktuellen Projektsituation ab, andererseits bestimmt aber auch die *Projektumgebung,* d. h. das Wirkungsfeld von Unternehmensstrategie, -struktur und -kultur, welcher Professionalisierungsumfang überhaupt realistisch ist. Daher sollte der Projektumgebung und ihrer (Um-)Gestaltung bei solch einem Vorhaben größte Aufmerksamkeit geschenkt werden.

Eine PM-Professionalisierung erfolgt häufig im Rahmen mehrerer, zeitlich gestaffelter Projekte oder eines Programms. Die wesentlichen Inhalte der Maximalversion einer PM-Professionalisierung sind als Checkliste strukturiert in drei Projekten dargestellt.

Die Projektumgebung hat erfahrungsgemäß auch auf den *Weg* und auf die *Geschwindigkeit* einer Implementierung große Auswirkungen. Diese Auswirkungen werden daher ebenfalls an einigen Beispielen dargestellt und es werden Möglichkeiten einer *direkten* und *indirekten* zielgerichteten *Kulturveränderung* diskutiert.

Evaluation und Verankerung von Beratungslösungen

Beratungslösungen kosten die Unternehmen viel Geld. Die Forderung, diese nachhaltig zu verankern, ist somit absolut nachvollziehbar. Dieses Ziel ist jedoch nur in vertrauensvoller Zusammenarbeit und unter aktiver Mitwirkung des Klienten erreichbar.

In diesem Beitrag erfahren Sie:
- dass die Verankerung von Beratungslösungen ein strukturierter Prozess ist,
- dass die Evaluation von Beratungslösungen auf vier Ebenen stattfinden kann sowie
- dass die Verankerung und Evaluation von Beratungsleistung Stammkundenpolitik fördert.

ANDREA FOLLERT, FRIEDBERT FOLLERT

Begriffliches und Definitionen

Beratungslösung, Verankerung und Evaluation – all diese Begriffe scheinen vertraut oder zumindest verständlich. Dennoch haben wir festgestellt, dass diese Begriffe sehr unterschiedlich verstanden werden – und man sich entsprechend auch »missverstehen« kann. Um beim Leser dieses Missverständnis möglichst zu vermeiden, definieren wir zunächst, wie wir diese Begriffe in diesem Beitrag verstehen.

Beratungslösung

Beratung ist für uns eine typische Dienstleistung. Entsprechend sind Beratungslösungen Dienstleistungsprodukte, die in Zusammenarbeit mit dem Klienten entstehen. Solche Produkte können organisatorische und/oder technische Lösungen sein, es können Strukturen

237

oder Prozesse sein, die verändert oder neu implementiert werden. Bei Beratungslösungen, so wie wir sie verstehen, gibt es immer Beteiligte, die an der Lösungsentwicklung aktiv mitwirken und (manchmal in Personalunion) Betroffene, für die die neue Lösung eine Veränderung ihrer Rolle, ihrer Aufgaben, ihrer Befugnisse oder ihrer Verantwortung bedeuten kann.

Verankerung

Eine Lösung zu verankern heißt für uns, sie so zu gestalten und zu implementieren, dass sie nachhaltig wirkt und zum Erreichen der mit ihr definierten Ziele beiträgt. Ein wesentlicher Aspekt der Verankerung ist, dass die Beratungslösung, nachdem sie als Dienstleistungsprodukt erstellt ist, ohne weitere Beratungsunterstützung wirkt.

Evaluation

Evaluieren heißt bewerten. Wenn wir in unserem Artikel von der »Evaluation von Beratungslösungen« sprechen, betrachten wir sowohl den Beratungsprozess an sich als auch die Ergebnisse des Beratungsprozesses als Bewertungsobjekte. Bewerter sind aus unserer Sicht sowohl Auftraggeber und Mitarbeiter des Klientensystems wie auch der Berater selbst.

Verankerung von Beratungslösungen

Schon seit geraumer Zeit werden Berater von Klienten zunehmend kritisch betrachtet. Steigende Professionalisierung aufseiten der Klienten führt zu einer professionelleren Einkaufspolitik, die klare Leistungsabsprachen und definierten Knowledgetransfer beinhaltet. Beratung wird zu einer ganz normalen Arbeitsbeziehung, die sich im Alltag bewähren muss [1].

Beratung, gerade im Projektmanagement, führt häufig zu Veränderungen – sei es, dass durch die Projekte, in denen der Berater tätig ist, neue Herausforderungen im Unternehmen zu meistern sind, sei es, dass die Art, an Projekte heranzugehen, durch die Beratung umgestaltet wird. Hier liegt Sprengstoff für den Beratungserfolg, wie Ergebnisse einer repräsentativen Untersuchung in Zusammenarbeit mit der Technischen Universität München zeigen. Demnach stellt sich ein voller Veränderungserfolg lediglich mit einer Wahrscheinlichkeit von weniger als 20 Prozent ein. Mehr als jeder dritte Veränderungsprozess gilt als gescheitert bzw. als wenig erfolgreich [2].

Beratung ist eine typische Dienstleistung, bei der der Kunde als »externer Faktor« unmittelbar mitwirkt. Damit die Beratungsleistung erstellt werden kann, muss das Klientensystem immer einbezogen werden. Diese Einbeziehung ist für den Beratungserfolg wesentlich [3].

Diese Besonderheit gilt auch für Beratungsprozesse im Projektmanagement.

Im vorliegenden Beitrag wird aufgezeigt, durch welche Maßnahmen Beratungsleistungen im Projektmanagement so erbracht und abgeliefert werden können, dass sie auch langfristig über den Zeitraum der aktiven Beratung hinaus wirken und sich im Klientenzielsystem weiterentwickeln.

Verankerungswürdige Beratungslösungen sind typischerweise Veränderungen, die aufgrund einer Beratungsleistung erarbeitet wurden. Die wesentlichen heute praktizierten Beratungsansätze sind dabei die expertenorientierte Beratung und die systemische Beratung [4]. Beide führen auf sehr unterschiedlichen Wegen zu solchen Veränderungen.

Unabhängig von dem Weg, auf dem die Veränderung herbeigeführt wurde, lassen sich diese Veränderungen letztlich wie folgt klassifizieren:
⇨ strukturelle Änderung
⇨ Prozessänderung
⇨ Haltungsänderung
⇨ Tool-Änderung (Software, Templates)
⇨ Wissensänderung
⇨ veränderte Know-how-Landschaft
⇨ kulturelle Änderung

Wenn man dem Ansatz der Lernplattformen von Vera Birkenbihl folgt, ist der Weg zur Verankerung auch in folgenden drei Schritten beschreibbar:

1. *Von der unbewussten Inkompetenz zur bewussten Inkompetenz*
   Hierzu gehören alle Aktivitäten und Sensibilisierungen, die geeignet sind, dem Klienten ein Thema oder Problem überhaupt erst einmal sichtbar zu machen, aber auch zu verdeutlichen, dass hier Lösungen möglich sind. Oft sind hier Benchmarks oder Best-Practice-Dokumentationen der gleichen oder zumindest einer vergleichbaren Branche geeignete Beratungswerkzeuge.

2. *Von der bewussten Inkompetenz zur bewussten Kompetenz*
   Dieser Schritt umfasst alle Aktivitäten im Umfeld von Ausbildung, Training, Wissenstransfer, Workshops und anderen Ansätzen zur Wissensvermittlung.

3. *Von der bewussten Kompetenz zur unbewussten Kompetenz*
   Dies ist der eigentliche Schritt der Verankerung. Gängige Werkzeuge sind hier im Umfeld der Teamentwicklung und des Coachings zu finden.

Voraussetzungen

Bevor es überhaupt sinnvoll ist, über das »Verankern« von Beratungslösungen nachzudenken, ist es zunächst absolut wichtig, genau zu beschreiben,

⇨ was zu verankern ist (die Inhalte, die Haltung, die Fähigkeiten, das Wissen, die Transparenz),

⇨ warum ich verankern will (die Gründe für eine Verankerung klären und die Ziele der Verankerung abstimmen und dokumentieren),

⇨ in welchem Kontext zu verankern ist (die Rahmenbedingungen für eine Verankerung festlegen),

⇨ wie ich eine erfolgreiche Verankerung messe (die Planung der Evaluation und die Vereinbarung der Messkriterien) und

⇨ in welcher Form die Verankerungsvereinbarung festgehalten wird (die Dokumentation und Ablage der Verankerungsvereinbarung).

240

Auf dieser Basis kann dann
⇨ die Struktur der wirkungsvollen Verankerung einer Beratungslösung etabliert werden,
⇨ der Prozess der Verankerung geplant und gesteuert werden sowie
⇨ das Verankerungsergebnis dokumentiert und kommuniziert werden.

Die Evaluation einer Beratungsleistung ist dann ein mittel- bis langfristiger Prozess, der im zweiten Teil dieses Beitrags näher beschrieben und diskutiert wird.

Übergeordnet – also quasi vor allen bisher beschriebenen Voraussetzungen – ist es notwendig, dass der Berater eine solide Ausbildung in der Begleitung von Veränderungsprozessen hat oder sich für die Verankerung gezielt entsprechende fachliche Unterstützung holt. Hier in angemessener und qualitativ hochwertiger Form den Klienten zu beraten, ist eine der wichtigsten Aufgaben und Verantwortlichkeiten des »Projektmanagement-Fachberaters«.

Struktur einer Verankerung

Verankerung an sich braucht Struktur. Sie braucht Verantwortlichkeiten und Befugnisse.
Der Verankerungsprozess an sich ist als Teilprojekt im Beratungsprojekt zu verstehen und zu managen.

Die Strukturelemente der Verankerung einer Beratungsleistung entsprechen denen einer klassischen Organisationsstruktur. Notwendig sind also
⇨ definierte Rollen – als eine zentrale Rolle ist hier die des »Verankerungsmanagers« zu nennen, dessen wesentliche Aufgabe die der Moderation des Verankerungsprozess ist;
⇨ definierte Prozesse – insbesondere Kommunikations-, Überwachungs-, Steuerungs- und Entscheidungsprozesse;
⇨ eine geeignete technische Plattform – im Wesentlichen für Kommunikation und Dokumentation.

Damit ist das grundsätzliche Wissen um den Aufbau einer Verankerungsstruktur durchaus Teil des Portfolios eines erfahrenen Beraters.
Die eigentliche Schwierigkeit liegt darin, dem Klienten die Notwendigkeit und Sinnhaftigkeit einer solchen Struktur zu vermitteln. Die
Erfolgschancen einer solchen Vermittlung hängen nach Erfahrung
der Autoren sehr stark von der Haltung des Beraters und dessen persönlichen Überzeugung von der Sinnhaftigkeit dieses Vorgehens ab.
Der Grad an Reflexionsfähigkeit und die eigenen Glaubenssätze des
Klienten bilden in der Regel die Grenze des Machbaren an Implementierung von Verankerungsstruktur bei Klienten ab.

Verankerungsprozess

Der Verankerungsprozess von Beratungsleistungen ist ein Prozess der
organisationalen Veränderung. Die oben beschriebenen Verankerungs-
strukturelemente bilden dabei die Leitplanken für diesen Prozess.
    Nach Bowman und Asch [5] kann dieser Verankerungsprozess ver-
standen werden als »langfristiges Investitionsprogramm in die sozialen
Prozesse von Organisationen unter Verwendung von Prinzipien und
Praktiken der Verhaltenswissenschaften mit dem Ziel, Verhaltens- und
Einstellungsänderungen herbeizuführen, die zu gesteigerter organisationaler Effektivität führen«.

Folgerichtig ist der Verankerungsprozess nach Kurt Lewin auch für die
Verankerung von Beratungsleistungen im Projektmanagement in fol-
genden Phasen beschreibbar:
1. Unfreezing (auftauen)
Die vorhandene Organisationsstruktur wird durch
⇨ Unterlassung von Parteinahme durch den Berater,
⇨ Unterlassung der Induzierung von Schuld oder Angst und
⇨ Schaffung psychologischer Sicherheit
aufgetaut.
2. Moving (verändern)
In der Veränderungsphase werden die angestrebten Ziele erreicht.

3. Refreezing (wieder einfrieren)
Hier werden die erreichten Veränderungen stabilisiert – die eigentliche Verankerung im engeren Sinne.

Verankerungsergebnisse

Das Ergebnis einer erfolgreichen Verankerung von Beratungslösungen ist:
⇨ die Übergabe des »Verankerungssystems« an den Kunden bzw. das Klientensystem
⇨ die Vereinbarung von Leistungsindikatoren, welche die Qualität der Verankerung sichtbar machen
⇨ die Vereinbarung qualitätssichernder Maßnahmen

Es ist naheliegend und wirkungsvoll, bereits im Projektstrukturplan explizit Teilaufgaben und Arbeitspakete zu definieren, in denen
⇨ die Verankerungsmaßnahmen,
⇨ Leistungsindikatoren der Verankerung sowie
⇨ qualitätssichernde Maßnahmen über den Beratungszeitraum hinaus definiert und zugeordnet werden.

Darüber hinaus wird ein Verankerungsexperte mit Projektmanagementkenntnissen im Rahmen der Projektrisikoanalyse auch immer das Thema »Verankerung« im Projektkernteam zusammen mit dem Klienten bearbeiten und entsprechende risikowirksame Maßnahmen (im Sinne der Prävention bzw. der Eingrenzung) vereinbaren.
Als Projektmanagementprofi ist man dafür gut gerüstet, die Verankerungsergebnisse systematisch im Laufe der Beratung zu planen, zu entwickeln und »zu verankern«. Das Prozessmodell für den Projektlebenszyklus nach DIN 69901 gibt hier hervorragende Hilfestellung.

Hier einige Eckpunkte für ein ergebnisorientiertes Vorgehen im Sinne der Verankerung von Beratungsleistungen:

⇨ in der Initialisierungsphase:
  - Klärung der Verankerungsziele
  - Sponsor für die Verankerung identifizieren
⇨ in der Definitionsphase:
  - Verankerung als Komponente im Business Case sichtbar machen
  - Verankerung als Asset des Unternehmens definieren
  - Verankerung als Marketingaspekt identifizieren und kommunizieren
⇨ in der Planungsphase:
  - Arbeitspakete zur Identifikation verankerungswürdiger Beratungsergebnisse definieren
  - Arbeitspaket der Verankerung definieren
  - Qualitätssicherung der Verankerung planen
⇨ in der Steuerungsphase
  - Meilensteine definieren, die einen Verankerungsfortschritt nachprüfbar machen
  - Reviews zur Qualitätssicherung der Verankerungsergebnisse durchführen
⇨ in der Abschlussphase
  - Verankerungsvorgehen und Verankerungsergebnisse dokumentieren
  - Verankerungsüberwachung und -steuerung in die Linienverantwortung übergeben
  - Lessons Learned im Sinne erfolgreicher Verankerungs-erfahrungen im Rahmen eines KVP etablieren

Fallen und Grenzen bei der Verankerung

Es gibt eine Fülle unmittelbar nachvollziehbarer Hindernisse, wenn die Verankerung einer Beratungsleistung zum Thema gemacht wird.

Üblich sind dabei etwa:
⇨ »Wir sind eh schon knapp im Budget, dafür haben wir kein Geld.«
⇨ »Der Erfolg ist über die Projektlaufzeit hinweg nicht quantitativ messbar.«
⇨ Unverständnis beim Kunden, dass Verankerung von Beratungsleistungen an sich geplant und aktiv betrieben werden muss, damit die Organisation von der bewussten Kompetenz in die unbewusste Kompetenz kommen kann.

Kritischer und nachhaltig begrenzender für den potenziellen Erfolg einer Verankerung von Beratungsleistung sind leider häufig die Wissensgrenzen, aber auch die mangelnde Reflexionsfähigkeit vieler Fachberater – auch im Projektmanagement. Hier fehlt es teilweise auch an der notwendigen Ausbildung. Verankerung von Beratungsleistungen im Projektmanagementkontext geht immer einher mit Kulturveränderung. Diese professionell zu begleiten braucht Fachkompetenz – nicht nur im Projektmanagement.

Evaluation von Beratungsleistungen

Voraussetzungen

Beratung ist eine Dienstleistung, bei welcher der Kunde unmittelbar in die Umsetzung involviert ist. Diese Dienstleistungseigenschaften der Beratung führen dazu, dass es schwierig ist, bei Beratungen Zurechnungen vorzunehmen [6] und so eindeutig zu ermitteln, wer für den Erfolg oder das Misslingen verantwortlich ist. Nur wenn die Kundenanforderungen an die Beratungslösung eruiert und in Leistungsspezifikationen umgesetzt werden, lassen sich überhaupt Leistungsmessungen durchführen und ggf. Korrekturen einleiten. Jede Beratung ist allerdings einmalig und damit vergänglich und nicht in gleicher Form wiederholbar.

Evaluationen erfolgen häufig im Nachhinein und beruhen daher auf Erinnerungen, die vom subjektiven Erleben und der »inneren Landkarte« der Beteiligten abhängig sind. Daher lässt die Evaluation einer Beratungslösung nur bedingt Schlüsse auf zukünftige Beratungsprozesse zu. Zudem nimmt in jedem Fall der Auftraggeber bzw. Mitarbeiter des Unternehmens am Erstellungsprozess der Beratung teil. Damit liegt die Leistung nicht mehr allein in der Hand des Dienstleisters, denn der Kunde wirkt mit [7]. Kunden verhalten sich nicht immer so, wie es der Berater erwartet, sodass die Bewertungsergebnisse immer auch den nicht vorhersehbaren Einfluss des Kunden widerspiegeln.

Da der Kunde Beratung in seinen Augen »teuer bezahlt«, ist es wichtig, die Wirksamkeit von Beratung nachzuweisen. Hier tut sich jedoch für den Auftraggeber eine Zwickmühle auf:

Durch die Entscheidung, eine Beratung zu beginnen, übernimmt auch der Auftraggeber Verantwortung für den Prozess. Diese Verantwortung erschwert es ihm, die Beratung später als negativ einzuschätzen – die Einschätzung würde auch auf ihn selbst zurückfallen.

Eine positive Evaluation der Beratungslösung dient zudem als sachliche Basis für die Erteilung weiterer Aufträge oder für eine Weiterempfehlung des Beraters. Grundsätzlich kann mit dem Speichern von Erfahrungen zum Umgang mit Beratern im Unternehmen Konsultations-Know-how für Folgeprojekte geschaffen werden [8], ganz im Sinne der »Lessons Learned« bei Projekten und der Vorstellung einer sich stetig weiterentwickelnden »lernenden Organisation«.

Der Berater auf der anderen Seite kann durch die Bewertung/ Evaluation des Vorgehens bei bestimmten Fragestellungen sein Beratungsangebot steuern. Dies kann sich sowohl darauf beziehen, bei welchen Kundengruppen sein Angebot besonders geschätzt wird, als auch darauf, welche seiner Beratungslösungen besonders positiven Widerhall finden.

Struktur einer Evaluation

Evaluation von Beratungslösungen bedeutet, dass die durchgeführte Beratungsarbeit regelmäßig – im Idealfall mehrfach während der Durchführung und auch im Nachhinein – mit geeigneten Methoden geprüft und bewertet wird. Maßstabsbildend zur Bewertung sind
⇨ der Beratungserfolg im Vergleich zu den vorher festgelegten Zielen,
⇨ die Zufriedenheit der Kunden sowie
⇨ die Realisierung des eigenen beraterischen Anspruchs.

Wegen der beschriebenen Dienstleistungsbeziehung von Kunde und Berater sollte auch die Einschätzung der Berater Teil der Bewertung sein.

Grundsätzlich kann man in der Beratung Folgendes evaluieren [9]:
⇨ die Rahmenbedingungen, die von der Organisation zur Verfügung gestellt werden
⇨ den begleitend angebotenen Service
⇨ die Arbeits- und Betreuungsleistung der planend und administrativ Beschäftigten
⇨ die Leistungen der Berater/innen
⇨ die Zufriedenheit der Kunden
⇨ die Umsetzungserfolge der Kunden, auch langfristig
⇨ den Transfer in die Praxis
⇨ die erreichten persönlichen oder beruflichen Erfolge der Kunden

Ein brauchbares Konzept zur Evaluierung von Beratungslösungen aus Kundensicht geht auf das Vier-Ebenen-Klassifikationsschema von Daniel L. Kirkpatrick [10] zurück, das ursprünglich für die Bewertung von Trainings entwickelt wurde.

Die erste Ebene der Evaluierung von Beratung ist demnach die unmittelbare »Reaktion« der Betroffenen auf die Maßnahme. Abgefragt wird bei diesen Reaktionen besonders die »Zufriedenheit des Klienten«. Dabei geht man davon aus, dass eine hohe Zufriedenheit der Teilnehmer mit einem hohen Erfolg der Maßnahme korreliert und eine geringe Zufriedenheit eher auf den Misserfolg der Maßnahme hindeutet. Als Grundlage für solche Abfragen können die im Unternehmen für Trainingsbewertungen üblichen Fragebögen eingesetzt werden, die als Messgrößen für die Zufriedenheit Skalen, Notenwerte oder auch Piktogramme (Smileys) verwenden. An der Grundannahme bezüglich des Nutzens solcher Bewertungsbögen kann man allerdings Zweifel haben [6]. Es ist nicht auszuschließen, dass die Zufriedenheitsbewertung tatsächlich auf der Qualität der Beratung beruht. Genauso denkbar ist aber, dass die Befragten zufrieden sind, weil ihre Arbeitsbereiche nicht tangiert wurden und sich für sie keine Änderungen ergeben. Umgekehrt können schlechte Bewertungen aus der persönlichen Betroffenheit bei der Beratungslösung resultieren, ohne dass der Erfolg für das Unternehmen wirklich berücksichtigt wird. Wenn die Befragten nicht über den Gesamtnutzen der Beratung informiert wurden, kann es sein, dass sie aus ihrer Perspektive gar nicht in der Lage sind, den Erfolg der Beratung zu bewerten.

Auf der zweiten Ebene kann der Erfolg einer Beratung über »Vorher-Nachher-Tests« geprüft werden. Hier bieten sich klassische Instrumente des Qualitätsmanagements an, wie Prozessaudits, die Bewertung von Kennzahlen oder Zufriedenheitsbefragungen. Zu bedenken bleibt, dass ein gut dokumentierter neuer Prozess noch keine Umsetzung in die Arbeitspraxis garantiert, dass also neben den schriftlich fixierten Veränderungen immer auch die Umsetzung in der Praxis beleuchtet werden sollte. Mit dem Begriff der »Transferlücke« [11] wird außerdem beschrieben, dass anfängliche Erfolge der Beratung im weiteren Verlauf durch Transferhemmnisse im Unternehmen wieder abflachen können.

Die dritte Evaluationsebene bezieht sich auf konkrete Verhaltensänderungen in der organisatorischen Praxis: Geprüft wird, ob die Mitarbeiter die mit dem Berater erarbeiteten Vorgehensweisen in der Praxis anwenden können und damit auch der Transfer in das »echte Leben« einhergeht. Als Messverfahren hierfür eignen sich Tests oder Beobachtungen, die durchgeführt werden, wenn der Mitarbeiter in seiner Arbeitsumgebung agiert. Um zu brauchbaren Ergebnissen zu kommen, muss auch das Umfeld des Mitarbeiters befragt werden – etwa Vorgesetzte oder Kollegen. Das Problem dieser Form von Messungen einer »Verhaltensweise vorher« und einer »Verhaltensweise nachher« ist jedoch, dass sie häufig durch eine Vielzahl von unerwarteten Faktoren beeinflusst werden, die mit der Beratung nichts zu tun haben.

Die vierte und letzte Ebene, auf der laut Kirkpatrick eine Evaluation stattfinden kann, sind ökonomische Veränderungen, die durch die Organisationsberatung erzielt werden. Bei dieser Form der Evaluation werden Kennzahlen erhoben, die es ermöglichen, die Effekte der Maßnahmen in Form erhöhter Produktion, verbesserter Qualität oder gesenkter Kosten zu messen. Am populärsten sind zurzeit Versuche, den »Return on Investment« von Beratungslösungen zu erfassen [6]. Durch

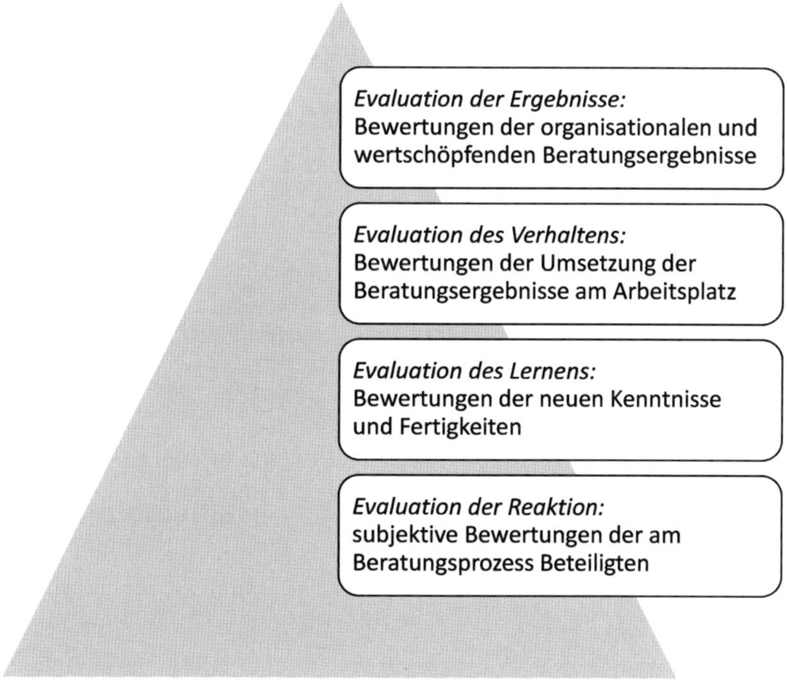

Evaluation der Ergebnisse:
Bewertungen der organisationalen und wertschöpfenden Beratungsergebnisse

Evaluation des Verhaltens:
Bewertungen der Umsetzung der Beratungsergebnisse am Arbeitsplatz

Evaluation des Lernens:
Bewertungen der neuen Kenntnisse und Fertigkeiten

Evaluation der Reaktion:
subjektive Bewertungen der am Beratungsprozess Beteiligten

Abb. 1: *Die vier Ebenen der Beratungsevaluation*

die Monetarisierung im Rahmen der Nutzenanalyse werden verschiedenartige Ereignisse vergleichbar. Eine Maßnahme, die in Form einer Geldsumme erfasst wird, kann mit fast jedem beliebigen anderen Ereignis verglichen werden.

Der Evaluationsprozess

Bei einer Evaluation eines Beratungsprozesses geht es darum zu verstehen, ob die aufgestellten Ziele erreicht wurden oder nicht, um im Falle der Nichterreichung gegensteuern zu können [9]. Das heißt, für die Evaluation ist es wichtig, vor dem Beginn der Beratung Ziele zu vereinbaren und damit einen Soll-Zustand zu definieren, der mithilfe der Bewertungen dann überprüft werden kann.

Häufig ist zu beobachten [12], dass
⇨ Ziele nur sehr verschwommen formuliert werden und einen sehr allgemeinen Charakter aufweisen,
⇨ die in Dokumenten festgelegten Ziele sich von den tatsächlich angestrebten Zielen unterscheiden (Legitimationsrhetorik),
⇨ sich Ziele im Zeitverlauf verändern und
⇨ die am Beratungsprozess beteiligten Akteure unterschiedliche Ziele verfolgen.

Um die Ziele für alle Beteiligten nachvollziehbar festlegen zu können, haben sich nach unserer Erfahrung Zielsetzungsgespräch für die Beratungslösung bewährt. In dem Gespräch sollten nicht nur die Ziele bestimmt werden, sondern auch, wie jedes Ziel evaluiert wird. Dabei sollten auch die Zeitpunkte für die Bewertungen während und nach der Beratung festgelegt werden, um Transparenz für alle Beteiligten zu schaffen [13]. Bei diesem Zielgespräch kann es sinnvoll sein, die Beratung als Prozess zu visualisieren. Dabei wird nicht nur deutlich, wo sich geeignete Messpunkte ergeben, sondern dem Beratungskunden wird auch klar, wie stark er selbst in den Beratungsprozess involviert und damit mitverantwortlich ist. Schon in dieser Phase sollte darauf hingewiesen werden, dass Evaluationen nicht vornehmlich der Kontrolle dienen, sondern vor allen zur kontinuierlichen Verbesserung von Beratung beitragen.

Als Kriterien für die Evaluation von Beratungslösungen bieten sich an (s. [13]):

Tabelle 1: Kriterien für die Beurteilung von Beratungslösungen	
Prozess:	
	⇨ Beratungsaufwand Soll/Ist
	⇨ Einhaltung von vereinbarten Vorgehensweisen, Terminen und Ergebnissen
	⇨ Anzahl Konflikte
	⇨ Informationsverhalten des Beraters
Kundenseite:	
	⇨ Klarheit der Vorgaben und Informationen von Auftraggeberseite
	⇨ Budget für die Beratung
	⇨ Bereitschaft zur aktiven Mitarbeit
	⇨ Vertrauensverhältnis zum Berater
Beraterseite:	
	⇨ Analytische Fähigkeiten
	⇨ Kommunikationsfähigkeit
	⇨ Ausbildung und Wissen
	⇨ Persönlichkeit

Evaluationsergebnisse

Evaluationen stellen im Unterschied zur wissenschaftlichen Forschung keinen Selbstzweck dar. Sie sind nicht dem puren Erkenntnisinteresse verpflichtet, sondern sollen einen Nutzen stiften [12]. Bei einer Evaluation einer Beratungslösung geht es, ganz nach der Philosophie des »Plan – Do – Check – Act« darum zu verstehen, ob die zu Beginn der Beratung verabredeten Ziele erreicht wurden oder nicht und ob zur

Zielerreichung noch weitere Maßnahmen erforderlich sind. Stockmann [12] unterscheidet vier Zielfunktionen von Evaluationen:
⇨ die Gewinnung von Erkenntnissen
⇨ die Ausübung von Kontrolle
⇨ die Schaffung von Transparenz, um einen Dialog zu ermöglichen
⇨ die Dokumentation des Erfolgs (Legitimation)

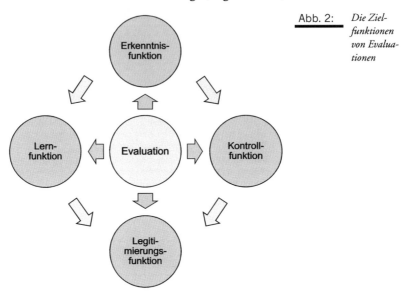

Abb. 2: *Die Ziel-
funktionen
von Evalua-
tionen*

Die Evaluation eines Beratungsprojekts ist ein komplexer Vorgang mit
hohen subjektiven Anteilen, weshalb es keinen Sinn macht, mathe-
matisch eine Durchschnittsnote zu kalkulieren. Ziel der Evaluation ist
keine Zahl, sondern Verbesserungsansätze aufzuzeigen. Nach wie vor
fehlen in der wissenschaftlichen Literatur detaillierte Untersuchungen
zur praktischen Ausgestaltung und Bewertung von Beratungsprozessen
durch Klienten und Berater. Unserer Erfahrung nach bieten Evaluationsergebnisse den meisten Nutzen, wenn die eingangs vereinbarten
Ziele in bewertbare Kriterien umgesetzt werden, die bei allen Beteili-

gten Punkt für Punkt abgefragt werden. Verwendbar sind Noten- oder Punkteskalen für die Bewertung, die dann z. B. in einem Spinnennetz dargestellt werden können.

Bei Beratungsevaluationen haben wir allerdings immer wieder festgestellt, dass die in Zahlen festgehaltenen Bewertungen nicht immer mit den mündlich geäußerten Erkenntnissen der Befragten übereinstimmten. Diese Beobachtung geht in beide Richtungen: schlechte »Noten« bei verbal geäußerter Zufriedenheit und gute Bewertungen bei negativen Äußerungen im persönlichen Gespräch. Auch sind die Zuordnungen von Zufriedenheit zu bestimmten Notenergebnissen anscheinend mit einem kulturbedingten Korrekturfaktor zu versehen – es gibt Unternehmen, bei denen die Vergabe einer Bestnote grundsätzlich ausgeschlossen ist. Ratsam ist es daher, zu jedem Bewertungspunkt mit Freitextfeldern die individuelle Sicht der Betroffenen abzufragen. Nur so zeigen sich die Lücke zwischen gesetzten Zielen und Ergebnissen und nur so lassen sich konkrete Verbesserungspotenziale heben.

Fallen und Grenzen bei der Evaluation

Die Impulse, die durch die Beratung gesetzt wurden, werden von den Mitgliedern der Organisation des Kunden schon während der Verankerung mit beeinflusst und stehen im Anschluss im Wechselspiel mit den vielfältigen Einflüssen des Unternehmens. Was also evaluiert wird, ist ein Gemenge verschiedenster Ziel- und Einflussgrößen, die sich im Laufe der Zeit noch zusätzlich verändern können. In den seltensten Fällen kann die Evaluation dann erfolgen, wenn sie wirklich Nachhaltigkeit beweisen könnte, nämlich längere Zeit nach dem Beratungseinsatz.

Mit diesen Einschränkungen gibt es zwei wesentliche Hintergründe bei der Verwertung der Evaluationsergebnisse. Der erste ist, zum KVP beizutragen. Dies heißt aber, die bei der Evaluation zusammengetragenen Erkenntnisse auszuwerten, aufzubereiten und wieder in die Organisation hineinzutragen. Dies ist am ehesten möglich, wenn nicht nur Benotungen ausgewertet werden, sondern die Befragten konkrete

Anmerkungen und Vorschläge machen können. Auch der Berater kann nur profitieren, wenn er die weitverbreitete Haltung, gute Evaluationsergebnisse sich selbst, schlechte aber der Leistung der beratenen Organisation zuzurechnen, ablegt.

Sobald Evaluationsergebnisse Dritten zugänglich gemacht werden, wie etwa den Budgetverantwortlichen für das Beratungsprojekt, wird damit auch die Beratung selbst legitimiert. Wie S. Kühl in seiner bemerkenswerten Arbeit über das Evaluationsdilemma der Beratung feststellt: »Die Problematik bei der Evaluierung von Beratungsleistungen besteht darin, dass sich die beiden Funktionen der Evaluation – Lernen und Legitimation – nicht gleichzeitig optimieren lassen. Die Versuche, Maßnahmen durch eine Evaluation zu legitimieren, führen, so könnte man zugespitzt ausdrücken, zu einer Behinderung der Lernprozesse in der Organisation. Oder umgekehrt formuliert: Die Versuche, über Evaluationen Lernprozesse zu initiieren, tragen häufig nicht zur Legitimation der Maßnahme bei.« [6]

Ausblick ... wofür die Zeit reif ist

Beim Thema »Verankerung und Evaluation von Beratungslösungen« befassen wir uns mit einem Aspekt, der für viele Berater und Beratungsunternehmen aktuell eher sekundär ist. Viele Berater sehen sich als Fachexperten, die Fachwissen anbieten, das von Kunden eingekauft wird. Wenn die »Ware« gekauft bzw. verkauft ist, widmen sich die meisten Berater bereits einem nächsten »Kaufinteressenten«, um dort ihr (Beratungs-)Produkt anzupreisen. Als Verkaufsargument dient dabei meist das »Expertenwissen«. Sofern Kundenreferenzen genannt werden, geschieht dies mehr in dem Sinne: »Dieser Kunde hat auch schon bei uns gekauft«, was wenig über die Zufriedenheit dieses Kunden aussagt und schon gar nichts über die Nachhaltigkeit der dort gelieferten (Beratungs-)Produkte.

Grundsätzlich »funktioniert« dieser Vertriebsansatz zum heutigen Zeitpunkt noch. Aus eigener Erfahrung der Autoren fragen heute im Umfeld der Projektmanagementberatung nicht viele Kunden gezielt und ausdauernd nach der Nachhaltigkeit der angefragten Beratungsleistung. Dies wird sich in naher Zukunft ändern, da die Forderung eines Return on Investment auch bei Beratungsleistungen immer häufiger aus dem Management gefordert wird.

Eine Evaluation der Beratungsleistung steht aktuell ebenso wenig im Fokus von Beratungsvertragsgesprächen. Eine Evaluation im Sinne des Vergleichs mit »anderen« wird auf Kundenseite schon eher gewünscht. Es ist sicher ein Wettbewerbsvorteil, wenn ein Berater auch Branchenvergleichsdaten anbieten kann. Dieser Ansatz attraktiver Produktbewerbung ist eindeutig im Prozessmanagement, aber auch bei den zunehmend nachgefragten Reifegradanalysen zu erkennen. Dies wird aus Autorensicht verstärkt der Einstieg in zukünftige Beratungsleistungen sein.

Interessant wird der Aspekt der Evaluation und Verankerung auch, wenn der Berater eine strategische Ausrichtung im Sinne von Stammkundenpolitik betreiben will. Wenn ein Kunde einmal bewusst zufrieden ist und für sich selbst eine erfolgreiche Verankerung einer Beratungsleistung erkannt und akzeptiert hat, dann sind Folgegeschäfte bei diesem Kunden (fast) zwangsläufig.

Literatur

[1]   MOHE, M.; HEINECKE, H.-J.; PFRIEM, R. (HRSG.): *Consulting – Problemlösung als Ge-schäftsmodell: Theorie, Praxis, Markt*. Stuttgart: Schäffer-Poeschel, 2008

[2]   HOUBEN, A.; FRIGGE, C.; TRINCZEK, R.; PONGRATZ, H.-J.: *Veränderungen erfolgreich gestal-ten – Repräsentative Untersuchung über Erfolg und Misserfolg im Veränderungsmanagement*. Düsseldorf: C4 Consulting GmbH, 2007

[3]   CONRAD, P.; TRUMMER, M.: *Beratung als investive Dienstleistung – eine kritische Einfüh-rung*. Hamburg: Discussion Papers No. 3 Helmut Schmidt Universität, 2007

[4]   KOLBECK, CHRISTOPH: *Zukunftsperspektiven des Beratungsmarktes. Eine Studie zur klas-sischen und systemischen Beratungsphilosophie*. Wiesbaden: Deutscher Universitäts-Verlag, 2001

[5]   BOWMANN, C.; ASCH, D.: *Strategic Management, Macmillan, zitiert in Mabey, Ch.; Pugh, D. S.: Strategies for Managing Complex Change*. Milton Keynes: Open University, 1999

[6]   KÜHL, S.: *Das Evaluations-Dilemma der Beratung: Evaluation zwischen Ansprüchen von Lernen und Legitimation*. In: Coaching und Supervision. Wiesbaden: Verlag für Sozialwis-senschaften/GWV Fachverlage GmbH, 2008

[7]   HALLER, S.: *Dienstleistungsmanagement: Grundlagen – Konzepte – Instrumente*. Wiesbaden: Gabler, 2012

[8]   STRASSER, H.: *Unternehmensberatung aus der Sicht des Kunden – Eine resultatorientierte Gestaltung der Beratungsbeziehung und des Beratungsprozesses*. Zürich: Schulthess Polygra-phischer Verlag, Band 177, Diss., 1993

[9]   ZECH, R.: *Kundenorientierte Qualitätstestierung für Beratungsorganisationen (KQB) Leitfa-den für die Praxis*. Hannover: Expressum, 2009

[10] KIRKPATRICK, D. L.: *Evaluation Training Programs. The four levels*. San Francisco: Berrett-Koehler, 1994

[11] WILKENING, O. S.: *Bildungs-Controlling – Erfolgssteuerungssysteme der Personalentwickler und Wissensmanager*. In: Hans-Christian Riekhof (Hrsg.): Strategien der Personalentwick-lung. Wiesbaden: Gabler, 2006

[12] STOCKMANN, R.: *Was ist eine gute Evaluation?* Saarbrücken: Centrum für Evaluation (CEval-Arbeitspapiere; 9), 2002

[13] SÁNCHEZ, M. S.: *Modell zur Evaluierung von Beratungsprojekten*. Technische Universität Berlin: Promotionsarbeit, 2003

Zusammenfassung

Verankerung und Evaluation von Beratungsleistungen sind nach unserer Erfahrung aktuell weder auf Klienten- noch auf Beraterseite Themen höchster Priorität, wenn es darum geht, eine Beratungsvereinbarung zu treffen und einen Beratungsvertrag zu erstellen. Die Gründe hierfür sind vielschichtig, angefangen von einer mangelnden Sensibilität für das Thema bis hin zu Zweifeln an der Machbarkeit.

Wir haben in diesem Beitrag Ansätze sowohl einer machbaren Vorgehensweise für eine nachhaltige Verankerung von Beratungslösungen wie auch für deren Evaluation aufgezeigt.

Der Wahrnehmungs- und Reifeprozess ist hierbei auf Klienten- wie auf Beraterseite erst »im Werden«. Die Nutzenpotenziale sind allerdings enorm. Klienten würden schneller und überzeugender Mittel für notwendige Veränderungen akquirieren können und Berater würden dem Ziel einer etablierten Stammkundschaft ein großes Stück näherkommen!

Management organisationaler Veränderungen

Dieser Beitrag stellt ein Projektverfahren für das Management organisationaler Veränderungen vor, das auf systemwissenschaftlichen Überlegungen basiert. Die Darstellung erfolgt aus der Einstiegsperspektive in ein Projekt: Wie sieht die Projektanlage nach WaVe bei einer typischen Problemlage aus?

In diesem Beitrag erfahren Sie:
- wie sich organisationale Veränderungen zügig und zugleich kulturell verankert erreichen lassen,
- wie sich die Wirksamkeit durch Selbstorganisation und Vernetzung erhöhen lässt,
- welche Methodik und Verfahrensregeln dazu erforderlich sind.

DOMINIK PETERSEN

Projekte, die etwas bewirken

Das Management organisationaler Veränderungen kann auf unterschiedlichsten Wegen erfolgen. Zahlreiche kleine, mittlere und große Firmen machen auf ihre Weise vor, wie sie überleben, sich anpassen, ja sich neu erfinden. Als Beleg brauchen wir nur die einschlägigen Zeitungsberichte zu verfolgen. Wir wollen und müssen uns hier also einschränken und sprechen von »*Projekt*management organisationaler Veränderungen«. Das wird einerseits im Rahmen dieses Buches nicht überraschen. Andererseits öffnet uns diese Eingrenzung eine Tür: Wir wollen die Gelegenheit ergreifen, ein *spezifisches* Change-Projektmanagement vorzustellen.

Die gängigen Ansätze

Change-Vorhaben können in zwei Kategorien eingeteilt werden: Ein Veränderungsvorhaben kann als Projekt im herkömmlichen Sinne aufgefasst und durchgeführt werden. Im Kern wird dabei die zu verändernde Organisation als Gestaltungsobjekt verstanden, auf das es einzuwirken gilt. Dabei geht man letztlich analog einem komplexen Kundenprojekt vor. Die Verhältnisse werden als mehr oder weniger geradlinig aufgefasst. Das Unterfangen kann aber auch als Aktivität des zu verändernden Systems selbst wahrgenommen werden und ist damit den Auswirkungen seiner eigenen Gestaltungsanstrengungen ausgesetzt. In diesem Fall geht es um zirkuläre Verhältnisse und das Vorhaben wird reflexiv; d. h. Rückkopplungen werden wichtig. Daher wird der Weg beim Gehen angelegt. Anders gesagt: Ein wesentlicher Erfolgsfaktor wird in der Anlage und dem Maßschneidern und laufenden Neujustieren der sogenannten »Veränderungsarchitektur« (Projektanlage) gesehen.

Zu 1.: Bei als Projekt angelegten Veränderungsvorhaben werden die Dinge oft zu stark vereinfacht. Vieles geht daher auch daneben – aber eben bei Weitem nicht alles. Warum? Menschen verfügen im Allgemeinen über ein gewisses Fingerspitzengefühl und gesunden Menschenverstand (man informiert, fragt nach usw.). Erfolgreich ist man in diesen Fällen also oft *trotz* und nicht *aufgrund* der Anlage bzw. der Vorgehensmethodik. Das Problem? Der Erfolg ist von der jeweiligen spezifischen Situation und den Beteiligten abhängig, das Risiko zu scheitern ist relativ hoch, das systematische Lernen organisationaler Selbstveränderung findet nicht statt.

Zu 2.: Im zweiten Fall stellt man gemäß dem Stand des Wissens in Rechnung, dass man es mit sozialen Systemen zu tun hat und vor allem mit Kommunikationsprozessen (weshalb es im ersten Fall oft auch gut geht). Eine darauf abgestellte Vorgehensarchitektur minimiert das Risiko zu scheitern und erhöht die Erfolgswahrscheinlichkeit, weil sie sich systematisch durch Rückkopplung steuert (gesichert durch Verfahren der Einbeziehung der Betroffenen). Die Entwicklung organisa-

260

tionaler Veränderungsfähigkeit bleibt aber schwierig, weil das Gelingen weitgehend vom Können derer abhängt, die fallbezogene Architekturen anlegen können (z. B. Berater).

Das Zweiweltenmodell: den Projektgedanken ernst nehmen

Es gibt noch eine dritte Möglichkeit: Dazu gehen wir von derselben Basis wie in 2. aus, ziehen nur andere Schlüsse. Natürlich haben wir es mit sozialen Systemen zu tun, die wir nicht von außen steuern können. Die zirkulären Kommunikationsprozesse und die hohe Komplexität müssen die Dinge aber nicht kompliziert machen. Im Gegenteil: Es ergeben sich neue Wirkungsmöglichkeiten. Wir müssen nur den Projektgedanken ernst nehmen. Das bedeutet Folgendes:

Das Projekt als Organisation bedeutet eine Systembildung im System, eine Organisation in der Organisation. Das ist kein Problem – hier bietet sich sogar eine große Chance. Sorgfältig installiert und mit eigenen, innovationsfreundlichen Spielregeln ausgestattet, kann in dieser Zweitorganisation Neues entstehen: neues Verhalten, neue Einstellungen, neue Ideen, eine klare Sicht auf die Mutterorganisation, ein neuer Geist, eine Subkultur – kurz: eine zweite Welt in der ersten Welt, eine Welt, die kreativ, unerschrocken und damit innovationsfähig ist.

Es entsteht also eine *Welt II,* die ein klares Profil ausbildet (s. Abb. 1). Weil sich das Projekt als Welt II abgrenzt, kann es bzw. sie klar gesehen werden: Sie wird sichtbar wie eine Bühne vor Publikum und daher beobachtet, diskutiert, gefragt, angegriffen usw. Damit entfaltet sich ein Paradox: Nur weil das Projekt eine geschlossene zweite Welt darstellt – mit neuen Ideen für das interne Umfeld (die Mutterorganisation, die Veränderung nötig hat) –, hat sie engen Anschluss an diese interne Umgebung. Ihre Eigenheit macht sie ja für das Umfeld interessant: Ihre Geschlossenheit ermöglicht ihre Offenheit und als Folge ihre (Veränderungs-)Wirkung nach »außen« (dem internen Außen).

Es entwickelt sich ein Zwiegespräch (s. Abb. 1), ein organisationaler Dialog zwischen den umgebenden Organisationseinheiten und dem Projekt; denn das stellt sozusagen einen interessanten Partner dar, einen, der Veränderungskonzepte entwickelt und Veränderungsanspruch erhebt. Der Dialog beginnt nun, das ganze Umfeld zu »infizieren«. Werden die Spielregeln und definierten Rahmenbedingungen eingehalten, entfaltet sich nämlich – innerhalb und zwischen den Teams und zwischen Projekt und Linie – ein Kräftespiel mit ungeahnter Veränderungswirkung. Das alles passiert eher, als dass es gelenkt, geleitet, ge-plant, geschoben oder geführt werden müsste. So konzipiert, kann Projektmanagement für das Management organisationaler Veränderungen auf neue Art nutzbar gemacht werden. In diesem Licht betrachtet, werden Projekte völlig neu begreifbar: Das Projekt als der Unterschied, der etwas bewirkt.

Diese dritte Art von Veränderungsmanagement nimmt die Zirkularität der Verhältnisse nicht nur ernst, sondern nutzt sie: Das skizzierte Zweiweltenmodell stellt die Basis für ein wiederholbares und erlernbares Vorgehensmuster dar. Das Rad muss nicht bei jedem Projekt neu erfunden werden, das Grundmuster der Architektur ist vielmehr transparent und das Vorgehen wiederhol- und damit in der Breite erlernbar.

Die Herausforderung am Beispiel

Ein Hersteller elektronischer Systeme (HES) für die Automobilindustrie hat glänzende Aussichten. Der neue CEO sieht auf den außereuropäischen Märkten riesige Wachstumspotenziale und der Trend zur E-Mobility in Europa eröffnet neue Möglichkeiten. In zehn Jahren soll die Zwei-Mrd.-Umsatzmarke erreicht sein (ausgehend von momentan einigen Hundert Millionen). Dazu müssen aber noch einige Aufgaben gelöst werden.

Die vier Produktlinien sind aus einem Merger zwischen einem mittelgroßen amerikanischen Unternehmen und einer ehemaligen Konzerneinheit hervorgegangen. Beide sind noch vollstufig aufgestellt und entsprechend ihrer Herkunft auf zwei Standorte in Deutschland verteilt, wogegen sie in Asien und Amerika wechselseitig aufeinander zugreifen müssen.

Die Herausforderungen sind vielfältig: Die MMI(Man Machine Interfaces)-Linien sehen sich als Subventionierer der LE(Leistungs-elektronik für Fahrsysteme)-Linien, bei denen die Zukunftsprodukte laufen. Sie werden aber von Margenverfall bedroht und müssen sich nach neuen Produkten und Kunden umsehen.

In einem Workshop mit der Führungsmannschaft tritt zutage, dass diese »emotionale Schnittstelle« die firmenkulturellen Unterschiede noch vertieft. Hinzu kommen Doppelkapazitäten in Deutschland. Das alles macht ein Zusammenwirken in den Weltregionen schwierig: unklare Prozesse, Partialinteressen und Unzufriedenheit dort, wo das künftige Wachstum herkommen soll – aus Asien und Amerika.

Wandel durch Vernetzung: die Projektanlage

In unserem Beispiel bringen weitere Workshops nichts. Jetzt heißt es, ein sauberes Change-Projekt, d. h. auf dem Zweiweltenmodell basie-rend, auf die Beine zu stellen.

Worauf es ankommt

Werfen wir nun einen Blick in den »Baukasten« und lernen die erfor-derlichen Elemente kennen, mit denen sich die systemischen Projekt-wirkungen nutzen lassen:

⇨ *1. Mikrokosmosprinzip:* Wir können alte Muster aufbrechen, wenn wir Teams arbeiten lassen, die funktions- und hierarchieüber-greifend zusammengesetzt sind (unter Vermeidung direkter Unter-stellungsverhältnisse). Sie umfassen dann alle Disziplinen, die zur Lösungserarbeitung erforderlich sind, und alle Gruppierungen im Unternehmen, von denen die Akzeptanz abhängt – eine kleine Welt für sich.

⇨ *2. Selbststeuerung:* Den »Rahmen zu wechseln« heißt auch, den Projektakteuren in den Teams die Möglichkeit zu geben, sich selbst zu steuern (symbolisiert durch die Linien in Abb. 1). Wir be-stimmen keine Teamleiter vorweg und von außen (oben), obwohl auch »Hierarchen« in den Teams vertreten sind. Das bedeutet, dass

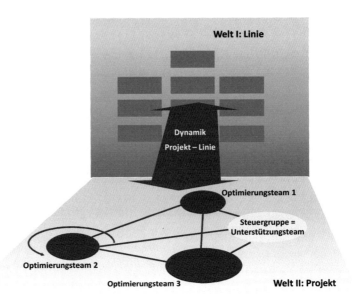

Abb. 1:   *Das Projekt als System im System: Die Linien in Welt II kennzeichnen die Interaktions-dynamik (Halbkreis) und die Projektdynamik zwischen den Teams.*

die Aktiven ihre Rollenverteilung selbst aushandeln und ebenso erarbeiten müssen, wie sie zu soliden Entscheidungen kommen wollen. Anstelle des Prinzips »eine(r) hat das Sagen« herrscht reine Meritokratie. Es kann dann auch sein, dass Führungsfunktionen auf mehrere Schultern verteilt und nicht nur durch die vertretenen Führungskräfte wahrgenommen werden.

⇨ *3. Ermächtigung:* Wir lassen die Teams tatsächlich gestalten – das ist zentral für einen anderen und neuartigen Rahmen. Die Mitarbeiter erkennen dadurch, dass sie die Zukunft des Unternehmens wesentlich beeinflussen können, zumal wir ihnen zusichern, dass die Ergebnisse auch umgesetzt werden. Die Aufträge sind also einerseits durch große Gestaltungsfreiheit, andererseits aber auch durch eine erhebliche Verantwortungslast gekennzeichnet. Darauf läuft letztlich alles hinaus. Das Management wird durch breite Aktivierung von Mitarbeitern entlastet.

⇨ *4. Selbstorganisation:* Neu ist auch, dass sich die Gesamtheit der Teams selbst organisiert (s. Linien in Abb. 1). Es gibt keine zentrale Projektführung im herkömmlichen Sinne. Stattdessen steht ein Unterstützungsteam (U-Team) zur Verfügung. Es steht den Mitarbeitern im Bedarfsfall mit Rat und Tat zur Seite. Das U-Team leistet auch die Vorarbeiten, d. h. es erstellt die Leitplanken mit Arbeitsaufträgen und Spielregeln, damit das Netzwerk von Teams zielgerichtet arbeiten kann. Auch das ganze Projekt wird so zu einer Art eigenen Welt.

⇨ *5. Vernetzung:* Die Gruppen müssen eigenständig dafür sorgen, dass ihre Ergebnisse mit denen aller anderen zusammenpassen. Es gibt keine Zentralstelle, die ihnen die Koordinationsaufgabe abnimmt. Sie sind also gezwungen, jederzeit miteinander Kontakt zu halten. Das gilt auch für das Projektumfeld im Unternehmen, wie im folgenden Punkt klar wird.

⇨ *6. Repräsentativität:* Die Protagonisten (Teammitglieder) werden von der Belegschaft ausgesucht und in die Teams entsandt. Als »Abgesandte« verhalten sie sich dann ganz anders als (vom Management) »Bestimmte«. Dieser Rahmen macht sie zu »Botschaftern des Wandels«.

⇨ *7. Leitplankenprinzip:* Praktisch funktioniert das, weil die Rahmenbedingungen (1. bis 6.) bekanntgegeben, erklärt und diskutiert werden. Das U-Team hat sie in zwei Workshops (sog. »Frameworkshops«) erarbeitet und in einem Papier zusammengefasst, das wir »Leitplanken« (bzw. »Framework«) nennen. Zum einen geht es darin um den *Sachauftrag* (Beispiele: eigenständige Gestaltung eines vollständigen Geschäftsprozesses, Gestaltung der Gebietsaufteilung Vertrieb Europa, Aufbau eines neuen Produktmanagementsystems, Entwicklung eines Managementsystems zum Eintritt in neue Märkte …). Zum anderen werden die Regeln festgelegt, damit diese Art von vernetzter Arbeit Erfolg hat (vor allem Punkte 1.– 4.) und damit richtig kommuniziert und Transparenz geschaffen wird, vor allem den Auftraggebern und der umgebenden Linienorganisation gegenüber. Wir nennen das den *Organisations- bzw. Selbstmanagementauftrag.*

265

Der richtige Fokus

Wenn wir nun ein entsprechendes Projekt anlegen wollen, heißt es, folgende Aspekte im Auge zu behalten:

⇨ Bei organisationalen Veränderungen darf nie die Frage der Strategiekompatibilität bzw. -anbindung aus den Augen verloren werden. Das fordert die Logik.

⇨ Wenn wir bei Organisationen von sozialen Systemen ausgehen, die von Kommunikation leben, folgt zwingend, bei Veränderungen an den Geschäftsprozessen anzusetzen (um die Strukturentscheide daraus abzuleiten).

⇨ Und daraus wiederum folgt, dass es immer um Einstellungs- und Haltungsfragen und die Unternehmenskultur geht.

Entsprechend lauten die drei Ziele in diesem Fall,

1. den strategischen Ansatz »in die Mannschaft« zu bringen; d. h. ein Bewusstsein für das außerordentlich positive Zukunftspotenzial von HES zu schaffen,
2. Prozesse und Strukturen zu etablieren, die unternehmensumfassende, d. h. standort- und weltregionenübergreifende Zusammenarbeit und damit Strategieumsetzung sicherzustellen, und
3. die Entwicklung einer HES-Kultur in Gang zu setzen, die den Mitarbeitern eine Identifizierungsmöglichkeit und den Kunden ein klares Profil bietet.

Das Veränderungsvorhaben ist komplex, weil es um eine umfassende Sachthematik geht, die zusätzlich stark kulturell-emotional gefärbt ist. Erfolgsentscheidend ist daher die angemessene Fokuswahl. Trotz oder gerade wegen der menschlichen Seite des Vorhabens heißt es, die praxisleitenden Businessthemen (»hard facts«) strikt in den Vordergrund zu stellen und zum Hauptansatzpunkt des Veränderungsvorhabens zu machen. (Der Titel »Management organisationaler Veränderungen« nimmt das zwar implizit vorweg, nichtsdestotrotz wird immer wieder versucht, auch die kulturellen Themen direkt anzugehen.) Sie lassen sich aus dem zweiten der oben genannten Ziele ableiten: Prozesse und Strukturen.

Der Projektgegenstand im HES-Fall besteht daher aus folgenden Punkten:
Zum einen geht es darum,

⇨ die Aufgabenteilung zwischen den Standorten bzw. Produktlinien in Deutschland mit dem Schwerpunkt auf Produktion zu ordnen (Stichwort »Doppelarbeit durch mehrmalige Vollstufigkeit«),

⇨ die relevanten Prozesse abzuleiten und

⇨ neu zu gestalten (Gegenstand sind die AEPs, Auftragerfüllungsprozesse, bezogen auf die unterschiedlichen Produkte).

Außerdem sind Zuständigkeiten und Funktionen der Weltregionen bzw. ihrer Standorte und ihr Zusammenspiel untereinander und mit den deutschen Standorten zu gestalten. Wichtigste Gestaltungsgegenstände sind voraussichtlich

⇨ AGP: Auftragsgewinnungsprozesse bzw. Vertriebsfunktionen,

⇨ PEP: Produktentstehungsprozesse bzw. Entwicklung,

⇨ AEP: Auftragserfüllungsprozesse bzw. Produktion,

⇨ Unterstützungsprozesse bzw. Human Resources, Controlling/Finanzen, …

Im Zuge der Projektauftragsformulierung zu diesen Themen wird zusätzlicher strategischer Klärungsbedarf deutlich werden. Derartig »bedarfsgesteuert« bzw. projektabhängig lässt sich Ziel Nr. 1 effektiv angehen.

Damit ist eine entscheidende Vorauswahl getroffen; denn die Wahl der Gegenstände gibt uns eine erste Orientierung, wie das anzulegende Projektnetzwerk aussehen könnte: Sie entsprechen – zumindest in erster Annäherung – den Aufgabenstellungen für die eigenständigen Teams. Allerdings sind diese Punkte selbstverständlich nicht in Stein gemeißelt und es lässt sich im Detail nicht absehen, welchen Wandlungen sie im Projektverlauf unterworfen sein werden.

Das ist ja der Sinn der breiten Beteiligung. Schon in den ersten Workshops wird man nach Begrenzung der Themen und ihrer Detaillierung suchen. Und sogar während der Arbeit von Teamnetzwerken ist es vorgekommen, dass diese grundsätzlichen Punkte angepasst wurden. Wir erinnern uns: Eingangs hatten wir von zirkulären Verhältnissen gesprochen (auch wenn wir in der Praxis zur Erleichterung der Verständigung die Abläufe mit den linearen Bildern, die wir hier verwenden, illustrieren).

Zurück zu unserer Forderung, den »richtigen Fokus« zu wählen: Wir drücken damit aus, dass die kulturell-emotionale Zielsetzung (3. Ziel) sich am besten durch die Art des Vorgehens und das heißt: die *Projektanlage* erreichen lässt (sog. »unfokussierte Bearbeitung«) – mit anderen Worten: durch das, was WaVe ausmacht. Sehen wir uns nun also das Vorgehen an.

Vorgehen bei WaVe

Die Einbeziehung der betroffenen Personen/Gruppierungen stellt den Kern systemischen Vorgehens dar, weil wir komplexe Herausforderungen (s. Praxisfall HES) nicht im linearen Modus (wir sprechen von »1-Wirkung«, weil und wenn Rückwirkungen ausgeblendet werden) bearbeiten können. Die Übertragung von Gestaltungsmöglichkeiten und die daraus folgende Verpflichtung zur Verantwortungsübernahme lässt sich durch eine vernetzte Projektanlage erreichen, d. h. durch Teams, die sich – im Rahmen der definierten Leitplanken (s. Symbolisierung durch Sechseck in Schritt 4 in Abb. 2) – weitgehend selbst steuern. Zwischen den Teams entsteht ein positiver Wettbewerb und damit eine Art wechselseitiges internes Coaching, weil keinerlei übergeordnete Instanz dazwischensteht und alle Aufmerksamkeit auf sich vereinigt (innere Wechselwirkungen im Gegensatz zu »1-Wirkung«). Mit vergleichsweise geringem Steuerungsaufwand können auf diese Weise auch große Organisationen durchdrungen werden (s. Abb. 1: »Projektdynamik«). Es entwickelt sich ein positiver Projektspirit und damit der Kern einer kulturellen Identität. Kurz gesagt: Der Kern von WaVe ist das Netz (s. Abb. 2, Nr. 4). Hier geschieht die organisationale

Transformation. Diese muss aber ermöglicht, d. h. akribisch vorbereitet werden (s. Abb. 2, Nr. 1, 2 und 3).

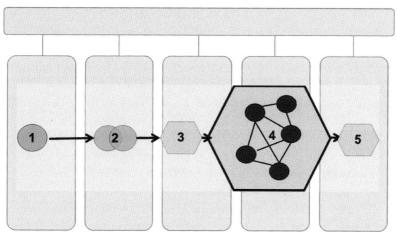

Abb. 2:   *Der Ablauf in fünf Schritten: Start-Allianz-Workshop (1) zur Projektdefinition, zwei U-Team-Workshops (2) zur Definition der Leitplanken bzw. Rahmenbedingungen für die Teams (daher »Frameworkshops« genannt), Startkonferenz (3), um die selbst-gesteuerte Teamarbeit in Gang zu setzen, und schließlich die eigentliche Veränderungs-arbeit durch vernetzt arbeitende Teams (dunkelgraue Kreise in 4). Jedes der Teams gestaltet jeweils eigenständig einen gesamten Geschäftsprozess. Zielerreichung wird durch definierte Rahmenbedingungen (s. Sechseckrahmen bei 4) und die Vernetzungsdynamik erreicht. Sie entwickelt sich, weil zentrale Projektsteuerung durch Unterstützung nach Bedarf ersetzt wird.*

Die Vorgabe von klaren fachlichen/inhaltlichen Zielen und Rahmen-bedingungen muss deshalb durch erprobte prozessuale Regeln für die Projektarbeit ergänzt werden, um die Zielerreichung sicherzustellen. Weil der Orientierungsrahmen, der vom U-Team erarbeitet wird, diese zwei Seiten hat, sprechen wir von »Leitplanken«. Sie korrespondieren mit der Zweidimensionalität der Herausforderung, die wir bei der Fokuswahl besprochen hatten.

Tabelle 1: Die wichtigsten Regeln formulieren wir »negativ«, um Raum zur Selbstorganisation zu lassen (»Nicht-Regeln«)	
Die beiden Seiten der Leitplanken	
Sachaufgabe – **die inhaltliche Dimension:** **Projektziele und -gegenstand**	**Selbstorganisationsaufgabe –** **die soziale Dimension:** **Projekt-(»Nicht«-)Regeln**
1. Die Zielsetzungen und Erwartungen	⇨ »Keine Überraschungen!«
2. Die Prozesslandschaft des Unternehmens	⇨ »Keine vorbestimmten Teamleiter!«
	⇨ »Keine zentrale Projektleitung!«
3. Die zur Gestaltung ausgewählten Prozesse	⇨ »Keine Perfektion! Keine Hundert-Prozent-Lösung!«
4. Beginn der Prozesse (Angabe des Input)	⇨ »Keine Organigramme!«
	⇨ »Keine Personaldiskussion!«
5. Ende der Prozesse (Angabe des Output)	⇨ »Keine Ist-Analyse!«
6. Schnittstellen zu anderen Prozessen	⇨ »Keine Folienschlachten! – KISS«
7. Erste Überlegungen zu möglichen Teilprozessen	⇨ usw. usf.

Daraus leitet sich ein Vorgehen ab, das wir (im HES-Fall) in zwei Phasen aufteilen:

⇨ Phase 1: Vorprojekt (s. Abb. 2, Nr. 1 und 2) zur Erarbeitung der Ziele und des Gesamtkonzepts (»Leitplanken« für das Hauptprojekt durch HES-Leitung und Startallianz in 1 bzw. Projektgruppe, hier U-Team genannt, in 2; Zeitbedarf: maximal sechs Monate

⇨ Phase 2: Hauptprojekt (s. Abb. 2. Nr. 3, 4 und 5) zur Detailplanung bzw. zur Erarbeitung der Feinkonzepte der Kernprozesse (unter Einbeziehung der Betroffenen) und Überführung in die Stabilisierung (»Implementierung«); Zeitbudget: maximal drei Monate

Vorprojekt

Zunächst werden die Schlüsselpersonen in Vorgesprächen ausgewählt und für die Mitarbeit bei der Erstellung des Gesamtkonzepts und die Unterstützung des Veränderungsprojekts gewonnen. Diese Gruppe wächst durch den ersten Workshop zu einer Art Allianz (»Startallianz«) zusammen. Sie kann im weiteren Projekt die Rolle einer Steuerungsgruppe übernehmen. Die Projektgruppe bzw. das Kernteam für das Vorhaben setzt sich aus einer Teilmenge dieser Personengruppe zusammen (plus evtl. weiteren als wichtig erkannten Schlüsselpersonen auch in operativen Funktionen).

Nun wird die künftige organisationale Aufstellung HES in einem Workshop der Startallianz erarbeitet und festgelegt:
⇨ Zukunftsbild HES: Abgleich strategischer Auftrag mit Organisation
⇨ Notwendigkeit organisationaler Veränderungen
⇨ Ableitung organisationaler Optionen
⇨ Ziele für das Projekt
⇨ Bildung der Projektgruppe (Unterstützungsteam/U-Team)

Anschließend plant die Projektgruppe/das Kernteam das Projekt in zwei Workshops:
⇨ Formulieren der Arbeitsaufträge für die Arbeitsteams
⇨ Konstruktion der Arbeitsteams
⇨ Erstellen des Projektplans
⇨ Festlegung der Projektspielregeln bzw. des Steuerungskonzepts (Ausmaß der Selbst- bzw. Steuerung durch das Kernteam/die Projektgruppe)
⇨ Vorbereitung der Startkonferenz

Hauptprojekt
Change-Management-Konzept: Die sorgfältige Durchführung des Vorprojekts liefert die erforderlichen Leitplanken für eine weitgehend selbstständige Gestaltung der Kernprozesse der künftigen Organisation durch die betroffenen Know-how-Träger und Schlüsselpersonen. Damit lassen sich die oben genannten Herausforderungen bewältigen, weil die Vertreter der unterschiedlichen Produktlinien die künftige Aufstellung HES (Prozesse und Strukturen in Deutschland und in den Regionen) zu ihrer eigenen Sache machen und sich mit ihr identifizieren können. Außerdem verhindert die transparente und vernetzte Projektanlage Partialinteressen und die Verfolgung eventueller »Hidden

Agendas«. Schließlich können alle Beteiligten durch den gewährten Spielraum schon während des Projekts das erfolgsentscheidende Zusammenspiel erproben und ein Wir-Gefühl entwickeln. Überdies beschleunigt das selbstgesteuerte parallele Arbeiten der Teams die Neugestaltung wesentlich.

1. Schritt: Start (vorzugsweise in Format einer Großgruppenkonferenz):
⇨ Auswahl der Teammitglieder durch Betroffene und Fachkundige
⇨ Auftragsklärung

2. Schritt: Prozessgestaltung (Produktion in Deutschland und Regionalbereichen):
⇨ Prozessgestaltung durch jeweils ein Arbeitsteam pro Kernprozess (weitgehend eigenständige Erarbeitung innerhalb von definierten Leitplanken und auf Basis vereinbarter Spielregeln für das Projekt)
⇨ Entwicklung von Messgrößen und Umsetzungshinweisen
⇨ Abarbeiten möglicher weiterer Arbeitspakete durch je ein Arbeitsteam (z. B. IT, Anschubworkshops mit nachfolgend eigenständiger Erarbeitung)
⇨ strikte Orientierung an der üblichen Prozesslogik (Detaillierung bis max. Ebene 3 oder 4)
⇨ standardisiertes Vorgehen
⇨ Time-box-Verfahren (vorweg fixierter Endtermin für das Hauptprojekt)

Mit diesem Vorgehen wird die HES-/Projektleitung weitgehend von operativen Aufgaben befreit, sodass die anstehenden Struktur-, Ressourcen- und Personalfragen gelöst werden können.

3. Schritt: Überführung in die Stabilisierung
⇨ Die Einführung der neuen Prozesse und Strukturen wird mit einer Umsetzungskonferenz (Großgruppenworkshop) gestartet, die alle wichtigen Mitglieder der HES-Organisation umfasst. Damit wird

272

ein klarer Startschuss gegeben und alle Betroffenen werden zeit-
gleich auf den Stand der Entwicklung gebracht. Hier haben die
Projektaktiven die Möglichkeit, der Gesamtorganisation die Kernprozesse als Ergebnis ihrer Arbeit vorzustellen und die Mitarbeiter
in den neuen Arbeitskontext einzuführen. Damit überträgt sich der
Projektspirit auf die gesamte HES-Organisation. Zudem können
hier Implementierungsteams beauftragt werden, die bei der operativen Einführung der neuen Konzepte unterstützen.

Stabilisierung

Wenn wir organisationale Veränderung mit der WaVe-Logik wie im
Beispielfall HES durchführen, muss der Zyklus zweimal durchlaufen
werden, um die kulturelle Verankerung der Ergebnisse sicherzustellen.
Die Logik des Verfahrens bleibt dieselbe. Es muss im zweiten Durch-
gang nur besonders darauf geachtet werden, dass die Teams ihre Rolle
verstehen. Während sie im ersten (dem hier beschriebenen) Durch-
gang die Optimierungs- bzw. Neugestaltungsaufgabe zu bewältigen
haben (wir nennen sie deshalb »Prozessoptimierungsteams«, POTs),
spielen sie im WaVe-Stabilisierungsdurchgang als Implementierungsteams (PITs) die Rolle der Coaches und Supervisoren: Sie helfen den
KollegInnen in der Linie, sich in den neuen Prozessen zurechtzufinden.
Jedes PIT hat dabei eine eigene Adressatengruppe zu betreuen. Diese
Aufgabe erfüllt jedes PIT aber im Netzwerk mit den anderen Teams;
wie gesagt: analog der hier beschriebenen Logik der Transformation.

Zusammenfassung

Im vorliegenden Beitrag geht es um die Darstellung einer Methodik bzw. eines Verfahrens für das Management organisationaler Veränderungen. Es besteht standardmäßig aus dem Durchlaufen von zweimal fünf Schritten. Die ersten drei dienen der Vorbereitung von Schritt 4, dem Herzstück: Selbstständig arbeitende und vernetzte Teams erreichen in kurzer Zeit (max. drei Monate) den Durchbruch zu einer neuen Organisation. Das ist möglich, weil wir den Wandel als Projekt anlegen, d. h. als Subsystem in der hierarchischen Linienorganisation. So in Gang gesetzt, entfalten sich kommunikative Wechselwirkungen, die weitgehend selbsttätig die kulturellen Voraussetzungen dafür schaffen, dass die Veränderungen später gelebt werden. Auf diese Weise lassen sich komplexe Veränderungen mit vertretbarem Aufwand nachhaltig verwirklichen.

PM Firefighters – Kriseneinsätze und Prävention

Gerät ein Projekt in eine Krise, ist der Einsatz erfahrener Krisenmanager gefragt. Eine Reihe von persönlichen und äußeren Faktoren sind ausschlaggebend für die Fähigkeit von Krisenmanagern, Geschäftsführung und Projektteams, akut gefährdete Projekte erfolgreich zum Abschluss zu bringen.

> **In diesem Beitrag erfahren Sie:**
> - welche Möglichkeiten zur Krisenprävention es gibt,
> - was einen guten Krisenmanager ausmacht und
> - wo auch für einen guten Krisenmanager Grenzen gegeben sind.

HAUKE THUN

Einführung

Jedes Unternehmen möchte sie vermeiden, doch oft sind sie unumgänglicher Bestandteil der Projektarbeit: Die Rede ist von Krisen. Die manchmal unvorhergesehenen, meistens vermeidbaren Störfälle stellen die Geschäftsführung sowie gewohnte Abläufe in den Unternehmen auf den Prüfstand und können im schlimmsten Fall verheerende Konsequenzen nach sich ziehen. Unternehmen, die gut auf den Umgang mit prekären Projektsituationen eingestellt sind, verstehen es in der Regel, Krisensymptome frühzeitig zu erkennen und notwendige Schritte zur Rettung der Projekte umzusetzen. Ein Prozess, der häufig mit Widerständen verbunden ist und oftmals nur mithilfe eines externen Krisenmanagers erfolgreich durchgesetzt werden kann. Dieser Beitrag erörtert typische Krisensymptome, leitet daraus Anforderungen an ein erfolgreiches Krisenmanagement ab und diskutiert die Möglichkeiten und Grenzen der Krisenprävention.

Was ist eine Krise? Definition und typische Symptome

Viele Menschen sprechen schnell oder manchmal auch vorschnell von einer »Krise«. Doch wann handelt es sich tatsächlich darum? Eine Krise aus Sicht des Projektmanagements ist eine Sonderform des Konflikts, der durch Ausweglosigkeit, Rückzug, Blockade oder weitreichende Lähmung gekennzeichnet ist [1]. Fast immer ist eine Krise ein Indikator für unzureichendes Projektmanagement.

Krisensituationen gehen mit typischen Symptomen einher, denen jeweils verschiedene Ursachen – häufig ganze Ursachenkomplexe – zugrunde liegen. Es liegt in der Verantwortung des Projektmanagers, das Heraufziehen einer Schieflage anhand bestimmter Indikatoren frühzeitig zu erkennen und die tieferen Ursachen zu beheben. Die Krisensymptome können sehr unterschiedlich sein:

Krisensymptome

⇨ *Mitarbeiter kennen ihre Projektaufgaben nur ungenau*
Oft werden die Projektziele nicht an alle Projektteilnehmer weitergegeben oder insgesamt nicht eindeutig genug definiert. Um als Projektmanager ein Projekt adäquat führen und steuern zu können, sind ein klarer Projektauftrag und eine eindeutige Rollenbeschreibung notwendig. Ein fehlender oder ungenauer Auftrag ist meistens ursächlich für die Unwissenheit des Projektmanagers, und diese Unsicherheit setzt sich dann bei den Mitarbeitern fort.

⇨ *Die Kommunikation ist gestört*
Die Symptome für eine nicht zielgerichtete, fehlende oder gestörte Kommunikation können ganz unterschiedlich aussehen. Beginnen kann dies mit unterschiedlichen Informationen in Besprechungen oder im Flurfunk – eine gefährliche Entwicklung, die umgehend korrigiert werden muss. Denn Projektmanagement besteht zu einem sehr großen Teil aus Kommunikation – diese zielgerichtet am Laufen zu halten ist eine der primären Aufgaben des Projektmanagers.

⇨ *Alle Arbeitspakete sind fast fertig – seit drei Wochen*
Das berühmte 90-Prozent-Syndrom taucht immer wieder auf. Es beschreibt einen Mangel bei der Planung: Entweder wurde die Zeit oder der Aufwand falsch bewertet oder ein fehlendes Änderungsmanagement ist die Ursache.

⇨ *Risiken tauchen unerwartet auf*
Häufigster Auslöser für das unerwartete Auftauchen von Risiken ist ein mangelndes Risikomanagement. Hierbei stellt sich die Frage, ob eine Risikoanalyse durchgeführt wurde und wie aktuell diese ist.

⇨ *Stakeholder stellen sich gegen das Projekt und fangen sogar an, es zu torpedieren*
Mögliche Ursachen können besonders in größeren Unternehmen Machtrangeleien und interne Politik sein. Eine schwierige Konstellation, die auch erfahrene Krisenmanager vor unlösbare Aufgaben stellen kann. Hier ist eine

regelmäßige Analyse der Stakeholder erforderlich. Sinnvoll kann auch der Einsatz eines speziellen Mediators oder Auditors sein.

⇨ *Schwindendes Vertrauen des Lenkungsausschusses in den Projektleiter*
Werden bei dedizierter Nachfrage wiederholt kritische Details bekannt, die aus den regelmäßigen Projektstatusberichten nicht ersichtlich sind, wird die Vertrauensbasis zwischen Lenkungsausschuss und Projektleiter nachhaltig gestört. Nur Berichte, die eins zu eins den Sachverhalt aus dem Projektteam darstellen, sowie ein lösungsorientierter Umgang mit Schwächen und Missständen dokumentieren eine fortwährende Transparenz und das frühzeitige Ergreifen von Gegenmaßnahmen.

⇨ *Mitarbeiter kennen Dokumente nicht oder wissen nicht, wo sie nach bestimmten Dokumenten suchen sollen*
Wenn es ein Dokumentenmanagementsystem gibt, sollte sichergestellt sein, dass alle Beteiligten auch damit umgehen können. Es ist zu klären, ob sie die benötigten Daten erhalten oder darauf zugreifen können.

⇨ *Mitarbeiter haben ein Problem mit dem Projektmanager und wagen es nicht, sich offen zu äußern*
Um diesem Phänomen vorzubeugen, ist es wichtig, dass die Projektmitarbeiter die Eskalationswege kennen und ermutigt werden, sie auch zu nutzen.

⇨ *Es gibt Hilfeschreie aus dem Projekt*
Wann immer es Hilfeschreie eines Stakeholders, Teammitglieds oder gar eines Projektmanagers gibt, ist es meist schon sehr schlecht um ein Projekt bestellt. Dann ist die Krise manifest und für die Klärung und Behebung der Ursachen wird Hilfe von außen benötigt.

⇨ *Die Mitarbeitermotivation sinkt*
Mögliche Gründe sind Überlastung, fehlendes Änderungsmanagement, fehlende Möglichkeiten zur Weiterentwicklung oder schlechte Bezahlung.

Wenn die Auslöser der Krise genau benannt werden können, ist der Krisenmanager in Zusammenarbeit mit der Geschäftsführung und den Projektteams dazu in der Lage, die nötigen Schritte zur Rettung des Projekts einzuleiten und die entsprechenden Konsequenzen zu ziehen. Für die erfolgreiche Umsetzung der Maßnahmen ist eine Reihe von persönlichen und äußeren Faktoren ausschlaggebend, die es für die Krisenmanager, die Geschäftsführung und die Projektteams zu berücksichtigen gilt.

Persönliche Faktoren: Krisenmanager muss gegenüber Geschäftsführung standhaft bleiben

Nur wenn der Krisenmanager der Geschäftsleitung als Sparringspartner auf Augenhöhe begegnet, kann er auf Grundlage seiner Analyse die richtigen Schritte zur Bewältigung der Krise im Unternehmen umsetzen. Dies erfordert Geradlinigkeit, Offenheit und Ehrlichkeit. Das Alter des Krisenmanagers beziehungsweise seine Seniorität spielen in diesem Zusammenhang keine maßgebliche Rolle. Viel wichtiger ist ein ausgeprägtes analytisches Verständnis, das es dem Krisenmanager ermöglicht, Ursachen und Zusammenhänge von Krisensituationen schnell zu erkennen und die richtigen Schlussfolgerungen zu ziehen. Ebenso wichtig ist es, diese Schlussfolgerungen gegenüber der Geschäftsleitung mit Nachdruck zu vertreten – eine Aufgabe, die nebst Durchsetzungsfähigkeit auch viel Geduld, Hartnäckigkeit und die Bereitschaft zu polarisieren erfordert. Dabei sollen Krisenmanager auch in mitunter hitzigen Situationen Neutralität und Objektivität vorleben und stets bei der Sache bleiben. Ein externer Krisenmanager bringt diesbezüglich oft den Vorteil mit, dass er einen ungetrübten Blick auf die Probleme im Projekt werfen kann, unvoreingenommen und in keine Loyalitäten verwickelt ist.

Beispielhaft lässt sich diese grundsätzliche Anforderung an einen Krisenmanager an einem Bauprojekt verdeutlichen. Das auf mehrere Jahre angelegte Projekt zum Bau einer neuen Produktionsanlage ist für den Konzern von großer wirtschaftlicher Bedeutung. Der Lenkungsausschuss (Steering Committee) ist regelmäßig dazu verpflichtet, den Projektstatus an die Unternehmensführung zu übermitteln. Doch obwohl der Bau der Anlage offensichtlich dem Projektplan hinterherhinkt und diverse Projektfelder ihre Ziele nicht erreichen, zeigen die Reportings des Steuerkreises für alle relevanten Bereiche gute Fortschritte an. Demnach sollen diverse Projektbestandteile vor der vereinbarten Zeit abgeschlossen werden können und die Qualität soll in allen Bereichen überdurchschnittlich gut sein. Zentrale Punkte der Berichte an die Geschäftsleitung spiegeln nicht die Realität wider.

Dieses Vorgehen führt insbesondere in den Projektteams zu Irritationen. Viele Mitarbeiter gewinnen durch die veränderten Reportings den Eindruck, dass der Lenkungsausschuss die verschiedenen Problemfelder des Bauprojekts nicht ernst nimmt, zumal in den internen Meetings weit negativere, realistischere Beschreibungen und Prognosen zum Fortschritt des Projekts registriert werden.

An diesem Punkt ist die Krise manifest und die Beratung durch einen Krisenmanager gefordert. Seine Analyse ergibt, dass ein Grund für die regelmäßig geschönten Reportings an die Geschäftsleitung eine überambitionierte Vorplanung des Projekts ist. Die Projektdirektoren der Geschäftsführung machen schon früh unrealistische Versprechungen, da sie gesteuert durch eine Erfolgsbeteiligung von einer schnellen Umsetzung des Projekts profitieren. Diese in der Planung interessengelenkte Kommunikation hat einen allzu straffen Zeitplan für die Umsetzung des Bauprojekts zur Folge, der die Projektteams von Anfang an unter Druck setzt und mit unrealistischen Umsetzungszielen konfrontiert. Die Direktoren sehen sich in der selbstverschuldeten Zwangslage, ihre überambitionierten Zielsetzungen aus eigenem Interesse an die Geschäftsleitung verkaufen zu müssen und die gewünschten Ergebnisse zu liefern. Um den in den Reportings angezeigten Projektfortschritten entsprechen zu können und die Ziele kurzfristig doch noch zu erreichen, bauen die Projektdirektoren in Intervallen Kapazitäten auf, die zu erheblichen Zusatzkosten führen. Mit dem Mehraufwand wollen sie garantieren, dass die der Geschäftsführung voreilig gemeldeten Erfolge zu den entsprechenden Stichtagen auch so präsentiert werden können.

Die Scheu der Projektverantwortlichen, die Karten auf den Tisch zu legen und das wahre Ausmaß der Projektprobleme an die Geschäftsführung zu kommunizieren, führt in einen Negativstrudel, der die Motivation der Projektteams stark beeinträchtigt.

In dieser Situation kann nur das bestimmte Auftreten des Krisenmanagers gegenüber den verantwortlichen Protagonisten zu den benötigten Konsequenzen und Maßnahmen führen. Der Projektmanager versucht die Krise zu lösen, indem er offene Kommunikationswege zwischen der Projektleitung und den Geschäftsführungsgremien einfordert. Durch beharrliche Konfrontation des Steuerungskreises gelingt es ihm als Krisenmanager im Verbund mit den Direktoren alle Probleme offenzulegen – ein Prozess, den er auf Lenkungsausschussebene installiert und bei dem er besonderen Wert auf Kommunikationsregeln, Rollen und Verantwortlichkeiten legt. Dieses Vorgehen setzt Standhaftigkeit voraus, um im Steuerungskreis selbst eine reinigende Krise zu provozieren, die zur Umsetzung ehrlicher Eingeständnisse führt.

Ob interner oder externer Krisenmanager: Die Bereitschaft, die Komfortzone tagtäglich zu verlassen, ist für einen Krisenmanager wichtig. So muss er auch gegen innere und äußere Widerstände der Geschäftsführung seine Anliegen kontinuierlich verfolgen, um wichtige Entscheidungen im Sinne des Projekterfolgs voranzubringen. Dies kann in der Praxis auch mal bedeuten, zum fünften Mal in derselben Woche einen Termin mit dem Geschäftsführer einzuberufen, diesen über aktuelle Probleme und unangenehme Tatsachen zu informieren und gemeinsame Lösungswege zu erarbeiten. Ein Krisenmanager muss den Spielraum einfordern, alles für den Erfolg des Projekts tun zu dürfen. Damit stößt er täglich an Grenzen, die es zu überwinden gilt.

Verbissenheit ist dennoch fehl am Platz. Vielmehr bewährt sich ein menschlicher, offener Ansatz. Dieser hilft dem Krisenmanager gerade in sensiblen Situationen, wenn es etwa darum geht, dem Projekt schädliche Loyalitäten und soziale Geflechte aufzubrechen, erheblich weiter.

Notwendige Voraussetzung: Geschäftsleitung muss Krisenmanager unterstützen

Der Schlüssel zum erfolgreichen Krisenmanagement liegt in der Unterstützung durch die Geschäftsleitung. Sie muss die Lösungsvorschläge des Krisenmanagers anerkennen und vor den Teams unbedingt unterstützen. Dies setzt voraus, dass die Geschäftsführung Vertrauen in die Kompetenz des Krisenmanagers hat. Weitere wichtige Hebel für den Erfolg des Krisenmanagements sind zudem die Selbstreflexion des Managements, das auch vor Selbstkritik nicht Halt machen darf, sowie eine starke Führungskultur und gelebte Vorbildfunktion. Das Management muss erkennen, dass seine Handlungen Auswirkungen auf alle Ebenen haben und es für Missstände mit verantwortlich ist.

Einen diesbezüglich typischen Fall möchte ich am Beispiel eines IT-Projekts erläutern. Das groß angelegte Projekt zur Entwicklung und Herstellung eines TV-Produkts ist als eine gemeinsame Unternehmung von fünf verschiedenen Vertragspartnern angelegt. Da zwei Partner aufgrund von Differenzen in einem vorangegangenen Projekt im Rechtsstreit liegen, was zu großem gegenseitigen Misstrauen auf Geschäftsführungsebene führt, ist von Anfang an eine schwierige Ausgangskonstellation gegeben. Der Generalunternehmer erkennt, dass die vorhandenen Loyalitätsprobleme nicht ohne fremde Unterstützung zu lösen sind, und holt einen externen Projektmanager ins Team.

Im Projekt manifestiert sich die Krise insbesondere dadurch, dass entscheidende Projektbestandteile zwar kurz vor dem Abschluss stehen, jedoch nie ganz fertig werden. Ein solches »90-Prozent-Projekt« ist ein häufig auftretendes Phänomen in der IT-Branche. Typische Symptome dieser Projekte sind verfestigte kritische Urteile über die Motivation, Disziplin oder Qualifikation von Beteiligten. Der Krisenmanager identifiziert die insbesondere durch die Streitigkeiten auf Geschäftsführungsebene in die Teams hineingetragenen Konflikte als Hauptursachen für die Abschlussschwäche im Projekt. Diese haben zur Folge, dass es an verbindlichen Absprachen über Aufgaben und Verantwortlichkeiten in der Zusammenarbeit mangelt. Schnell erkennt der Krisenmanager, dass nur ein enges Zusammenarbeiten der Projektteams zu den erfolgreichen Lösungen führen kann, die der Komplexität des Projekts gerecht werden.

Die erste Maßnahme des Krisenmanagers ist es daher, die Teams sowohl räumlich als auch auf einer mentalen Ebene zusammenzubringen. Dazu organisiert er gemeinsame Workshops, die die geografisch voneinander getrennten Teams an einem Ort vereinen. Ziel ist es, die räumliche Trennung aufzulösen, damit die Teams sich kennenlernen und ein gemeinsames Verständnis für die Zusammenarbeit entwickeln können. Dieser Prozess zeigt früh erste Erfolge und ermöglicht es dem Projektmanager, mit seinen Forderungen an die Teams durchzudringen und die Verwirrungen, die das Projekt vorher prägten, ein Stück weit aufzulösen.

Entscheidend für den durchschlagenden Erfolg des Projekts ist jedoch die volle Kooperation der Geschäftsleitung, deren Konflikte die Zusammenarbeit der Projektteams von Anfang an mitprägen. Der Krisenmanager sieht sich deshalb bald dazu gezwungen, der Geschäftsleitung die Auswirkungen ihrer Streitigkeiten auf das gesamte Projekt aufzuzeigen und der Geschäftsführungsebene ein Ultimatum zu stellen: Nur wenn sich deren Vertreter zusammensetzen und ihre Konflikte lösen, kann das gesamte Projekt erfolgreich abgeschlossen werden.

Der Krisenmanager erinnert die geschäftsführenden Direktoren in intensiven Gesprächen an ihre Aufgaben und ihre Projektverantwortung. Zusammen mit den Protagonisten klärt er die Verantwortlichkeiten und die Rollen im Projekt, benennt die Konflikte und bringt die involvierten Parteien dazu, ihre Differenzen für die Dauer des Projekts beizulegen und das gemeinsame Ziel sowohl hinter den Kulissen als auch vor den Projektteams zu unterstützen.

Dem Krisenmanager gelingt es, zusammen mit der Geschäftsführungsebene und den verschiedenen Teams ein Verständnis dafür zu entwickeln, welche Voraussetzungen sie gemeinsam erfüllen müssen. Dabei legt er den Fokus auf eine stringente Umsetzung der Themen, ein konsequentes Arbeiten mit den zur Verfügung stehenden Projektmanagement-Tools und ein insgesamt konsequentes Management.

Ein gutes Management tut sich durch seine Bereitschaft hervor, Krisen zu bewältigen und diese als Chance zu begreifen. Das gemeinsame Meistern von Krisensituationen führt in der Regel zu einem erhöhten Vertrauen der Projektteams in ihre Arbeitsumgebung inklusive der Geschäftsleitung. Die gemeinsame Anstrengung, ein Projekt in einer schwierigen Situation erfolgreich zu Ende zu bringen, schweißt die Teams zusammen und hat höchst positive Auswirkungen auf die zukünftige Projektarbeit.

Projekterfolg durch Kulturschock

In der Praxis erweist es sich oft als erfolgreiche Methode, eingefahrene Strukturen und Prozesse durch bewusst eingesetzte Störmomente aufzubrechen. Stichwort »Kulturschock«: So kann sich beispielsweise in einem Unternehmen mit flacher Hierarchie und nachgiebigen PM-Prozessen ein strenger Ansatz lohnen, der bewusst Kontrapunkte setzt und die Teams aus ihren gewohnten Routinen reißt. Die Teams sollen die Veränderungen spüren. Gleiches funktioniert auch in hierarchischen Unternehmensstrukturen, wo der Krisenmanager durch partizipative Methoden positive Veränderungseffekte herbeiführen kann.

Ein Beispiel für ein Projekt, das durch den bewussten Einsatz von partizipativen Methoden in einem zuvor eher hierarchisch geprägten Umfeld einen Turnaround erfährt, ist das von uns begleitete Projekt zur Entwicklung einer gänzlich neuen Produktkategorie in einem Telekommunikationsunternehmen. Bei Übernahme des Projektmandats ist ein erster Anlauf zur Entwicklung der neuen Produktkategorie bereits gestoppt und das dafür vorgesehene Budget gestrichen worden. Ein erfolgreicher Abschluss des Projekts im zweiten Anlauf ist aufgrund der schwierigen wirtschaftlichen Lage des Unternehmens unbedingt notwendig.

Schnell zeigt sich dem eingesetzten Projektmanager, dass das Scheitern des ersten Projektanlaufs auf ein Festhalten an bekannten Arbeitsweisen und die unter den Mitarbeitern herrschende Unsicherheit aufgrund der kritischen Wirtschaftslage zurückzuführen ist. Um das komplexe Projekt im zweiten Anlauf erfolgreich umzusetzen, führt der Projektmanager daher eine Mischung aus klassischen und agilen Projektmanagementmethoden in den Projektteams ein. Agile Methoden sind für die Projektteams neu und sie setzen sich in der Projektarbeit zum ersten Mal damit auseinander.

Während sich die Mehrheit der Mitarbeiter offen für den neuen Methodenschatz zeigt und das Vorgehen grundsätzlich unterstützt, tun sich gerade langjährige Mitarbeiter mit dieser neuen Art der Projektführung schwer. Das Vorgehen gleicht einem Kulturschock, den nicht alle Mitarbeiter ohne Widerspruch annehmen wollen. Zur Konsequenz des Projektmanagers gehört es, alle Mitarbeiter, die sich gegen die neuen Methoden sträuben, wenn möglich in gesonderten Teams nach klassischen Standards weiterarbeiten zu lassen oder, wenn dies nicht anders geht, Mitarbeiter auch auszutauschen. Diese Konsequenz ist wichtig, um das Projekt nicht unnötig zu verzögern.

Der Change-Prozess gleicht für alle im Projekt Involvierten einem Sprung ins kalte Wasser und löst teilweise auch Ängste in den Projektteams aus. Von den meisten Mitarbeitern werden die Veränderungen aber als Befreiungsschlag wahrgenommen. Sie schätzen es, Prozesse neu und anders zu gestalten, als es insbesondere altgediente Mitarbeiter in dem Unternehmen zuvor routinemäßig taten. Die agilen Methoden werden von den Mitarbeitern als lösungsorientiert wahrgenommen und helfen ihnen schlussendlich, die neue Produktkategorie kreativ und erfolgreich umzusetzen. Das bewusste Setzen von Kontrapunkten bricht eingefahrene Arbeitsstrukturen auf und gibt dem zuvor verunsicherten Team ein neues Selbstverständnis.

Erfahrungsgemäß lassen sich die Teams erst einmal gerne auf Veränderungen ein. Wenn die Krisenakzeptanz im Unternehmen vorhanden ist, sind die Teams in der Regel auch offen für Maßnahmen, die das Projekt retten sollen. Wichtig sind in jedem Fall erste Erfolgserlebnisse. Durch verbesserte Ergebnisse soll der Krisenmanager möglichst schnell das Vertrauen im Team wecken und den Glauben an eine positive Wendung im Projekt herbeiführen.

Grenzen der Möglichkeiten: Sabotage in Unternehmen

Trotz dieser Erfolgsaussichten gibt es auch Situationen und Konstellationen, die den Erfolg des Krisenmanagers von vornherein ausschließen können. So kann die Krise in einem Projekt durchaus ein gewollter Dauerzustand sein, also eine gewollte Sabotage in oder zwischen den Projektteams oder eine unausgesprochene Konkurrenzsituation auf der Führungsebene.

So werden einem Krisenmanager immer wieder auch die Grenzen seiner Möglichkeiten aufgezeigt, wie es uns bei der geplanten Einführung eines neuen CM-Systems in einem großen Versicherungskonzern widerfahren ist. Ziel dieses Projekts ist zum Zeitpunkt unseres Mandats die Vereinheitlichung des Content-Management-Systems (CMS) für den Betrieb der Websites aller Unternehmensbereiche. Die für die bisherigen Systeme ihrer sechs Versicherungsbereiche verantwortlichen Bereichsleiter zeigen jedoch von Anfang an wenig Interesse an einem gemeinsamen CMS und versuchen vielmehr, in erster Linie ihre eigenen Systeme durchzusetzen. Um die sich bereits früh abzeichnende Krise unter Kontrolle zu bekommen, zieht die Geschäftsführung der Versicherung einen unserer Krisenmanager hinzu.

Der Krisenmanager führt initial einen agilen Projektmanagementansatz ein. Er soll die Product Owner und mit ihnen die Bereichsleiter dazu bringen, sich laufend über die Anforderungen des neuen Systems abzustimmen. Doch auch nach mehreren Abstimmungsrunden bleiben sich die Verantwortlichen uneins über die Projektpriorisierungen und haben Schwierigkeiten, entscheidende Systemanforderungen klar zu definieren. Stattdessen torpedieren die sechs Bereichsleiter das Projekt, indem sie sich konsequent gegen Umsetzungsvorschläge sperren. Jegliche konkreten Umsetzungsmaßnahmen werden im Keim erstickt; die Bereichsleiter zeigen sich nicht dazu in der Lage, sich auf ein gemeinsames Projekt zu einigen.

Da die Bereichsleiter eine Umsetzung sabotieren, ist es an dieser Stelle entscheidend, dass die Geschäftsleitung entsprechendes Interesse und Involvement zeigt und im Notfall den Projektleitern auch Konsequenzen aufzeigt. Nur ein starker Machtpromoter auf Geschäftsführungsebene, der sich für die Ziele des Projekts auf höchster Ebene einsetzt, wäre jetzt dazu in der Lage, diese vom Unwillen aller Parteien geprägte Pattsituation aufzulösen. Im CMS-Projekt fehlt dieser exekutive Überbau jedoch gänzlich, kein Mitglied der Führungsebene fühlt sich dazu berufen, die Projektteams durch konkrete Zielsetzungen in eine gemeinsame Richtung zu führen. Das Projekt landet in einer Sackgasse und scheitert.

Die Geschäftsführungsebene ist gefordert, die übergeordnete Strategie zur Stützung der Projektziele vor den Mitarbeitern zu vertreten. Herrscht, wie in diesem Beispiel, ein Strategievakuum auf oberster Führungsebene, wird das Erreichen jeglicher Projektziele erschwert. Ohne gemeinsame Vision oder Zielsetzung, die von der Geschäftsführung unterstützt und ausgestrahlt wird, fehlt dem Krisenmanager die

Handhabe, um sabotierte Projekte beziehungsweise sabotierende Projektleiter erfolgreich aus der Krise zu führen.

Überragen diese persönlichen Konflikte die sachlichen Konflikte, kann ein Krisenmanager seine Auftraggeber auch mal auffordern, das Projekt einzustellen. Unter diesen Voraussetzungen kann ein Krisenmanager in der Regel nicht erfolgreich intervenieren und muss aufpassen, sich nicht an persönlichen Konflikten aufzureiben.

Literatur

[1]   SCHELLE, H. ET AL.: *Projekt Manager. Nürnberg: GPM Deutsche Gesellschaft für Projektmanagement, 2005*

Zusammenfassung

Gerät ein Projekt in eine Krise, ist der Einsatz erfahrener Krisenmanager gefragt. Als Sparringspartner der Geschäftsleitung verhindern sie ein Scheitern oder schließen das Projekt zumindest so ab, dass die Folgekosten möglichst gering bleiben. Das Ergebnis hängt stark von den Qualifikationen der Krisenmanager ab. Neben der Bereitschaft zur Verantwortungsübernahme sind klare Kommunikation und ausgeprägte Führungsqualitäten ausschlaggebende Fähigkeiten.

Wird das Projekt schon von Beginn an mit professionellem Projekt- und Risikomanagement angegangen, können Krisen weitestgehend vermieden werden. Hier ist neben der Auswahl eines durchsetzungsstarken Projektmanagers auch das Führungsverständnis innerhalb der Organisation wichtig. Analog zum Kriseneinsatz benötigt der Projektmanager für eine erfolgreiche Prävention die entsprechenden Handlungsfreiräume und ausreichende Managementunterstützung.

Critical-Chain-Projektmanagement in der Beratung

Viele Unternehmen schaffen weitaus weniger Projekte, als sie leisten könnten. Die Folgen sind wirtschaftliche Schäden für das Unternehmen und deren Kunden. Critical-Chain-Projektmanagement (CCPM) sorgt für deutlich bessere Ergebnisse.

In diesem Beitrag erfahren Sie:
- wo die Probleme und Herausforderungen im klassischen Projektmanagement liegen,
- wie Sie den Schritt zum modernen Projektmanagement bewältigen sowie
- wo und wie ein Berater einen Veränderungsprozess sinnvoll unterstützen kann.

CLAUDIA SIMON

Die Praxis in Multiprojektorganisationen

Schnelle, zuverlässige Projekte sind in einer Welt, die von Unzuverlässigkeit und den Auswirkungen von Murphy's Law [1] geprägt ist, eher selten. In diesem Umfeld gelingt es zumeist nur sehr schwer oder auch gar nicht, die Erfolgskriterien des magischen Dreiecks (Kosten, Zeit und Inhalt) zu erfüllen. Nun mag man argumentieren, dass sich die Systemumwelt für jeden gleichermaßen darstellt und dem Unternehmen daher im Wettbewerb kein wirklicher Nachteil entsteht. Aber mit dem richtigen Ansatz lässt sich eben genau hier der entscheidende Vorteil generieren. Stellen Sie sich vor, Sie wären in der Lage, Ihre Projekte um 50 % schneller abzuschließen – und das bei gleichem Ressourceneinsatz! Was würde das für Sie und Ihr Unternehmen bedeuten? Welche Auswirkung hätte das auf Umsatz und Gewinn?

Doch wo befinden sich die richtigen Stellschrauben? Um diese zu finden, lassen Sie uns zunächst einen Blick auf die gängige Arbeitspraxis in den Unternehmen werfen.

Multiprojektorganisationen zeichnen sich vor allem dadurch aus, dass mehrere Ressourcen an verschiedenen Projekten gleichzeitig arbeiten. Die Mitarbeiter sind hochgradig beschäftigt, jeder tut sein Bestes und trotzdem kommt es zu erheblichen Verspätungen und/oder deutlicher Kostenerhöhung. Dies hat weitere erhebliche Auswirkungen:

⇨ Die Kunden
   - leiden unter den Verspätungen,
   - sind unzufrieden,
   - fordern vereinbarte Vertragsstrafen ein und
   - erteilen zukünftig möglicherweise weniger Aufträge.

⇨ Beim Unternehmen
   - gehen Zahlungen später ein,
   - sinkt der Durchsatz pro Zeiteinheit und
   - werden Rendite und Liquidität schlechter.

⇨ Die Mitarbeiter
   - leiden unter zunehmendem Druck,
   - überbeanspruchen sich,
   - verlieren das Vertrauen in die Leistungs- und Wettbewerbsfähigkeit des Unternehmens,
   - brennen aus und
   - suchen sich andere/neue Herausforderungen.

In den Projekten selbst sieht es so aus:

⇨ Versprochene Fertigstellungstermine für einzelne Aufgaben werden oft nicht eingehalten.

⇨ Es gibt zu viele kurzfristige Änderungen und störende Effekte.

⇨ Wichtige Ressourcen sind zum geplanten Zeitpunkt nicht verfügbar.

⇨ Es fehlen notwendige Spezifikationen, Materialien, Designs, Befugnisse etc.

⇨ Es gibt Kompetenzgerangel und Auseinandersetzungen um Prioritäten und Ressourcenzuordnungen zwischen den Projekten.

⇨ Bereits erledigte Aufgaben müssen aufgrund von Nacharbeiten erneut aufgegriffen werden.

Kommt Ihnen das alles bekannt vor? Man möchte meinen, das sei unvermeidbar. Daher beschließen viele Projektmanager, sich mit diesen Problemen zu arrangieren und nur auf Unregelmäßigkeiten zu reagieren. Unternehmen nehmen Verspätungen in Kauf und rechnen vielleicht sogar schon Strafzahlungen in den Verkaufspreis ein. Aber stimmt die Annahme, das alles sei unvermeidbar?

Um das beantworten zu können, gehen Critical-Chain-Projektmanagement(CCPM)-Berater gemeinsam mit den Managern den aufgezeigten Problemen auf den Grund und legen die Ursachen offen. Dazu ist es zielführend, Komplexität zu reduzieren und Transparenz darüber zu schaffen, mit welchen Maßnahmen die angestrebten Ziele schnell und effektiv erreichbar sind.

Zu viel Work in Process

Üblicherweise sind Ressourcen in Unternehmen knapp. Und sollten sie nicht knapp sein, werden mehr Aufträge angenommen – im schlechtesten Fall werden sogar Mitarbeiter entlassen. Beides führt wieder zu einer Ressourcenknappheit. Zudem gibt es in Unternehmen die (oft stillschweigende) Regel, die (aber) durch Unternehmenskennzahlen (z. B. Effizienzkennzahlen) gestützt wird: »Jeder muss ständig beschäftigt sein.« Und so werden mehr und mehr Aufträge ins Unternehmen gekippt – und neben den Kundenprojekten gibt es ja auch eine ganze Reihe von internen Projekten.

Mit anderen Worten: Multiprojektunternehmen leiden unter einem sehr hohen Work in Process (WiP). Mit dem hohen WiP steigt aber die Belastung des einzelnen Mitarbeiters. Weil Aufgaben nicht mehr pünktlich abgeliefert werden können, steigt die Durchlaufzeit.

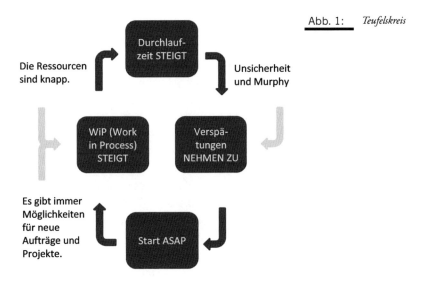

Wenn der WiP zu hoch ist und gleichzeitig nicht genügend Ressourcen zur Verfügung stehen bzw. Projektleiter sogar untereinander um diese kämpfen müssen, bleibt den Verantwortlichen nichts anderes übrig, als ihre Projekte früh genug zu starten, um am Kampf um die Ressourcen erfolgreich teilzunehmen. Ein neues Projekt muss deshalb so früh wie möglich beginnen, weil die besseren Argumente für die Notwendigkeit von Ressourcen aus dem zeitlichen Druck hervorgehen, unter dem ein bestimmtes Projekt steht. Es starten mehr und mehr Projekte, die gleichzeitig bearbeitet werden, und schädliches Multitasking nimmt auch in anderen Abteilungen deutlich zu [1]. Das hemmt die Leistungsfähigkeit des Unternehmens und Liefertermine können nicht eingehalten werden. Dieser Teufelskreis ist in den Köpfen der Mitarbeiter und Führungskräfte fest verankert und soll während des Veränderungsprozesses durchbrochen werden.

Schädliches Multitasking

Die Auswirkungen von schädlichem Multitasking sind in den oben genannten Problemen bereits ersichtlich. In der Praxis unterbrechen Mitarbeiter häufig aus verschiedenen Gründen eine Aufgabe zugunsten einer anderen. Wenn Mitarbeiter ihre Arbeit wiederholt unterbrechen müssen, benötigen sie einige Zeit, um sich wieder auf ihr jeweils bearbeitetes Thema einzustellen. Mitarbeiter denken da einen Schritt voraus und bauen persönliche Zeitpuffer ein, die zukünftig auftretende Störungen auffangen sollen. Damit wollen sie aber nicht dem Unternehmen schaden, sondern diese Puffer dienen dazu, weiterhin als zu-

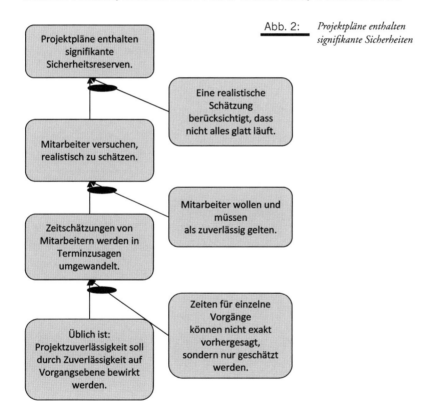

Abb. 2:   *Projektpläne enthalten signifikante Sicherheiten*

verlässiger Mitarbeiter gelten zu können. Überträgt man jedoch diese versteckten Puffer auf die Projektlaufzeit, führt dies dazu, dass jeder einzelne Projektschritt erheblich länger ist, als er sein müsste. Projektpläne enthalten also signifikante Sicherheiten.

Mit anderen Worten: Durch Multitasking reduziert sich die Leistungsfähigkeit der Ressourcen und die Laufzeiten aller Projekte verlängern sich erheblich. Die Leistungsfähigkeit des Unternehmens sinkt deutlich unter ihr eigentliches Niveau. Erhebungen in den USA gehen dort von einem Schaden von ca. 450 Milliarden US-Dollar pro Jahr durch Multitasking aus [2].

Die Probleme aus Sicht der Projektmanager

Aus Managementsicht kann man hier bereits zusammenfassen: Die Probleme sind systemimmanent und die Handlungsweisen in der vorhandenen Unternehmenskultur vernünftig und sinnvoll. Projektmanager sind durchaus imstande, die Nachteile von Multitasking an dieser Stelle zu erkennen. Jedoch stehen etablierte Erfolgskriterien und Kennzahlen im Weg, um Veränderungen vorzunehmen. Als weiterer Effekt aus dem o. g Teufelskreis etabliert sich im Unternehmen eine negativ aufgeladene Atmosphäre gegenseitigen Misstrauens und egoistischen Ressortdenkens. Aber es geht auch anders!

Die Probleme aus Sicht des Topmanagements

Das Topmanagement will, dass das Unternehmen nachhaltig wächst, die Mitarbeiter nicht überlastet sind und am Ende der Nutzen für die Stakeholder stimmt. Doch was passiert durch die o. g. Probleme?

⇨ Zahlungen gehen später ein.
⇨ Der Durchsatz pro Zeiteinheit sinkt.
⇨ Rendite und Liquidität werden schlechter.
⇨ Mitarbeiter verlassen das Unternehmen, weil sie sich ausgenutzt und/oder ausgebrannt fühlen.

294

Was das Topmanagement aber am meisten beeinträchtigt, ist, dass es selbst keine Zeit mehr für strategische Arbeiten hat. Es ist durch ständiges Feuerlöschen, Retten von Projekten und Lösen von Problemen voll im Tagesgeschäft gefangen. Und auch hier gilt: Es geht auch anders!

Die gesunde Multiprojektumgebung

Wenn von schädlichem Multitasking und negativem, ineffizientem Wettbewerbsdenken die Rede ist, dann muss es auch eine andere Seite der Medaille geben. Multiprojektorganisationen sind dafür da, den modernen, fortschrittlichen Technologien und vernetzten Unternehmensumwelten Rechnung zu tragen. Eine funktionierende Multiprojektumgebung erreicht das Gegenteil des oben beschriebenen Teufelskreises. Projekte fließen möglichst schnell durch das Unternehmen. Die wichtigste Messgröße ist nicht die Anzahl der laufenden Projekte, sondern die Menge an Projektabschlüssen. Denn nur abgeschlossene Projekte werden vom Kunden abgenommen und auch bezahlt. Und erst dann hat ein Projekt Auswirkungen auf den Umsatz und den Gewinn eines Unternehmens.

Für die Zukunft gilt also: Jede Entscheidung, jede Handlung muss aus Sicht der Zielerreichung der Gesamtorganisation betrachtet werden – und nicht mehr aus Sicht der Zielerreichung bzw. Kennzahlenerfüllung von Teilen der Organisation.

Doch welche Schritte sind angebracht, um eine gesunde Multiprojektumgebung zu erreichen? Und wie hilft Critical-Chain-Projektmanagement dabei, eine gesunde Umgebung zu schaffen, in der ein Unternehmen auch wachsen kann?

Definition: Critical Chain

Der Begriff »Critical Chain« wurde von Dr. Eliyahu M. Goldratt geprägt. Eines der Basiselemente dieses neuen Projektmanagementansatzes stellt die kritische Kette dar. Diese ist die längste Folge voneinander abhängiger Aufgaben unter Berücksichtigung der begrenzten Ressourcen [1].

295

Critical-Chain-Projektmanagement besteht in erster Linie aus drei eindeutigen, kraftvollen (Veränderungs-)Schritten:

1. Den Work in Process aktiv steuern
2. Sicherheiten explizit planen
3. Operative Steuerung mit robusten taktischen Prioritäten

Die drei maßgeblichen Veränderungsschritte

Reduzierung des Work in Process

Sowohl Projektmanager als auch andere Führungskräfte innerhalb einer Multiprojektorganisation wissen, dass ein Projekt nicht früher fertig wird, nur weil man es früher beginnt (siehe Darstellung oben). Der frühe Start erhöht den Work in Process massiv. Durch den hohen WiP ist die Organisation aber überlastet und kaum noch flexibel und handlungsfähig. Zudem muss eine Veränderung – wie auch immer sie aussieht – eine sehr schnelle Wirkung erzielen. Denn die schnelle Wirkung motiviert Unternehmensleitung, Führungskräfte und Mitarbeiter dazu, wirksam an der Veränderung mitzuarbeiten. Wenn mit einer bestimmten Aktion erst in ein bis zwei Jahren eine positive Wirkung erzielt werden kann, wird sie nur wenig Unterstützung finden.

Zur Reduktion des WiP erstellt das Unternehmen mit Unterstützung der Berater eine Liste aller aktiven Kundenprojekte. Die Projekte werden priorisiert – z. B. nach dem zugesagten Liefertermin. Aus dieser priorisierten Liste werden ca. 25 % der niedrig priorisierten Projekte eingefroren – d. h. die Arbeit an diesen Projekten wird eingestellt. Durch die Einstellung werden Ressourcen frei, die auf die noch aktiven Projekte so sinnvoll wie möglich verteilt werden können.

Diese Entscheidung wird vom Management bekanntgegeben und die Umsetzung täglich kontrolliert. Durch die Reduzierung des WiP und die deutliche Ressourcensteigerung werden die aktiven Projekte viel schneller fertig – die eingefrorenen Projekte werden nach und nach wieder »aufgetaut«, sobald ein laufendes Projekt abgeschlossen wird.

Im Ergebnis werden alle Projekte deutlich schneller fertig und für das Unternehmen wird ein deutlich höherer Projektdurchsatz erzeugt.

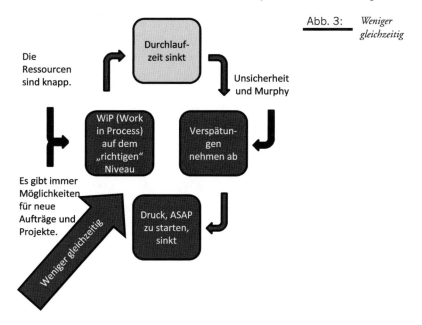

Bei internen Projekten wird rigoros durchgegriffen. Unter Anwendung des Pareto-Prinzips werden die 20 % der Projekte identifiziert, die 80 % der Ergebnisse bringen, der Rest der internen Projekte wird gestrichen [1].

Projekte staffeln

Um den WiP weiter auf einem sinnvollen Niveau zu halten, ist es nötig, die Projekte am Engpass zu staffeln.

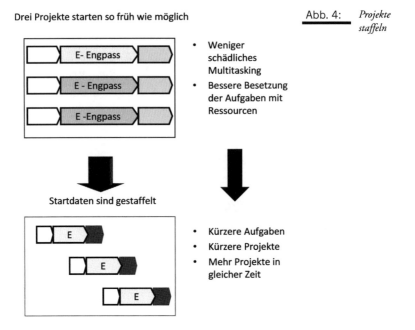

Drei Projekte starten so früh wie möglich

- Weniger schädliches Multitasking
- Bessere Besetzung der Aufgaben mit Ressourcen

Startdaten sind gestaffelt

- Kürzere Aufgaben
- Kürzere Projekte
- Mehr Projekte in gleicher Zeit

Denn der Engpass ist der begrenzende Faktor des Unternehmens. Nur so schnell, wie die Projekte bei ihm »durchlaufen«, ist die Organisation als Ganzes. Der Engpass muss so gesteuert werden, dass er weder überlastet wird, noch Leerlauf für ihn entsteht. In Multiprojektumgebungen erlebt man aber immer wieder, dass der Engpass wandert. Daher greift man in diesen Umgebungen zu einer sog. »Virtual Drum« (VD), also weg von einem gegebenen Engpass zu einem künstlichen (»virtual«), also »virtuellen Engpass«. Die VD dient der Multiprojektumgebung nun als Taktgeber. Als VD wird oft die Integrationsphase definiert, bei der alle Projektstränge wieder zusammenlaufen und die größte Aufmerksamkeit des Managements gefordert ist.

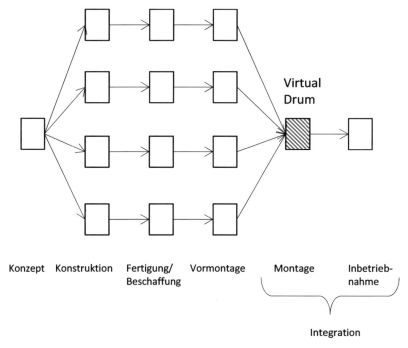

Konzept   Konstruktion   Fertigung/   Vormontage   Montage   Inbetrieb-
                       Beschaffung   nahme

Integration

Abb. 5:   *Virtual Drum*

Die Kapazität der VD wird so definiert, dass die Arbeitslast (WiP) ca.
25 % unter der Arbeitslast vor dem Change liegt. Diese Kapazität darf
auf keinen Fall überschritten werden. Um eine Überlast zu verhindern,
werden die Projekte an dieser VD gestaffelt. Zudem darf sich an keiner
anderen Stelle im Projekt ein Engpass bilden. Das bedeutet, dass alle
anderen Ressourcen in der Projektkette Überkapazität haben müssen
(und die Regel »Jeder muss ständig beschäftigt sein« im Unternehmen
nicht mehr gilt). Ein weiterer Schritt, um den Engpass zu entlasten
und zu unterstützen, ist, dass sich alle anderen Entscheidungen dieser
Entscheidung unterordnen müssen. Mit anderen Worten: Der Engpass
hat absolute Priorität, widersprechende Kennzahlen (z. B. lokale Optimierung) werden abgeschafft und globale Kennzahlen (z. B. Durchsatz) werden eingeführt [3].

Operative Steuerung mit robusten taktischen Prioritäten

Wie oben erwähnt, ist der frühe Start eines Projekts nicht dadurch motiviert, dieses so schnell wie möglich abzuschließen und die Leistungsfähigkeit des Gesamtunternehmens zu verbessern. Vielmehr geschieht dies aus der Notwendigkeit heraus, so effektiv wie möglich am Kampf um Ressourcen teilnehmen zu können, um die Chancen zu erhöhen, das eigene Projekt überhaupt rechtzeitig abschließen zu können. Um seine Aufgabe einigermaßen pünktlich zu erfüllen, baut jeder Mitarbeiter implizite Puffer ein (siehe oben). Damit soll erreicht werden: Die Pünktlichkeit auf Vorgangsebene führt zur Pünktlichkeit des Projekts. Leider sieht die Realität ja anders aus.

Im CCPM wird nun nicht mehr die einzelne Aufgabe, sondern das Projektende gesichert. Dafür werden die Sicherheiten aus den einzelnen Projektaufgaben entfernt (einfach und robust, indem 50 % gekürzt werden) und in Summe ans Ende des Gesamtprojekts verschoben. Aus lokalen Sicherheiten werden also globale, explizite Sicherheiten, die als Zeitpuffer ans Ende des Projekts gesetzt werden.

Schreitet ein Projekt nun langsamer voran als erwartet, verbraucht es Puffer; schreitet es schneller voran, wird Puffer zurückgewonnen. Diesen Pufferverbrauch berechnet man in Prozentpunkten.

Um den Fortschritt eines Projekts zu messen, wird der Anteil der fertiggestellten Vorgänge auf der kritischen Kette gemessen [1] – denn nur so schnell, wie das Projekt auf der kritischen Kette vorankommt, wird auch der Fertigstellungstermin erreicht.

Wir haben nun zwei Kennzahlen erarbeitet – den Pufferverbrauch und den Projektfortschritt. Beide Messgrößen werden ins Verhältnis gesetzt – das ergibt eine aussagekräftige Angabe über den wirklichen Projektstatus und damit über die Priorität des Projekts. Durch Visualisierung des Projektportfolios sieht der Manager auf einen Blick: Ein Projekt, das im roten Bereich ist, hat höchste Priorität.

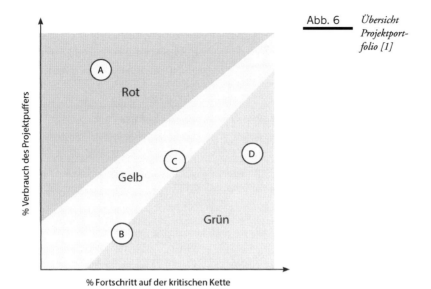

Abb. 6   *Übersicht
Projektport-
folio [1]*

Die Priorisierung auf Projektebene schlägt bis auf die Taskebene durch. Die Mitarbeiter erhalten eine deutlich priorisierte Taskliste und werden nicht mehr täglich von wechselnden Prioritäten überrascht – und vor allen Dingen werden sie nicht mehr unterbrochen.

Was ändert sich für wen?

Der Projektleiter hat mit der Projektportfolio-Übersicht (siehe Abb. 6) einen sehr guten Überblick über den Projektstand. Läuft ein Projekt in den roten Bereich, kann er sofort gegensteuern und Maßnahmen zur Beschleunigung ergreifen. Dem Projektleiter ist es möglich, während der gesamten Laufzeit den Projektstatus zu verfolgen und frühzeitig mit geeigneten Unterstützungsmaßnahmen einzugreifen. Das Topmanagement hat jederzeit Einblick in das gesamte Projektportfolio und sieht ebenfalls frühzeitig, wann Managementaufmerksamkeit gefordert ist. Die Mitarbeiter freuen sich über ein gesundes, robustes Taskmanagement.

Tabelle 1: Veränderte Arbeitsweisen	
Rolle	**Veränderungen**
Mitarbeiter/ Ressourcen	⇨ Mehr Teamarbeit ⇨ Singletasking ⇨ Weniger Unterbrechungen
Führungskräfte 1. Ebene von unten	⇨ Weniger gleichzeitig zu erledigende Vorgänge ⇨ Mehr Unterstützung für die Mitarbeiter bei deren Vorgängen ⇨ Schutz der Mitarbeiter vor Unterbrechungen
Ressourcen-manager	⇨ Kein Eingriff in taktische Priorisierung erforderlich ⇨ Fokus auf strategische Ressourcenentwicklung (statt auf taktische Ressourcennutzung)
Projekt-manager	⇨ Mehr Zeit für Kommunikation mit Kunden und Lieferanten sowie für konkrete Unterstützung der Mitarbeiter ⇨ Kampf um Ressourcen entfällt
Top-management	⇨ Einblick in das komplette Projektportfolio ⇨ Kein Firefighting mehr ⇨ Deutlich mehr Zeit für fokussierte Strategieentwicklung

Mehr als nur Projekte – die sechs Schichten des Widerstands

CCPM ist konzeptionell nicht schwer zu verstehen und zu erklären. Die Methoden zu implementieren, erfordert jedoch eine Veränderung von grundlegenden Vorgehensweisen und Verhaltensmustern. Eine Multiprojektorganisation ist gleichzeitig auch ein weites System aus Meinungen, Prioritäten und Zielen von Individuen und Gruppen. Die erarbeiteten Veränderungen ziehen weitreichende Kreise durch alle Abteilungen und Unternehmensbereiche. Erschwerend kommt hinzu, dass Unternehmen in der Regel schon viele angefangene, aber letztendlich gescheiterte Veränderungen hinter sich haben. Das führt dazu, dass Führungskräfte sich oft erst einmal abwehrend verhalten, weil »schon wieder eine neue Sau durchs Dorf gejagt wird«. Zudem befürchten sie vielleicht Konsequenzen und Veränderungen für lang erarbeitete Vorteile und Routinen im Arbeitsalltag.

Die bisherige Unternehmenskultur war geprägt vom Kampf um Ressourcen und Ressortdenken. Das mag zwar für viele nicht angenehm gewesen sein, aber es hat funktioniert und war stabil. Veränderungen sind erst einmal instabil und gehen mit Unsicherheiten einher. Die Führungskräfte und Mitarbeiter sehen sich mit einer neuen Form der Zusammenarbeit konfrontiert.

Um diese Widerstände aufzufangen und zu bearbeiten, ist es wichtig, mit den geeigneten Maßnahmen zunächst auf Topmanagementebene und danach auf Ebene der Führungskräfte den Sinn und Zweck der Veränderung zu vermitteln. Denn nur wenn der Nutzen der Veränderung verstanden ist, kann eine Veränderung nachhaltig bewirkt werden. Um in letzter Konsequenz Einigkeit zu erzielen, müssen sechs Schichten des Widerstands überwunden werden [4]:
1. Es besteht keine Einigkeit über das Problem des Projektmanagements.
2. Es gibt keine Einigkeit über die richtigen Lösungsansätze, damit Projektmanagement besser funktioniert.
3. Es besteht keine Einigkeit darüber, dass die Critical-Chain-Lösung sinnvoll ist.
4. Mitarbeiter und Führungskräfte befürchten eine Reihe negativer Nebeneffekte, die auftreten, wenn Critical Chain eingeführt wird.
5. Die Mitarbeiter und Führungskräfte sehen auf dem Weg zur Umsetzung viele Stolpersteine, für die es noch keine Lösung gibt.
6. Obwohl alle dem Konzept zugestimmt haben, handeln die Menschen nicht danach.

Was damit völlig offensichtlich wird, ist, dass die Veränderung nicht nach unten delegiert werden kann. Ganz im Gegenteil – Schritt für Schritt müssen Nutzen, Strategie und Taktik, erwartete positive Effekte und erwartete negative Effekte erarbeitet werden. Nur wenn das Topmanagement die Veränderung initiiert und begleitet, wird es eine nachhaltige und gewinnbringende Veränderung sein, bei der auch alle mitarbeiten. Nur wenn die Führungskräfte spüren – und sehen –, dass das Topmanagement voll »hinter der Sache steht«, werden sie sich trauen, den neuen Regeln zu folgen. Die Veränderungen finden nicht nur auf der Methodenebene statt, sondern es wird eine Veränderung im gesamten Managementprozess stattfinden. Der Aufgabenbereich von Führungskräften löst sich von der Überwachung der einzelnen Projekte und der Sanktionierung von Projektlaufzeitüberschreitungen hin zur Etablierung und Aufrechterhaltung einer Unterstützungskultur, die eine erhöhte Motivation und Leistungsfähigkeit mit sich bringt. Der Blick richtet sich von der lokalen Optimierung hin zu der Menge an fertiggestellten Projekten in einem bestimmten Zeitraum. Das Management sorgt dafür, dass die Unterordnung unter einen Engpass nicht als hierarchisches Gefüge, sondern als Teamwork verstanden wird. Diese Veränderung ist auf die Leistungsfähigkeit des Gesamtunternehmens ausgerichtet, bei der alle an ein und demselben Qualitätsstrang ziehen.

Unterstützung durch einen Berater

Die Tätigkeit der (externen) CCPM-Berater besteht primär aus der Unterstützung beim Veränderungsprozess. Die Entscheidungen im Unternehmen verlaufen top-down und benötigen zu jeder Zeit begleitende Hilfestellungen. Der erste Ansprechpartner ist das Topmanagement. Wenn hier der Nutzen der Veränderung klar ist (Was bedeutet es, wenn ich im gleichen Zeitraum 50 % mehr Projekte verkaufe?), wird das Topmanagement eine Veränderung durchführen wollen. Nur wenn die Führungskräfte den Nutzen auch für ihre Arbeit verstehen, werden sie ihre Mitarbeiter zur Veränderung anhalten und die Veränderungsschritte durchsetzen. Die Mitarbeiter werden die Veränderungen sofort spüren und dankbar sein, dass sie »endlich wieder normal arbeiten dürfen«.

Die Implementierung von CCPM sollte von Projektmanagement- und Unternehmensberatern begleitet werden, die erfahren im Umgang mit den Methoden von CCPM sind. Da es sich um umfangreiche und tief greifende Veränderungen handelt, ist es wichtig, nicht nur mit Erfolgen, sondern auch mit Fehlschlägen und Problemen vertraut zu sein.

304

Die erfahrenen Berater legen in der Regel selbst kaum Hand an, arbeiten und coachen aber »Schulter an Schulter« mit Topmanagement und Topführungskreis. Nachhaltige Ergebnisse werden nur Veränderungen erzielen, die von den Unternehmen selbst durchgeführt werden und die nicht nach »außen« delegiert werden.

Die Erfahrung zeigt, dass Abweichungen von den gemeinsam erarbeiteten Taktiken viel Zeit und Nerven kosten und dadurch Wirksamkeit und Nachhaltigkeit der CCPM-Einführung reduziert und/oder hinausgezögert werden – im schlimmsten Fall treten sie gar nicht ein. Hier lohnt sich für ein Unternehmen ein externes Audit durch Experten. Die erfahrenen CCPM-Berater erkennen die Abweichungen sofort und wissen, mit welchen Maßnahmen das Unternehmen zügig wieder »auf die Spur« gesetzt werden kann.

Literatur

[1]   TECHT, UWE: *Projects that Flow. Mehr Projekte in kürzerer Zeit. 1. Aufl. Stuttgart: ibidem-Verlag, 2014*

[2]   *Teures Multitasking: 450 Milliarden US-Dollar kostet die kleine Ablenkung zwischendurch. In: t3n – Digital Pioneers. Online verfügbar unter: http://t3n.de/news/multitasking-kosten-567223/ (letzter Zugriff am 4.11.2014)*

[3]   TECHT, UWE; LÖRZ, HOLGER: *Critical Chain – Beschleunigen Sie Ihr Projektmanagement. 3. Aufl. Freiburg: Haufe, 2011*

[4]   TECHT, UWE: *Goldratt und die Theory of Constraints. Ein TOC-Institute Buch 5. Aufl.. Moers: Editions la Colombe, 2013*

Zusammenfassung

In einer Welt, die von Unsicherheit und Murphy's Law geprägt ist, scheint Multiprojektmanagement komplex zu sein und schwierig zu steuern. Unklare Prioritäten und der Kampf um die Ressourcen prägen viele Projektumgebungen. Durch die Veränderungen, die mit Einführung von Critical-Chain-Projektmanagement vorgenommen werden, wird es das nicht mehr geben. Die taktischen Prioritäten sind dank der Einführung von Steuerungskennzahlen klar. Es gibt keinen Kampf um Ressourcen und auch keine täglich wechselnden Prioritäten mehr. Die Mitarbeiter arbeiten ihre Aufgaben nacheinander ab. Die Projektmanager sind endlich wieder in der Lage, sich um ihre eigentliche Aufgabe, nämlich das Betreuen der Kunden und des Projekts zu kümmern.

Die Komplexität der Projektumgebung nimmt deutlich ab. Das Management kann sich wieder mehr der strategischen Entwicklung des Unternehmens widmen.

Einer der Punkte, um die sich das Management rechtzeitig kümmern muss, ist zum Beispiel die Vermarktung des Nutzens, den das Unternehmen dem Markt durch frühzeitige Projektfertigstellung bieten kann. Wenn Ihr Unternehmen als einziges eine deutlich kürzere Lieferzeit zusagen kann, ist dieser Nutzen auch dem Käufer etwas wert. Hier gilt es, den Vertrieb rechtzeitig einzubinden, denn die erhöhte Projektfertigstellung muss, so schnell es geht, an den Markt übertragen und monetarisiert werden.

Einführung bzw. Optimierung von Projektmanagement-Offices

Ein Projektmanagement-Office (PMO) kann wertvolle Dienste leisten, um projektübergreifende Fragen zu klären und Unterstützung zu leisten. Das mögliche Leistungsspektrum ist dabei sehr breit und wird in der Praxis uneinheitlich gehandhabt. Die Einführung eines PMO ist entsprechend anspruchsvoll.

In diesem Beitrag erfahren Sie:
- was ein PMO ist, welche Hauptaufgaben es hat und welchen Mehrwert es leisten kann,
- welche Erfolgsfaktoren bei einer Einführung bzw. Optimierung zu beachten sind,
- wie Sie ein PMO in vier Stufen einführen bzw. optimieren.

STEPHEN RIETIKER

Einleitung

Das Project Management Office (PMO) ist seit einigen Jahren ein Hype-Thema, das nach wie vor im Trend liegt. Für manche ist das PMO geradezu ein Hoffnungsträger im Projektmanagement (PM). Offenbar ist es die richtige Idee zur richtigen Zeit. Erfüllt das PMO aber auch die hohen Erwartungen?

Die groß angelegte, praxisorientierte und wissenschaftlich fundierte PMO-Studie 2013/14 der GPM wurde kürzlich veröffentlicht [1]. Sie fördert einige überraschende Ergebnisse zutage, z. B. dass die Akzeptanz von PMOs auch in kleineren und mittleren Unternehmen höher ist als allgemein erwartet. Auf der anderen Seite gibt es nach wie vor auch in größeren, ansonsten gut organisierten Unternehmen Wissenslücken: So ist z. B. der Unterschied zwischen Project Office und PMO im Corporate Center einer größeren Schweizer Bank weitgehend unbekannt, auch im Senior Management. Es gilt demnach, das PMO zu definieren und entsprechend zu etablieren. Dabei kann es aufgrund der unterschiedlichen Ausgangslagen, Wahrnehmungen und Gestaltungsoptionen keine einfachen generischen Rezepte geben, sondern es braucht jeweils eine organisationsspezifische Gestaltung. Der vorliegende Beitrag gibt hierzu die nötigen Hintergrundinformationen und Definitionen, zeigt Erfolgsfaktoren auf und stellt ein praxiserprobtes vierstufiges Vorgehen für die Einführung bzw. Optimierung von PMOs vor.

Hintergrund

Um eine klare Ausgangslage zu schaffen, wird im Folgenden kurz darauf eingegangen, was ein PMO ist, was es tut und was es bringt.

Was ist ein PMO?

Hauptursachen für Missverständnisse und Verwechslungen sind die fehlende bzw. noch immer vielfach unbekannte Abgrenzung zwischen Project Office (PO) und Project Management Office (PMO) sowie auch die synonyme Verwendung der Begriffe. Dabei definiert DIN beide Begriffe sehr präzise [2]:

Definition PO

»Einem einzigen Projekt zugeordnete Funktion, die Unterstützungsleistungen für das Projekt erbringt«

Definition PMO

»Projektübergreifende Unterstützungsfunktion zur Einführung und Optimierung von Projektmanagementsystemen sowie der operativen Unterstützung von Projekten und Projektbeteiligten«

Bei einem PO geht es also um die Unterstützung eines einzelnen Projekts, während sich ein PMO um die Projektlandschaft als Ganzes kümmert.

Was tut ein PMO?

Aus der oben stehenden Definition lassen sich zwei Hauptaufgaben des PMO ableiten:

⇨ Erstens verankert ein PMO das PM in der Organisation und macht das Projektgeschäft steuerbar (und im Idealfall mit Kennzahlen messbar). Aus Managementsicht geht es dabei um die Umsetzung der Unternehmensstrategie durch Projekte.

⇨ Zweitens treibt ein PMO die projektübergreifende Weiterentwicklung des PM im Unternehmen voran. Hier geht es um Professionalisierung: Das PMO bringt die Organisation dazu, im PM kontinuierlich besser zu werden.

Aus diesen beiden Hauptaufgaben ergibt sich ein breites mögliches Leistungsspektrum, das ein PMO erfüllen kann. Die bereits erwähnte PMO-Studie [1] enthält eine Rangliste der Aufgaben (Leistungen) von PMOs, mehr dazu im Vorgehensschritt 2 unten.

Was bringt ein PMO?

Die Vermutung, dass ein PMO für die Organisation einen großen bis sehr großen Mehrwert leisten kann, ist in der Praxis mit 94 % weitverbreitet [1]. Als größter konkreter Mehrwert wurde in der PMO-Studie die Vermeidung von Doppelarbeit ermittelt, gefolgt von höherer Zuverlässigkeit beim Erreichen der strategischen Ziele und von nachhaltiger Entwicklung der Organisation.

Dass dennoch viele Unternehmen mit der Implementierung eines PMO zögern, liegt oftmals daran, dass erst ein übergroßer Leidensdruck entstehen muss – wie z. B. die Abwanderung von Kunden wegen wiederholten Verzögerungen bei Lieferterminen oder die nach einem mehrjährigen, unternehmensweiten Effizienzsteigerungsprogramm erreichte »Schmerzgrenze« aufgrund unterschiedlicher bzw. fehlender PM-Standards. Ein solcher Leidensdruck führt dann häufig dazu, dass reaktiv die vordergründigen Probleme gelöst werden, also

Symptombekämpfung betrieben wird. Hier kann Beratung aufzeigen, dass der mit einem PMO verbundene Mehrwert durchaus für eine vorausschauende und proaktive Implementierung spricht.

Faktoren für eine erfolgreiche Einführung bzw. Optimierung

Bei der Einführung eines PMO geht es um Prozesse, Methoden und Tools. Ist es also ein Methodenprojekt? Nein, dies würde zu kurz greifen, denn es geht auch um Kompetenzen, Rollen und Veränderung. Es soll nicht nur ein einzelnes Projekt auf Vordermann gebracht oder mehrere Projekte verbessert werden, sondern es geht um die Gesamtheit der Projekte, um eine Veränderung des PM selbst und des Umgangs damit in der Organisation. Diese Umwälzungen beeinflussen zumindest mittelfristig auch die Unternehmenskultur und können bei Projektleitern und anderen Stakeholdern Irritation und Widerstand auslösen. Die große Herausforderung besteht darin, diese Irritationen in engen Grenzen zu halten und den Widerstand in Akzeptanz zu überführen.

Bei einem solchen Veränderungsprozess leisten die nachfolgend skizzierten Erfolgsfaktoren einen wichtigen Beitrag:

Stakeholder-Management

Identifizieren Sie Ihre Stakeholder, führen Sie Vorgespräche, involvieren Sie sie beim Design des PMO und vernachlässigen Sie sie nicht bei der Implementierung. Fragen Sie sich immer wieder: Wer zieht welchen subjektiven Nutzen aus dem PMO und wer befürchtet Schaden oder Machtverlust? Achten Sie darauf, dass jede Stakeholdergruppe mindestens einen Nutzen für sich erkennen kann.

Veränderungsmanagement

Wie schon angesprochen geht es um eine Veränderung der Organisation. Veränderungsmanagement hat viele Facetten, auf die in diesem kurzen Kapitel nicht vertieft eingegangen werden kann. Die in Abbildung 1 dargestellte Veränderungskurve ist ein bewährtes Hilfsmittel. Wenn Sie sich diese Kurve immer wieder vor Augen führen und sich fragen »Wo steht die Organisation bzw. die Menschen im Moment auf dieser Kurve?« sind Sie am Puls und können geeignete Maßnahmen einleiten.

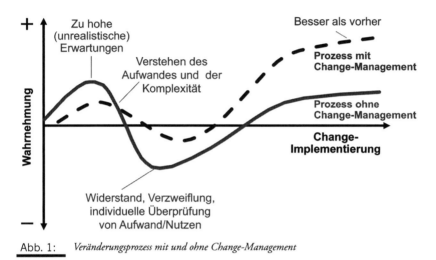

Abb. 1: *Veränderungsprozess mit und ohne Change-Management*

Akzeptanz schaffen

Schaffen Sie bereits im Vorfeld Akzeptanz. Treten Sie in Kontakt mit den Beteiligten, motivieren Sie sie wenn möglich zum Mitmachen, oder aber erreichen Sie wenigstens ein Minimalverständnis für die Notwendigkeit bzw. Sinnhaftigkeit der Einführung eines PMO.

»Je umfassender der Mehrwert, den ein PMO einer Organisation liefern kann, und je stärker dieser Mehrwert von den Stakeholdern des PMO auch als solcher wahrgenommen wird, umso höher ist auch die Akzeptanz des PMO in der Organisation. Als wichtigster Faktor für die Akzeptanz des PMO erweist sich die Quantifizierbarkeit des Nutzens.« [1]

Kommunikation

Stakeholder-Management, Veränderungsmanagement und auch Akzeptanz schaffen geht nicht ohne Kommunikation. Der nötige Aufwand ist hoch und sollte nicht unterschätzt werden.

Mitarbeiter »mitnehmen«, d. h. sie beteiligen, unterstützen und bestärken ist die eine »weiche« Seite der Kommunikation. Verbindliche Standards etablieren und diese durchsetzen, quasi das Festlegen von »harten Leitplanken«, ist die andere Seite der Kommunikation. Es braucht beides.

Einsatz externer Berater

Der Einsatz externer Berater kann für den Kunden folgende Vorteile haben:

⇨ Berater können mit neutralem Blick von außen blinde Flecken identifizieren, die Menschen in der Organisation nicht sehen können.

⇨ Sie bringen Erfahrungen und Wissen aus anderen, ähnlich gelagerten Projekten mit und können Quervergleiche anstellen.

⇨ Da sie nicht in die Hierarchie eingebunden sind, keine Karriereambitionen innerhalb der Organisation haben und vom Einführungsprozess nicht emotional betroffen sind, können sie oftmals ein gutes Verhältnis zum Management oder zu anderen Stakeholdergruppen herstellen.

Anforderungen an Berater aus Sicht des Autors: Er/sie sollte keine Patentrezepte »verkaufen« oder Tools implementieren wollen, sondern die individuelle Situation innerhalb der Kundenorganisation als Treiber für die Einführung berücksichtigen. Der Berater muss außerdem mit Widerstand umgehen können und kommunikativ sein.

Vierstufiges Vorgehen im Überblick

Die Einführung bzw. Optimierung eines PMO findet i. d. R. in einem komplexen Umfeld mit beachtlichen Herausforderungen auf der Sachebene und auf der menschlichen Ebene statt. Deshalb empfiehlt es sich, nicht einfach loszulegen, sondern strukturiert vorzugehen und damit den Menschen Orientierung zu geben.

In der Praxis hat sich ein vierstufiges Vorgehen bewährt:
1. Als erster Schritt werden die Ist-Situation erfasst und die Bedürfnisse ermittelt, beides unter Berücksichtigung möglichst vieler relevanter Aspekte.
2. Als Nächstes folgt das PMO-Design. Hier ist die zentrale Frage »Was passt optimal für die Organisation?«.
3. Im dritten Schritt erfolgt dann die initiale Implementierung des PMO.
4. Und als letzter Schritt wird eine kontinuierliche Weiterentwicklung angestoßen.

Die folgenden Beschreibungen fokussieren auf die ersten beiden Schritte, während die Schritte 3 und 4 nur grob skizziert werden.

Erster Schritt: Aufnahme von Ausgangslage und Bedarf

Da es sich bei der Einführung eines PMO um ein sozial komplexes Vorhaben handelt, bei dem nicht-lineare Ursache-Wirkungs-Beziehungen bestehen, sollte die Wirklichkeit unter verschiedenen Annahmen und Blickwinkeln beleuchtet werden. Dafür steht in diesem ersten Schritt mittlerweile eine Vielzahl an Instrumenten zur Verfügung, die selektiv kombiniert die besten Resultate versprechen. Die nachfolgend vorgestellte Auswahl wurde durch den Autor nach Gesichtspunkten der Praxistauglichkeit, Verschiedenartigkeit und Kombinierbarkeit getroffen.

Für die Auswahl des/der Assessment-Instrumente sollte mit dem Kunden überlegt werden, ob lösungsoffene Instrumente verwendet werden, die so viel Gestaltungsspielraum wie möglich belassen, oder ob sich der Kunde lieber an bereits vorstrukturierten Schemata orientieren möchte. Instrumente 1, 3a und 5 sind fragenbasiert und erlauben eine grundlegende Einordung bzw. Standortbestimmung. Instrumente 2 und 4 sind Rahmenmodelle, die eine lösungsneutrale Beurteilung und Präferenzbildung/Ausrichtung erlauben, während Instrument 3b die künftige Lösung bereits in gewisse schematische Bahnen lenkt.

Instrument 1 – Interviews mit Stakeholdern durchführen

Die folgenden Ausführungen geben Ideen für die Erstellung eines eigenen Interviewleitfadens.

⇨ *Stakeholder identifizieren:* Management und andere, z. B. Projektleiter. Wer sind Meinungsbildner? Wer trägt das Vorhaben (mit)? Wie stark unterstützt das Management, wer genau und wie? Mit welchen Widerständen ist zu rechnen und von wem? Ist Machtverlust ein Thema, wenn ja bei wem? Wie groß ist der Leidensdruck und wer hat überhaupt Leidensdruck? Soll bzgl. PM wirklich etwas verbessert werden, sind Bedarf und Wille für eine Veränderung vorhanden?

⇨ Ist (mehr) Transparenz gewollt? In welchen Bereichen (Projektmasterliste, Reporting, Budgetierung, Ressourceneinsatz etc.)? Wer ist gegen Transparenz und warum (z. B. Abteilungsleiter, »Fürsten«, »Gärtchen-Denker«)?

⇨ *Ist ein neuer Spieler – eben das PMO – gewollt?* Ist die Bereitschaft vorhanden, als PMO-Leiter eine kompetente Person einzustellen, die in der Lage ist, sowohl mit Senior Management als auch mit dem Projektportfoliomanagement, den Projektleitern und dem Linienmanagement auf Abteilungsebene (diese stellen in der Regel die Ressourcen für Projekte) zu kommunizieren?

⇨ *»Eine Person zu benennen genügt«:* Dominiert aus Kostengründen oder fehlendem Problembewusstsein die Vorstellung, dass eine Person als PMO-Leiter benannt wird und diese dann alle Probleme im Alleingang löst? Oder ist grundsätzlich die Bereitschaft vorhanden, bei Bedarf auch ein PMO-Team aufzubauen und/oder weitere Maßnahmen einzuleiten?

Instrument 2 – Polarisierte Typen

Um eine grundlegende Einordnung eines PMO zu ermöglichen, haben Raaf und von Schneyder acht »polarisierte Typen« herausgearbeitet, die typische, real existierende PMOs tendenziell überzeichnet darstellen [4]. Abbildung 2 zeigt diese polarisierten Typen im Überblick. Sie erlauben eine grobe Positionierung eines PMO und zeigen auf, was es sonst noch für Ausprägungen gibt. Sie haben sich als hilfreich erwiesen, um zu verstehen, vor welchem Hintergrund jemand spricht, und um Entwicklungsperspektiven transparent zu machen. Häufig lassen sich konkrete PMOs durch eine Kombination der Typen beschreiben.

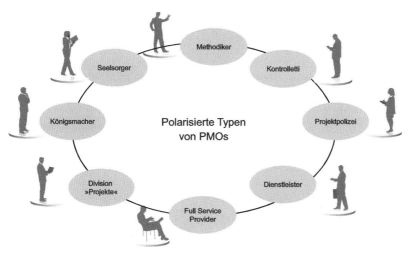

Abb. 2:   *Polarisierte Typen von PMOs (vgl. [4])*

Exemplarisch sind nachfolgend zwei Extreme der polarisierten Typen beschrieben:

Projektpolizei

»Das PMO ist verantwortlich für Prozesse, Methoden und IT-Werkzeuge und dafür, dass diese einheitlich angewandt werden. Es verwendet seine Energie darauf, diese Einheitlichkeit sicherzustellen und wird daher von den Projektleitern als ›Projektpolizei‹ und nicht immer als hilfreich empfunden. Hat fachliche Weisungsbefugnis gegenüber den Projektleitern.« [4]

Dienstleister

»Das PMO bietet umfassende Dienstleistungen an, die durch die Projekte abgerufen werden können. Es gibt keine verbindlichen Leistungen, die ein Projekt abrufen muss, und keine durch das Management angeordneten Maßnahmen.« [4]

Instrument 3 – PMO-Assessment

Ein PMO-Assessment kann offen gestaltet werden oder mittels eines standardisierten, systematischen Fragenkatalogs erfolgen.
3a) Eine offene Beurteilung benötigt viel Erfahrungs- und Hintergrundwissen des Durchführenden und sollte mindestens folgende Schwerpunkte enthalten (vgl. [3]):

⇨ Ist ein Standard für Einzelprojektmanagement vorhanden? Wird er weiterentwickelt und wie wird er gelebt?

⇨ Wie funktioniert die Dualität Linie vs. Projekt?

⇨ Wie sieht die Projekt- und Aufgabenlandschaft aus? Gibt es eine Übersicht über laufende Projekte? Welche Projektarten mit wie vielen Projekten gibt es heute und wie sieht die Prognose für die mittelfristige Zukunft aus?

⇨ Wie steht es um den PM-Ausbildungsstand?

⇨ Wie ist der Status bezüglich Projektportfoliomanagement, Ressourcenmanagement, Risikomanagement, Rollenklarheit etc.?

⇨ Wo werden die wesentlichen Schmerzpunkte verortet?

3b) Eine systematische Analyse ist mit dem Fragenkatalog des PMO-Assessments [4] möglich, der im Rahmen eines Self-Assessments beantwortet werden kann. Möchte der Kunde eine größere Tiefe erreichen, kann das Assessment von einem erfahrenen Experten begleitet werden. Mit dem Fragenkatalog sollen folgende Ziele erreicht werden:

⇨ Orientierung geben, welche Leistungen und Produkte im PMO angesiedelt sind bzw. sein sollten
⇨ Identifikation von fehlenden Elementen
⇨ Checkliste für qualitative Verbesserungen
⇨ Leistungsfähigkeit des PMO in der Organisation messen

Beurteilt werden folgende Kategorien:

⇨ PM-Kompetenz
⇨ PM-Organisation
⇨ PM-Prozesse, -Methoden, -Tools
⇨ PM-Controlling und -Reporting
⇨ Coaching und Mentoring

Die Bewertung erfolgt in den zwei Dimensionen

⇨ Prozessqualität (0 = nicht definiert, 4 = ist vollständig definiert und die Ergebnisse werden quantitativ erhoben, Defizite werden systematisch abgestellt) und
⇨ Durchgängigkeit der Anwendung (0 = wird nicht durchgeführt, 3 = wird durchgängig sichergestellt).

Das Ergebnis des Assessments liefert Anhaltspunkte für die Weiterentwicklung des PMO. Die Durchgängigkeit zeigt den Umsetzungsgrad und liefert damit indirekt das Verbesserungspotenzial. Ein Auszug aus dem Fragenkatalog ist in [4] enthalten.

Instrument 4 – KEY-9-Landkarte

Die KEY-9®-Landkarte repräsentiert ein praxisorientiertes Komponentenmodell eines »projektfreundlichen« organisatorischen Umfelds und deckt sowohl Komponenten ab, die von temporärem Charakter sind (z. B. die Projekte selbst) wie auch solche mit permanentem Charakter (z. B. Portfoliomanagement), denn beides ist nötig für die erfolgreiche Abwicklung von Projekten und Programmen. Gemäß der Komponentenmodell-Logik stellen die Spalten in Abbildung 3 Kompetenzbereiche dar und die Zeilen die Managementebenen [5].

Die Landkarte wurde als Instrument zur Professionalisierung des PM entwickelt. Im Rahmen eines PMO-Assessments kann sie helfen, ein PMO zu positionieren und den Umfang und die Verantwortlichkeiten des PMO zu bestimmen. In der Regel findet die Beurteilung der Landkarte in einem moderierten Workshop statt, wobei der Teilnehmerkreis möglichst heterogen zusammengesetzt sein sollte. Das Ergebnis der Analyse kann durchaus überraschend sein, da die unterschiedlichen Perspektiven von mehreren Personen mit unterschiedlichen Rollen übereinandergelegt werden. Die Landkarte hat sich als ein einfaches, verständliches Hilfsmittel erwiesen, um Handlungsbedarf und Optimierungsmöglichkeiten dank einer systematischen Analyse und der übersichtlichen Darstellung transparent zu machen.

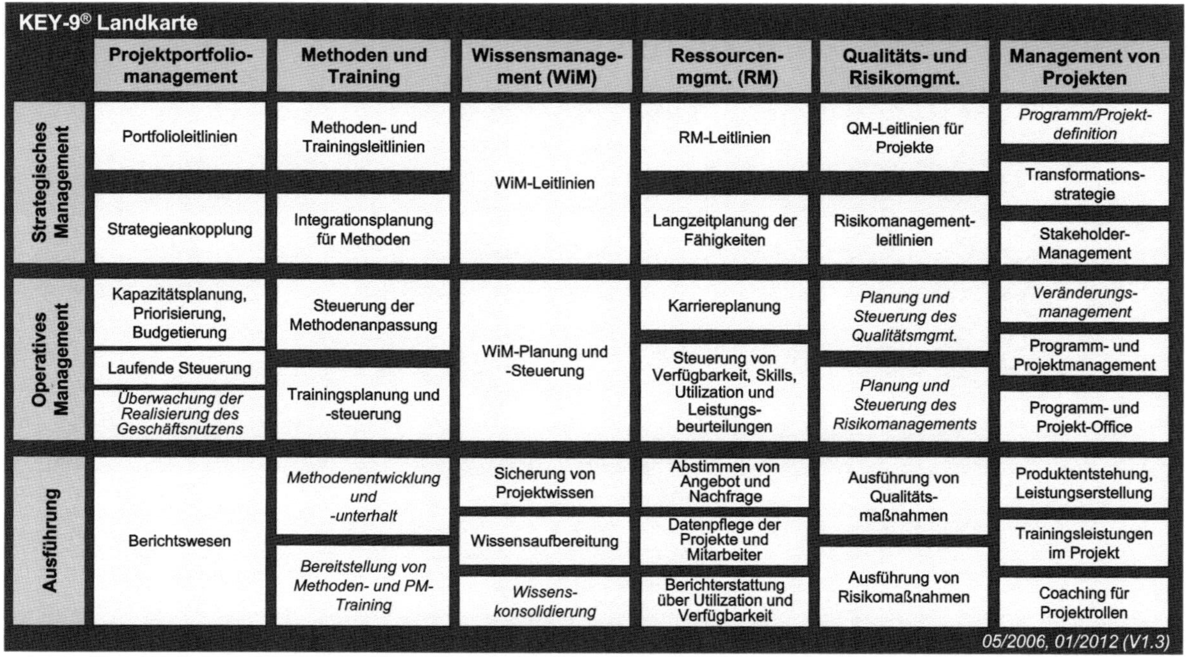

KEY-9® Landkarte

	Projektportfolio-management	Methoden und Training	Wissensmanagement (WiM)	Ressourcen-mgmt. (RM)	Qualitäts- und Risikomgmt.	Management von Projekten
Strategisches Management	Portfolioleitlinien; Strategieankopplung	Methoden- und Trainingsleitlinien; Integrationsplanung für Methoden	WiM-Leitlinien	RM-Leitlinien; Langzeitplanung der Fähigkeiten	QM-Leitlinien für Projekte; Risikomanagement-leitlinien	*Programm/Projekt-definition*; Transformations-strategie; Stakeholder-Management
Operatives Management	Kapazitätsplanung, Priorisierung, Budgetierung; Laufende Steuerung; *Überwachung der Realisierung des Geschäftsnutzens*	Steuerung der Methodenanpassung; Trainingsplanung und -steuerung; *Methodenentwicklung und -unterhalt*	WiM-Planung und -Steuerung	Karriereplanung; Steuerung von Verfügbarkeit, Skills, Utilization und Leistungsbeurteilungen	*Planung und Steuerung des Qualitätsmgmt.*; *Planung und Steuerung des Risikomanagements*	*Veränderungsmanagement*; Programm- und Projektmanagement; Programm- und Projekt-Office
Ausführung	Berichtswesen	*Bereitstellung von Methoden- und PM-Training*	Sicherung von Projektwissen; Wissensaufbereitung; *Wissens-konsolidierung*	Abstimmen von Angebot und Nachfrage; Datenpflege der Projekte und Mitarbeiter; Berichterstattung über Utilization und Verfügbarkeit	Ausführung von Qualitäts-maßnahmen; Ausführung von Risikomaßnahmen	Produktentstehung, Leistungserstellung; Trainingsleistungen im Projekt; Coaching für Projektrollen

05/2006, 01/2012 (V1.3)

Abb. 3: *KEY-9® Landkarte [9, übersetzt]*

319

Instrument 5 – Wertvorstellungsprofil

Last, but not least ist auch relevant, wie die Projektkultur im Unternehmen des Klienten aussieht. Ist diese primär auf die Linienorganisation ausgerichtet oder ist sie auch förderlich für den Zweck, Projekte durchzuführen? Wie steht es um die Akzeptanz und den Stellenwert von Projekten und Projektmanagement in der Organisation? Eine Kulturanalyse – z. B. nach [7] – bringt hier sicherlich die fundiertesten Ergebnisse, wird jedoch erfahrungsgemäß in den meisten Organisationen für PM/PMO als zu aufwendig angesehen. Als Alternative können Sie versuchen, die zentralen Fragen mittels eigener Interviewfragen zu beantworten. Als dritte Möglichkeit bietet sich das KEY-9®-Wertvorstellungsprofil an, ein einfaches und bewährtes Mittel für eine kulturelle Standortbestimmung in Sachen Projektkultur des Unternehmens. Es erlaubt herauszufinden, inwieweit die Wertvorstellungen der relevanten Stakeholder in Bezug auf Projektarbeit konsistent sind und als Kriterien für Führungsentscheidungen wirksam und glaubwürdig zu einem gut verankerten PMO oder zu einem projekt(un)freundlichen Umfeld beitragen.

Das Verfahren wurde ursprünglich in St. Gallen entwickelt und vom Autor auf den Projektbereich übertragen [5]. Basis bildet ein für den Projektbereich angepasster morphologischer Kasten mit den projektrelevanten Organisationscharakteristika als Faktoren mit ihren möglichen Ausprägungen (siehe Tabelle 1 unten). Zunächst trägt jedes Mitglied des Beurteilungsteams sein eigenes »Profil« für sich ein (Ist und Soll). Anschließend werden die verschiedenen Profile miteinander verglichen und gemeinsam diskutiert. Zweck dieser Diskussion ist die Aufdeckung wesentlicher Diskrepanzen mit dem Ziel, diese wenn möglich zu überwinden, d. h. eine gewisse Harmonisierung zu erreichen. Dabei sind gewisse Abweichungen durchaus tolerierbar, wesentlich ist aber, dass keine extrem abweichenden Auffassungen bestehen bleiben, denn solche würden auf größere zu erwartende Probleme in der Implementierung hinweisen. Je größer der Abstand zwischen Ist und Soll bei einem Faktor ist, desto schwieriger wird die Erreichung des Soll-Zustandes.

Tabelle 1: Raster zur Erstellung von projektbezogenen Wertvorstellungsprofilen [5]

Faktor	Ausprägung »A«	1	2	3	4	Ausprägung »B«
Leitmotiv	Stabilität, Kontinuität, Status quo					»Geplante Evolution«, Wandel
Innovationsneigung	gering					hoch
Risikoneigung	gering					hoch
Orientierung	intern, instrumentell (Aufgaben, Strukturen)					extern, Zweckeignung (Kunde, Wirkung)
Vertrauen ...	... in Regeln (viele starre Regeln, eher milde Konsequenzen)					... in Menschen (flexible Leitprinzipien, wenig Regeln, eher harte Konsequenzen)
Motivation wird erreicht ...	... primär extern durch Compliance (Strafe vermeiden)					... primär intern durch Commitment (basierend auf Überzeugungen und gemeinsamen Werten)
Führungsverständnis	autokratisch, kontrollierend					Enabling, Empowering
Systempräferenz	bürokratisch					Einfach, lean
Zeithorizont	kurzfristige Bottom-Line-Erfolge					Balance zwischen kurzfristigen Erfolgen und langfristiger Lebensfähigkeit
Organisationstypologie	Hierarchie					Netzwerk
Machtverteilung	zentral					dezentral
Wissen und Lernen	»Wissen ist Macht«, need to know					Wissen teilen, »lernende Organisation«

321

Tabelle 1: Raster zur Erstellung von projektbezogenen Wertvorstellungsprofilen [5] (Fortsetzung)

Faktor	Ausprägung »A«	1	2	3	4	Ausprägung »B«
Anspruch an Rolle des Projektleiters	führt von Verkauf (oder anderer vorgelagerter Funktion) vorgegebene Pläne aus, eher administrative Rolle					eigenverantwortlicher, intrinsisch motivierter Unternehmer mit Gesamtverantwortung
Projektauftrag	bloße Formalität ohne Verbindlichkeit					verbindliches Grundlagendokument, das mit Budget und Zeit verbunden ist
Projekte sind ...	... ein Ausführungsinstrument mit Null-Fehler-Toleranz					... eine Quelle für individuelles und organisationales Lernen; Fehler in Maßen werden toleriert
Philosophie für Planung und Controlling	Detailplanung des Gesamtprojekts bis auf Aktivitätenebene, dann gegebenenfalls Meilensteine einfügen					Zweck, Ziele, Meilensteine, Verantwortlichkeiten, dann Aktivitäten (zuerst *was,* dann *wie*)
Verbindlichkeit und Transparenz	unwesentlich					wesentlich
...						
1 = Ausprägung A wird stark bevorzugt						
2 = Ausprägung A wird eher bevorzugt						
3 = Ausprägung B wird eher bevorzugt						
4 = Ausprägung B wird stark bevorzugt						

Das Ergebnis dieses Klärungsprozesses gibt Auskunft darüber, wie weit das Konzept der Projektarbeit zur Unternehmenskultur passt und wie viel Anstrengung nötig ist, um durch Förderung der projektrelevanten Werte eine optimale Nutzung von Projektarbeit zu erreichen. Letzteres gibt wertvolle Hinweise, ob die Implementierung eines PMO eine reale Chance hat. Als Berater sollten Sie darauf hinwirken, dass sich die Mitglieder des Führungsteams ehrlich dazu äußern, ob sie willens sind, eine entsprechende strategische Initiative zur Einführung, Verbesserung oder Stärkung eines PMO und damit der Projektarbeit an sich persönlich zu unterstützen. Ohne eine diesbezügliche Verpflichtung (Commitment) auf lange Sicht ist die Gefahr äußerst hoch, dass eine solche Initiative nach der typischen Anfangseuphorie mittelfristig im Sand verläuft oder ganz scheitert.

Aufzeigen, was die Organisation mit einem PMO erreichen kann

Unabhängig davon, welche Instrumente in diesem ersten Schritt verwendet werden, gilt es aufzuzeigen, wo der Mehrwert eines PMO liegen kann. Gute Anhaltspunkte gibt die bereits mehrfach erwähnte PMO-Studie [1].

Checkpunkt: Grundsatzfragen geklärt?

Am Ende des ersten Schrittes sollten Sie folgende zentrale Fragen beantworten können:
⇨ Wer sind die relevanten Stakeholder und die Zielgruppen des PMO?
⇨ Wo schmerzt es am meisten? Besteht Konsens darüber?
⇨ Wie viel Standardisierung ist nötig und gewünscht? Welche Rolle spielt das PMO dabei?
⇨ Welche Widerstände sind zu erwarten und von wem?
⇨ Wie weit besteht Konsens über die Zielvorstellung?
⇨ Wie viel Management-Unterstützung ist wirklich vorhanden? Ist sie nur verbal oder ist ein Commitment spürbar?

Entstehung »von unten« oder Beauftragung »von oben«

Bevor die Gedanken im zweiten Schritt auf das inhaltliche Design gerichtet werden, sollte die identifizierte Management-Unterstützung als Ausgangslage für das am besten geeignete Vorgehen herangezogen werden. Üblicherweise wird dieses Vorgehen auch in den Plan für die nächste Phase einfließen und Vorbedingung für die Phasenfreigabe sein.

Die meisten Autoren und Praktiker sind sich einig, dass Management-Unterstützung bzw. Beauftragung durch das Management eine Voraussetzung ist, d. h. es wird von einer Top-down-Implementierung ausgegangen. Schöps vertritt als Gegenpol in [8] sehr pointiert die Meinung, dies sei realitätsfremd und auch nicht unbedingt nötig. Sie zeigt denn auch auf, was es aus ihrer Sicht braucht, um bottom-up Akzeptanz für ein PMO zu schaffen, auch wenn kein Auftrag des Managements vorliegt.

Idealerweise können der Top-down- und der Bottom-up-Ansatz in einem Gegenstromverfahren kombiniert werden, dann nämlich, wenn sowohl Unternehmensleitung wie auch Projektleiter, Projektmitarbeiter und Linienführungskräfte einen Bedarf sehen.

Wenn die Unterstützung des Managements nicht vorhanden ist, muss nicht gleich das Handtuch geworfen werden. Es ist vielmehr ein Hinweis, dass die Zeit noch nicht reif ist, und eine Aufforderung, mit dem Management nochmals den Nutzen eines PMO zu diskutieren.

Zweiter Schritt: Design eines »Tailored PMO«
»Tailored PMO« wurde als Begriff gewählt für ein optimal passendes, d. h. auf die Organisation individuell zugeschnittenes PMO.
Was heißt »optimal«?

Um die Frage nach dem optimalen Design eines PMO beantworten zu können, muss zuerst geklärt werden, was unter »optimal« zu verstehen ist. Hier gibt es unterschiedliche Ansätze, allen voran die reine ROI-Betrachtung oder die Umsetzung des Managementauftrags.

Bei diesen beiden Ansätzen kommt i. d. R. die soziale Dimension des Vorhabens zu kurz, d. h. die sachlichen Fragen stehen über den unterschiedlichen Interessen der Beteiligten. Demgegenüber hat aus Erfahrung die Nutzenoptimierung für die Stakeholder die besten Erfolgschancen. Dabei ist es wichtig, nicht nur die Interessen des Managements und dessen Nutzen im Auge zu haben, sondern den Nutzen für die relevanten Stakeholder-Gruppen. Da dieser Nutzen personen- und kulturabhängig ist, bedeutet »optimales Design«, dass das PMO auf die individuellen Bedürfnisse der Organisation maßgeschneidert werden sollte.

Die in der Organisation immer (!) vorhandenen Interessenkonflikte werden mit dieser Vorgehensweise nicht ignoriert oder unter den Teppich gekehrt, sondern kommen auf den Tisch. Wenn transparent ist, wer welchen Nutzen aus dem PMO ziehen kann und wer was zum Gelingen der Einführung des PMO beizutragen hat, kann ein Austarieren dieser Interessen angestrebt werden. Als Beispiel sei hier das Projektreporting aufgeführt, das typischerweise von den Projektleitern als administrativer Aufwand betrachtet wird. Kommt nun mit einem PMO aus Portfoliosicht ein weiterer Bericht hinzu, löst dies selten Begeisterungsstürme aus, denn in vielen Organisationen fragen unterschiedliche Stellen sowieso schon regelmäßig Informationen bei den Projektleitern ab – und dies in unterschiedlichen Formaten, Detaillierungsgraden und zu unterschiedlichen Zeiten. Ein PMO kann in die Richtung steuernd wirken, dass die Anzahl der Berichte, die Projektleiter abliefern müssen, reduziert wird. Damit kann die Akzeptanz bei den Projektleitern massiv gesteigert werden.

Positionierung des PMO

Organisatorische Eingliederung und/oder Fachzuständigkeit

Soll das PMO alle Projekte des Unternehmens unterstützen bzw. steuern? Bei kleineren und mittleren Unternehmen ist dies durchaus möglich. Bei großen Unternehmen und Konzernen kann es hingegen durchaus mehrere PMO-Ebenen geben, z. B. ein strategisches PMO auf Konzernebene und je eines pro Geschäftsbereich. Ein PMO kann auch für einzelne Fachbereiche zuständig sein, z. B. für IT-Projekte oder für die Produktentwicklung.

Achten Sie darauf, dass die hierarchische Ansiedlung des PMO mit der Maturität der Organisation bezüglich PM und mit dem Aufgaben-/Leistungsspektrum des PMO zusammenpasst.

Aufgaben/Leistungen von PMOs

Abbildung 4 enthält eine Rangliste ausgewählter Aufgaben, die nach der Häufigkeit geordnet ist, mit der diese Aufgaben von PMOs in der Praxis wahrgenommen werden [1]. Die PMO-Studie zeigt, dass die Rolle von PMOs in Organisationen bisher von allen Stakeholdern eher über die Übernahme von operativen Aufgaben interpretiert wird. Im Hinblick auf die Unterstützung der strategischen Weiterentwicklung von Organisationen scheint somit noch großes Potenzial bei PMOs vorhanden zu sein [1].

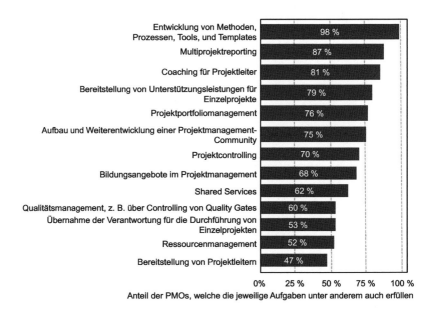

Abb. 4:   *Aufgaben, die ein PMO in der Praxis erfüllt [1]*

326

Im Sinne einer schrittweisen Entwicklung können nicht alle der in Abbildung 4 dargestellten Aufgaben bereits im initialen Entwicklungsschritt abgedeckt werden. Es empfiehlt sich, einerseits bei den unverzichtbaren Basisaufgaben anzusetzen und andererseits bei denjenigen Aufgaben, die vorhandene Schmerzen lindern können.

In der PMO-Studie [1] wurde auch untersucht, ob das Aufgabenspektrum eines PMO von seiner Größe und der Größe der Organisation abhängt. Das Ergebnis ist keine lehrbuchartige »theoretische« Typologie, sondern eine konkrete empirische Auswertung der Aufgabenlandschaft von PMOs im deutschsprachigen Raum. Abbildung 5 zeigt, dass die Häufigkeit für die Übernahme bestimmter Aufgaben in der Praxis deutlich von der Größe des PMO bzw. der Organisation abhängt und wiederum andere Aufgaben unabhängig von diesen Faktoren vom PMO übernommen werden [1]. Erstaunlich ist z. B., dass bereits ab einer Anzahl von zehn betreuten Projekten die Häufigkeit der Aufgabe »Projektportfoliomanagement« deutlich ansteigt.

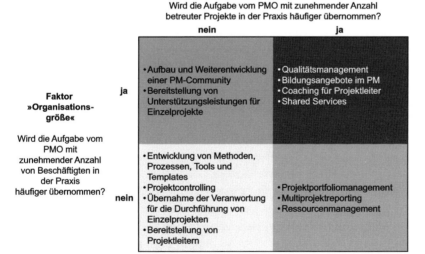

Faktor »PMO-Größe«

Wird die Aufgabe vom PMO mit zunehmender Anzahl
betreuter Projekte in der Praxis häufiger übernommen?

	nein	**ja**
Faktor »Organisationsgröße« ja	• Aufbau und Weiterentwicklung einer PM-Community • Bereitstellung von Unterstützungsleistungen für Einzelprojekte	• Qualitätsmanagement • Bildungsangebote im PM • Coaching für Projektleiter • Shared Services
Wird die Aufgabe vom PMO mit zunehmender Anzahl von Beschäftigten in der Praxis häufiger übernommen? nein	• Entwicklung von Methoden, Prozessen, Tools und Templates • Projektcontrolling • Übernahme der Verantwortung für die Durchführung von Einzelprojekten • Bereitstellung von Projektleitern	• Projektportfoliomanagement • Multiprojektreporting • Ressourcenmanagement

Abb. 5: *Einfluss der Faktoren »PMO-Größe« und »Organisationsgröße« auf die Wahrnehmung ausgewählter Aufgaben im PMO [1]*

327

Leiter des PMO

Die Kernfrage lautet: Soll der PMO-Leiter ein reaktiver Administrator oder ein proaktiver Steuermann sein? Die folgenden Ausführungen beschreiben das Anforderungsprofil für den Typ »Steuermann«.

Ein PMO-Leiter

⇨ hat im Idealfall Erfahrung als Linienmanager und Projektleiter,
⇨ sollte schon einmal als Projektportfoliomanager gewirkt haben,
⇨ sollte etwas von Veränderungsprozessen und den darin inhärenten Widerständen sowie von Unternehmenskultur verstehen,
⇨ muss nicht nur als starke und überzeugende Persönlichkeit auftreten können, sondern auch kommunikative sowie Konfliktlösungsfähigkeiten mitbringen,
⇨ muss mit unterschiedlichen, teils widersprüchlichen Interessen konstruktiv im Sinne des Gesamtunternehmens umgehen können und
⇨ sollte ein Flair für Marketing haben: Gutes tun genügt nicht, man muss auch darüber reden. Gefragt ist ein »Kommunikator«, der jede passende Gelegenheit ergreift, um sein Thema zu verkaufen, ohne jedoch penetrant zu wirken (vgl. Anforderungsprofil eines Chief Project Officer in [5]).

Falls das PMO auch die Lücke zwischen Strategie und Projekten schließen soll, muss der PMO-Leiter auch etwas von Strategieentwicklung und -umsetzung verstehen.

Design-Prinzipien

Basierend auf den Ergebnissen aus dem ersten Schritt werden die Design-Prinzipien individuell angepasst werden müssen. Als allgemeingültige Prinzipien haben sich die folgenden bewährt:
⇨ Grundregel: Prozesse schlank halten, Overengineering vermeiden! Methodische Standardisierung nicht übertreiben und kein zu enges Korsett schnüren, das zu wenig Freiheiten lässt und die Wahrnehmung von PMO/PM als praxisfernen, bürokratielastigen Fremdkörper fördert.

⇨ Auf essenzielle Prozesse und Tools fokussieren.

⇨ Prozesse und Tools müssen zur aktuellen Infrastruktur und Kultur passen. Je nach Situation kann es z. B. sinnvoll sein, sich auf Personen im PMO zu verlassen, statt auf schicke Tools. Viele Berater wollen Methoden und Tools »verkaufen«, doch ist dem Kunden damit längerfristig wirklich gedient?

⇨ Es empfiehlt sich, in einem fortgeschrittenen Stadium vor der Einführung von »raffinierten« Tool-Suiten den »Fit« betreffend Kultur und Kompetenzen sorgfältig zu prüfen. Die Einführung eines Tools mit zehn Modulen und Kostenpunkt um einen sechsstelligen Eurobetrag, von dem nach zwei bis drei Jahren nur noch ein bis zwei Module teilweise eingesetzt werden, macht schon rein ökonomisch gesehen keinen Sinn.

Implementierungsplanung

Nun gilt es, die auf Papier bestehende Konzeption in konkrete Maßnahmen zu überführen und deren Umsetzung zu planen. Folgende Fragen sind hierfür zu klären:

⇨ Welche Aufgaben/Leistungen müssen vorrangig bereitgestellt werden? Welche können (müssen?) später erfolgen?

⇨ Welche Methoden und Werkzeuge werden benötigt, um die Leistungen erbringen zu können?

⇨ Welche Ressourcen werden mit welchen Kompetenzen und mit welcher Grundeinstellung (»Mindset«) benötigt? Ressourcenbeschaffung und Implementierungsplanung müssen aufeinander abgestimmt sein.

⇨ Wie muss sich das PMO intern aufstellen, damit es nach außen dauerhaft den Ansprüchen genügt bzw. die angetrebte Zielsetzung erfüllt? Hierbei kann es neben PMO-internen Prozessen z. B. auch um Weiterbildungsbedarf, Teambildung oder Infrastruktur gehen.

Mehrwert von Beratung bei der Implementierungsplanung

Schätzen Sie als Berater mit neutralem Blick am Schluss dieses zweiten Schrittes nochmals ab, wie weit die Implementierung so, wie sie geplant ist, durch die Organisation auch verkraftet werden kann und ob die Mitarbeiter (im PMO und außerhalb) damit nicht überfordert werden. Lieber etwas ruhiger und dafür nachhaltig angehen als nach einem Schnellschuss überfordert aufgeben. Genug Zeit einplanen und – wie beim Bergsteigen –, wenn einer aus der Gruppe nicht mehr mithalten kann, eine Pause einlegen.

Stellen Sie sicher, dass in der Implementierungsplanung die Realisierung von »Quick Wins« enthalten ist, d. h. kann den Beteiligten schnell ein Vorteil verschafft werden? Dies ist für die Akzeptanz ein zentraler Punkt.

Außerdem sind Sie als Berater in der Regel der Einzige, der nochmals mit der Außensicht prüfen kann, ob die Implementierungsplanung zum Zieltypus passt. Wenn z. B. das PMO mit Machtbefugnis ausgestattet ist und beauftragt wird, das Portfolio- und Projektmanagement voranzubringen, ist die Implementierungsstrategie geradlinig und kann nach klassischem Phasenmodell erfolgen (d. h. Konzept, Einführungsplanung, Genehmigung, loslegen … und dabei die Kommunikation nicht vergessen) (vgl. [6]). Wenn jedoch das PMO beauftragt wird, das Projekt- und Portfoliomanagement voranzubringen, ohne dabei mit entsprechender Weisungsbefugnis ausgestattet zu sein, muss eine andere Implementierungsstrategie verwendet werden. Denn dann ist damit zu rechnen, dass die Einführung nicht geradlinig verläuft, sondern häufigen Änderungen unterworfen sein wird [6]. In diesem Fall ist es noch wichtiger, dass das PMO nicht nur dem Management dient, sondern sich auch um die Belange der Projektleiter kümmert. Dieser zweite Typ PMO erfordert mehr Flexibilität, Sensibilität und Fingerspitzengefühl im Umgang mit den Stakeholdern, und noch mehr kommunikative Anstrengungen als der erste Typ.

Dritter Schritt: Implementierung

Sie haben im zweiten Schritt die Implementierung sorgfältig auf die Bedürfnisse und auf die Situation der Organisation abgestimmt. Jetzt geht es um die Umsetzung der geplanten Maßnahmen. Dabei werden Sie auch bei der bestmöglichen Planung auf unverhoffte Herausforderungen treffen, die i. d. R. weniger im Bereich der technischen Aspekte liegen, sondern eher in dem der individuellen Wahrnehmungen der Beteiligten und Betroffenen. Deshalb wird in diesem Kapitel darauf eingegangen, worauf Sie bei der Implementierung ein spezielles Augenmerk richten sollten.

Auf Akzeptanz achten und dabei flexibel bleiben

Achten sie darauf, dass subjektiv wahrgenommene Vorteile wirklich geschaffen werden und nicht als Papiertiger aus der Designphase liegen bleiben. Wenn sich z. B. entgegen der Planung herausstellt, dass geforderte Dienstleistungen, wenn es konkret wird, doch nicht wirklich oder weniger dringend gebraucht werden und somit der Akzeptanz nicht förderlich sind, kippen Sie sie wieder oder verschieben Sie sie auf später.

Menschen mitnehmen

Es kann nicht genug betont werden: Eine PMO-Einführung ist genau wie eine PM-Professionalisierung sehr kommunikationsintensiv. Unterschätzen Sie den zeitlichen Aufwand nicht und kommunizieren Sie klar und konsequent mit den Zielgruppen. Die Verwendung eines »Sales Kit« mit den wichtigsten Botschaften und Darstellungen hat sich bewährt, denn damit brennt sich gewissermaßen das zukünftige Bild des PMO in der Organisation in die Köpfe ein. Vermarkten Sie damit die Vision proaktiv. Gehen Sie aber trotzdem mit Fingerspitzengefühl vor, vielleicht müssen Sie auch mal einen Umweg gegenüber dem Plan machen, um ans Ziel zu gelangen.

331

Mehrwert von Beratung in der Implementierung

Gerade in dieser dritten Phase kann es emotional hoch hergehen. Als Außenstehender sind Sie vom Einführungsprozess emotional nicht betroffen, ganz im Gegensatz zu den Mitarbeitern des Kunden. Vermitteln Sie, wenn nötig, oder versuchen Sie, die Wogen bei Bedarf zu glätten.

Nutzen Sie Ihre »neutrale« Stellung und das – hoffentlich bis jetzt aufgebaute – gute Verhältnis zum Management und zu anderen Stakeholdergruppen. Geben Sie z. B. ab und zu eine »Second Opinion« zum Einführungsprozess ab, formell oder informell.

Vierter Schritt: Kontinuierliche Weiterentwicklung

Irgendwann werden Sie denken, das Ziel erreicht zu haben. Um dies zu überprüfen, ist der am besten geeignete Indikator die Akzeptanz des PMO in der Umgebung. Was Sie vermeiden sollten, ist, sich jetzt im Team auf die Schultern zu klopfen und zum Tagesgeschäft überzugehen.

Implementierung feiern – innehalten – weiter geht's

Feiern Sie den Abschluss der initialen Implementierung! Als Berater ist Ihr Auftrag damit vielleicht beendet. Pochen Sie trotzdem darauf, dass nach dem Feiern zuerst einmal eine (kurze) Ruhepause eingelegt und diese Pause zum Reflektieren benutzt wird. Die Reflexion können Sie sehr gut als Externer moderieren. Reflektieren Sie den Einführungsprozess und das Resultat: Was lief gut, was nicht, wo bestehen Verbesserungsmöglichkeiten? Wo liefert das PMO aus Sicht welcher Stakeholder den erwarteten oder sogar einen unverhofften Mehrwert? Wo besteht Änderungsbedarf?

Zusätzlichen Mehrwert können Sie im Vorfeld liefern, indem Sie sicherstellen, dass weitere Verankerungsmaßnahmen geplant und vorbereitet werden, bevor das Implementierungsprojekt abgeschlossen ist. Dazu können z. B. gehören:

➪ Coachingangebote
➪ Schulungsaktivitäten
➪ Unterstützung bei der Planung/Durchführung neuer Projekte nach neuen Standards
➪ Umstellung von ausgewählten, laufenden Projekten auf neue Standards
➪ Festlegen, wie und wann die Statusberichterstattung erfolgt

Diese im Voraus geplanten Verankerungsmaßnahmen sollten in der Reflexionsrunde auch thematisiert werden: Stimmen sie noch, gibt es Bedarf für weitere oder andere Maßnahmen? Was braucht es nicht mehr oder erst später?

Akzeptanzchecks einplanen

Wenn ein PMO einschläft, dann ist dies nach Meinung des Autors meist auf Konstruktionsfehler zurückzuführen oder darauf, dass sich das PMO zu sicher gefühlt hat und sich nicht an Veränderungen im Umfeld angepasst hat. Deshalb ist es nötig, das Sensorium so einzustellen, dass nicht auf Entwicklungen reagiert werden muss, sondern diese mitgestaltet werden oder das PMO sogar einen Schritt voraus ist. Selbst wenn dies bewerkstelligt wird, ist es dennoch empfehlenswert, als Monitoring bzw. Qualitätssicherung ab und zu (jährlich) einen Akzeptanzcheck durchzuführen. Sofern der Berater aus dem Implementierungsprojekt einen guten Job gemacht hat, ist er prädestiniert für einen solchen jährlichen Akzeptanzcheck, da er das Umfeld, die Historie und die Stakeholder bereits kennt (außer der Kunde möchte gezielt jemanden, der eben gerade nicht bei der Implementierung dabei war und mit einem völlig frischen Blick daherkommt).

Wenn das Ergebnis positiv ausfällt, empfehlen Sie, so weiterzumachen wie bisher bzw. fortzufahren wie geplant. Wenn das Ergebnis nicht so positiv ausfällt wie erwartet, analysieren Sie mit dem Kunden die Ursachen und bieten Sie an, z. B. die Konzeption zu überarbeiten, die Rollenprofile zu schärfen oder die Verankerungsstrategie anzupassen. Das PMO muss seiner Umgebung signalisieren, dass es etwas ändert. Unterstützen Sie dabei.

Literatur

[1]   ARNDT, CHRISTIAN; BRAUN, LORENZ; RIBEIRO, MICHAEL; RIETIKER, STEPHEN; VON
      SCHNEYDER, WOLFRAM; SCHEURER, STEFFEN: *Das PMO in der Praxis – Verbreitung –
      Akzeptanz – Erfolgsmessung. Empirische PMO Studie 2013/14. GPM Deutsche Gesellschaft
      für Projektmanagement e. V. in Kooperation mit der Hochschule für Wirtschaft und Umwelt
      Nürtingen-Geislingen (HfWU), Nürnberg, 2014*

[2]   DIN 69901-5 *»Projektmanagement – Projektmanagementsysteme – Teil 5: Begriffe«, Deutsches Institut für Normung e. V., Berlin: Beuth-Verlag, 2009*

[3]   RIETIKER, STEPHEN; WEBER, WOLFGANG: *Implementierung eines PMO – Ziele, Voraussetzungen, Nutzen und Vorgehen. Teilnehmerdokumentation eines am PMO-Tag 2012 durchgeführten Workshops*

[4]   RAAF, ALWIN; VON SCHNEYER, WOLFRAM: *Assessment für Project Management Offices – Ausrichtung an den individuellen Bedürfnissen. In: Tagungsband 26. Internationales Deutsches PM Forum 2009, S. 76–84*

[5]   RIETIKER, STEPHEN: *Der neunte Schlüssel – Vom Projektmanagement zum projektbewussten Management. Bern: Haupt, 2006*

[6]   KUHLMEY, ASTRID; VON SCHNEYER, WOLFRAM: *Project Management Offices implementieren und Akzeptanz sichern. In: ProjektMagazin, Ausgabe 21/2010*

[7]   CAMERON, KIM S.; QUINN, ROBERT E.: *Diagnosing and Changing Organizational Culture – Based on the Competing Values Framework. San Francisco: Wiley, 2006*

[8]   SCHÖPS, MARITA: *Ein PMO kann auch »von unten« entstehen – Der Mythos vom Top-Management-Auftrag. In: ProjektMagazin, Ausgabe 11/2013*

Internetquellen

[9]   *KEY-9® Map – Components for a project-friendly environment. Online verfügbar unter
      http://www.key-9.com/key-9-downloads (letzter Zugriff: 29.1.2015)*

Zusammenfassung

Ein PMO wird definiert als »Projektübergreifende Unterstützungsfunktion zur Einführung und Optimierung von Projektmanagementsystemen sowie der operativen Unterstützung von Projekten und Projektbeteiligten« und kümmert sich in dieser Funktion um die Projektlandschaft als Ganzes, nicht um ein einzelnes Projekt.

Ein PMO erfüllt zwei Hauptaufgaben: Es verankert das PM in der Organisation und treibt die projektübergreifende Weiterentwicklung des PM im Unternehmen voran.

Die Einführung bzw. Optimierung eines PMO findet i. d. R. in einem komplexen Umfeld mit beachtlichen Herausforderungen auf der Sachebene und auf der menschlichen Ebene statt. Deshalb empfiehlt es sich, strukturiert vorzugehen und damit den Menschen Orientierung zu geben. Ein vierstufiges Vorgehen hat sich in der Praxis bewährt:

1. Als erster Schritt werden die Ist-Situation erfasst und die Bedürfnisse ermittelt – beides unter Berücksichtigung möglichst vieler der relevanten Aspekte.
2. Als Nächstes folgt das PMO-Design. Hier ist die zentrale Frage »Was passt optimal für die Organisation?«.
3. Im dritten Schritt erfolgt dann die initiale Implementierung des PMO.
4. Und als letzter Schritt wird eine kontinuierliche Weiterentwicklung angestoßen.

Projektcoaching: psychologische Beratung im Projektmanagement

Was ist Projektcoaching – wozu dient es, wie wird es eingesetzt, welche Formen gibt es und was haben Unternehmen davon? Der vorliegende Beitrag beantwortet diese und weitere Fragen und liefert dazu zahlreiche Fallbeispiele.

In diesem Beitrag erfahren Sie:
- was Projektcoaching ist,
- wann, wie und mit welchem Nutzen es im Projektmanagement eingesetzt werden kann und
- worauf Organisationen bei der Einführung von Projektcoaching achten sollten.

Monika Wastian, Marilyn Kronenberg

Einführung

Bei vielen Projekten scheint am Anfang klar zu sein, wohin die Reise geht. Ziele, Meilensteine, Ressourcen, Termine und das Budget sind festgelegt. Die Projektleiter gehen die anstehenden Aufgaben hoch motiviert und optimistisch an, wobei ihr Hauptaugenmerk gewöhnlich den »harten« Faktoren im Projektmanagement gilt: der Planung, dem Budget und dem technischen Know-how der Teammitglieder. Forschungsergebnisse haben jedoch gezeigt, dass der Projekterfolg im Wesentlichen von »weichen« Kriterien und dem »Faktor Mensch« abhängt. Beispielsweise beeinflusst die Kommunikation – mehr noch als die Planung und die Steuerung – den Verlauf und den Erfolg von Projekten (vgl. [1]), denn die Hälfte aller erfolgskritischen Situationen in Projekten sind Interaktionssituationen [2].

Psychologisches Projektcoaching stellt eine wirkungsvolle Maß-
nahme zur Bewältigung solcher »weichen« Herausforderungen dar. Es
trägt dazu bei, die Kompetenzen von Projektbeteiligten zu entwickeln,
Projektleiter und -teams bei der Vorbereitung, Durchführung oder
Nachbereitung von Projekten zu unterstützen [3], die Prozesse und
Rahmenbedingungen des Projektmanagements unter psychologischen
Gesichtspunkten zu verbessern [4] und somit den Projekterfolg sicher-
zustellen [5].

Psychologisches Projektcoaching – was ist das und wofür setzt man es ein?

Psychologisches Projektcoaching: Definition und grundlegende
Voraussetzungen

Projektcoaching ist »eine durch *psychologische Methoden* geleitete, systematische Förderung ergebnisorientierter *Selbst-, Prozess-, Problem-*
bzw. *Lösungsreflexionen* sowie Beratung von Personen, Gruppen oder
Organisationseinheiten im Kontext von oder in Zusammenhang mit
Projekten« mit dem Ziel, »selbst-, team- und projektkongruente Ziele
zu erreichen, die bewusste Selbstveränderung und -entwicklung von
Projektbeteiligten (z. B. Projektleiter, das Projekt initiierende und bud-
getierende Führungskräfte, Projektmitarbeiter) und Projektteams bzw.
Projektprozesse zu verbessern und zu fördern.« ([4], S. 101) *Wesentliche
Elemente des Projektcoachings* sind das psychologische Fachwissen, die
systematische Anregung zur Reflexion, die Einbettung in den Projekt-
kontext, das Andocken an Projektmanagement-Prozesse sowie die Er-
schließung klienteneigener Ressourcen ([4], S. 104).

Entsprechend sind fürs Projektcoaching sowohl psychologisches als
auch Projektmanagementwissen notwendig. Insbesondere die Durchführung von Einzelcoachings erfordert eine profunde psychologische
Ausbildung und viel Erfahrung in der *systematischen* Anwendung *mehrerer* Methoden der Gesprächsführung. Die Wichtigsten davon stammen aus der Psycho- bzw. der Familientherapie. Zum Basisrepertoire

gehören beispielsweise der klientenzentrierte [6], der systemische (siehe z. B. [7, 8]) und der verhaltenstheoretisch orientierte Ansatz (siehe z. B. [9] und [10], S. 695).

Formen von Projektcoaching, Anwendungsgebiete und Abgrenzung gegenüber anderen Maßnahmen

Beim Projektcoaching unterscheidet man individuelles Coaching, Teamcoaching und Prozesscoaching. Abbildung 1 zeigt die Anwendungsgebiete und Themen der drei Projektcoaching-Formen im Überblick:

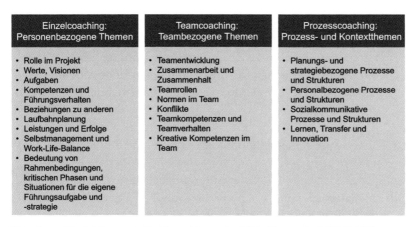

Abb. 1:   *Die drei Formen des Projektcoachings und mögliche Themen (nach [4], S. 102)*

Projektcoaching ist nicht auf das Krisenmanagement in Projekten beschränkt, sondern stellt auch ein mächtiges Risikomanagement-Tool zur Prävention von Projektkrisen und zur Reflexion der Lessons Learned nach Projektabschluss dar. So, wie sich der Gestaltungsspielraum für das Projektmanagement verengt, je näher der Projektabschluss rückt, so verengt sich auch der Spielraum im Projektcoaching (siehe Abbildung 2).

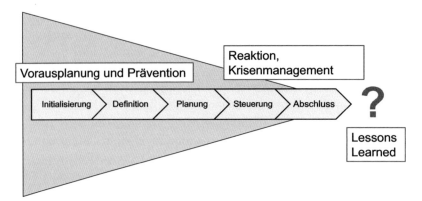

Abb. 2:   *Der Gestaltungsspielraum verengt sich im Projektverlauf – mit Konsequenzen für Projektmanagement- und Projektcoaching-Strategien ([3], S. 394)*

Selbstreflexion, Einsicht, das Ausprobieren von Erkenntnissen und Handlungsalternativen und die Entwicklung von Kompetenzen brauchen Zeit – und die ist in der Krise eher rar. In kritischen Situationen müssen Projektleiter beispielsweise ihre Kompetenzen unter Beweis stellen. Auch Versäumnisse beim Aufbau wichtiger Beziehungen oder bei der Teamzusammenstellung lassen sich ab einem bestimmten Zeitpunkt nicht mehr korrigieren. Projektcoaches können die Projektleitung dann nur noch dabei unterstützen, negative Auswirkungen auf das Projekt zu mildern.

Projektcoaching ist deshalb als eine Maßnahme zu verstehen, die sich für alle Projektphasen empfiehlt [11] – also idealerweise schon vor oder zum Start eines Projekts [12] und auch nach dessen Abschluss, um Lern- und Verbesserungschancen für künftige Projekte besser zu nutzen, aber auch um Potenziale für das strategische Management auszuschöpfen (z. B. frühe Innovationschancen und Synergien mit anderen Prozessen im Unternehmen erkennen, [4]).

Während Fachthemen, Wissen und Grundlagen des Projektmanagements sinnvoll in Trainings zu vermitteln sind, ist Projektcoaching die Maßnahme der Wahl, wenn es um den Aufbau von Soft Skills für das Projektmanagement oder um die Entwicklung von Lösungen für projekt- und klientenindividuelle Herausforderungen geht. Im Gegensatz zu Trainings erfolgt Projektcoaching im Arbeitskontext, ist inhaltlich, methodisch und im Hinblick auf Zeit und Umfang auf die Klienten, deren Anliegen, Situation und Persönlichkeit bzw. auf das Unternehmen, seine Projekte, Prozesse und Strukturen zugeschnitten. Als Echtzeitintervention bietet es den Vorteil, dass es die Projektbeteiligten bei der Bewältigung tatsächlicher Herausforderungen unterstützt, und zwar dann, wenn sie es brauchen [13]. Dadurch ist es nicht nur besonders effektiv, sondern auch sehr effizient.

Anders als bei der Projektberatung (die verwirrenderweise manchmal als »Projektcoaching« angeboten wird), bei der vor allem IT-, technisches oder betriebswirtschaftliches Wissen von externen Experten ins Projekt eingebracht wird, setzt psychologisches Projektcoaching auf die Freisetzung klienteneigener Ressourcen. Während Projektberater als Experten auftreten, fungieren Projektcoaches also als Katalysator. Dies fördert die Akzeptanz der gefundenen Lösungen und reduziert das Risiko von Veränderungswiderständen und des »Not invented here«-Syndroms (vgl. [4]).

Wirksamkeit und Effekte von Projektcoaching

Psychologisches Projektcoaching [4] ist noch eine vergleichsweise junge Disziplin, doch liegt eine Reihe von Studien zu Interventionen vor, die den drei Säulen von Projektcoaching – Einzelcoaching von Projektbeteiligten, Teamcoaching und Prozesscoaching – entsprechen. Sie belegen nicht nur die außerordentlich hohe Zufriedenheit und Akzeptanz der Maßnahmen bei den Klienten, sondern auch deren Wirksamkeit im Hinblick auf individuelle und Teamleistungen sowie auf die Produktivität und verschiedene Betriebsergebnisse [14]. Auf individueller Ebene waren neben höheren Leistungen, einem Zuwachs an Fertigkeiten und einer Verbesserung der zielgerichteten Selbstregulation auch positive Effekte auf arbeitsbezogene Einstellungen, das subjektive Wohlbefinden, die Stressbewältigung [15] sowie auf die Arbeitszufriedenheit [14] der Teilnehmer festzustellen.

Ähnliches ließ sich bei Teamcoachings nachweisen, z. B. Kompetenzentwicklung, Steigerung des Engagements der Mitarbeiter, effektivere Strategien, höhere Teamleistung bei F&E-Teams [16], Steigerung der Produktivität und Verbesserung der Beziehungen, der Kommunikation, der Partizipation und der gegenseitigen Unterstützung im Team [17], mehr subjektives Wohlbefinden und niedriger eingeschätzte Belastung unter den Teammitgliedern [18] sowie bessere Gruppenentscheidungen (Überblick in [19]).

Für die Wirksamkeit von Prozesscoachings auf die Produktivität, auf arbeits- und unternehmensbezogene Einstellungen oder auf den Führungsstil von Personen sprechen Untersuchungen zur Organisationsentwicklung bzw. zu spezifischen Vorgehensweisen, die beim Prozesscoaching zum Einsatz kommen (Überblick in [4]).

Beispiele für Projektcoaching-Fälle
In diesem Abschnitt schildern wir einige Fallbeispiele für die drei Projektcoaching-Formen, die im Wesentlichen dem in Abbildung 3 dar-

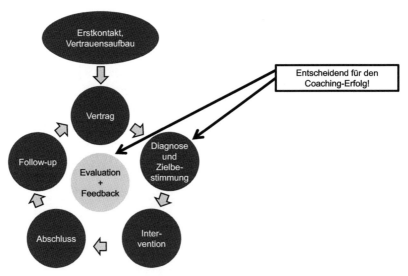

Abb. 3: *Ein typischer Projektcoaching-Ablauf (in Anlehnung an [4], S. 111)*

gestellten Ablauf folgten. (In komplexeren Coachings wurden einzelne Phasen, vor allem die Diagnose, die Zielbestimmung und die Intervention, mehrfach und mit Rückkopplungsschleifen durchlaufen.)

Die Evaluation und das Feedback sollten nicht erst am Schluss der Coachings, sondern prozessbegleitend erfolgen [4]. Sie dienen nämlich nicht nur der Bewertung des Coachings, sondern auch der Reflexion und der Transfersicherung. Die Grundlage dafür ist in jedem Fall eine sorgfältige Diagnose und Zielbestimmung. Diagnose und Zielbestimmung sowie Evaluation und Feedback tragen entscheidend zum Erfolg von Projektcoachings bei. Entsprechend wurden auch in den beschriebenen Fallbeispielen jeweils geeignete Maßnahmen zur Evaluation, zum Feedback sowie zum Follow-up durchgeführt. Worauf dabei zu achten ist und welche Verfahren und Instrumente sich für die Evaluation anbieten, wird an anderer Stelle ausführlich beschrieben (siehe [4]).

Die in den folgenden Beispielen geschilderten Projektcoachings wurden in global operierenden Industrie- bzw. Technologiekonzernen durchgeführt. Die Fälle sowie Eigennamen für Unternehmen, Personen, Abteilungen oder Verfahren wurden anonymisiert, um Rückschlüsse auf die jeweiligen Unternehmen und Klienten auszuschließen.

Fallbeispiele für Einzelcoachings von Projektleitern

Im Rahmen des oben dargestellten Ablaufs kamen in allen Einzelcoachings unter anderem klientenzentrierte, systemische und verhaltenstheoretisch orientierte Methoden der systematischen Gesprächsführung sowie Metamethoden zum Einsatz, die sich bei einer Untersuchung erfolgreicher Coaching-Prozesse als wichtige Coaching-Wirkfaktoren erwiesen haben: das Dokumentieren und Visualisieren, die flexible Anpassung des Vorgehens und der Methoden der Coaches sowie die Stärkenorientierung [20, 21]. Die Ziele und Zielfortschritte von Klienten wurden in jeder Sitzung hinterfragt und bei Bedarf wurden die Ziele bzw. die Maßnahmen zur Zielerreichung angepasst.

Die Sitzungen dauerten jeweils etwa zwei Stunden zuzüglich circa eine Stunde Vor- und Nachbereitungszeit durch die Coaches (z. B. zur

Erstellung von Sitzungsprotokollen, Vorbereitung von Tests oder Materialien für Klienten). Die Vor- und Nachbereitungszeit für die Klienten variierte je nach deren Engagement und nach Art der Aufgabenstellung. Typische Aufgaben bestanden beispielsweise in der weiteren Reflexion sowie im Ausprobieren von Coaching-Erkenntnissen (z. B. Verhaltensbeobachtungen in Schlüsselsituationen bei sich selbst oder bei anderen; Ausprobieren neuer Verhaltensweisen), im Führen eines Coaching-Tagebuchs zu Zielfortschritten und zu zielführenden Aktivitäten oder im Vorbereiten von Materialien für bestimmte Arbeitssituationen (z. B. Erstellen einer Matrix für die Stakeholder-Analyse oder einer Präsentation für Projektmeetings).

Einzelcoaching zum Projektstart: Das erste große Projekt als Sprungbrett in die Führungslaufbahn nutzen
Ein junger Entwicklungsingenieur stand vor einer hoch willkommenen Feuertaufe: Ihm wurde ein Schlüsselprojekt von hoher strategischer Bedeutung angeboten, das ihm Sichtbarkeit bis zur globalen F&E-Leitung verschaffen sollte und eine steile Führungskarriere versprach – vorausgesetzt, er führte das Projekt zum Erfolg. Ursprünglich suchte er nur zur Vorbereitung des Kick-off-Meetings die Unterstützung eines Projektcoachs. Beim Erstgespräch stellte die Coachin jedoch fest, dass das Projekt kaum definiert war. Lediglich die wesentlichen inhaltlichen Projektziele und der Abschlusstermin standen fest, der Starttermin und die Ressourcenausstattung waren jedoch völlig ungeklärt. Der Ingenieur war so begeistert von der Aussicht auf das Projekt und die damit verbundene Karrierechance, dass er sich mit der vagen Inaussichtstellung der fehlenden Informationen begnügte und auf Rahmenbedingungen hoffte, die eine erfolgreiche Projektabwicklung ermöglichen würden. Sein ganzes Augenmerk galt einem gelungenen Kick-off, das Unbehagen ob der unsicheren Projektbedingungen hatte er verdrängt.

Im Erstgespräch stieß ihn die Coachin auf diesen Punkt und machte ihm, gestützt auf Forschungserkenntnisse und Projektmanagementerfahrung, die Wichtigkeit der Rahmenbedingungen für den Projekterfolg und damit letztlich auch für seine Karriereaussichten deutlich. Der Klient stellte fest, dass er unbedingt mehr Informationen und die Gewissheit ausreichender Ressourcen brauchte, um den Projekterfolg einschätzen und – davon abhängig – die Projektleitung zugunsten seiner Karriere annehmen oder ablehnen zu können. Die Coachin spiegelte ihm die Chance, die in der zunächst so unbefriedigenden Unsicherheit lag: Es war noch Zeit, die Rahmenbedingungen mitzugestalten und die Ressourcen auszuhandeln, die er für eine erfolgreiche Projektleitung brauchte. Entsprechend definierte er seinen Coaching-Auftrag neu. Insbesondere sollte ihm das Projektcoaching dabei helfen, selbst auf die Größe seines Projektteams, auf die Wahl seiner Projektmitarbeiter und auf technische Ressourcen Einfluss nehmen zu können. Er wollte Klarheit über seine Befugnisse, über Berichts- und Entscheidungswege schaffen und diese sollten so beschaffen sein, dass er selbst möglichst weitreichende Entscheidungsfreiheiten und bei Projektkrisen die unmittelbare Rückendeckung eines hochrangigen Entscheidungsträgers bekäme.

Da er das Unternehmen und dessen informelle und formale Prozesse und Strukturen noch nicht genug kannte und außerdem bisher noch kein Projekt dieser Größenordnung geleitet hatte, konnte er hier nicht auf eigenes Wissen zurückgreifen. Die Vorbereitungsaufgabe für die erste Projektcoaching-Sitzung bestand deshalb darin, sich dieses Wissen von einem erfahrenen Projektleiter und seiner Linienvorgesetzten zu beschaffen, denen er vertrauen konnte. Die Coachin steuerte Fachliteratur zur Zusammenstellung leistungsfähiger Projektteams bei (u. a. [22]).

Der Klient ging seinen Coaching-Prozess ebenso motiviert und engagiert an wie seine Projektleitung und verfügte überdies bereits über eine sehr hohe Sozialkompetenz, sodass das Projektcoaching vorzeitig nach der zweiten Sitzung abgeschlossen werden konnte. In der ersten Sitzung wurden die Ergebnisse der Vorbereitungsaufgaben reflektiert und die nächsten Schritte festgelegt: Mit wem musste was mit welchem gewünschten Ergebnis besprochen oder verhandelt werden? Welche Abstriche und Alternativen waren noch akzeptabel? Außerdem explorierte die Coachin mit dem Klienten dessen Stärken und Erfolgsstrategien, die ihm bei seinen Verhandlungen helfen konnten. Bis zur Folgesitzung hatte der Klient die Projektbedingungen im erwünschten Ausmaß konkretisiert und seine wichtigsten Vorstellungen durchgesetzt bzw. auf einen für ihn guten Weg gebracht.

Er und die Coachin schlossen das Projektcoaching mit der Option einer weiteren Sitzung bei Bedarf ab. Ansonsten sollte einige Wochen später ein telefonisches Follow-up stattfinden. Dabei wurde dann noch eine Coaching-Sitzung zur Vorbereitung des Kick-offs vereinbart.

Einzelcoaching eines Vorstands für Technologie und Innovation im Verlauf eines globalen Change-Projekts: Grabenkämpfe und Konflikte beilegen

Das Projektcoaching, bestehend aus fünf doppelstündigen Sitzungen, galt dem Vorstand für Technologie und Innovation, der erst kürzlich seine Tätigkeit im Unternehmen übernommen hatte (eine detaillierte Beschreibung des Vorgehens bei diesem Fallbeispiel findet sich in [13]). Er sollte verschiedene europäische Fabrikstandorte nach Asien und Osteuropa verlagern und die technologische Roadmap des Unternehmens grundlegend erneuern, um dessen Vormachtstellung auf dem globalen Markt gegenüber den immer stärker werdenden asiatischen Wettbewerbern zu behaupten. Als der Klient das Projektcoaching beauftragte, hatte sich der Widerstand der Belegschaft mit dem Rückenwind der Gewerkschaft und eines kampffreudigen Betriebsrats beinahe zu einem Arbeitskampf ausgeweitet. Das Anliegen des Technologievorstands, bestehende Arbeitsplätze durch mehr Innovation zu sichern, stieß nicht einmal auf Gehör, geschweige denn auf Vertrauen. Dies war nur eine von mehreren Herausforderungen bei seinem Himmelfahrtskommando. Er hoffte, dass das Projektcoaching dazu beitragen würde, den Konflikt mit dem Betriebsrat zu deeskalieren, die technologische Roadmap voranzubringen und seine Führungsmannschaft zu motivieren, damit sie hinter den Plänen und Strategien stand und half, die Veränderungen in ihren Bereichen zu »verkaufen« und erfolgreich umzusetzen.

Im Laufe der fünf Coaching-Sitzungen kamen neben den oben erwähnten grundlegenden psychologischen Gesprächsmethoden auch motivationspsychologische Ansätze und Tests (siehe [13]) sowie systemische Aufstellungen (siehe z. B. [23]) für eine psychologisch erweiterte Stakeholder-Analyse zum Einsatz. Dadurch erkannte der Klient auch versteckte und unbewusste Motive wichtiger Stakeholder sowie seine eigenen, ihm vorher unbewussten Motive. Auf dieser Grundlage konnte er sein Führungs- und Kommunikationsverhalten reflektieren und so anpassen, dass er sowohl seinen eigenen Motiven und Bedürfnissen als auch denen wichtiger Stakeholder besser gerecht werden konnte. Zudem konnte er mithilfe der Coachin zusätzliche einflussreiche Stakeholder und weitere Personen identifizieren, die ihm gewogen waren und dort für ihn die Fäden ziehen konnten, wo es ihm selbst und auf direktem Wege nicht möglich war. Nach Abschluss des Projektcoachings war der Konflikt mit dem Betriebsrat soweit beigelegt, dass wieder konstruktive Gespräche stattfanden. Der Klient hatte für seine Innovationsideen den Rückhalt seines CEOs sowie des CEOs der Holding-Gesellschaft gewonnen, und nach und nach zog auch seine Führungsmannschaft mit ihm an einem Strang.

Fallbeispiele für Teamcoachings und Prozesscoachings mit dem Projektteam

Die nachfolgend beschriebenen Coachings waren Teil eines Projektcoaching-Programms, dessen Einführung im nächsten Kapitel beschrieben wird. Die Projektbeteiligten stammten sowohl aus verschiedenen Bereichen des ursprünglichen Konzerns als auch aus Entwicklungsabteilungen eines kürzlich zugekauften Unternehmens. In den Projektteams trafen also nicht nur unterschiedliche nationale und Disziplinenkulturen aufeinander, sondern auch unterschiedliche Unternehmenskulturen. Außerdem gab es im Projektmanagement noch keine einheitlichen Vorgehensmodelle und Prozesse, die den Beteiligten als Basis für die Projektarbeit hätten dienen können. Die Coachings kamen deshalb nicht nur einzelnen Projekten zugute, sondern trugen auch zur Integration der Organisationskulturen bei und legten den Grundstein für einheitliche Projektmanagementprozesse.

Wie die Fallbeispiele zeigen, lässt sich Projektcoaching je nach Bedarf auch mit anderen Maßnahmen wie Trainings oder Projektberatung kombinieren.

Teamentwicklung, Kooperation, Teamrollen und -normen, Kompetenzen im Team: Team- und Prozesscoaching zum Projektstart
Die Maßnahme bestand aus zwei Sitzungen und dauerte insgesamt zwei Tage. In der ersten Sitzung ging es darum, im Team ein Wir-Gefühl, Offenheit für Diversität und ein Commitment zum gemeinsamen Projektziel sowie zur Kooperation zu entwickeln. Diesbezüglich reflektierte das Team seine Ist-Situation und die Soll-Situation: Wo stehen wir, wo wollen wir hin und was kann jeder Einzelne bzw. das Team als Ganzes dazu beitragen? Außerdem lernten die Beteiligten die Elemente eines effektiven Teamzusammenspiels kennen.

In Bezug auf die Kompetenzen wurde die Ist-Soll-Analyse anhand des Kompetenzmodells durchgeführt, das im Unternehmen etabliert war. Dies geschah bewusst im Rahmen der Teamentwicklung, da es darum ging, die Projektmitglieder für die Kompetenzanforderungen an das Team als Gesamtheit zu sensibilisieren, ein Bewusstsein für und Vertrauen in die bereits vorhandene hohe Kompetenz des Teams zu schaffen und im Konsens Entwicklungsziele festzulegen, wo das Team noch Bedarf sah. Ferner kam ein psychologischer Test zur Erhebung der Persönlichkeit und des Arbeitsstils jedes Teammitglieds zum Einsatz.

Das Coaching regte einen lebhaften Diskurs über eine geteilte Vision an, der die Gruppe inspirierte und auf eine gemeinsame Linie einschwor. Ein Team zu werden und zu sein wurde ihnen wichtig. Die Teilnehmer gewannen eine klare Vorstellung davon, wie jeder Einzelne das Projekt erfolgreich abschließen und zum Wohl des Unternehmens, aber auch zur eigenen professionellen und persönlichen Entwicklung beitragen konnte. Die so entstandene intrinsische Motivation war eine gute Ausgangsbasis für die Projektarbeit.

Die Reflexion der Testergebnisse machte den Beteiligten ihre unterschiedlichen Arbeitsstilpräferenzen deutlich. Sie fanden dafür Wertschätzung und eine einheitliche Sprache, um Konflikte aufgrund unterschiedlicher Arbeitsstile leichter thematisieren und auflösen zu können.

Die Analyse der Kompetenzen zeigte, dass das Team noch Entwicklungsbedarf im Hinblick auf interkulturelle Kompetenzen hatte. Hierfür wurde ein Workshop konzipiert, um gezielt das Wissen, das Bewusstsein und die Fertigkeiten zu fördern, bei welchen noch Nachholbedarf bestand.

In der zweiten Sitzung sollten sich Projektleiterin und -team auf Regeln für die Zusammenarbeit sowie auf projektinterne Entscheidungs- und Kommunikationswege verständigen. Der Coach unterstützte die Projektleiterin und das Team außerdem dabei, Arbeitsabläufe und -rhythmen festzulegen. Auf diese Weise wurden für die wichtigsten Abläufe Prozesse, Kommunikationswege und Meilensteine zur Kontrolle des Projektfortschritts definiert. Dabei wurden auch Rollen und Zuständigkeiten der Teammitglieder geklärt, um Konflikten vorzubeugen. Außerdem einigte sich das Team auf Verhaltensregeln für den Fall, dass trotzdem einmal Konflikte zu beheben wären.

Um zu ausgereiften und hochwertigen Ergebnissen zu kommen, hinterfragte der Coach die Lösungen und Annahmen des Teams und spiegelte den Mitgliedern mögliche Schwachstellen oder Aspekte, die vielleicht übersehen oder noch nicht gründlich genug durchdacht worden waren. Dabei kamen die Beteiligten zu dem Schluss, dass die virtuelle Zusammenarbeit und Kommunikation eine Herausforderung darstellte (siehe dazu [24]), die zusätzlicher Expertise bedurfte, da niemand im Team ausreichend mit virtuellen Kommunikationsmedien vertraut war. Der Projektcoach verfügte zwar über diese Expertise, brachte sie jedoch nicht ein, um als Coach seine Katalysatorfunktion im weiteren Teamcoaching-Prozess nicht zu beeinträchtigen und auch die Lösung der virtuellen Zusammenarbeit als Coach unterstützen zu können. Deshalb wurde eine externe Beraterin hinzugezogen, die die Expertenrolle bei der Auswahl der elektronischen Kooperationsmedien übernahm. Sie half der Projektleiterin, die geeigneten Systeme für Videokonferenzen und eine interaktive Plattform für die Onlinezusammenarbeit auszuwählen, und schulte die Teammitglieder im Umgang mit diesen Medien. Auf diese Weise ließen sich die Arbeitsprozesse besser synchronisieren und die Teammitglieder an weiter entfernten Standorten fühlten sich gut in die Zusammenarbeit eingebunden.

Wenn es knirscht im Projekt: Teamcoaching im Verlauf des Projekts

Als die Arbeitslast und der Druck im Verlauf des Projekts stiegen, stellten sich Spannungen innerhalb des Projektteams sowie an der Schnittstelle zwischen Projekt und externen Stakeholdern ein, die im Rahmen eines eineinhalbtägigen Teamcoachings bearbeitet wurden. Am ersten Tag wurden die Konfliktkonstellationen und mögliche Lösungsansätze exploriert. Nach einem mehrwöchigen Zeitabstand zur Umsetzung der Lösungsstrategien fand die zweite halbtägige Sitzung statt. Dazwischen wurde die Projektleiterin im Einzelcoaching dabei unterstützt, individuelle Themen und Entwicklungsbedarfe zu bearbeiten, die bei der ersten Teamcoaching-Sitzung zutage traten.

Das Teamcoaching begann mit einer systemischen Strukturaufstellung (siehe dazu z. B. [23]). Dabei stellte das Projektteam mit Figuren und Symbolen die sozialen Beziehungen und Machtkonstellationen im Projekt auf. Mithilfe des Projektcoachs wurden die Beziehungen und Abhängigkeiten reflektiert und Strategien für einen angemessenen Umgang mit konfligierenden Prioritäten und Machtdynamiken im Unternehmen entwickelt. Der Projektleiterin wurde bewusst, dass sie den Informationsbedürfnissen und Erwartungen von Schlüssel-Stakeholdern besser gerecht werden und das Team dabei unterstützen musste, Prioritätenkonflikte aufzulösen. Da die Teammitglieder verschiedenen Führungskräften unterstellt und meist in mehrere Projekte eingebunden waren, war es nicht ungewöhnlich, dass sie überlastet waren und sich davon überfordert fühlten, die verschiedenen Stakeholder immer mit den jeweils gewünschten Ergebnissen zu beliefern.

350

Die Stakeholder trugen zur Überlastung der Teammitglieder bei, weil sie keinen Überblick über deren Gesamtauslastung hatten oder indem sie ihre Machtansprüche untereinander in Form von Ansprüchen auf Personalressourcen geltend machten. Dies setzte nicht nur das Projektteam unter Druck, sondern gefährdete auch die Projektergebnisse und den Zeitplan.

Viele Teammitglieder scheuten sich jedoch davor, ihre Prioritätenkonflikte vorzubringen, um nicht als Minderleister oder Nörgler abgestempelt zu werden. Sie sollten deshalb lernen, ihre Bedürfnisse gegenüber den Führungskräften und anderen Stakeholdern angemessen zu artikulieren. Die Projektleiterin erhielt eine Coaching-Sitzung, um sie dabei zu unterstützen und zu führen. Außerdem wurden die Teammitglieder darin gecoacht, ihre Belange selbst zu vertreten und, falls notwendig, die Unterstützung der Projektleiterin einzuholen. Das Coaching erfolgte während der Teamsitzung sowie bei individuellem Bedarf auf Anregung der Projektleiterin oder des Projektcoachs zusätzlich im Rahmen von Einzelcoachings mit unterschiedlichen Projektcoachs.

Lessons Learned für das PMO und fürs Unternehmen: Prozesscoaching zur Sicherung des Lerntransfers beim Projektabschluss

Wie bereits gesagt, sollten die Coachings auch dazu beitragen, einheitliche Projektmanagementprozesse in der Organisation zu etablieren. Deshalb wurden am Ende von Projekten sowie zum Abschluss von Teilprojekten oder Meilensteinen Lessons-Learned-Workshops mit dem Projektteam durchgeführt, in welche auch Prozessverantwortliche aus dem Project Management Office (PMO) und bei Bedarf weitere Entscheidungsträger an wichtigen Projektschnittstellen oder aus dem Management eingebunden wurden.

Bei diesen Workshops wurden mit Unterstützung von Projektcoaches Bedingungen exploriert und dokumentiert, die den Projekterfolg gefördert bzw. behindert hatten. Darüber hinaus schätzten die Projektleiter und -mitarbeiter ihre individuellen Erfolge, Entwicklungen sowie weitere Entwicklungsbedarfe nach Projektabschluss ein und erhielten dazu das individuelle Feedback der Projektcoaches. Ihre Einschätzungen hielten die Klienten schriftlich fest, um die wichtigsten Lernerfahrungen und Entwicklungsbedarfe mit ihren direkten Vorgesetzten zu besprechen. Außerdem wurde die Kommunikation der Teamerkenntnisse über das Projekt hinaus geplant.

Die Projektbeteiligten gewannen dabei neue Einsichten in die interkulturelle Dynamik globaler Projektarbeit und in den effektivsten Umgang mit Technologien für die virtuelle Teamarbeit. Es entstanden Initiativen, um die Erkenntnisse mit Mitarbeitern anderer Unternehmensbereiche zu teilen. Beispielsweise luden Mitglieder eines Projektteams zu Lunch- & Lern-Sitzungen ein, um ihre besten und schlechtesten Praktiken auszutauschen. Davon profitierten andere Teams und die Gastgeber der Sitzungen profilierten sich als Botschafter einer lernenden Organisation. Ihre Initiativen wurden sowohl auf der Führungs- als auch auf der Mitarbeiterebene so positiv aufgenommen, dass auch andere Projektteams damit begannen, ihre Lernerfahrungen projektübergreifend mitzuteilen.

Implementierung von Projektcoaching-Angeboten und -Programmen in Organisationen: ein Fallbeispiel

In diesem Kapitel zeigen wir exemplarisch, wie Projektcoaching-Angebote und -Programme in Organisationen implementiert werden können. Im folgenden Fallbeispiel für Projektcoaching akquirierte ein Technologiekonzern kürzlich ein Unternehmen, das eine ergänzende Produktpalette anbot. Die Abteilung für Personal- und Organisationsentwicklung – im Weiteren kurz »PE« genannt – sollte die Wirksamkeit und Effizienz der Weiterbildungsangebote erhöhen und für eine nachhaltigere Lernkultur in der Organisation sorgen. In der Abteilung entschied man sich für Projektcoaching als zentrales strategisches Element, um diese Ziele zu erreichen. Der Plan zur Implementierung von Projektcoaching und dessen Umsetzung sahen wie folgt aus (in Anlehnung an [13]):

Überlegungen zur Einführung von Projektcoaching

Um das Coaching-Programm erfolgreich und systematisch im Unternehmen zu implementieren, mussten die folgenden Rahmenbedingungen sichergestellt bzw. geschaffen werden:

1. Das Management musste vom Wert des Projektcoaching-Konzepts überzeugt werden und voll dahinterstehen.
2. Es galt, Schlüsselprojekte zu identifizieren, die von Projektcoaching profitieren würden.
3. Die Coaching-Anforderungen mussten analysiert und entsprechende Coaching-Angebote und -Programme entwickelt werden.
4. Ein Coach-Pool war aufzubauen und Coaches dafür auszuwählen.
5. Ein Prozess musste entwickelt werden, um die richtige Passung zwischen Coach und Klienten, Projekten und Anliegen zu gewährleisten.
6. Der Coach-Pool sollte zu einer Gemeinschaft werden, in der die Coaches die Geschäftsstrategie des Unternehmens verstehen und miteinander vernetzt sind.
7. Die PE war für die Pflege und Qualität des Coach-Pools verantwortlich.
8. Das Projektcoaching-Programm musste den in Projekten tätigen Führungskräften und Mitarbeitern angemessen kommuniziert werden.

Stakeholder-Kommunikation: Überzeugungsarbeit bei der Einführung von Projektcoaching

Der wichtigste und ausschlaggebende erste Schritt bestand darin, alle Führungskräfte des oberen Führungskreises von der begrenzten Wirksamkeit von Projektmanagementtrainings zu überzeugen und ihnen zu verdeutlichen, dass die Lerneffekte für Projektleiter und Teams und dadurch auch der betriebswirtschaftliche Nutzen gering waren, wenn die Trainings nicht Teil einer breit angelegten Entwicklungsstrategie waren. Die Führungskräfte mussten verstehen, dass gezielte Coaching-

Interventionen in Schlüsselmomenten im Projekt über die gesamte Projektlaufzeit hinweg notwendig sind, um einen wirkungsvollen Lerntransfer zu gewährleisten. Statt wie im Training abstrakte Fallstudien und Simulationen zur Kompetenzentwicklung zu verwenden, sollten Projektcoaches Projektleiter und -teams in Echtzeit begleiten, coachen und immer dann unterstützen, wenn diese im Projekt auf spezifische Herausforderungen stießen.

Der obere Führungskreis erkannte schnell den Wert dieses strategisch ausgefeilteren Ansatzes. Er gab seine Zustimmung und unterstützte die Implementierung von Projektcoaching für globale Projekte, die von zentraler strategischer Bedeutung für den weiteren Markterfolg des Unternehmens waren. Projektauftraggeber aus dem oberen Führungskreis waren dabei für die Genehmigung von Team- und Prozesscoaching verantwortlich, die Zustimmung zu Einzelcoachings für Projektleiter erteilten deren direkte Führungskräfte.

Aufbau des Coach-Pools und Auswahl von Projektcoaches

Der Aufbau eines heterogenen und tragfähigen Pools qualifizierter Coaches erwies sich als zeitaufwendig. Die Coaches wurden anhand von Kriterien ausgewählt, die sich auf der Grundlage der Forschung (siehe im Überblick [4]) empfahlen. Alle ausgewählten Coaches und Coachinnen entsprachen dem folgenden Profil:

⇨ ein akademischer Abschluss in Psychologie oder ein tiefes Verständnis für psychologische Zusammenhänge und für die Dynamik in Teams und Organisationen, das durch einschlägige Arbeitserfahrung und kontinuierliche Weiterbildung erworben worden war
⇨ mindestens 20 Jahre Felderfahrung als Coach
⇨ nachgewiesene Erfahrung im multikulturellen Kontext
⇨ nachgewiesene Felderfahrung entsprechend dem industriellen und organisationalen Kontext des Klienten
⇨ Vertrautheit mit Projektarbeit und Projektmanagementprozessen und -Tools.

Da Coachings mit externen Coaches offenbar erfolgreicher verlaufen als mit unternehmensinternen (vgl. den Forschungsüberblick in [25]), entschied sich die PE bei Einzel- und Teamcoachings für den Einsatz externer Coaches. Zwar kennen interne Berater die Organisationskultur und das Unternehmen besser, doch es bestünde die Gefahr, dass sich die Klienten bzw. Teams im internen Coaching nicht öffnen können, weil sie – ob gerechtfertigt oder nicht – die Vertraulichkeit oder die Coach-Kompetenz anzweifeln. Prozesscoachings wurden dagegen im Normalfall von Tandems, bestehend aus einem externen psychologischen Projektcoach und einem internen Projektexperten mit großer Erfahrung und Reputation, durchgeführt, da die Offenbarung vertraulicher individueller oder Teambelange bei typischen Prozesscoaching-Themen (vgl. Abb. 1) kaum eine Rolle spielt. Vielmehr kommt es in diesem Fall darauf an, für notwendige Prozessänderungen die Akzeptanz der Projektbeteiligten und – bei projektübergreifenden Maßnahmen – auch die Unterstützung des Managements zu gewinnen. Die Einbindung interner Projektexperten trägt dazu bei, denn sie genießen das Vertrauen der Beteiligten in ihre Fach- und Unternehmenskenntnisse und können aufgrund ihrer Reputation bei Bedarf den kurzen Draht zum Management nutzen.

Befunden zufolge neigen Klienten und selbst Coaching-erfahrene Personalentwickler dazu, sich bei der Coach-Auswahl auf Referenzen und ihr Bauchgefühl zu verlassen ([26], S. 142). Deshalb wurde das Matching zwischen Coach und Klient durch PE-Experten vorgenommen, um zu gewährleisten, dass die Eignung, die Erfahrung und der methodische Hintergrund der Coaches jeweils zu den Klienten (z. B. Projektleitern) und deren Anliegen passten. Die PE schlug Coaches vor und betonte, dass die Chemie zwischen Klient und Coach wichtig sei. Die Projektleiter bekamen die Möglichkeit, um einen anderen Coach zu bitten, wenn sie nach dem Erstgespräch das Gefühl hatten, mit ihrem jeweiligen Coach nicht gut zusammenzupassen.

Die PE veranstaltete regelmäßige Coach-Pool-Treffen, um die Projektcoaches zu Aktivitäten, Veränderungen und anderen wichtigen Neuigkeiten im Unternehmen auf dem Laufenden zu halten. Die

Coaches konnten bei dieser Gelegenheit auch ihre Fragen vortragen, Vorschläge für die Zusammenarbeit mit PE bzw. dem Unternehmen einbringen und sich untereinander austauschen.

Der Einsatz und die Evaluation von Projektcoaching

Es war wichtig, Projektcoaching in der Organisation als Ressource und Chance zur Kompetenzentwicklung zu verankern, auf welche die Projektleiter und -teams *freiwillig* zurückgreifen konnten und die dazu beitragen sollte, *bereits erfolgreiche Projektleiter* noch erfolgreicher zu machen. Auf diese Weise wurde die Akzeptanz des Angebots sichergestellt und vermieden, dass es als Maßnahme für »Versager« abgestempelt wurde. Außerdem wurden Projektcoachings regelmäßig beim Projektabschluss zur Reflexion der Lessons Learned implementiert.

Die PE kommunizierte das Programm unternehmensweit an die Führungsteams und HR-Manager. Projektleiter konnten Teamcoachings bei den Projektauftraggebern beantragen, Einzelcoachings wurden bei den Führungskräften der Projektleiter bzw. -mitarbeiter angefordert. Die Kosten wurden durch die Projektbudgets gedeckt.

Die PE war Anlaufstelle für Mitarbeiter und Teams, die sich für ein Projektcoaching interessierten, vermittelte passende Projektcoaches und flankierte den Coaching-Prozess. So konnten die Projektbeteiligten beispielsweise PE-Experten in die Lessons-Learned-Prozesscoachings einbinden, wenn sie es wünschten.

Nach der Einführung von Projektcoachings evaluierte die PE das Programm mit den Klienten, deren Vorgesetzten und anderen wichtigen Stakeholdern (Möglichkeiten zur Evaluation von Projektcoaching werden in [4] beschrieben).

Zusammenfassend lässt sich feststellen, dass die Projektbeteiligten aus den Projektcoachings mehr Nutzen zogen, als wenn sie nur ein Projektmanagement- und/oder ein Soft-Skill-Training in Anspruch genommen hätten, und dass sie Lernerfahrungen aus Trainings durch die Projektcoachings noch steigern konnten. Positive Effekte zeigten sich außerdem in der Entwicklung der Soft Skills (Kommunikation,

Führung, Mikropolitik, Konfliktmanagement etc.) von Projektleitern und in der Einhaltung von Zeit- und Budgetvorgaben für die Projekte. Die Möglichkeit, mit der Unterstützung von Projektcoaches »echte« Projektherausforderungen unmittelbar und maßgeschneidert zu lösen und dabei im laufenden Projektgeschehen zusätzliche Kompetenzen aufzubauen, wurde als besonders wertvoll erachtet.

Das Unternehmen ist davon überzeugt, dass es die Anzahl an Trainings reduzieren und den Return on Investment (ROI) erhöhen kann, wenn es stärker auf Echtzeitunterstützung und Kompetenzentwicklung durch Projektcoachings setzt. Derzeit entwickelt es Instrumente und Kriterien zur Messung des ROI. Sie werden zum Einsatz kommen, wenn sich das Programm so weit im Unternehmen etabliert hat, dass ausreichend quantitative Daten für eine Bewertung des ROI vorliegen.

Literatur

[1] LECHLER, T.; GEMÜNDEN H. G.: *Kausalanalyse der Wirkungsstruktur der Erfolgsfaktoren des Projektmanagements. In: Die Betriebswirtschaft 1998, 58, S. 435–450*

[2] WASTIAN, M.; BRAUMANDL, I.; WEISWEILER, S.: *Führung in Projekten – eine prozessorientierte Zukunftsperspektive. In: Die Zukunft der Führung. Hg. von Grote, S. Heidelberg: Springer Verlag; 2012; S. 75–102*

[3] WASTIAN, M.: *Projektleitung – Führung im »Ausnahmezustand«. In: Führung von Mitarbeitern. Handbuch für erfolgreiches Personalmanagement. Hg. von von Rosenstiel, L.; Regnet, E.; Domsch, M. E. 7. Aufl. Stuttgart: Schäffer-Poeschel; 2014; S. 391–402*

[4] WASTIAN, M.; BRAUMANDL, I.; DOST, B.: *Projektcoaching als Weg zum erfolgreichen Projekt. In: Angewandte Psychologie für das Projektmanagement. Ein Praxisbuch für die erfolgreiche Projektleitung. Hg. von Wastian, M.; Braumandl, I.; von Rosenstiel, L. 2. Aufl. Heidelberg: Springer; 2012; S. 97–117*

[5] PROJECT MANAGEMENT INSTITUTE: *Project Manager Competency Development (PMCD) framework. 2. Aufl. Newtown Square, PA: Project Management Institute; 2007*

[6] ROGERS, C. R.: *Die klientenzentrierte Gesprächspsychotherapie. 17. Aufl. Frankfurt: Fischer; 2005*

[7] RADATZ, S.: *Einführung in das systemische Coaching. 4. Aufl. Heidelberg: Carl Auer Verlag; 2010*

[8] VON SCHLIPPE, A.; SCHWEITZER, J.: *Lehrbuch der systemischen Therapie und Beratung I. Das Grundlagenwissen. 2. Aufl. Göttigen: Vandenhoeck & Ruprecht; 2013*

[9] MARGRAF, J.; SCHNEIDER, S.: *Lehrbuch der Verhaltenstherapie. Störungen im Erwachsenenalter – Spezielle Indikationen – Glossar. 3. Aufl. Berlin, Heidelberg: Springer; 2008*

[10] LINDEN, M.; HAUTZINGER, M.: *Verhaltenstherapiemanual. 7. Aufl. Berlin, Heidelberg: Springer; 2011*

[11] SCHELLE, H.; OTTMANN, R.; PFEIFFER, A.: *ProjektManager. 2. Aufl. Nürnberg: GPM Deutsche Gesellschaft für Projektmanagement; 2008*

[12] GREGOR-RAUSCHTENBERGER, B.; HANSEL, J.: *Innovative Projektführung. Erfolgreiches Führungsverhalten durch Supervision und Coaching. 2. Aufl. Berlin, Heidelberg: Springer; 2001*

[13] WASTIAN, M.; KRONENBERG, M.: *Psychological project coaching: the success booster for projects and their managers. In: Theory meets practice in projects. Hg. von Rietiker, S.; Wagner, R. Nürnberg: GPM; 2014; S. 288–301*

[14] DE MEUSE, K. P.; DAI, G.; LEE, R. J.: *Evaluating the effectiveness of executive coaching: beyond ROI? In: Coaching: An International Journal of Theory, Research and Practice 2009, 2, S. 117–134*

[15]   THEEBOOM, T.; BEERSMA, B.; VAN VIANEN, A. E. M.: *Does coaching work? A meta-analysis on the effects of coaching on individual level outcomes in an organizational context. In: The Journal of Positive Psychology 2013, 9; S. 1–18*

[16]   LIU, C.-Y.; PIROLA-MERLO, A.; YANG, C.-A.; HUANG, C.: *Disseminating the functions of team coaching regarding research and development team effectiveness: Evidence from high-tech industries in Taiwan. In: Social Behavior and Personality 2009, 37; S. 41–58*

[17]   CARR, C.; PETERS, J.: *The experience of team coaching: A dual case study. In: International Coaching Psychology Review 2013, 8; S. 80–98*

[18]   HULTGREN, U.; PALMER, S.; O'RIORDAN, S.: *Can cognitive behavioural team coaching increase well-being? In: The Coaching Psychologist 2013, 9; S. 100–110*

[19]   BEN-HUR, S.; KINLEY, N.; JONSEN, K.: *Coaching executive teams to reach better decisions. In: Journal of Management Development 2012, 31; S. 711–723*

[20]   KLIMT, S.; WASTIAN, M.: *Ein Kompetenzkatalog für Coaches: Grundlage zur Qualitätssicherung bei der Auswahl sowie der Aus- und Weiterbildung von Coaches. In: Coaching-Kongress an der HAM: »Coaching heute – Zwischen Königsweg und Irrweg«. Hg. von Wastian, M. Erding: Institut für Organisationspsychologie; 2014*

[21]   WASTIAN, M.: *Wirkfaktoren auch im E-Coaching nutzen: Was passiert in der »Black Box« des virtuellen Coaching-Prozesses? In: Beurteilung von Coachingprozessen. Hg. von Geißler, H.; Wegener, R. Wiesbaden: Springer VS; im Druck*

[22]   MOSER, K.; GALAIS, N.: *Personalpsychologie im Projektmanagement. In: Angewandte Psychologie für das Projektmanagement. Ein Praxisbuch für die erfolgreiche Projektleitung. Hg. von Wastian, M.; Braumandl, I.; von Rosenstiel, L. 2. Aufl. Heidelberg: Springer; 2012; S. 121–144*

[23]   SPARRER, I.: *Wunder, Lösung und System. Lösungsfokussierte systemische Strukturaufstellungen für Therapie und Organisationsberatung. 5. Aufl. Heidelberg: Carl-Auer; 2009*

[24]   HERTEL, G.; ORLIKOWSKI, B.: *Projektmanagement in ortsverteilten »virtuellen« Teams. In: Angewandte Psychologie für das Projektmanagement. Ein Praxisbuch für die erfolgreiche Projektleitung. Hg. von Wastian, M.; Braumandl, I.; von Rosenstiel, L. 2. Aufl. Heidelberg: Springer; 2012; S. 327–346*

[25]   GREIF, S.: *Advances in research on coaching outcomes. In: International Coaching Psychology Review 2007, 2; S. 222–249*

[26]   ALBERT, J.: *Coach-Auswahl und Coach-Pool. Wege zum richtigen Coach aus Sicht von Personalentwicklern. (Diplomarbeit); München: Ludwig-Maximilians-Universität; 2013*

Zusammenfassung

Projektcoaching ist eine »durch psychologische Methoden geleitete, systematische Förderung ergebnisorientierter Selbst-, Prozess-, Problem- bzw. Lösungsreflexionen sowie Beratung von Personen, Gruppen oder Organisationseinheiten im Kontext von oder in Zusammenhang mit Projekten« ([4], S. 101). Durch die systematische Anregung zur Reflexion mithilfe psychologischer Methoden werden im Projektcoaching klienteneigene Ressourcen erschlossen, um einzelne Projektbeteiligte bzw. Projektteams in Echtzeit, maßgeschneidert und anknüpfend an das jeweilige Projektgeschehen zu entwickeln und bei der Verwirklichung ihrer Ziele zu unterstützen, um Projektprozesse zu verbessern und die Wahrscheinlichkeit des Projekterfolgs zu erhöhen. Die drei Formen von Projektcoaching – Einzelcoaching (z. B. für Projektleiter), Teamcoaching und Prozesscoaching – können vor, während und nach Abschluss eines Projekts eingesetzt werden.

Die Rolle von Trainings bei der Beratung von Organisationen

In diesem Beitrag werden die Begriffe »Beratung«, »Coaching« und »Training« zum besseren Verständnis und zur effizienten Einsetzbarkeit voneinander abgegrenzt. Darüber hinaus sollen die Bedeutung der Evaluation und der Transferherausforderung erläutert werden. Zum Abschluss werden die Rollen eines Trainers erläutert.

> **In diesem Beitrag erfahren Sie:**
> - wie sich Beratung, Coaching und Training voneinander unterscheiden,
> - wie Trainings evaluiert werden können,
> - warum die Transferleistung entscheidend ist,
> - in welchen Rollen sich ein Trainer bewegen können muss.

DIETMAR PRUDIX

Einleitung und Begriffsklärung

Oft werden die Begriffe »Coaching«, »Training« und »Beratung« bedeutungsgleich verwendet und damit auch verwechselt. Damit wir uns dem Thema dieses Beitrags nähern können, benötigen wir zunächst eine handhabbare Abgrenzung:

Training

Der Begriff »Training« oder »das Trainieren« steht allgemein für alle Prozesse, die eine verändernde Entwicklung bei Menschen hervorrufen. Zunächst verstand man darunter nur die »Abrichtung und Schulung der Pferde«. Später wurde der dem englischen Sprachgebrauch übernommene Ausdruck für Übung, Schulung, Lehrgang, Weiterbildung oder Fortbildung auch allgemein angewendet (englisch *to train someone* = jemanden erziehen, schulen).

Trainingseffekte entstehen beim Menschen durch die Verarbeitung von Reizen. Diese Reize können aus dem Menschen selbst hervorgehen, indem zum Beispiel Vorgänge auf der kognitiven Ebene einen Reiz für Veränderungen auf der körperlichen und emotionalen Ebene darstellen. Allgemein ist es bei allen Formen des Trainierens wichtig, sowohl Unter- als auch Überforderung zu vermeiden, da andernfalls die Wirkung des Trainings weder effizient noch optimal ist.

Das Training dient dem gezielten Auf- und Ausbau bestimmter Verhaltensweisen, d. h. es geht um das Erlernen eines für eine bestimmte Situation »idealen« Ablaufmusters. Die individuellen Bedürfnisse des zu Trainierenden sind dabei zwar wichtig, aber der Schwerpunkt ist weniger das Individuum als eben das individuelle Verhalten bzw. die Trainingsinhalte. Systematisches Training zielt darauf, möglichst langfristig stabile Anpassungserscheinungen, d. h. Trainingseffekte, zu erzielen.

In der Wirtschaft sind insbesondere bekannt: Arbeitstraining, Teamtraining, Managementtraining, Verkaufstraining, Kommunikationstraining, Verhandlungstraining, Konflikttraining.

Der Trainingsinhalt und -umfang wird mit dem Auftraggeber geklärt (typische Auftragsklärung). Hier ist auch zu berücksichtigen, dass eine begleitende Projektmanagementberatung zu beachten ist: Das Training muss die Ziele der Beratung so unterstützen, dass das Beratungsprojekt in bestmöglicher Form durchgeführt wird; eine unterstützende Wirkung ist nicht nur zugelassen, sondern ausdrücklich erwünscht.

Der Leiter des Trainings stimmt sich mit dem Auftraggeber und dem Leiter der Beratung (zusammen oder unter vier Augen) über den zu erreichenden Zustand und die gegebenen Rahmenbedingungen ab.

Im zweiten Schritt entwickelt der Leiter Training ein Vorgehenskonzept inklusive der Rahmenbedingungen, wie z. B. Zielgruppe, Beginn, Dauer, Ende, Inhalte, zu vermittelnde Werte, Fakten, Grad der Interaktion, Tagesablauf, Lernziele, eingesetzte Übungen. Dieser grobe Ablauf wird erneut abgestimmt und falls nötig angepasst.

Sollten Änderungswünsche vorliegen, werden diese in den geplanten Ablauf integriert. Danach wird eine Feinplanung durchgeführt und ein Curriculum (Trainingsablauf) erstellt und idealerweise in einer Liste mit den folgenden Spalten aufgestellt:

⇨ Beginn
⇨ Ende
⇨ Thema, Inhalt
⇨ Verantwortlicher
⇨ Methode

Tabelle 1: Beispiel eines Curriculums				
Beginn	**Ende**	**Thema/ Inhalt**	**Verantwortlicher**	**Methode**
09:00	09:10	Begrüßung; Formales, Agenda	Trainer	Moderation
09:10	09:20	Kennenlernen	Trainer	Soziogramm
09:20	09:40	Worum geht es heute?	Abteilungsleiter	Vortrag
09:40	10:10	Welche Probleme in der Praxis gibt es?	Dreiergruppen	Kleingruppe

Dieses Feinkonzept wird mit dem Auftraggeber und dem Leiter Beratung abgestimmt und daraufhin überprüft, ob es das Beratungsprojekt unterstützt. Nach definierten Trainingsschritten kann im Rahmen eines KVP-Workshops (ständige Verbesserung) ein nochmaliger Abgleich stattfinden und sogar das Beratungsprojekt aufgrund neuer Erkenntnisse angepasst werden.

Spätestens am Ende eines Trainings sind die Trainingsergebnisse zu evaluieren und zu überprüfen, ob ein Transfer in die Praxis möglich ist.

Coaching

Coaching ist kein Training, kann dieses aber beinhalten, da sich beide Maßnahmen durchaus sinnvoll miteinander kombinieren lassen. Dennoch ist Coaching in seiner Grundfunktion kein Training, sondern ein Beratungsprozess, in dem der Klient dabei begleitet wird, (s)eine eigenständige Lösung seines Anliegens herbeizuführen. Als Prozessberater nimmt der Coach dem Klienten weder eine Aufgabe ab, noch fungiert er als »Besserwisser«. Sein Expertentum konzentriert sich auf die Begleitung des Prozesses, der »Hilfe zur Selbsthilfe«. Im klaren Unterschied zum Trainer muss der Coach keine direkte Lösung kennen bzw. vermitteln, sondern es dem Klienten ermöglichen, seinen eigenen Weg zu finden. Der Coach ist primär Zuhörer und Gesprächspartner; der Trainer ist überwiegend Anleiter.

Beratung

In Abgrenzung dazu bezeichnet »Beratung« umgangssprachlich ein strukturiertes Gespräch oder auch eine praktische Anleitung, die zum Ziel hat, eine Aufgabe oder ein Problem zu lösen oder sich der Lösung anzunähern. Meist wird Beratung im Sinne von »jemandem in helfender Absicht Ratschläge erteilen« verwendet.

Beratung im engeren Sinn ist eine Interaktionsform, die dem Wissenstransfer dient. Der Berater kann seinen Klienten Wissen bereitstellen. Er ist jedoch fundamental auf die Selbstorganisation des Wissens seiner Klienten angewiesen, da Ratschläge erst angenommen und in die Tat umgesetzt werden müssen, um wirksam zu werden. Über diesen Transfer entscheidet immer der agierende Mensch in der Organisation. Berater können daher zwar die Voraussetzungen für einen erfolgreichen Wissenstransfer modifizieren, doch können sie über einen Großteil der Erfolgsbedingungen weder verfügen noch die nötigen Voraussetzungen auf der anderen Seite kreieren. Was aus Beratung wird, entscheiden letztlich die Beratenen. Dem Beratungsprozess sind jedoch durch die Form der Beratung selbst bereits bestimmte (Sinn-)Grenzen gesetzt. Eine fachliche Anleitung, was im Gespräch mit den beteiligten Mitarbeitern im Einzelnen zu thematisieren ist, ist Beratung, genauer: Fachberatung.

364

Tabelle 2: Unterschiede und Gemeinsamkeiten von Coaching und Beratung [5]

Coaching	Beratung
Verwendung psychotherapeutischer Methoden und Interventionen	Fachliche Unterweisung, i. d. R. keine psychotherapeutischen Methoden und Interventionen
Analyse der Wahrnehmung der Aufgaben und der Gestaltung der Rolle	Analyse der Arbeitsaufgabe
Die Rolle des Prozessberaters als Zuhörer und Gesprächspartner	Die Rolle des Fachberaters als Zuhörer und Ratgeber
Beschäftigung mit den Erlebnissen des Gecoachten	Beschäftigung mit rein fachlichen Fragen des Klienten
Reflektierendes Verfahren	Fachliche Unterweisung
Ist beziehungsorientiert, hat die Beziehungsaufnahme und -gestaltung als Ziel.	Ist sachorientiert, ein Beziehungsaufbau ist bestenfalls ein Nebenprodukt.
Verhaltenserweiterung bzw. -flexibilisierung beim Gecoachten	Technischer/fachlicher Wissenszugewinn
Kann auch die persönliche Entwicklung betreffen.	Betrifft in der Regel rein fachlich-berufliche Anliegen.
Zielgruppe sind in der Regel Personen mit Managementaufgaben.	Keine vorbestimmte Zielgruppe
Coach und Gecoachter bestimmen zusammen Inhalt und Ablauf, der Gecoachte behält die Verantwortung für sein Handeln.	Der Berater bestimmt den Inhalt und Ablauf und nimmt ggf. dem Klienten die Verantwortung ab.
Freiwilligkeit ist Voraussetzung.	Oft äußere Sachzwänge
Das Ziel ist die Hilfe zur Selbsthilfe.	Etablierung als Berater und Spezialist für den Klienten
Aufbau von Fachkompetenz und persönlicher Kompetenz	Im besten Fall Aufbau fachlicher Kompetenzen

Gemeinsamkeiten

⇨ Wird durch organisationsexterne und -interne Berater durchgeführt.
⇨ Im Vordergrund steht die berufliche Rolle.
⇨ Die Selbstmanagementfähigkeiten müssen funktionstüchtig sein.
⇨ Meist geringe emotionale Tiefe der thematisierten Probleme
⇨ Für schwerwiegende psychische Probleme ungeeignet
⇨ Zielorientierte Bearbeitung von Problemen, Erreichen eines Soll-Zustandes
⇨ Verbesserung der Leistungsfähigkeit des Klienten
⇨ Kann hohe Kosten verursachen
⇨ Auch wirtschaftliche Langzeitziele werden verfolgt.

Die Rolle der PM-Beratung

Die IPMA als internationale Organisation ist der Anwendung und Weiterentwicklung von Projektmanagement besonders verpflichtet. Neben der Qualifizierung ist die Projektmanagementberatung von besonderer Bedeutung. Die IPMA als weltweit agierender PM-Verband hat die Rolle des Trainings in der Beratung bereits als internationalen Standard in der NCBC (National Competence Baseline Consulting) beschrieben. Die deutsche Übersetzung liegt seit Juni 2011 in der Version 1.0 vor.

Die Kernüberlegung der Prozessberatungsansätze ist die »Hilfe zur Selbsthilfe«. Es wird davon ausgegangen, dass das nötige Wissen für Weiterentwicklungen schon in der Organisation selbst vorhanden ist. Der Berater muss dabei einen Lern-, Abstimmungs- und Gestaltungsprozess organisieren und unterstützen. Hierbei geht es auch schon darum, Einzelpersonen zu beraten (Coaching und Mentoring).

Die Herausforderung für den Berater besteht darin, den Beratungsprozess so zu gestalten, dass die gesteckten Ziele erreicht werden und die Veränderungen in der zu beratenden Organisation auch nachhaltig Bestand haben.

Deshalb wird das Thema »Evaluation« deutlich hervorgehoben und unterschieden zwischen:
⇨ Inputevaluation
⇨ Prozessevaluation
⇨ Outputevaluation
⇨ Outcome- oder Impactevaluation

Als mögliche Rollen des Projektmanagementberaters werden insbesondere gesehen:
⇨ Prozessbegleiter
⇨ Coach
⇨ Manager

Im Rahmen der lernenden Organisation wird betont, dass »für eine erfolgreiche Beratung im Umfeld von Projekten gilt, die Lernfähigkeit und die Lernbereitschaft einer Organisation richtig einzuschätzen und im Laufe der Beratung diese Lernfähigkeit zu nutzen und insbesondere im Abschluss von Projekten neu zu lernen« [3, S. 13]. Eine lernende Organisation befindet sich ständig in Bewegung – es wird permanent nach Lernchancen und Verbesserungsmöglichkeiten gesucht.

Das heute so bekannte Wissensmanagement bezieht die Kompetenzen der Mitarbeiter mit ein. Ebenso wird berücksichtigt, dass Wissen und Kompetenzen nur in Bezug auf den konkreten Kontext zu neuen Fähigkeiten heranwachsen können.

Die neue Trainerrolle

Peter Drucker ist mit seiner Aussage »Nicht die Arbeit, das Kapital, das Land und die Rohstoffe sind die Produktionsfaktoren, die in unserer Gesellschaft zählen, sondern das Wissen der Mitarbeiter« [7] auch heute noch aktuell.

Klassische Bildungsformen reichen nicht mehr aus, um diesen Anforderungen gerecht zu werden und gleichzeitig den Bedarf an permanentem Wissensbedarf zu erfüllen. Lernen findet in Seminaren, über E-Learning oder durch kombinierte Lernformen (Blended Learning) statt. In allen diesen Formen erfolgt Lernen auf Vorrat (»just in case«), d. h. es werden Fachinhalte und Methoden gelernt, die Experten als relevant für ein Wissensgebiet deklariert haben. Diese Form eignet sich für betriebliche Basisausbildungen oder Grundlagenwissen. Für eine betriebliche Bildung in wissensintensiven Berufen, deren Wertschöpfung aus Wissen besteht, reicht sie nicht mehr aus.

In Deutschland wächst der Anteil an Wissensarbeitern (d. h. Mitarbeiter, deren Aufgabenbewältigung im Wesentlichen vom Zugang zu Wissen und vom Umgang mit Wissen abhängt): Zurzeit sind es mehr als 30 %. Die Aufgaben von Wissensarbeitern sind sehr komplex, die benötigten Informationen und das damit verbundene Wissen ist einer häufigen Aktualisierung unterworfen und erweitert sich ständig um neue Aspekte. Für Wissensarbeiter ist es daher schwierig bis nahezu unmöglich und in hohem Masse ineffektiv, das gesamte für die effiziente Erledigung ihrer Aufgabe benötigte Wissen auf Vorrat zu erwerben. Hier findet das Lernen häufig im Kontext ihrer Aufgabe statt und ermöglicht es dem Lernenden, situativ zu lernen, also selbst organisiert und zielgerichtet genau in entsprechendem Umfang und benötigter Tiefe. Ziel ist die effektive Lösung einer Aufgabe im Arbeitsprozess.

Konventionelle Trainings ermöglichen situatives Lernen nur schwer, da die Arbeit unterbrochen werden muss, um zu lernen. Lebenslanges Lernen wird nun zum Teil der Lösung dieses Problems. Dazu gehört, dass Unternehmen ein Bewusstsein dafür entwickeln, dass Lernen und Wissenserwerb nicht wie früher in einer abgeschlossenen Qualifizierungsmaßnahme erfolgen, sondern dass es um eine ständige Erweiterung des Wissens geht.

Die Bedeutung des Wissens und damit auch der betrieblichen Bildung wird noch von vielen Firmen als wichtiger Wettbewerbsfaktor unterschätzt. Hier gibt es ein neues Schlagwort »Knowledge Sharing«, d. h. Schaffung von gemeinsamem Wissen sowie Mitteilen und Weitergeben dieses Wissens. Generell lässt sich sagen: Ein Unternehmen ist umso erfolgreicher, je besser es versteht, Wissen in kompetentes Handeln umzusetzen. Ziel der betrieblichen Bildung ist es, bei Mitarbeitern Kompetenzen erfolgreich und effizient zu entwickeln, damit diese ihre Arbeit effektiv und erfolgreich verrichten können. Wissen ist eine notwendige, aber keine hinreichende Voraussetzung, um Kompetenzen zu entwickeln. Kompetenzen hingegen sind stets auf das Erreichen eines Ziels ausgerichtet und basieren vor allem auf der Nutzung des Wissens im betrieblichen Alltag. Die Entwicklung von Kompetenzen basiert deshalb auf einem Lernprozess (Training genannt), in dem das Wissen in den Anwendungskontext der Arbeit gestellt wird.

Je nach Kompetenzgrad des Lernens erfolgt die Entwicklung von Kompetenzen auf unterschiedliche Art und Weise. Nach Marc Rosenberg [8] wird hier unterschieden zwischen den Kompetenzgraden Neuling, Kenner, Könner und Experte. Jedem dieser Grade werden unterschiedliche Lernstrategien zugeordnet. Generell kann man sagen, dass der Neuling sich Wissen meist fremdgesteuert auf Basis von vorgegebenen Lernzielen erarbeitet und die Kompetenzen durch Anleitung erlangt, wohingegen der Experte Wissen meist selbstbestimmt und explorativ erwirbt. Er entwickelt Kompetenzen durch Zusammenarbeit und Diskurs mit anderen Experten.

Dazu muss das relevante Wissen erst identifiziert und dann entwickelt werden. Grundlage der Betrachtung kann hier das »SECI«-Modell (siehe unten) sein, bei dem das Wissen in einer kontinuierlichen Transformation zwischen implizitem und explizitem Wissen durch soziale Interaktion erzeugt wird.

Auf dieser Grundlage ist es möglich, wiederverwendbares Wissen zu generieren, das verteilt und direkt für Mitarbeiter nutzbar gestaltet werden kann. Zur Unterstützung des Wissensmanagements wird ein Lernmanagementsystem benötigt, sodass auch E-Learning, Blended Learning und eine Kombination von klassischen Präsenztrainings stattfinden kann und diese Lernformen auch unterstützt werden.

Für Bildungsmaßnahmen sind reine Wissensobjekte allein nicht geeignet. Das Wissen muss hier in zielgruppenadäquate und methodisch-didaktisch sinnvoll aufbereitete Lernmedien eingebettet werden.

Wichtig für eine erfolgreiche betriebliche Bildung ist ebenso, dass das Wissen handlungsorientiert und kontextbezogen bereitgestellt wird, denn die Entwicklung von Kompetenzen basiert auf der Befähigung, Wissen anzuwenden und im Arbeitsalltag zu nutzen. Weiterhin muss betriebliche Bildung bedarfsgerecht und effizient erfolgen: Lernbedarf und Lernangebot müssen optimal aufeinander abgestimmt werden. Hier ist eine Bildungsbedarfsanalyse hilfreich. Die Vorteile liegen auf der Hand: Der Lernaufwand für das einzelne Training kann so punktgenau angepasst werden.

Generell muss festgestellt werden, dass betriebliche Bildung ein stetiger Prozess ist, der sich dem Wandel und den sich verändernden Bedingungen der Arbeitswelt anpassen muss, um nachhaltig erfolgreich zu sein. Neben dem Lernen auf Vorrat sollte vor allen Dingen anlassbezogenes, situatives Lernen am Arbeitsplatz ermöglicht werden.

Innovation und Internationalisierung sind Treiber des Unternehmenserfolgs – und damit auch des Trainingsbedarfs. Erst dann ist

Wachstum überhaupt möglich. Lernen ist die grundlegende Voraussetzung für Innovation.

Zunächst lernt das Individuum. Danach kann das neu erworbene Wissen in das Know-how der Organisation und damit in die Umgestaltung eines Produkts einfließen. Dieses Modell wird als »SECI«- Modell bezeichnet und beruht darauf, dass das Wissen bzw. das Know-how eines Unternehmens spiralförmig anwachsen kann, wenn vier Formen der Wissensübertragung bzw. Wissensverbreitung nutzbar gemacht und gefördert werden:
⇨ Sozialisation
⇨ Externalisierung
⇨ Kombination
⇨ Internalisierung

Beispiel: Weitergabe von Wissen eines Handwerkers

Ein Handwerker verfügt über implizites Wissen im Rahmen seiner Handwerkskunst und übermittelt dieses durch Vormachen und Erfahrungsaustausch. Bei dieser Übermittlung entsteht bei den Lernenden direkt wieder implizites Wissen, das sofort angewendet werden kann. Allerdings muss die Anwendung in diesem Übertragungsprozess immer wieder in gleichen oder ähnlichen Situationen nachvollzogen und sollte dokumentiert werden.

Besonders wertvoll ist es für Unternehmen, wenn in diesem Prozess der Wissensübertragung und -verbreitung aus dem expliziten Wissen eines Experten implizites Wissen durch Artikulation und Verschriftlichung wird. Wenn eine Produktinnovation gelingt, möchte ein Unternehmen diese Innovation direkt am Markt bekannt machen. Dazu wird das Marketing beauftragt, den Wettbewerbsvorteil im Vergleich zu Konkurrenzprodukten zu kommunizieren.

Dieser Prozessschritt wird »Kombination« genannt, weil nun das explizite Wissen mit weiterem explizitem Wissen (über das Konkurrenzprodukt) kombiniert wird. Allerdings nutzt dieser Wettbewerbsvorteil nur dann etwas, wenn mit ihm auch gearbeitet wird. Dafür ist in der Regel der Vertrieb zuständig, der diesen Vorteil durch die Verteilung von Produktbeschreibungen und spezielle Verkaufstrainings umsetzen will. Dafür nimmt er das neue Wissen auf und verbindet es mit bereits vorhandenem Wissen und Erfahrungen. Dieser Prozess wird »Internalisierung« genannt. So geht das neue Wissen in den »Wissensschatz« des Unternehmens ein. Das geschnürte Lernpaket wird an die Lernenden übermittelt und trifft dort auf individuell unterschiedliche Erfahrungen. Der Lernende nimmt das neue Wissen auf und verbindet es mit seinem individuellen Vorwissen. Bis hierhin beschreibt das Modell die Grundlagen und verschiedenen Wege, wie Lernprozesse bei Individuen und Organisationen ablaufen können.

Jetzt wird der »Bumerang-Effekts« gebraucht: Hier wird die Idee des Individuallernens mit der Idee des organisationalen Lernens verbunden. In den Trainingsabteilungen ist das Prinzip des »individuellen Lernens« bekannt: Hier soll Wissen vermittelt werden. Das Wissen für die Zielgruppen wird aufbereitet, portioniert und zusammengestellt. Es entstehen Lernpakete, die in geeigneter Form vermittelt werden können. Das Wissen wird in die Welt geschickt und kommt wieder zum Unternehmen zurück. Während dieses Prozesses beurteilen, bearbeiten und bewerten die Lernenden die individuellen Erkenntnisse. So entstehen wertvolle Informationen, die wiederum in die Lernpakete (voll funktionsfähiges Lernmedium) einfließen.

Damit Unternehmen diese Erkenntnisse optimal nutzen können, muss neben dem Individuallernen auch das organisationale Lernen konsequent genutzt werden: Es geht also um die lernende Organisation.

Um den Bumerang-Effekt optimal umzusetzen, braucht es zwei Dinge:
⇨ einen klar definierten Lernprozess für die Organisation mit Aufgaben und Verantwortungen und
⇨ eine technologische Plattform, in der die entstandenen Erfahrungen und Erkenntnisse dokumentiert, aufbereitet und dann gezielt in neues Know-how umgesetzt werden.

Der Lernprozess der lernenden Organisation kann durch Online-Trainings unterstützt werden. Autorensysteme verbessern das Content Management. Auf diese Weise entsteht eine neue und verbesserte Generation von Lerninhalten und Lernpaketen. Auf diese Weise werden immer neue Know-how-Levels erreicht und kontinuierlich Wissen vermehrt.

Zusätzliche Herausforderungen sind Sprachen und Kulturen: Der Corporate-Learning-Ansatz (Lernen der Organisation/des Unternehmens mit allen Mitarbeitern) beeinflusst auch die Innovationskraft und damit die Zukunftsfähigkeit eines Unternehmens. So fließen sehr qualifizierte und konstruktive Feedbacks zu Anwendung, Akzeptanz und Wertschätzung der Innovation aus den Märkten zurück an das Unternehmen. Daraus können weitere Handlungsstrategien abgeleitet werden.

Corporate Learning kann so zu einem Turbolader für die Innovation in einem Unternehmen werden, weil sich die Lernprozesse im Unternehmen beschleunigen und verbessern.

Corporate Learning
⇨ fördert Innovationskraft,
⇨ unterstützt die Vermarktung und damit die Verwertung von Innovationen,
⇨ unterstützt die Internationalisierung.

Damit wird der Nutzen von Corporate Learning für Organisationen deutlich und nachvollziehbar

Die neue Trainerrolle – Eroberung einer zunehmend anspruchsvollen Rolle

Was macht das Wesen der Trainerrolle aus? Worin liegt der Reiz, Trainer zu sein? Der Reiz für den Trainer ist sicherlich, dass bei der zwischenmenschlichen Arbeit nicht alles festgelegt ist, sondern dass der Teilnehmer jemanden benötigt, der ihm hilft, weiterzukommen, sich zu entwickeln. In den letzten Jahren hat sich die Trainerrolle entwickelt. Schulz von Thun unterscheidet in diesem Zusammenhang die gruppendynamische, die tiefenpsychologische, die systemische sowie die geistige Dimension. Er spricht explizit vom »Trainer«. Diese Aspekte werden im Folgenden erläutert.

Ein Trainer ist auch immer Prozessmoderator: Neben Übungen mit Instruktions-, Durchführungs- und Auswertungsteil ist er zunehmend auch im Fall von Komplikationen, Blockaden und Konflikten gefordert. Die Gruppe erwartet ein konstruktives Miteinander, damit Lernen möglich und unterstützt wird. Durch die zwischenmenschliche Dimension wird Lernen intensiv. Zwischen den Teilnehmern gilt es, ein Netz zu spannen, das mit der Zeit immer tragfähiger wird und auch zum Fallnetz werden kann, das die Gruppe in schwierigen Situationen auffängt. Es kann auch Turbulenzen geben, die den beabsichtigten Lernprozess gefährden. Der Trainer muss dann präventiv oder korrektiv vorgehen. Ein gutes Forming macht ein sanftes Storming. Der Trainer wird als Lotse gebraucht, der zielsicher durch die Phasen der Teamentwicklung navigiert. Schulz von Thun wünscht sich einen Trainer, der professioneller Gruppenleiter ist, der auch kundiger und bewusster Anstifter und Moderator des Lernprozesses ist und der den unweigerlich auftretenden Komplikationen auch menschlich gewachsen ist.

Jede Verhaltensänderung berührt das innere Gleichgewicht, bringt Ängste und Unsicherheiten hervor und greift das Selbstwertgefühl an. Ein professioneller Trainer sollte auch schwierigen kommunikativen Herausforderungen gewachsen sein, um so professionell reagieren und handeln zu können. Wer in Übereinstimmung mit sich selbst handelt, kann mit den zwischenmenschlichen Herausforderungen besser umgehen. Das Modell und die Methode des inneren Teams (das sind die jeweiligen »inneren« Rollen) erlauben es, mit dem »pluralistischen« Menschen und seinem Inneren (jede dieser Rollen hat eigene Ziele, Motive und Befindlichkeiten) in Kontakt zu kommen. Ein Vorgesetzter kann in der Rolle eines Vorgesetzten oder eines Mitarbeiters, aber auch in der eines Ehemannes oder Vaters sein. Je nach Situation und Bedeutung kann eine Rolle überwiegen und so das Handeln lenken.

Durch diese Beachtung unterschiedlicher Rollen entsteht eine neue Ordnung und der Trainer wird zum Klärungshelfer. Dieses Verständnis der Trainerrolle kann zum Markenzeichen eines neuen Rollenverständnisses werden. Damit können auch die Grenzen zwischen Training und Coaching verschwimmen.

Ein Trainer muss darüber hinaus die wunden Punkte erkennen, die es einem Teilnehmer schwer machen, an manchen Stellen souverän zu reagieren. Als Trainer sind wir in Gefahr, durch Einübung von einem vermeintlichen Idealverhalten zum falschen Selbst beizutragen, statt das Verhalten und den Menschen zu einer stimmigen Einheit werden zu lassen. Diese Gefahr besteht, wenn die individuellen Wünsche nicht ausreichend berücksichtigt werden.

Die nächste Überlegung führt uns von der Tiefenpsychologie auf das Schachbrett des Lebens. Der Trainer wird in der Tiefe und auch in der Weite gebraucht und muss die anspruchsvolle Aufgabe lösen, sich mit anderen in Beziehung zu setzen. Ein Trainer muss zunächst den äußeren Kontext eines Verhaltens fragestellungsbezogen erkunden und visualisieren. Er muss darüber hinaus ein Gefühl für die situationsgerechte Stimmigkeit eines Verhaltens entwickeln und vor allen Dingen seinen Teilnehmern die (Un-)Angemessenheit eines Verhaltens in Bezug auf Situation und Rolle erklären können. Ein Trainer ist systembewusst, um die »Wahrheit« einer Situation ermitteln zu können, damit das Verhalten nicht nur berechenbar, sondern auch situations- und kontextgerecht erfolgen kann.

Welches Fazit zur Trainerrolle kann hier gezogen werden? Der Begriff »Trainer« reicht jetzt mehr an Coach oder Supervisor heran, dennoch bleibt der Begriff ein Sammelbegriff. Ein guter Trainer sollte die persönlichen Ressourcen und Hindernisse der Teilnehmer anschauen, um so zum Entwicklungs- und Klärungshelfer zu werden, der den Teilnehmern ein geeignetes Lernumfeld zur Verfügung stellt.

374

Moderne Lernformen

Neben vielen bekannten Lernformen und Formaten eignen sich besonders im Bereich des Lernens im Kontext von Beratung folgende neue Lernformen:

Selbstbestimmtes Lernen

Um im Rahmen des selbstbestimmten Lernens ein didaktisches Konzept entwickeln zu können, müssen zwei Begriffe geklärt werden: Veränderung und Erfahrung. Lernen ist dabei ein Vorgang, den man für beobachtete Veränderungen verantwortlich macht, der dabei stets an Eindrücke, Inhalte, Informationen und damit an die Verarbeitung von Umweltwahrnehmungen gebunden ist. Nur so ist Veränderung durch Lernen möglich. Hier spielen auch Berufserfahrung und Themen direkt aus dem Berufsalltag und dem Arbeitsprozess eine unmittelbare Rolle, denn zu diesen Themen gibt es Referenz- und Erfahrungswerte. Selbstbestimmtes Lernen funktioniert dann, wenn es eine Haltung der Veränderung erlaubt, die auf Erfahrungswerten aus der eigenen Organisation beruht.
Unterstützende Lernumfelder dafür sind:

Micro-Learning-Einheiten

Micro-Learning-Einheiten führen die Lernenden an neue Lerninhalte heran, die auf ein neues Rollenverständnis abzielen. Diese Einheiten fordern eine Reflexion des alltäglichen Handelns. Der Lernprozess wird in der Regel von Tutoren begleitet. Es geht um Wege zu neuem Wissen. Wichtig sind hier neuer Input und Relevanz für die Praxis. Methodisch können z. B. Beobachtungsaufgaben gestellt oder ein neues Verhalten vorgeschlagen werden, das ausprobiert wird. Zur Erfahrungssicherung und Nachhaltigkeit werden die Prozesse und Ergebnisse mit Tutoren (unter vier Augen, online etc.) ausprobiert und bewertet. Dieses Vorgehen eignet sich besonders für neues Wissen, neue Prozesse oder neue Tools.

Blended-Learning-Konzepte

Bei Blended-Learning-Konzepten handelt es sich um intensive Präsenzlernphasen im Wechsel mit virtuellen Klassenräumen. Dabei werden auf jeden Fall auch die Medien- und Lernkompetenzen gesteigert. Hier können spezifische und deutliche Vertiefungen der Lerninhalte erreicht werden.

Communities of Practice

Im Austausch zwischen Fachkollegen können auch Communities eingerichtet werden, auch bekannt als »kollegiales Coaching«. Dabei werden die erworbenen Kompetenzen in einem neuen Arbeitszusammenhang sichtbar und können so wirksam werden. Die Teilnehmer entscheiden sich in der Regel am Ende von Blended-Learning-Einheiten, welche Themen sie weiterbearbeiten wollen. Wenn z. B. in einer Organisation Projektmanagementprozesse eingeführt werden, können sich die Anwender so organisieren, dass sie gegenseitig Erfahrungen austauschen und für neue und schwierige Situationen ein geeignetes Vorgehen abstimmen. Grundlage ist die Bereitschaft, permanent zu Verbesserungen beitragen zu wollen.

Lernen durch Reflexion

Reflexion hilft, aus der Erfahrung zu lernen und Best Practices im Unternehmen zu entwickeln. Wenn es gelingt, durch gedankliche Analyse der bisherigen Erfahrungen zukünftige Herausforderungen besser zu meistern, sprechen wir von »Lernen durch Reflexion«, egal ob es im Rahmen von Projektmeetings, Action Reviews, Retrospektiven oder Statusmeetings passiert. Reflexion ist deshalb notwendig, weil wir unser Arbeiten an ein sich ständig veränderndes Umfeld anpassen müssen. So wird uns zu neuen Sichtweisen und Erkenntnissen verholfen. Im Projektbereich ist der bekannteste Vertreter »Lessons Learned«. Dazu gibt es gerade in größeren Organisationen aber auch Gegenargumente: »Es läuft doch super ...«; »Dazu haben wir doch keine Zeit ...«; »Wir haben doch dringendere Probleme.« Wenn es gelingt, diese Hindernisse zu beseitigen, können wir das in den Lessons Learned enthaltene Potenzial viel besser erschließen.

Erfolgssicherung von Trainingsmaßnahmen

Heute sind Unternehmen dann bereit, in Trainings zu investieren, wenn sich nachweisen lässt, dass der Nutzen aus Trainings die Investition in Trainings übersteigt (im Sinne eines ROI). Darüber hinaus wird erwartet, dass das Gelernte auch in die betriebliche Praxis übertragen und dort nachhaltig verankert werden kann.

Transfersicherung von Trainings

Im Businesskontext wird unter »Transfer« der Theorie-Praxis-Transfer subsumiert, die Übertragung der Erkenntnisse aus der Wissenschaft in die Praxis. »Lerntransfer« bedeutet die Überführung des Gelernten im Lernkontext auf andere ähnliche Kontexte. Bei positivem Transfer ist der Kompetenzgrad nach dem Training höher als vor dem Training. Von »horizontalem« bzw. »lateralem Transfer« spricht man, wenn eine unmittelbare Übertragung der im Lernfeld erworbenen Kompetenzen in das Arbeitsfeld erreicht wird.

Erstrebens- und wünschenswert ist jedoch der »vertikale Transfer«. Dabei gelingt es einer Person im Funktionsfeld nicht nur, die erworbenen Kompetenzen anzuwenden, sondern ihre Kompetenzen im Sinne eines sukzessiven Dazulernens auch zu steigern.

In einer Studie ermittelten Broad & Newstrom [2] folgende Barrieren, die einen Transfer verhindern können (dargestellt nach absteigender Wichtigkeit und Bedeutung):
⇨ fehlende Verstärkung und Unterstützung am Arbeitsplatz
⇨ Störungen aus der unmittelbaren Arbeitsumgebung
⇨ hemmende Unternehmenskultur
⇨ unbrauchbare Trainingsprogramme
⇨ fehlende Praxisrelevanz der Trainingsinhalte
⇨ Trennung vom Trainer (fehlende Unterstützung)
⇨ schlecht konzipierte Trainings
⇨ Veränderungsresistenz von Mitarbeitern/Kollegen

Aber: Welche Variablen sollen zur Messung des Lerntransfers herangezogen werden? Damit kommen wir zur Evaluation von Trainingstransfers.

Evaluation von Trainings

Seit Anfang der 1990er-Jahre gewinnt das Thema der Trainingsevalu-
ation wieder an Bedeutung. Das Ziel ist dabei weniger die Qualitäts-
verbesserung oder Entscheidungshilfen, sondern eher das Thema Kontrolle und Legitimation der Personalentwicklungs(PE)-Budgets. In der
Folge werden drei Evaluationsmodelle dargestellt, die alle als Rahmen
des gestaltungsorientierten Evaluationsmodells gelten:

1. Auf der Basis des Vier-Ebenen-Modells von Donald J. Patrick werden aufseiten der Ergebnisse verschiedene Parameter erfasst, die für
   die Ermittlung des ROI von Weiterbildungsprogrammen erforderlich sind. Dieses Modell wurde von Jack J. Philipps um eine fünfte
   Ebene erweitert – die Outputorientierung.
2. Darüber hinaus hat Stufflebeam seinen CIPP-Ansatz (Context,
   Input, Process, Product) schon vor über 40 Jahren veröffentlicht: In
   diesem Modell werden der Kontext (Context), der Input, der Prozess und das Ergebnis (Product) bewertet.
3. Beim Modell von Kirkpatrick wird das Ergebnis bzw. die Wirkung
   auf die Weiterbildung zurückgeführt (Ebene 1 = Reaction/Zufrie-
   denheit der Teilnehmer; Ebene 2 = Learning/Lernerfolg; Ebene 3
   = Behavior/Lerntransfer und Ebene 4 = Results/Unternehmenser-
   folg). Dieses Modell kann mit seiner Perspektive auf die Ergebnisse
   des Trainings zudem für die Bedarfsanalyse verwendet werden.

Jack Phillips erweitert dieses Modell von Kirkpatrick um eine fünfte
Ebene, die Ebene des Return on Investment (ROI). Er isoliert den
Return on Investment von den anderen Ergebnissen der vierten Ebene
und betrachtet so explizit finanztechnische Parameter. Der Return on
Investment (ROI) bildet das Verhältnis zwischen betrieblichem Aufwand von Weiterbildung (Programmkosten) und dessen Ertrag (Pro-
grammleistung) entsprechend der folgenden Formel ab:

$$ROI\ (\%) = \frac{\text{Programmnutzen} - \text{Programmkosten}}{\text{Programmkosten}} \times 100$$

Ein ROI von 120 % bedeutet, dass für jeden investierten Euro ein Return in Höhe von 1,20 Euro (netto) erzielt wurde.

Aufgrund der langen Laufzeit von Weiterbildungsmaßnahmen ist die Bewertung von Wirkungszusammenhängen kritisch, insbesondere die Ermittlung eines ROI. Die Berechnungsverfahren bergen Unsicherheiten. Der Beitrag der einzelnen Wirkungsfaktoren (Workshops, Training, Coaching, Besprechung, Beratung u. a.) ist noch unklar.

Fazit zur Evaluation

Das Institut der deutschen Wirtschaft errechnete, dass in Deutschland im Jahr 2014 mehr als 20 Milliarden Euro für die Durchführung von Trainings aufgewendet wurde. Im Vergleich dazu wird wesentlich weniger Geld in den Nachweis der Effektivität von Trainings, den Lerntransfer und das Bildungscontrolling investiert. Wie viel des Gelernten tatsächlich in der Praxis ankommt, bleibt meist ungewiss. Nur 5 bis 10 % aller Unternehmen nehmen überhaupt eine Evaluation des Trainingstransfers vor. Die Gründe dafür sind:

⇨ Glaube an die Wirksamkeit von Trainingsmaßnahmen
⇨ Ängste der Beteiligten
⇨ Mangel an Konzepten und Instrumenten
⇨ Problem der Zurechenbarkeit sowie fehlendes Evaluationsbewusstsein

Um den Erfolg von Trainingsmaßnahmen in Beratungen aufzeigen zu können, ist eine zuverlässige Rückmeldung durch Evaluation und damit Optimierung gerade in Zeiten wichtig, in denen Unternehmen Gefahr laufen, undifferenziert Einschränkungen bei der Weiterbildung vorzunehmen.

Bei der PE (Personalentwicklung) geht es um den Ausgleich von Mitarbeiter- und Unternehmensinteressen. Dabei beinhaltet die Arbeit der PE Bildungsmaßnahmen und Maßnahmen zur Aus-, Fort- und

Weiterbildung sowie geeignete Planungsmaßnahmen. Die Aktionsfelder sind:

⇨ PE-into-the-job: zeitliche und räumliche Entfernung zum Arbeitsplatz

⇨ PE-on-the-job: direkt am Arbeitsplatz während der Arbeitszeit

⇨ PE-near-the-job: in unmittelbarer räumlicher und zeitlicher Umgebung des Arbeitsplatzes

⇨ PE-off-the-job: in räumlicher, inhaltlicher und zeitlicher Distanz zum Arbeitsplatz

⇨ PE-along-the-job: laufbahnbezogen

⇨ PE-out-of-the-job: Vorbereitung auf die Zeit nach der Arbeitstätigkeit

Literatur

[1]   SCHULZ VON THUN, FRIEDEMANN: *Die Trainer-Rolle – zwischen Professionalität und Menschlichkeit. Einstündiger Live-Vortrag, aufgezeichnet auf den Petersberger Trainertagen 2009.* Bonn: managerSeminare Verlags GmbH, 2009

[2]   GESSLER, MICHAEL: *Gestaltungsorientierte Evaluation und der Return on Investment von Weiterbildungsprogrammen. bwp Nr. 9, 2005. Online verfügbar unter http://www.bwpat.de/ ausgabe9/gessler_bwpat9.shtml (letzter Zugriff am 9. Januar 2015)*

[3]   NCBC – NATIONAL COMPETENCE BASELINE CONSULTING. VERSION 1.0. NÜRNBERG: *GPM, 2011*

[4]   NONAKA, IKUJIRO; TAKEUCHI, HIROTAKA: *Die Organisation des Wissens: Wie japanische Unternehmen eine brachliegende Ressource nutzbar machen. Frankfurt/New York: Campus, 2012*

[5]   RAUEN, CHRISTOPH: *Coaching. Göttingen: Hogrefe, 2003*

[6]   DEHM, LEANDER VIVIAN: *Qualitative Evaluation des Trainingstransfers bei Absolventen der Ausbildung zum systemischen Berater, Diplomarbeit Lehrstuhl Psychologie I, Mannheim 14. Oktober 2004*

[7]   DRUCKER, PETER: *The Practice of Management. New York: Harper & Row, 1954. Deutsche Ausgabe: Die Praxis des Managements. Düsseldorf: Econ, 1998*

[8]   ROSENBERG, MARC J.: *Beyond E-Learning: Approaches and Technologies to Enhance Organizational Knowledge, Learning, and Performance. Pfeiffer & Company, 2005*

[9]   PHILIPPS, JACK J.; SCHIRMER, FRANK C.: *Return on Investment in der Personalentwicklung. Der 5- Stufen-Evaluationsprozess. Berlin/Heidelberg: Springer, 2005*

Zusammenfassung

Wenn sich eine Organisation für den Einsatz einer Beratung entschieden hat (externes, neues Wissen wird integriert), dann werden zur Integration, Verankerung und Internalisierung Menschen benötigt, die die Veränderungen hoch motiviert mittragen und umsetzen. Dies kann durch Coaching und Training gewährleistet werden. Außerdem ist eine enge Vernetzung mit dem Beratungsgegenstand erforderlich.

Individuelle Unterstützung in Form von Coaching, Supervision, Training und kollegialer Beratung wird verstärkt an Bedeutung gewinnen, denn Zeit wird speziell für den Manager eine immer knappere Ressource bei gleichzeitig steigender Komplexität.

Beim Lernen handelt es sich um die Veränderung von Strukturen, auch die einer Organisation. Ein Training ist allein schon deshalb wichtig, weil Organisationen dazu tendieren, beim Lernen ihre sowieso schon vorhandenen Routinen weiter zu verfeinern.

Es hilft aber nicht, Maßnahmen mit der Gießkanne zu verteilen: Methoden sind nach ihrer spezifischen Nutzensteigerung einzusetzen. Dazu gehört auch die Evaluation der Maßnahmen unter dem Gesichtspunkt des ROI und der Transferrelevanz (was wirkt in der spezifischen Fragestellung am besten?). Dazu müssen die einzelnen Maßnahmen auch mit der Beratung verzahnt werden.

Inhouse-Consulting im Projektmanagement

Inhouse-Projektberater beraten die eigenen Kollegen im Projektmanagement. Durch die Verankerung im eigenen Unternehmen können sie nachhaltig den Reifegrad des Projektmanagements steigern helfen. Die von ihnen bereitgestellten Lösungen müssen den Bedürfnissen der internen Kunden angepasst sein.

In diesem Beitrag erfahren Sie:
- was das Leistungsportfolio der Inhouse-Beratung ist,
- in welchen Rollen die Projektberater auftreten sowie
- welche die vier Erfolgsfaktoren einer Inhouse-Beratung sind.

Jens Erasmus

Der Beratermarkt

Rollkoffer, dunkler Anzug, Anwesenheit in der Firma von Montag bis Donnerstag. Dies muss ein Berater sein. Um diese Spezies geht es in diesem Artikel. Der Gesamtmarkt im Consulting in Deutschland betrug 2013 fast 24 Mrd. Euro [1]. Das Spektrum von Beratern reicht von Einzelberatern, die als Selbstständige einen oder mehrere Klienten beraten, bis hin zu großen, internationalen Beratungskonzernen. Die Einzelberater besetzen mit ihren Leistungen oftmals eine fachliche Nische mit thematisch engem Fokus. Nicht selten werden sie deshalb auch von den Klienten als ausgewiesene Experten wahrgenommen, die herausragende Einzelleistungen erbringen können. Konsequenterweise beruht der Erfolg des Geschäftsmodells eines Beraters ganz wesentlich auf seiner Reputation und guten persönlichen Beziehungen zu den Entscheidern der Klienten.

Definition »Unternehmensberatung«

»Unter Unternehmensberatung versteht man eine professionelle, unternehmensbezogene Beraterleistung, die darauf abzielt, das Unternehmensmanagement in einer objektiven und unabhängigen Art zu unterstützen, Schwachstellen zu identifizieren, diese zu analysieren, Empfehlungen für mögliche Lösungsansätze auszusprechen und, falls gewünscht, bei der Umsetzung dieser mitzuwirken.« [2]

Dem Einzelberater stehen die großen Beratungshäuser mit weltweit mehreren zehntausend fest angestellten Beratern und Jahresumsätzen im einstelligen Milliardenbereich [3] gegenüber. Als eine Art Vollsortimenter in der Beratung operieren sie mit dem Serviceversprechen, für fast alle eventuellen Herausforderungen ihrer Klienten die Lösung im eigenen Haus anbieten zu können [4]. Auch das Honorar spielt eine zentrale Rolle. Hier reicht die Spanne der abgerechneten Tagessätze von unter tausend Euro für IT-Dienstleistungen bis zu mehreren tausend Euro in der Strategieberatung des Topmanagements [5]. Doch mitnichten gilt der Grundsatz »Teuer ist auch gut«. Entscheidend ist die Passgenauigkeit der Beratung zur jeweiligen Aufgabenstellung.

Das Grundprinzip der Beratung: Mehrwert stiften

Das Inhouse-Consulting im Projektmanagement ist sozusagen ein Beratungsunternehmen im eigenen Haus. Dessen funktionales Fachwissen ist das Projektmanagement. Um zu verstehen, was ein Inhouse-Berater leisten soll, muss man die Perspektive des Klienten einnehmen: Sein übergeordnetes Ziel ist, seine Effizienz zu steigern. Dies kann auch ein langfristiges Ziel sein. Beispielsweise kommt es nicht selten vor, dass auch die Kompetenzentwicklung der Gesamtorganisation eine zentrale Motivation für den Aufbau und den Einsatz einer Inhouse-Beratung darstellt. Konsequenterweise sollten Unternehmen für die Bewertung von Inhouse-Beratungen deshalb auch einen längerfristigen Maßstab zugrunde legen als beim Einsatz externer Berater [6].

Erwägt ein Unternehmen, sich eine interne Beratungseinheit für Projektmanagement aufzubauen, so sollten dies die beiden ersten Fragen sein:

1. Über welche Leistungen sollen die Kollegen Mehrwert für das eigene Unternehmen stiften?
2. Welche Tätigkeitsfelder möchten (oder müssen) intern abgedeckt werden?

Zusammengefasst werden sollten die Antworten auf diese Frage in der »Vision« für die interne Projektmanagement-Beratungseinheit. Die Vision ist ein konkretes Zukunftsbild, das noch nicht allzu detailliert sein muss [7]. Zur Entwicklung einer solchen Vision sollten im ersten Schritt die typischen Herausforderungen im Projektmanagement identifiziert werden: Im operativen Projektmanagement könnten das die Nichteinhaltung von Meilensteinen, ineffiziente Projektstrukturen oder unwirksames Risikomanagement sein.

Eine derartig generische Betrachtungsweise erlaubt es, den Fokus auf einen zentralen Vorteil der Consultants aus dem Kollegenkreis zu richten: die Nachhaltigkeit, mit der die Lösungen im Unternehmen ausgerollt und verankert werden können. Üblicherweise wird dies als »systemischer Nutzen« bezeichnet [6]. Denn neben dem eigentlichen Beratungsprojekt kann ein solcher nachgelagerter Effekt auf die beratende Organisation (das System) ebenfalls einer der Liefergegenstände eines Beratungsauftrags sein:

⇨ Spezielles Projektmanagementwissen bleibt im Unternehmen verfügbar und wird als Kernkompetenz entwickelt.
⇨ Best Practices und Lessons Learned werden in Projekten herausgearbeitet, aufbereitet und für andere Projekte – auch über Abteilungs- und Divisionsgrenzen hinweg – nutzbar gemacht.
⇨ Der Informationsaustausch zwischen verschiedenen Bereichen eines Unternehmens wird gestärkt und Elemente des Projektmanagements werden korrekt angewendet (z. B. wendet das Management die Eskalationsmethoden korrekt an).

⇨ Der Projektleiternachwuchs wird rekrutiert und im eigenen Unternehmen entwickelt.

Beim Einsatz externer Berater sind diese Effekte deutlich weniger ausgeprägt. Durch die Befristung der Verträge beschränkt sich deren Wirksamkeit in der Regel lediglich auf ein konkretes Beratungsprojekt.

Leistungsportfolio einer Inhouse-Beratung im Projektmanagement

Das Spektrum der Aufgaben wird als »Leistungsportfolio der Inhouse-Beratung« bezeichnet. Leistungserbringer sind die fest angestellten Projektberater, Leistungsempfänger sind die Organisationsbereiche im eigenen Unternehmen. Oder, um den Dienstleistungscharakter der Beratung zu betonen, die internen Kunden des Unternehmens.

»Der Kunde ist König.« Dieser Slogan sollte der Leitspruch einer jeden internen Beratung sein und sich im Leistungsportfolio widerspiegeln. Zusammengefasst wird er in einem konkreten Leistungsversprechen, der »Value Proposition«. Diese ist gleichermaßen Vision wie Zielbild und grenzt dadurch die Organisationseinheit ab. Eine derart klare Abgrenzung ist unabdingbar, um einer dynamischen, jedoch unbeabsichtigten Ausweitung des Scopes der Beratung entgegenzuwirken. Gerade Beratungen, die sich kreativen Tätigkeiten widmen, verfallen schnell der Verlockung, sich zu viele Aufgaben gleichzeitig vorzunehmen.

Projektstrukturplan

Besteht der Beraterauftrag in der Entwicklung eines standardisierten Projektstrukturplans, so sollte dieser nicht hoch komplex sein. Vielmehr sollte er so einfach gehalten sein, dass zwar einerseits dem Standardisierungsanspruch entsprochen werden kann, andererseits aber die internen Kunden möglichst intuitiv verstehen, wie er anzuwenden ist. Die Kunst besteht somit nicht darin, eine hohe Komplexität zu erzeugen, sondern mit einfachen Mitteln zum Ziel zu kommen. Weniger ist in diesem Fall eindeutig mehr.

Die Ausgestaltung des Leistungsportfolios einer Projekt-Consulting-Organisation hängt von der Herausforderung ab, mit der sich das Unternehmen zu einem bestimmten Zeitpunkt konfrontiert sieht. Alle diese Leistungen müssen die drei Faktoren »Thematische Nähe«, »Klare Abgrenzung nach außen« und »Kompetenzen der Projektberater« berücksichtigen (vgl. Abb. 1):

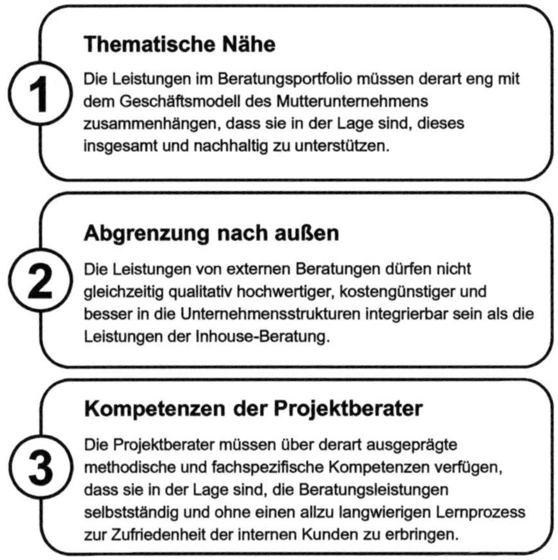

1 **Thematische Nähe**
Die Leistungen im Beratungsportfolio müssen derart eng mit dem Geschäftsmodell des Mutterunternehmens zusammenhängen, dass sie in der Lage sind, dieses insgesamt und nachhaltig zu unterstützen.

2 **Abgrenzung nach außen**
Die Leistungen von externen Beratungen dürfen nicht gleichzeitig qualitativ hochwertiger, kostengünstiger und besser in die Unternehmensstrukturen integrierbar sein als die Leistungen der Inhouse-Beratung.

3 **Kompetenzen der Projektberater**
Die Projektberater müssen über derart ausgeprägte methodische und fachspezifische Kompetenzen verfügen, dass sie in der Lage sind, die Beratungsleistungen selbstständig und ohne einen allzu langwierigen Lernprozess zur Zufriedenheit der internen Kunden zu erbringen.

Abb. 1: *Grundlegende Anforderungen an das Leistungsportfolio der Inhouse-Beratung*

Aufgabenfelder der Projektberater

Ein standardisiertes Leistungsprofil von Inhouse-Beratungen im Projektmanagement gibt es nicht. Es muss spezifisch für das jeweilige Unternehmen entwickelt werden. Aus den angebotenen Leistungen wählen die internen Kunden dann die jeweilig passende aus. Durch diese verbindliche Beschreibung des Leistungsportfolios können Angebot und Nachfrage zusammengeführt werden. Fehlt eine solche Beschreibung, werden entweder Leistungen angeboten, die nicht nachgefragt werden, oder es gibt eine Nachfrage nach bestimmten Projektmanagement-Dienstleistungen, die aber vom Projekt-Consulting nicht angeboten werden.

Um den Lösungsraum nicht zu diffus werden zu lassen, wird an dieser Stelle empfohlen, die folgenden drei Aufgabenfelder für Inhouse-Consultants im Projektmanagement zu berücksichtigen:

1. Klassische Beratungsleistungen im Projektmanagement erbringen
2. Auswahl und Steuerung externer Projektmanagementdienstleister
3. Zeitlich befristete Übernahme von Projektmanagementaufgaben

Nun mag der eine oder andere Leser einwenden, ein Berater solle nicht aktiv in Projekte eingebunden sein und als Quasi-Projektleiter in einer der Personalüberlassung vergleichbaren Rolle agieren. Doch eine solche Argumentation wird den Praxistest nicht bestehen. Denn leistet sich ein Unternehmen eine Organisationseinheit, in der sich Experten im Projektmanagement finden, so muss fest damit gerechnet werden, dass diese Kollegen bei Bedarf in Krisenprojekten eingesetzt werden (»Firefighting«). Die Aufgabe der Führungskräfte in der Beratung ist es sicherzustellen, dass aus solchen zeitlich befristeten Engagements keine Dauerbeschäftigungen und die Berater nicht stillschweigend von der Linien- oder Projektorganisation absorbiert werden.

Besteht zwischen Auftraggeber und Auftragnehmer Einigkeit über die zu erbringenden Leistungen im einzelnen Beratungsprojekt, so sollten die Parameter der Leistungserbringung schriftlich (!) fixiert werden:

⇨ Ziel des Auftrags und Messgrößen für den Erfolg
⇨ Tätigkeitsbereiche
⇨ Dauer und Ressourceneinsatz
⇨ Teamzusammenstellung
⇨ Berichtswege und Einbindung in Governance-Strukturen im Projekt

Gerade bei der zeitlich befristeten Übernahme von Projektmanagementaufgaben wird eine solche vertragsähnliche Beschreibung dringend empfohlen. Dadurch können Missverständnisse vermieden und Erwartungen von Auftraggeber und Auftragnehmer synchronisiert werden.

Aufgabe 1: Klassische Beratungsleistungen erbringen

In der Literatur wird eine Vielzahl von verschiedenen Rollen beschrieben, die der Berater einnehmen kann [8]. Dies darf man allerdings nicht fehlinterpretieren im Sinne von »Der Berater ist ein Generalist im eigenen Unternehmen«. Das Gegenteil ist richtig: Zu Beginn eines jedes Beratereinsatzes muss klar sein, welche Leistungen erbracht werden sollen und welche Kompetenzen dazu erforderlich sind. Für Unternehmen, die auf eine Inhouse-Beratung im Projektmanagement zurückgreifen können, ist das Ergebnis einer solchen Analyse letztendlich eine Make-or-Buy-Entscheidung. Denn schließlich besteht grundsätzlich immer die Alternative, die Beraterleistungen am Markt einzukaufen. Der dabei erzeugte Wettbewerbsdruck auf die Inhouse-Beratung ist ein durchaus wünschenswerter Nebeneffekt mit dem Ziel einer kontinuierlichen Qualitätssteigerung.

Hat ein Unternehmen entschieden, auf die eigenen Projektberater zurückzugreifen, so können diese in drei Profilen in Erscheinung treten:
1. Der Berater als (Fach-)Experte
2. Der Berater als »Projektpolizist«
3. Der Berater als Change Agent

Ein Projektberater kann nur dann als Experte oder »Projektpolizist« eingesetzt werden, wenn er sich aus einem stabilen Portfolio an Themen bedienen kann. Damit ist gemeint, dass weder grundlegende Überzeugungsarbeit über die Sinnhaftigkeit der Themen geleistet noch dass neue Themen entwickelt und zur Reife gebracht werden müssen. Der Projektberater hat in diesen beiden Rollen deshalb einen stabilen Rahmen von Themen, die er mit einem hohen Reifegrad vermitteln kann.

Die Rolle als Experte

Ist der Berater als Experte im Einsatz, muss er auf sein Fachwissen und seine Erfahrungen zurückgreifen und diese vermitteln können. Typische Aufgaben in dieser Rolle sind, Hilfestellung bei der Projektplanung und -strukturierung zu geben, Risikoanalysen zu reviewen und Impulse für methodische Verbesserungen zu setzen. Auch Toolunterstützung sollte dazugehören, wenngleich dies sicherlich nicht der Kern der Leistungen der Inhouse-Berater sein sollte. Doch egal welche Leistungen nun im Konkreten erbracht werden, es muss berücksichtigt werden, dass das Projektmanagementwissen der internen Kunden auf sehr unterschiedlichem Niveau sein kann. Für den Berater bedeutet dies, dass er sich nicht aus einem 08/15-Fundus bedienen darf. Vielmehr besteht die Kunst darin, aus einem Standardportfolio die richtigen Elemente auszuwählen und sie an die Kundenbedürfnisse angepasst zur Verfügung zu stellen (»customizing«).

Unabhängig von der Aufgabenstellung sollte beachtet werden, dass der Ressourceneinsatz im einzelnen Beratungsprojekt eine Größenordnung von 30 % der Arbeitszeit des Beraters nicht übersteigt. Der Berater ist ein Berater und sollte als ein solcher von den internen Kunden wahrgenommen werden.

Die Rolle als »Projektpolizist«

Ein Projektberater kann auch als »Projektpolizist« die Konformität des Projektmanagements mit Normen und Regelwerken prüfen und die Einhaltung durchsetzen. Hier steht die Inhouse-Beratung zunächst weniger im Dialog mit der beratenen Organisationseinheit, sondern ist eher das Auge der Geschäftsleitung oder auch der Qualitätsabteilung. Dies ist beispielsweise in einem Fall relevant, wenn sichergestellt werden soll, dass unterschiedliche Standorte eines Unternehmens das Projektmanagement nach den gleichen Grundsätzen durchführen. Berater können in einem solchen Setup z. B. analysieren,

⇨ welche Templates aktuell für die Projektplanung verwendet werden,
⇨ ob Projektpläne in den richtigen Abständen aktualisiert werden oder
⇨ ob sie den inhaltlichen Anforderungen standhalten.

Das Ergebnis eines solchen Beratereinsatzes ist eine »Gap-Analyse«, verbunden mit einem Maßnahmenplan. Die beratene Organisations- einheit wird so darin unterstützt, Abweichungen effizient und schnell zu erkennen und zu korrigieren. Lässt der Berater die Organisationein- heit allerdings nur mit einem Analyseergebnis allein, dann treten mei- stens zwei Fälle ein:

⇨ Die festgestellten Abweichungen werden ignoriert und es folgt Business as usual. Dann besteht die erhebliche Gefahr, dass das Pro- jekt in eine Schieflage gerät, wodurch die Qualitäts-, Kosten- und Terminziele nicht erreicht werden können.

⇨ Die Projektbeteiligten verfallen in Aktionismus. Da offizielle Ab- weichungsberichte eine hohe Aufmerksamkeit des Managements erzeugen (sollten), versuchen Projektteams nicht selten, gegen alle aufgezeigten Abweichungen etwas zu tun. Dies ist aber in der Regel nicht effizient. Richtig wäre es, den Fokus auf priorisierte Abweichungen zu legen und diese dann nachhaltig und mit vollem Einsatz anzugehen. Der Projektberater muss hier aktiv eingebunden werden. Denn er hat das notwendige Fachwissen und entspre- chende Erfahrungen, um zu wissen, worauf es in einem Projekt wirklich ankommt.

Der Berater als Change Agent

Gilt es, das Themenportfolio im Projektmanagement innerhalb einer stabilen Organisation zu erweitern, dann tritt ein Projektberater als Change Agent auf. Er ist im Wesentlichen gefordert,

⇨ Überzeugungsarbeit zu leisten,

⇨ für die Projektmanagementmethoden zu werben und

⇨ einen Rollout zu starten.

Auch als Change Agent muss der Berater über fundiertes Fachwissen verfügen. Doch ist es z. B. beim Rollout einer neuen Methodik zum Stakeholder-Management nicht ausreichend, deren Anwendung zu schulen. Von deutlich größerer Bedeutung ist es, den tieferen Sinn zu erläutern und darzustellen, welchen Mehrwert die Anwender von einer solchen Methodik haben.

Müssen neue Themen entwickelt und ausgerollt werden, ist die Empfehlung, in fünf Phasen vorzugehen:
⇨ Definition der benötigten Lösungsoptionen basierend auf dem identifizierten »Need for Change«
⇨ Entwicklung eines ersten Lösungskonzepts als 80/20-Lösung
⇨ Durchführung einer Pilotphase, in der eine repräsentative Auswahl an Standorten und Stakeholdern eingebunden sind
⇨ Lessons Learned nach Abschluss der Pilotphase, Anpassung des Lösungsansatzes und Erstellung einer gut verständlichen Dokumentation
⇨ Rollout und kontinuierliche Verbesserung

Definition ⟩ Konzept ⟩ Pilot ⟩ Anpassung ⟩ Rollout ⟩ Verbesserung ⟩

Abb. 2:   *Prozess zum Rollout neuer Themen*

In jeder dieser Phasen muss der Berater über empathische Fähigkeiten verfügen, weil er sich in die Rolle der Anwender hineinversetzen und ihre Bedürfnisse verstehen muss. Ein Change Agent muss ein Katalysator für die Veränderung sein und in der beratenen Organisationseinheit Eigendynamik erzeugen. Ohne eine solche Aktivierung müsste der Berater kontinuierlich ein Thema vorantreiben. Dies wäre ineffizient und würde den Rollout von neuen oder aktualisierten Teilen eines Leistungsportfolios erheblich verlangsamen. Gelingt es dagegen, die beratene Organisationseinheit zu überzeugen, kann sich der Change Agent dem nächsten Kunden zuwenden.

Anhand dieser Rolle wird ersichtlich, wie fließend die Grenze zwischen einem Projektberater und einem Management-Consultant sein kann. Gelingt es der Inhouse-Beratung, sich hier gut zu positionieren, so stiftet dies einen besonderen Mehrwert für das eigene Unternehmen.

Aufgabe 2: Auswahl und Steuerung externer Projektmanagement-Dienstleister

Neben der klassischen Beratungsleistung kann der Inhouse-Consultant auch in eine Art Vermittlerrolle schlüpfen. Gerade im Projektmanagement gibt es eine Vielzahl an Einzelberatern, die Projektmanagement-Dienstleistungen erbringen. Werden solche Externe in ein Unternehmen geholt, sei dringend empfohlen, diese durch eine zentrale Fachabteilung zu steuern. Die Grundlage für die Auswahl der externen Berater müssen klar definierte Kriterien sein. Dies können Vorgaben hinsichtlich Zertifizierungen sein oder auch bestimmte Referenzen in vorherigen Projektaufgaben in der jeweiligen Branche.

Der Einsatz von externen Beratern muss transparent sein. In regelmäßigen Abständen müssen deshalb die erreichten Zwischenziele von den Beratern eingefordert und kritisch hinterfragt werden. Das Inhouse-Consulting muss als Kompetenzzentrum für Projektmanagement im Unternehmen dem eigenen Management beratend zur Seite stehen. Bei Abweichungen vom formulierten Ziel muss entweder inhaltlich gegengesteuert werden oder – in letzter Konsequenz – der Beraterauftrag vorzeitig beendet werden.

Studien weisen eine Professionalisierung im Umgang mit externen Beratungen in den letzten Jahren nach. Dies zeigt sich an einem verbesserten Erwartungsmanagement und einer präziseren Zielformulierung [9]. Parallel dazu hat sich auch die Anspruchshaltung der Klienten gegenüber der Beratung verschoben: Es sind keine hoch kreativen, abstrakten Lösungsvorschläge gefragt, sondern anwendbare Konzepte, die einen Beitrag zur Steigerung der Wettbewerbsfähigkeit leisten. Der Anspruch »Effizienzsteigerung« ist auf Beratungsleistungen im Projektmanagement übertragbar. Jedem Projektberater muss es gelingen, einen spürbaren Mehrwert zu erzielen – und nicht nur Empfehlungen zur Verbesserung auszusprechen.

Bei einer engen Kooperation mit externen Beratern kann ein Wissenstransfer zu den Inhouse-Consultants sichergestellt werden. Dies ist insbesondere deshalb wichtig, weil eine Inhouse-Beratung im Projektmanagement ihre Mitarbeiter mehrheitlich aus den eigenen Reihen rekrutiert. Oftmals sind es erfahrene und sehr gut ausgebildete Projektleiter, die Interesse an einer neuen Aufgabe haben. Als »Eigengewächse« des Unternehmens verfügen sie über exzellentes Fachwissen, doch von einem breiten Erfahrungsschatz außerhalb können sie zumeist nicht zehren. Es muss einen intensiven und kontinuierlichen Austausch mit Experten außerhalb der eigenen Organisation geben, um die interne Wissensbasis zu stärken und aktuell zu halten. Auch aus diesem Grund hat etwa die Volkswagen Consulting in ihren Anfangszeiten intensiv mit einem externen Beraternetzwerk kooperiert [10]. Ziel war es einerseits, Kompetenz- und Ressourcenlücken zu schließen, aber natürlich auch, schnell einen eigenen Wissensbestand aufzubauen.

Aufgabe 3: Zeitlich befristete Übernahme von Projektmanagementaufgaben

Das dritte Aufgabenfeld ist die zeitlich befristete Übernahme von Projektmanagementaufgaben. Auslöser für solche Einsätze können Ressourcenmängel in Projekten, unzureichende Projektmanagementkompetenzen der eigenen Projektorganisation oder die Notwendigkeit für Turnarounds von Projekten sein. Im Unterschied zu einer Personalüberlassung ist der Einsatz von Inhouse-Beratern deutlich kürzer als jener von externen Projektmitarbeitern. Auch wird ein interner Berater nicht komplett von der Projektorganisation aufgenommen, sondern ist weiterhin in die Strukturen der Inhouse-Beratung eingebunden. Dies ist auch ein zentraler Grund, weshalb es wertstiftend für Projekte sein kann, auf die Berater im Kollegenkreis zuzugreifen, statt sich externe Unterstützung zu holen. Denn dadurch kann sich der Consultant regelmäßig mit seinen Führungskräften und den Kollegen der Inhouse-Beratung abstimmen. Für die Projekte eröffnet sich so ein breiter Pool an Wissen und Erfahrungen, der es erlaubt, den Berater sehr wirksam einzusetzen.

Eine besondere Aufgabe – und Herausforderung – ist es, wenn Projekte in eine Schieflage geraten sind. Üblicherweise gibt es einen kritischen Punkt in einem Projekt, ab welchem es sich nicht mehr selbst aus seiner Misere befreien kann. Dann ist es unabdingbar, sich in einer konzentrierten Aktion dem Turnaround zu widmen. Hier reicht es nicht mehr aus, auf Expertenwissen der Inhouse-Beratung zurückzugreifen. Vielmehr muss ein Berater einen Action-Plan im Dialog mit der Projektleitung des in Schieflage geratenen Projekts entwickeln und diesen dann schnell und nachhaltig umsetzen. Der Projekt-Consultant ist in einem solchen Fall eine Art Sonderprojektleiter. Dazu muss er entsprechend mandatiert und mit den notwendigen Ressourcen ausgestattet sein. In einer solchen kritischen Projektlage ist keine Zeit, breite Diskussionen über den richtigen Weg und mögliche Alternativen zu führen. Stattdessen müssen Maßnahmen pragmatisch umgesetzt und das Projektteam diszipliniert geführt werden. Zeichnet es sich ab, dass eine solche konzentrierte Aktion die ersten Erfolge produziert, kann die Verantwortung peu à peu an die Projektleitung zurückgegeben werden. Nicht empfehlenswert ist es, eine Art Tandem-Projektleitung einzurichten. Denn dies reduziert meistens die Verbindlichkeit von Entscheidungen, nährt Missverständnisse und führt nicht selten zu widersprüchlichen Vorgehensweisen.

Erfolgsfaktoren beim Aufbau von Inhouse-Consulting für Projektmanagement

Im Gegensatz zum Engagement einer externen Beratung bedeutet der Aufbau eines Inhouse-Consultings ein langfristiges Commitment des Unternehmens. Denn schließlich sind sowohl die organisatorischen Veränderungen als auch die Anstellungsverhältnisse der Berater ungleich schwerer rückgängig zu machen als die Beendigung von externen Beraterverträgen. Der Aufbau und Betrieb einer solchen Organisationseinheit ist ein Investment für die Firma, das sich – zumindest mittel- bis langfristig – amortisieren muss. Klammert man also Kriterien wie den internen Know-how-Zuwachs der internen Kunden aus, so muss sich letztendlich jeder Projekteinsatz einer Beratung mit Projektabschluss einer Wirksamkeitskontrolle unterziehen. Es gibt vier Erfolgsfaktoren, die das Consulting überhaupt in die Lage versetzen, wirksam zu sein.

Erfolgsfaktor 1: Verbindliche Anforderungen an einen Projektberater

Entscheidend sind die Kompetenzen der Berater. Ebenso wie beim Leistungsportfolio sollte auch das Kompetenzprofil klar beschrieben werden. Orientieren muss es sich an jenem der führenden externen Projektmanagement-Beratungen. Denn letztendlich wird sich – wie bereits dargestellt – jede Inhouse-Consulting-Organisation im Wettbewerb behaupten müssen. Fähige, spezialisierte und hoch professionelle Mitarbeiter sind dazu essenziell.

Das erforderliche Kompetenzprofil sollte sauber hergeleitet und präzise beschrieben werden (vgl. Abb. 3). Vage Formulierungen wie »Professionell im Umgang mit den internen Kunden« sollten nicht verwendet werden. Ratsam ist es dagegen, stichpunktartig darzustellen, was unter einer solchen Anforderung konkret verstanden wird und bei-

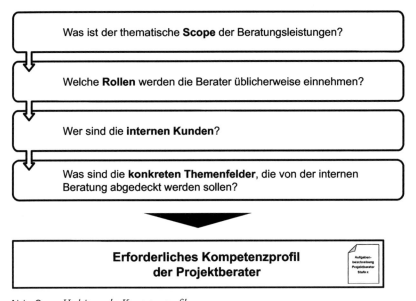

Abb. 3:   *Herleitung des Kompetenzprofils*

spielhaft typische Aufgaben zu beschreiben. Formalisiert beschrieben werden sollten diese Profile in Stellenbeschreibungen.

Jede Beratung ist »people business«: Menschen interagieren mit Menschen. Berater müssen kompetent darin sein, fachliche Bedürfnisse der Kunden zu verstehen und geeignete Lösungen anzubieten. Das eigene Handeln muss kontinuierlich hinterfragt werden: Denn nicht selten zeigt sich erst im Laufe eines Projekts, dass der zu Beginn eines Beraterauftrags gewählte Ansatz nachjustiert oder gar verworfen werden muss. Doch ist es auch erforderlich, die Lösungswege notfalls gegen Bedenken und Widerstände zu verteidigen. Eine hohe Sozialkompetenz und herausragende Kommunikationsfähigkeiten sind Schlüsselanforderungen an die Berater. Mit steigender Seniorität müssen die Berater zunehmend in der Lage sein, auf Augenhöhe mit dem Topmanagement zu diskutieren.

Durch den hohen Grad der Interaktion müssen Berater eng und vertrauensvoll mit diversen Stakeholdergruppen im beratenen Unternehmen kooperieren und auf deren jeweilige Bedürfnisse eingehen. Durch die Langfristigkeit der Beziehungen von internen Beratungen mit ihren Kunden gilt dies im besonderen Maße für Inhouse-Consultants [6]. Da sie tief in der beratenen Organisation verwurzelt sind, kann das Wissen um die Bedürfnisse und das Verständnis von Problemstellungen deutlich tiefgründiger sein als bei externen Beratungen. Die Lösungsentwicklung kann daher unmittelbarer am tatsächlichen Bedarf ausgerichtet werden. Auch kennen interne Berater vielfach die Historie von Herausforderungen und können unternehmenspolitische Hintergründe recht präzise einschätzen. Daher fällt es ihnen tendenziell leichter, gute Kompromisse zu finden und die Stakeholder zu überzeugen, statt sie zu überreden.

Erfolgsfaktor 2: Formulierung eines klaren Leistungsversprechens

Wie jede ernst zu nehmende externe Unternehmensberatung müssen auch Inhouse-Beratungen ein klares Leistungsversprechen formulieren.

Dabei ist es zweitrangig, ob es sich nun um eine Beratung mit dem Fokus Projektmanagement handelt oder beispielsweise um eine interne IT-Beratung. Allen gemein muss zunächst der »Client-First«-Anspruch sein. Als Mehrwert stiftende Organisationseinheit wird eine interne Beratung nur dann wahrgenommen, wenn es gelingt, die Bedürfnisse des internen Kunden in den Vordergrund der Tätigkeit zu rücken.

Die spezifischen Herausforderungen eines jeden Unternehmens bilden die Basis, um das Leistungsversprechen der internen Projektberatung zu formulieren. Es kann dabei reichen von »Wir erzeugen für das Management eine objektive Transparenz über den Projektstatus der laufenden Projekte« bis hin zu »Wir stellen sicher, dass die laufenden Projekte ihre Ziele erreichen«. Grundsätzlich müssen interne Beratungen sich mit einem derartigen Slogan selbst definieren und gegenüber externen Beratungen abgrenzen. Diese sinnstiftende Formulierung muss immer wieder im Unternehmen und der Beratungseinheit kommuniziert und beworben werden. Dies trägt zur positiven Markenbildung (»Branding«) des Inhouse-Consultings bei.

Damit ein Leistungsprofil den Bedürfnissen angepasst bleibt, sollte in regelmäßigen Abständen eine Art »Roadshow« durch das gesamte betroffene Topmanagement durchgeführt werden. Damit kann man den Puls des Unternehmens recht zuverlässig messen und das Kompetenzprofil nachjustieren. Die Unterstützung durch das Management ist für den Erfolg der Beratungseinheit unerlässlich.

Einen besonderen Mehrwert bieten in diesem Kontext neu in das Unternehmen eingetretene Führungskräfte. Denn diese Kollegen haben eine unvoreingenommene Sicht auf die interne Beratung. Kritische Fragen sind in diesem Kontext ausdrücklich erwünscht, denn sie zwingen die Beratung, sich und ihre Leistungen in regelmäßigen Abständen zu hinterfragen. Kann auf zentrale Fragen der neuen Führungskräfte keine zufriedenstellende Antwort gegeben werden, ist dies ein starkes Indiz, dass etwa das Leistungsversprechen noch nicht ausreichend »rund« ist.

398

Erfolgsfaktor 3: Wirksame organisatorische Einbettung in das
Unternehmen

Die Entscheidung, wie eine interne Beratung in das Unternehmen
eingebettet ist, sollte mit ausreichender Präzision getroffen werden.
Denn dieser strukturelle Erfolgsfaktor ist wesentlich, um eine wirksame
Organisationeinheit zu schaffen, die die formulierten Ziele auch erreichen kann [6]. Interne Beratungen sind organisatorisch zumeist als
Stabsstelle einem bestimmten Führungsbereich im Unternehmen zugeordnet. Oftmals berichten die Beratungseinheiten an ein ausgewähltes
Vorstandsressort, erbringen die Leistungen in der Regel jedoch ressort-
übergreifend. Allerdings werden mitunter bestimmte Bereiche oder
Landesgesellschaften bewusst aus dem Kundenspektrum ausgeklam-
mert. Dies kann darin begründet sein, dass die Beratung personell und
thematisch (noch) nicht in der Lage ist, alle Bereiche eines Unternehmens gleichermaßen mit einer hohen Servicequalität abzudecken. Doch
auch unternehmenspolitische Gründe können eine Rolle spielen, etwa
wenn einer zu starken Zentralisierung in einem internationalen Umfeld
entgegengewirkt werden soll.

Für Inhouse-Beratungen im Projektmanagement ist die organisatorische Verankerung eine besondere Herausforderung. Denn in
vielen Unternehmen ist der Bereich »Projektmanagement« seinerseits
selbst eine Stabsstelle, die an einen Vorstand berichtet. Dazu parallel
eine weitere Organisationseinheit »Project Consulting« aufzubauen,
erscheint nicht sinnvoll. Reibungsverluste und Konflikte in der strategischen Ausprägung und operativen Umsetzung von Projektmanagement im Unternehmen wären vorprogrammiert. Eine pragmatische
Lösung kann es sein, das Inhouse-Consulting in die Stabsstelle »Projektmanagement« einzuordnen. Dies kann etwa ein Project Management Office (PMO) sein. Entscheidet sich ein Unternehmen, das
Project Consulting organisatorisch dort anzuhängen, so muss eine
eher passive Rolle des PMO als Backoffice um aktive Komponenten
erweitert werden: Das Consulting muss in die Projekte hineingehen
und eine hohe Visibilität in der Organisation erzeugen. Dabei darf

399

die Nähe zu den internen Kunden nie verloren gehen. Nur so kann vermieden werden, dass Lösungen aus einem solchen Stabsbereich »top-down« entwickelt und dem Unternehmen übergestülpt werden. »Bottom-up«-Lösungen sind dagegen meist praxisnäher und leichter implementierbar [6]. Jeder Projektmitarbeiter wird dies bestätigen können.

Wird das Consulting in ein PMO integriert, muss zwingend die thematische Verbindung deutlich werden. Nur dann kann es gelingen, Synergien zu heben zwischen den originären Aufgaben des PMO und den neu hinzugekommenen Aufgaben der Berater. Ebenso wie normale Projektteams sollte das PMO auch bei einer derartigen Konstellation eine entlastende Rolle einnehmen und bei der Überwachung der Prozess- und Methodenkonformität unterstützen. Die Sichtbarkeit beim internen Kunden muss aber primär bei den Beratern liegen, das PMO sollte im Hintergrund agieren.

Erfolgsfaktor 4: Die Erfolge der Inhouse-Beratung objektiv messen

Die Legitimation der Inhouse-Beratung im Projektmanagement muss ständig neu bewiesen werden. In vielen Unternehmen gibt es latente Kritik an Sinn und Zweck von Inhouse-Beratungen im Projektmanagement. Diese gilt es, durch professionelle Dienstleistungen und eine hohe Wirksamkeit zu zerstreuen. Eine solche Organisationseinheit muss den Anspruch haben, das Kompetenzzentrum für Prozesse, Methoden und Werkzeuge des Projektmanagements im Unternehmen zu sein – und diesen Anspruch auch erfüllen.

Am Ende eines jeden Beratereinsatzes werden die Kunden dessen Wirtschaftlichkeit bewerten. Doch bereits vor der Beauftragung stellen die potenziellen Kunden sich bestimmte Fragen [8]:
1. Ist die Umsetzung der Problemlösung gesichert? Woran kann man die Nachhaltigkeit messen?

2. Welchen Einfluss hat der Beratereinsatz auf betriebswirtschaftliche Parameter (z. B. Projektrentabilität)?
3. Wie kann sichergestellt werden, dass die beratene Organisationseinheit die entwickelten Ansätze auch nach Abschluss des Beratungsprojekts eigenständig anwenden kann?
4. Was wird die beratene Organisationseinheit durch den Beratereinsatz lernen? Wie wird dieses Wissen in der Organisation aufgenommen und nutzbar gemacht?

Gerade Firmen, in denen das Inhouse-Consulting noch relativ jung ist, stehen die Mitarbeiter den Kollegen im Beraterkreis tendenziell mit größerer Skepsis gegenüber. Ursächlich ist, dass interne Berater sich ihre Glaubwürdigkeit erst über einen längeren Zeitraum aufbauen müssen. Das wirksamste Mittel dafür sind erfolgreiche Beratereinsätze. Dazu sollten die erzielten Resultate unmittelbar nach Abschluss deutlich herausgestellt und deren Einfluss auf die Profitabilität des Unternehmens verdeutlicht werden. Diese Ziele müssen zu Beginn des Beratereinsatzes feststehen. Wie in jedem Projekt sollten deshalb der Project Scope und die Deliverables definiert werden. Die erbrachten Leistungen müssen an diesen Zielen gemessen werden. Nur so kann ein objektiver Nachweis der Wirksamkeit der Inhouse-Beratung zuverlässig erbracht werden.

Neben solchen projektbezogenen Zielvereinbarungen müssen auch für die gesamte Organisationseinheit Ziele durch das Management definiert werden. Ableiten müssen sie sich zwingend aus den übergeordneten (Teil-)Zielen des eigenen Unternehmens, zumindest jedoch aus jenen des jeweiligen Vorstandsressorts. Denn jede Beratung ist verpflichtet, ihr Beratungsportfolio so zu konzipieren, dass das Erreichen ebendieser Ziele unterstützt wird. Es wird deshalb empfohlen, bei der Einrichtung einer Inhouse-Beratung eine schriftliche Abmachung über Aufgabenstellung, Stoßrichtung und organisatorische Einbettung zu erstellen. Eine Organisationseinheit einzurichten, mit Ressourcen und Budget auszustatten, dabei allerdings nicht klar zu verdeutlichen, was überhaupt erreicht werden soll, wäre fahrlässig. Eine solche Abmachung kann ein interner Dienstleisterauftrag oder auch eine von der Beratung selbst erstellte Entwicklungsstrategie sein. In jedem Fall müssen diese Vereinbarungen von der Muttergesellschaft formell beschlossen und freigegeben werden.

Literatur

[1]   BUNDESVERBAND DEUTSCHER UNTERNEHMENSBERATER BDU E. V.: *Facts & Figures zum Beratermarkt 2013/2014, 2014*

[2]   STREICHER, H.; LÜNENDONK, T.: *Unternehmensberatung an der Schwelle zum 21. Jahrhundert. In: Management Berater (Hrsg.): Unternehmensberatung 2000: Consulting in Deutschland 2000: Jahrbuch für Unternehmensberatung und Management. Frankfurter Allgemeine Zeitung, Frankfurt, 2000, S. 19–25*

[3]   LÜNENDONK: *Lünendonk®-Liste 2014: Management-Unternehmensberatungen in Deutschland. Kaufbeuren, 2013*

[4]   DEELMANN, T.: *Geschäftsmodell- und Strategieoptionen für Unternehmensberatungen. Siegburg: A. K. Petmecky-Verlag, 2007*

[5]   IT-TIMES: *IT-Times: Accenture erwartet schwaches Beratungsgeschäft. Online verfügbar unter: http://www.it-times.de/news/accenture-erwartet-schwaches-beratungsgeschaft-103653/ seite/2/ (letzter Zugriff: 31. März 2014)*

[6]   HOYER, H.: *Internes Consulting in Deutschland – Ergebnisse einer Marktuntersuchung. In: Niedereichholz, C.: Internes Consulting: Grundlagen, Praxisbeispiele, Spezialthemen. München: Oldenbourg, 2000*

[7]   NIEDEREICHHOLZ, C.: *Business Plan zur Positionierung einer internen Beratungseinheit. In: Niedereichholz, C.: Internes Consulting: Grundlagen, Praxisbeispiele, Spezialthemen. München: Oldenbourg, 2000*

[8]   NIEDEREICHHOLZ, C.; NIEDEREICHHOLZ, J.: *Consulting Insight. München: Oldenbourg, 2006*

[9]   LECHNER ET AL.: *Herausforderungen an das Geschäftsmodell der Beratungsindustrie. St. Gallen: Universität St. Gallen – Institut für Betriebswirtschaft, 2005*

[10] WURPS, J.: *Unser Weg zum Beratungspartner der Volkswagen AG – Entstehung, Entwicklung und Profil einer Internen Unternehmensberatung. In: Niedereichholz, C.: Internes Consulting: Grundlagen, Praxisbeispiele, Spezialthemen. München: Oldenbourg, 2000*

Zusammenfassung

Das Inhouse-Consulting ist ein Beratungsunternehmen im eigenen Haus. Kollegen beraten Kollegen im Fachgebiet Projektmanagement. Das von dieser Organisationseinheit angebotene Leistungsportfolio muss sich aus dem konkreten Bedarf des Unternehmens ableiten und kontinuierlich nachgeschärft werden. Die Projektberater sind Spezialisten und müssen neben einem exzellenten Fach- und Methodenwissen über hohe soziale Fähigkeiten verfügen. Denn die Kollegen müssen überzeugt sein, dass die Consultants mit den richtigen Lösungen tatsächlich einen Mehrwert stiften. Die Aufgabe der Projektberater kann es sein, klassische Beratungsleistungen zu erbringen (z. B. Review von Projektplänen), zeitlich befristet Projektmanagementaufgaben zu übernehmen oder externe Dienstleister zu steuern. Egal, um welchen Einsatz es sich handelt, es muss zu Beginn immer eine Leistungsvereinbarung mit dem internen Auftraggeber vorliegen. Denn die interne Beratung muss sich kontinuierlich selbst legitimieren. Das beste Argument für den Fortbestand sind nachweislich erfolgreiche Projekte.

Beratungsleistungen beim Einsatz von PM-Software

Wird eine integrierte PM-Software richtig ausgewählt und implementiert, kann sie entscheidend dazu beitragen, dass sich der Projektbetrieb vereinfacht und die notwendige Transparenz entsteht. Auswahl und Implementierung sowie Customizing, erste Erfolge und mögliche Risiken werden hier beschrieben.

In diesem Beitrag erfahren Sie:
- wie diejenige PM-Software identifiziert werden kann, die die Bedürfnisse der jeweiligen Organisation am besten abdeckt,
- welchen Nutzen eine integrierte PM-Software hat,
- welches der beste Zeitpunkt für die Einführung einer integrierten PM-Software ist.

WOLFGANG WEBER

Einleitung

Die Frage nach der Einführung einer integrierten Projektmanagement-Software (PMS) stellt sich im Rahmen einer PM-Professionalisierung beinahe zwangsläufig. Denn das komplexe Zusammenspiel (Integration) der unternehmensweiten Prozesse im Einzel- und Multiprojektmanagement, im Projektportfolio- und im Ressourcenmanagement lässt sich ab einer gewissen Anzahl von Projekten weder mit einem »Flickenteppich« unterschiedlicher SW-Werkzeuge noch manuell befriedigend abbilden oder gar steuern.

Sobald mehr als etwa 20 gleichzeitig aktive Projekte geplant, gesteuert, priorisiert, evaluiert und zentral mit Ressourcen ausgestattet werden sollen, stoßen z. B. klassische MS-Office-Tools an ihre Grenze – zumal der dann erforderliche Programmieraufwand dem einer speziell entwickelten und professionellen PMS irgendwann sehr nahe kommt.

Am Anfang dieses Kapitels stehen drei zentrale Aussagen zum Einsatz einer PMS; sie werden im weiteren Verlauf aufgegriffen und kommentiert:

⇨ Zunächst muss das PM-System der Organisation vereinbart sein, also unter anderem das System aller erforderlichen PM-Prozesse, -Rollen usw. Erst dann kann mittels eines spezifischen Lastenhefts diejenige PMS ausgewählt werden, die diese Erfordernisse bestmöglich abbildet.

⇨ Die ausgewählte PMS muss an die tatsächlichen Gegebenheiten im Unternehmen anpassbar sein (sog. Customizing), aber auch die Organisation muss bereit sein, sich in gewissem Umfang an die Software anzupassen.

⇨ Bei einer PMS handelt es sich nicht einfach nur um eine »weitere Software«. Vielmehr kann eine integrierte PMS als außerordentlich mächtiges Planungs- und Steuerungswerkzeug für große Teile des Unternehmens eingesetzt werden.

Grundsätzliche Überlegungen

Die folgenden Abschnitte dienen der Darstellung und (kurzen) Diskussion der wichtigsten Aspekte bei der Einführung einer PMS. Diese Aspekte sind allgemeingültig, d. h. unabhängig von der jeweils individuellen Ausgangsituation im Unternehmen.

Funktionsumfang und Lastenheft

Es gibt nicht *die* richtige PMS. Das Angebot umfasst heute weit mehr als 100 verschiedene Produkte. Zur Auswahl der am besten geeigneten PMS erstellt man daher sinnvollerweise ein *Lastenheft*. Dieses sollte unter der Federführung der PM-Fachabteilung oder des PMO und unter Einbeziehung von Vertretern aller Abteilungen, die an Projekten aktiv beteiligt sind, erarbeitet werden. Von der alleinigen Erstellung durch eine dieser Abteilungen, insbesondere durch die IT-Abteilung, ist dringend abzuraten: In solchen Fällen treten abteilungsspezifische Forderungen oder technische Aspekte meist viel zu sehr in den Vordergrund, während zentrale PM-fachliche Anforderungen oft nur ungenügend berücksichtigt werden oder ganz fehlen.

Das Lastenheft enthält alle *High-level-Anforderungen* an die PMS, die sich in der spezifischen Ausgangssituation der Organisation *aus Anwendersicht* ergeben. Im Falle eines Customizings durch den Hersteller kann für diesen aus dem Lastenheft des Kunden ein Pflichtenheft werden.

Im Anhang zu diesem Kapitel ist beispielhaft eine Maximalversion eines solchen Lastenhefts dargestellt.

Wichtige Fragen bei der Erstellung des Lastenhefts sind z. B.:
⇨ Was will die Organisation mit der PMS erreichen?
⇨ Welche PM-Elemente soll die PMS abdecken? (Einzel-, Multi-, Portfolio- oder Ressourcenmanagement – oder alles zusammen?)
⇨ Welches sind die verschiedenen Zielbenutzergruppen der PMS?
⇨ Welche Unternehmensbereiche sollen in das Vorhaben eingebunden werden – und welche nicht?
⇨ Welche Projekte des Unternehmens sollen mittels der PMS gesteuert werden – *alle* Projekte oder gibt es Projekte, die z. B. aus Geheimhaltungsgründen nicht darunter fallen?
⇨ Soll die PMS für Portfoliomanagement und Managemententscheidungen auch von der obersten Führung eingesetzt werden? Oder beschränkt sich ihr Einsatz auf das rein operative Projektgeschäft?

Sind alle Anforderungen zusammengetragen, müssen diese in einem zweiten Schritt *priorisiert* werden, z. B. mit den drei Kategorien »unabdingbar (1)«, »wichtig (2)« und »wünschenswert (3)«.

Diese Priorisierung erleichtert eine PMS-Vorauswahl sehr: Allein schon die Anforderungen der Kategorie »unabdingbar« grenzen die Anzahl der PMS-Produkte meistens auf eine Handvoll infrage kommender Kandidaten ein (sog. Shortlist).

Nutzen und Aufwand

Der Nutzen einer erfolgreich implementierten PMS kann für ein Unternehmen sehr groß sein. Er hängt allerdings ganz wesentlich von den Zielen einer PM-Professionalisierung ab, da deren Ziele gewissermaßen das Terrain für die PMS abstecken und vorbereiten.

Im Folgenden einige typische Beispiele für den Nutzen (s. auch Abschnitt »Erste Erfolge«):
⇨ Alle Projekte und alle für das Projektmanagement relevanten Daten sind zukünftig in *einer* Datenbank zusammengefasst, d. h. es gibt keine widersprüchlichen oder inkonsistenten Daten aus unterschiedlichen Quellen mehr.
⇨ Für das Projektmanagement wird unternehmensweit *ein* standardisiertes Werkzeug eingesetzt und der häufig anzutreffende Wildwuchs unterschiedlichster Tools und Formblätter wird rasch beendet.
⇨ Sämtliche Projektmitarbeiter haben innerhalb eines zentralen PM-Ablagesystems direkten (rollenbasierten) Zugang zu den für sie relevanten Projektdaten. Damit entfällt das fehleranfällige Hin-und-Her-Schicken von Projektaufträgen, Plänen, Statusberichten usw.
⇨ Ein unternehmensweit gesteuertes Ressourcenmanagement funktioniert nur, wenn die Ressourcenbedarfe und die Prioritäten sämtlicher Projekte in einem *zentralen* Datenbanksystem vorhanden sind.
⇨ Daten und Darstellungen, die zur Unternehmenssteuerung unerlässlich sind, wie z. B. das gesamte Projekt- und Linienbudget, die Performance der Portfolios und die Auslastung der Mitarbeiter, lassen sich mithilfe einer PMS-Datenbank nach Belieben konsistent zusammenstellen, filtern, aggregieren und auswerten.

Doch diesen Nutzen gibt es nicht »gratis«: Der Aufbau eines Systems von vollumfänglichen, aktuellen und insbesondere auch belastbaren PM-Daten bedeutet i. d. R. eine mehrjährige intensive Arbeit, die oft zusätzlich zur Implementierung einer PM-Professionalisierung zu leisten ist.

408

Zeitpunkt der Einführung

»Die Einführung einer PMS erfolgt immer zu früh und immer zu spät«, lautet ein geflügeltes Wort. Dieser Satz gibt die Situation recht treffend wieder, denn für beide Einführungsvarianten gibt es jeweils gute Argumente, die sorgfältig gegeneinander abgewogen werden wollen.

Für eine frühe Einführung spricht:
⇨ Gibt es eine PMS-Datenbank, können in ihr alle Projekte in einer *Projektmasterliste* zusammengetragen werden. Häufig ist das überhaupt der einzige Weg, die Gesamtzahl aller Projekte zu ermitteln. Zwar kann so eine Masterliste z. B. auch mit MS-Excel erstellt werden, doch ist die Gefahr groß, dass bald erneut irgendwelche abweichenden Listen entstehen. Bei Einsatz einer PMS-Datenbank wird das verhindert nach dem Motto: »Was nicht in der (Master-) Liste ist, das gibt es gar nicht.«
⇨ Ein vereinbarter Einzelprojektmanagementprozess kann mithilfe der PMS in der Organisation leichter implementiert werden, da sich jedes neue (Pilot-)Projekt an den in der PMS abgebildeten Prozess zu halten hat – und Abweichungen sofort auffallen.
⇨ Zentrale Dokumente des Einzelprojektmanagements wie z. B. Projektauftrag und Statusbericht können früh standardisiert werden. Dadurch hört der »Template-Wildwuchs« rasch auf und Pläne und Statusberichte einzelner Projekte werden miteinander vergleichbar und zugleich auch inhaltlich belastbarer.
⇨ Eventuell schon existierende Portfolios können transparent dargestellt werden und die Wichtigkeit einer unternehmensweiten Projektpriorisierung innerhalb dieser Portfolios wird deutlich(er).

Die Vorteile einer eher späten Einführung sind:
⇨ Ein grundlegendes PM-Verständnis und der Einzelprojektmanagementprozess sind bereits etabliert und der Ruf nach einem standardisierten Werkzeug entsteht irgendwann »wie von selbst«, d. h. die Akzeptanz für den Einsatz einer PMS ist normalerweise größer.

⇨ Wenn die PM-Prozesse bereits in der Praxis eingesetzt werden, weiß die Organisation genauer, was sie von einer PMS erwartet – und was nicht.

⇨ Die Gefahr, dass das Werkzeug selbst zu sehr im Vordergrund steht (und nicht die eigentliche PM-Methodik), ist geringer als bei einer (zu) frühen Einführung.

In jedem Fall aber müssen zumindest die wichtigsten PM-Prozesse und -Methoden, welche die PMS abbilden soll, erarbeitet und möglichst auch schon eine Zeitlang mit »Papier und Bleistift« angewandt worden sein, bevor eine PMS-Implementierung ins Auge gefasst wird.

Die Software darf und kann diesen Prozess nicht ersetzen; umgekehrt werden im Design des PM-Systems eventuell vorhandene Defizite – wie z. B. unklare Rollen in Projekten – während einer PMS-Implementierung von selbst offensichtlich.

Erfolgsfaktoren

Erfahrungsgemäß sind bei einer PMS-Implementierung die wichtigsten Erfolgsfaktoren eher sozialer und politischer Art und liegen weniger im technisch-sachlichen Bereich.

Einer dieser (nur vermeintlich sachlichen) Erfolgsfaktoren ist der *PM-Reifegrad* des Unternehmens: Es hat wenig Sinn, eine PMS auszusuchen, deren technische Möglichkeiten den für die nächsten Jahre angestrebten PM-Reifegrad deutlich übersteigen. Denn diese Möglichkeiten können dann kaum genutzt werden, erhöhen aber die Komplexität (und den Preis) der Software deutlich. Und ein unnötig komplexes System erzeugt bei den Betroffenen einen absehbaren und oft sogar persönlichen Widerstand.

Dann ist es besser, zunächst mit einem einfachen PMS-Produkt zu starten, und wenn mit diesem ausreichend Erfahrung gesammelt wurde, auf ein »größeres Modell« umzusteigen. Die zu diesem Zeitpunkt meist schon sehr gut aufbereiteten PM-Daten überträgt man dann in das neue System.

Wie oben bereits erwähnt, ist auch die Erstellung eines mit allen Betroffenen vereinbarten Lastenhefts absolut erfolgsentscheidend. Entsteht dieses dagegen »im stillen Kämmerlein«, fehlt vermutlich eine Reihe wichtiger Anforderungen – und daher fehlt auch mit allergrößter Wahrscheinlichkeit die zwingend für das Vorhaben erforderliche Akzeptanz.

Portfoliomanagement ist eines der zentralen Steuerungsinstrumente eines Unternehmens und gehört zu den wichtigsten Aufgaben des Topmanagements. Soll die Software auch dafür eingesetzt werden, muss die oberste Führung aktiv in das Vorhaben miteingebunden werden.

Wie Meyer und Ahlemann zudem ausführen [1], können eine Dysfunktion oder das Versagen einer PMS im schlimmsten Fall das gesamte unternehmerische Geschäft in Mitleidenschaft ziehen. Auch aus diesem Blickwinkel wird deutlich, wie wichtig es ist, dass das Topmanagement die zentrale Bedeutung des Vorhabens erkennt.

Risiken

Eine Datenbank mit sämtlichen Daten aller Projekte erzeugt eine Transparenz, die bisweilen unerwünscht ist. So wird z. B. sichtbar, welche Projekte mangelhaft geplant sind, wo Projektaufträge oder Statusberichte fehlen, wie viele Projekte mit Status »rot« es gibt – und wie viele Projekte es überhaupt gibt. (Vor Einführung einer Projektmasterliste kann das häufig keiner mit Sicherheit sagen ...)

Transparenz ist zwar eine unabdingbare Voraussetzung für richtige Entscheidungen, aber nutzt und verträgt das Unternehmen diese Transparenz (zum fraglichen Zeitpunkt) schon oder führt sie eher zu vermehrten Schuldzuweisungen? Für den richtigen Umgang mit Transparenz ist dabei ein vorbildliches Verhalten der obersten Führung absolut ausschlaggebend.

Gelegentlich hat auch der Betriebsrat Mühe mit Transparenz, denn es wird ersichtlich, welche Abteilungen Unter- oder gar Überkapazität aufweisen und welche Mitarbeiter wie stark ausgelastet sind. Für die

Klärung dieser Aspekte ist das rechtzeitige Einbeziehen des Betriebsrats dringend zu empfehlen.

Auch kann eine PMS zu einem »Bürokratiemonster« verkommen, wenn sie den Projekten nutzlose oder redundante Informationen abverlangt oder wenn ihre Bedienung zu umständlich ist. (Andererseits sollte man von einem so mächtigen Werkzeug keine allzu simple Bedienung erwarten.)

Customizing

Unter Customizing versteht man die Anpassung einer PMS an die spezifischen Erfordernisse einer Organisation. Der Customizing-Bedarf kann – je nach »Passgenauigkeit« des ausgewählten Produkts – sehr unterschiedlich ausfallen, und Customizing kann bei den meisten Produkten sowohl durch den Hersteller selbst als auch durch den (geschulten) Anwender erfolgen.

Customizing-Grundlage ist stets das Lastenheft. Damit der Hersteller die gewünschten Anpassungen genau versteht und gegebenenfalls auch beratend eingreifen kann, sollte das Lastenheft mit ihm zusammen im Vorfeld sorgfältig durchgesprochen werden. Insbesondere ist das Customizing auf das wirklich erforderliche *Minimum* zu reduzieren. Denn zum einen steckt in den meisten PMS-Produkten eine jahrelange und fundierte Herstellererfahrung, die man sich durchaus zunutze machen kann und sollte. Zum anderen entfernt man sich durch ein umfangreiches Customizing weit vom jeweiligen PMS-Standard, was bei einem Upgrade oder einer neuen Version einen großen (Neu-) Programmieraufwand verursachen kann.

Häufig ist es sogar ratsamer, sich bzgl. der PM-Terminologie und -Methodik bis zu einem gewissen Grad an das jeweilige Produkt anzupassen, statt viel Mühe, Zeit und Geld in ein vermeintlich unabdingbares Customizing zu stecken – und dieses nach einem halben Jahr ernüchtert wieder »zurückzudrehen«.

Integration in die Softwarelandschaft

Eine PMS ist meist nur *ein* Element der gesamten Softwarelandschaft eines Unternehmens. Außer der PMS existieren üblicherweise Produkt- und Personaldatenbanken, Lagerhaltungs- und Rechnungsstellungs- software, Systeme für die Arbeitszeitrückmeldung, die Produktionspla- nung und anderes mehr.

Diese Softwarelandschaft sollte möglichst als Ganzes betrachtet und vor allem als Ganzes *gestaltet* werden. Vor Einführung einer PMS muss man zunächst entscheiden, welche Rolle diese zukünftig im Software- gesamtsystem einnehmen soll. Insbesondere ist dabei in jedem Fall sorgfältig festzulegen, welches von zwei jeweils betrachteten Systemen das »führende« und welches das »nehmende« sein soll. Zwei Beispiele:

⇨ Die Ressourcenplanung und -rückmeldung soll zukünftig aus- schließlich in der PMS und auf Basis der Projektarbeitspakete erfolgen. Durch das Hinterlegen von Stundensätzen entstehen so automatisch die Projektpersonalkosten. Diese werden dann zusam- men mit den übrigen Projektkostenarten in der PMS (= führendes System) zu den Projektgesamtkosten aggregiert und anschließend für das Kostencontrolling der Gesamtorganisation in das System der Finanzabteilung (= nehmendes System) übertragen.

⇨ Die Personaldaten aller Mitarbeiter sollen in einer zentralen HR- Datenbank (= führendes System) verwaltet und die Daten aller Projektmitarbeiter in regelmäßigen Abständen daraus in die PMS übertragen werden (= nehmendes System). Auf diese Weise wird sichergestellt, dass bei Änderung von Personaldaten die PMS dies- bezüglich immer auf dem aktuellen Stand ist, ohne diese Daten in der PMS selbst nachführen zu müssen.

Die meisten PMS-Produkte bieten bereits Schnittstellen zu gängigen Finanz-, Buchhaltungs- und Controllingsystemen sowie zu ERP- Systemen und zu SAP, MS-Project und anderer Software, sodass der Schwerpunkt bei der Integration auf der *Gestaltung des Zusammenspiels* innerhalb der Gesamtsoftwarelandschaft liegt. Diese Integrationsanfor- derungen sollten übrigens ebenfalls im Lastenheft festgehalten sein.

Technik, Sicherheit und Support

Eine detaillierte Darstellung aller Technik- und Sicherheitsaspekte würde den Rahmen dieses Kapitels sprengen, zumal deren Ausprägung stark von den Eigenschaften des ausgewählten PMS-Produkts abhängt. Daher sollen hier nur einige wichtige Gesichtspunkte genannt werden:

⇨ Eine PMS arbeitet in den allermeisten Fällen webbasiert, erfordert also zur Benutzung zwingend einen Internetzugang, d. h. eine Offlineverwendung ist dann nicht möglich.

⇨ Auch müssen Fragen des Hostings (in der eigenen Organisation oder beim Hersteller?), der Datensicherung und der Datensicherheit geklärt werden.

⇨ Wie soll der operative PMS-Support aussehen? Soll es eine Onlinehilfe, ein Wiki oder ein gedrucktes Benutzerhandbuch geben?

⇨ Welche Unterstützung bietet der Hersteller, und soll auch in der eigenen Organisation eine Anlaufstelle für Benutzerfragen eingerichtet werden? Und wer führt welche Schulungen durch?

Idealerweise sind auch die wichtigsten technischen und Sicherheits- und Supportanforderungen in einem eigenen Lastenheftkapitel zusammengefasst.

Implementierung

Organisationsform

Die Implementierung einer PMS erfolgt sehr häufig im Rahmen einer umfassenden PM-Professionalisierung und sie wird – wie diese – wegen ihres großen Neuigkeitsgrades meistens in Projektform durchgeführt.

Das Projektziel ist dann erreicht, wenn die PMS alle Lastenhefterfordernisse erfüllt *und* von den Projektbeteiligten entsprechend ihren Rollen in den Projekten *erfolgreich* eingesetzt wird. Die Zielerreichung erfolgt in aller Regel stufen- oder phasenweise, die (Projekt-)Planung sollte jedoch immer die *gesamte* Implementierung umfassen, damit das Volumen und insbesondere die weitreichenden Auswirkungen des Vorhabens für alle Beteiligten und Betroffenen von Anfang an klar sind.

Projektablauf

Ein in der Praxis bewährter Projektablauf kann folgendermaßen aussehen:

⇨ Phase 1: *Ausgangsituation,* d. h. die Beschreibung von:
  - Anzahl, Art und Größe von Projekten in der Organisation (Mengengerüst)
  - aktueller Status von PM-Prozessen und -Methoden
  - aktueller und angestrebter PM-Reifegrad der Organisation
  - Grad der erforderlichen Unterstützung durch das Topmanagement
  - verfügbares Budget inkl. Customizing und Schulung
⇨ Phase 2: *Lastenheft*
  - Zusammentragen aller PM-Anforderungen
  - Strukturierung der Anforderungen
  - Priorisierung der Anforderungen
Das fertige Lastenheft ist eine priorisierte High-level-Anforderungsliste aus *Anwendersicht.* Es sollte unter aktiver Beteiligung von Vertretern aller Abteilungen, die in Projekten mitarbeiten bzw. die PMS anwenden werden, entstehen. Wird die PMS u. a. auch für Portfoliomanagement eingesetzt, sollte auch die Unternehmensführung unbedingt im PMS-Team mit vertreten sein.
⇨ Phase 3: *Vorauswahl*
  - Informationsbeschaffung (via BARC-Studie [1], Internet, Literatur, Produktunterlagen usw.)
  - Vergleich der Priorität-1-Anforderungen (»unabdingbar«) mit den Produkten
  - Erstellen einer Vorauswahl gemäß diesen Anforderungen (Shortlist mit ca. 3–6 Produkten)

⇨ Phase 4: *PMS-Auswahl*
- Vergleich der Anforderungen mit Priorität 2 und 3 mit den Shortlist-Produkten
- Priorisierung der Produkte innerhalb der Vorauswahl
- Produktpräsentationen durch die ausgewählten Hersteller
- Informationsbesuche bei Referenzkunden
- Testinstallationen von Vorauswahlprodukten
- Festlegen des endgültig favorisierten Produkts

⇨ Phase 5: *Pilotbetrieb* (nur Einzelprojektmanagement (EPM))
- Installation der PMS
- Festlegen von Pilotprojekten (ca. 3–5)
- Customizing der PMS
- Schulung der Pilotprojektmitarbeiter
- Übertragung und Planung der Pilotprojekte in die PMS
- Auswertung der Pilotphase und ggf. Nach-Customizing

Erfahrungsgemäß treten während der Pilotphase immer wieder Fehler und unerwartete Probleme auf. Daher ist es wichtig, dass die betreffenden Projektleiter und -mitarbeiter eine gewisse »sportliche Toleranz« gegenüber diesen anfänglichen Unzulänglichkeiten mitbringen.

⇨ Phase 6: *Rollout EPM* und *Implementierung Portfoliomanagement*
- Erstellen einer Projektmasterliste
- Ausweiten der PMS auf *alle* vorgesehenen Projekte
- Implementierung des Portfoliomanagements in der Software
- Schulung *aller* involvierten Mitarbeiter
- Priorisierung *aller* Projekte (und möglichst auch aller größeren Linientätigkeiten)

⇨ Phase 7: *Implementierung Ressourcenmanagement*
- Übertragen aller personellen und materiellen Ressourcen in die PMS
- PMS-Schulung der Ressourcenverantwortlichen (für die Linie *und* für die Projekte)
- operatives und strategisches Ressourcenmanagement implementieren

Der Beginn der Phasen 6 und 7 liegt i. d. R. eher Jahre als Monate nach dem Start des PMS-Projekts. Daher werden diese Phasen häufig

416

als separate Projekte geführt und ihre Inhalte hier auch nur grob skizziert.

Erste Erfolge

Bei der Einführung einer PMS ist die Akzeptanz insbesondere der Pilotanwender unabdingbar. Aus diesem Grund sind erste Anwendungserfolge in der Pilotphase ganz besonders wichtig. Einige Beispiele für diese sogenannten »Quick Wins«:

⇨ Eine Projektmasterliste in der PMS sorgt für wohltuende *Klarheit:* Die Gesamtzahl der Projekte steht nun endlich fest, die (dauernde) Änderung von Projektnamen wird unterbunden und die oft zahlreichen und divergierenden Neben- und Abteilungsprojektlisten verschwinden.

⇨ Die verbindliche Einführung von Projektstrukturplänen als Instrument der Leistungsplanung führt häufig fast von allein zu einer *drastischen Reduktion* der Anzahl von Arbeitspaketen und Aufgaben in Projekten. Wenn die neue Methode des EPM z. B. explizit vorgibt, dass ein Projekt jeweils maximal ca. 50–70 Arbeitspakete enthalten soll, werden Pläne, die bei einer Projektlaufzeit von z. B. zwei Jahren sonst buchstäblich Tausende von Arbeitspaketen und Aufgaben enthalten, durch diese »Kompaktifizierung« viel übersichtlicher und weitaus besser anwendbar. Gewährleistet die EPM-Methode zudem, dass Leistungs- und Zeitplanung nur unterschiedliche Sichten ein- und desselben Datensatzes sind, und wenn die PMS diese Arbeitsweise technisch unterstützt, ist das oft zu beobachtende Auseinanderdriften von Leistungs- und Zeitplanung ein für alle Mal beendet.

⇨ Der Projekt-*Teamgedanke* – und damit der Projekterfolg – wird dadurch gefördert, dass Dank der PMS nun alle Projektmitarbeiter die Projektplanung aktiv mitgestalten und jederzeit einsehen können; es ist nicht mehr »der Plan des Projektleiters«. Und gleichzeitig sind alle Projektdokumente als *Projekthandbuch* in der PMS zusammengefasst.

Beispiel-Lastenheft

Das im Anhang dargestellte Beispiel-Lastenheft ist anhand der vier grundsätzlichen PM-Prozesse sowie der allgemeinen, der Integrations- und IT-Anforderungen strukturiert. Sein Konzept unterstellt die gleichzeitige Durchführung einer umfassenden PM-Professionalisierung und es kann als Ausgangspunkt für ein *unternehmensspezifisches* Lastenheft verwendet werden.

Literatur

[1]   MEYER, M.; AHLEMANN, F.: *Project Management Software Systems, BARC 2010-12*

Zusammenfassung

Die Einführung einer PMS in einem Unternehmen ist ein wichtiger und großer Schritt, der häufig im größeren Kontext einer PM-Professionalisierung erfolgt. Eine notwendige Voraussetzung für die erfolgreiche PMS-Implementierung ist, dass die Organisation bereits einen zumindest mittleren PM-Reifegrad erreicht hat, z. B. CMMI-Stufe 3 (»Defined«), und dass vorab definierte PM-Prozesse bereits gelebt werden. Dann kann eine frühe Einführung einer PMS durchaus sinnvoll sein.

Die Auswahl der am besten geeigneten PMS sollte anhand eines mit allen betroffenen Abteilungen gemeinsam erarbeiteten und priorisierten Lastenhefts durchgeführt werden. Die eigentliche Produktauswahl erfolgt zunächst über eine Vorauswahl (Shortlist), die den am höchsten priorisierten Anforderungen entspricht und ca. maximal sechs in die engere Wahl kommende Produkte enthält. Die folgende Berücksichtigung auch der tiefer anschließenden Anforderungen führt dann zu einer Priorisierung dieser Shortlist.

Im nächsten Schritt erfolgen Herstellerpräsentationen und Testinstallationen der übrig gebliebenen Produkte, deren Auswertung schließlich zur Wahl des endgültigen Produkts führen.

Beim Einsatz einer PMS sind neben dem Einführungszeitpunkt auch die Erfolgsfaktoren, die Risiken, die Integration in die übrige Softwarelandschaft sowie das sorgfältige Abwägen des erforderlichen Customizing-Aufwands weitere wichtige Betrachtungsobjekte. Im Erfolgsfall ist eine PMS ein zentrales Element einer PM-Professionalisierung und gleichzeitig ein außerordentlich mächtiges Werkzeug mit Wirkung weit über das Einzelprojektmanagement hinaus.

Anhang: Beispiel-Lastenheft

1 Einzelprojektmanagement (EPM)			
Nr.	**Anforderung**	**Details**	**Prio**
1.1	EPM-Prozess(e) abbildbar	eigener Prozess u. Prozess nach DIN 69901	
1.2	frei definierbare Workflows	frei definierbare Schritte innerhalb der Prozesse	
1.3	Leistungsplanung	als Projektstrukturplan (PSP) auf Basis von Arbeitspaketen u. Aufgaben	
1.4	Zeitplanung (Gantt)	mit zeitlichen Verknüpfungen auch über Phasengrenzen	
1.5	Wechseldarstellung Leistungs-/ Zeitplanung	Planänderungen gleichwertig in PSP und in Gantt	
1.6	Kostenplanung	auf Basis der Arbeitspakete u. Ressourcenplanung	
1.7	Ressourcenplanung	auf Basis der Arbeitspakete inkl. Sachkosten	
1.8	Ressourcenrückmeldung	ausschließlich innerhalb der PMS	
1.9	Organisationsplanung (Team)	Mitarbeiter verfügbar durch HR-Datenbank (s. 6.2)	
1.10	Planung von Risiken u. Chancen	mit inhaltlichem und Ressourcenbezug zu den Arbeitspaketen	
1.11	Kommunikationsplanung	mind. 6 verschiedene Meetingtypen planbar	
1.12	Projektmarketing	mit inhaltlichem und Ressourcenbezug zu den Arbeitspaketen	
1.13	Projektplanversionierung	automatisches Speichern aller Pläne bei Projektstatuserstellung	
1.14	Verfügbarkeit von Musterplänen	Projektbibliothek für alle erforderlichen Projekttypen	
1.15	Planung in Phasen u. Teilprojekten	max. eine Ebene von Teilprojekten	

1 Einzelprojektmanagement (EPM)			
Nr.	**Anforderung**	**Details**	**Prio**
1.16	Detailplanung auf Arbeitspa-ketebene	max. 20 Aufgaben innerhalb eines Arbeitspakets	
1.17	Erstellen von Business Cases	Zusammenhang mit Projekt-kostenplanung erforderlich	
1.18	Projekte als Kostenträger	Aggregation aller projekt-bezogenen Kosten in der PMS	
1.19	Templates (teilweise versioniert)	Projektvorschlag, Business Case, Projektkomplexität, Projektauftrag, Projektstruk-turplan (PSP), Arbeitspaket-spezifikation, Zeitplan (Gantt), Meilensteinliste, Kosten- u. Ressourcenplan, Marketingplan, Organigramm, Risikoplan, Kom-munikationsplan, Statusbericht, Portfoliobericht, Lessons Lear-ned, Übergabeprotokoll, Nach-Projekt-Aufgaben	
1.20	zeitliche Verknüpfungen zw. Arbeitspaketen (AP)	über Phasengrenzen hinweg (nicht zw. Phase und AP)	
1.21	Vergleich von Zeitplanungen	Vergleich jeweils zwei beliebiger Zeitplanungen	
1.22	Anzeige kritischer Pfad	automatisch im Gantt	
1.23	Meilensteintrendanalyse	Bestandteil des Statusberichts	
1.24	Auslastungsanzeige für Pro-jektleiter	Auslastungsanzeige aller Projektmitarbeiter	
1.25	Anzeige aller offenen Aufgaben	Liste aller vorhandenen und al-ler offenen Aufgaben verfügbar	
1.26	frei definierbare Kostenarten	mind. 6 verschiedene Projekt-kostenarten definierbar	
1.27	frei definierbare Planungs-zeiträume	max. zeitlicher EPM-Planungs-horizont: 5 Jahre	
1.28	Earned-Value-Analyse (EAV)	Bestandteil des Statusberichts	
1.29	Darstellung von »Linienpro-jekten«	wie Projekte mit Dauer = Geschäftsjahr	
1.30	Einbezug IFRS-Parametrisie-rung	Zuordnung von AP zu defi-nierten IFRS-Kategorien	

421

2 Multiprojektmanagement (MPM)			
Nr.	**Anforderung**	**Details**	**Prio**
2.1	Projektmasterliste	enthält alle Projekte (später: auch alle Linienaufgaben)	
2.2	Ideen/Vorhaben/Projekte unterscheiden	freier Parameter jedes Projekts	
2.3	Anlegen/Archivieren/Löschen von Projekten	erfolgt nur durch das PMO	
2.4	weitere freie vergebbare Projektparameter	wie 2.2: mind. 6 weitere Parameter	
2.5	Zusammenstellen von Programmen	darf nur überschneidungsfrei möglich sein	
2.6	Zusammenstellen beliebiger Projektlisten	z. B. nach Abteilungen, Business Units etc.	
2.7	Abhängigkeiten zw. Projekten darstellen	inkl. Art der Abhängigkeit	
2.8	Suchfunktion über alle Projektparameter	s. 2.2 und 2.4	

3 Projektportfoliomanagement (PPM)			
Nr.	**Anforderung**	**Details**	**Prio**
3.1	Zusammenstellen von Portfolios	darf nur überschneidungsfrei möglich sein	
3.2	Priorisieren von Projekten	nach frei definierbaren Kategorien	
3.3	Darstellen v. Portfolioszenarien	z. B. Auswirkung bei Weglassen von Projekten	
3.4	Portfolioevaluierung	Auswertungen nach frei definierbaren Kriterien	
3.5	individuelle Portfoliolisten erstellen	Subportfoliolisten gemäß Projekttyp usw.	
3.6	verwalten von Ideen u. Vorhaben	»Pipeline« von Ideen u. Vorhaben managen	

4 Ressourcenmanagement (RM)			
Nr.	**Anforderung**	**Details**	**Prio**
4.1	definierbare Abteilungssicht	z. B. auf alle Projekte mit Abteilungsbeteiligung	
4.2	Ressourcenoptimierung	Verschieben ganzer Projekte inkl. Auswirkung	
4.3	Ressourcenzuteilung gemäß Priorisierung	teilautomatische Ressourcenzuteilung	
4.4	Contracting bzgl. Ressourcenzusagen	Ressourcen-Commitment erhöhen	
4.5	strategische Ressourcenplanung	Auswertung der Ressourcensituation nach Skills usw. durch HR	

5 Allgemeine Anforderungen			
Nr.	**Anforderung**	**Details**	**Prio**
5.1	frei definierbare Rollen	Rollen im Projekt u. außerhalb	
5.2	rollenbasierter Zugriff	Befugnisse entspr. Rolle, Mehrfachrollen mögl.	
5.3	int. & ext. Customizing	int. Customizing nach 2-Tages-Schulung möglich	
5.4	verfügbare Sprachen	D, E, F; später mind. 3 weitere	
5.5	Benutzerhandbuch (Wiki/PDF/online)	Vorzugsweise online & Handbuch (D, E)	
5.6	Schulungsaufwand (rollenbasiert)	Projektmanager: 2 Tage, Mitarbeiter: 1 Tag	
5.7	Bedienung/Benutzerfreundlichkeit	muss noch genauer spezifiziert werden	
5.8	Zugriffsgeschwindigkeit	muss noch genauer spezifiziert werden	
5.9	Währungsunterstützung	€, $, CHF inkl. automatische Umrechnung	
5.10	Definition von KPIs	≥ 15 frei definierbare KPIs	
5.11	Einführungsunterstützung des Herstellers	Inhouseschulungen & Customizing	

5 Allgemeine Anforderungen			
Nr.	**Anforderung**	**Details**	**Prio**
5.12	operativer Support	24-h-Hotline durch Hersteller, intern durch PMO	
5.13	Pricing-Modell	über die Zahl der Arbeitspakete (nicht: Benutzer)	
5.14	Anforderungen Betriebsrat	muss noch genauer geklärt werden	

6 Integration in SW-Landschaft			
Nr.	**Anforderung**	**Details**	**Prio**
6.1	SAP-Export/-Import	muss noch genauer geklärt werden	
6.2	HR-Datenbank	regelmäßiger Übertrag (HR führend)	
6.3	Finance Controlling	Projektkosten: PMS führend, Stundensätze: Finance führend	
6.4	CRM-Anbindung	Übertrag Kundeninfo (CRM führend)	
6.5	PPS-System	Anforderung benötigter Teile (PMS führend)	
6.6	Intranet	Insbes. für Projektmarketing (PMS führend)	
6.7	inhaltliche Datenbanken	Ablage von inhaltlichen Projekt-ergebnissen (PMS führend)	

7 IT-Anforderungen			
Nr.	**Anforderung**	**Details**	**Prio**
7.1	DB-System (MSQL/Oracle)	internes Know-how ausschlag-gebend	
7.2	Software as a Service (SaaS)	offen, d. h. muss noch genauer geklärt werden	
7.3	Hosting	vorzugsweise beim Hersteller	
7.4	Zugang zur SW	ist offline nicht erforderlich	
7.5	Datensicherung	1 × alle 24 Stunden	

7 IT-Anforderungen			
Nr.	**Anforderung**	**Details**	**Prio**
7.6	Import/Export MS-Project	ja, aber nur durch PMO	
7.7	Import/Export Excel	Import nur durch PMO, kein Export	
7.8	Import/Export PowerPoint	Export durch Projektmanager, kein Import	
7.9	Import/Export Mind Manager	Import nur durch PMO, kein Export	
7.10	(single) sign-on	möglichst zu realisieren	

Qualifizierung und Zertifizierung von PM-Beratern

In diesem Beitrag wird die Rolle eines Projektmanagementberaters aus der Sicht der IPMA vorgestellt. Es wird erläutert, was von einem PM-Berater erwartet wird, welche Kompetenzen er haben muss und wie er sich diese Kompetenzen zertifizieren lassen kann.

In diesem Beitrag erfahren Sie:
- wie das Profil eines PM-Beraters aussieht und wo er eingesetzt werden kann,
- welche Inhalte die Qualifizierung hat und in welcher Form sie durch die GPM durchgeführt wird,
- welche Inhalte für ein Zertifikat nötig sind und wie die Zertifizierung bei PM-ZERT abläuft.

SANDRA BARTSCH-BEUERLEIN

Einführung

Sobald ein Thema für den Markt interessant wird, findet sich dafür auch eine Vielzahl von Beratern. Viele davon sind selbst ernannte Experten. Der steigende Bedarf an kompetenten Projektmanagementberatern (PM-Beratern) hatte die IPMA im Jahr 2009 dazu bewogen, ein internationales Projekt zu initiieren, in dem die Anforderungen an diese Berater festgelegt wurden. Basierend auf diesen Anforderungen wurde ein Zertifizierungsverfahren definiert und weltweit in den Mitgliedsgesellschaften der IPMA eingeführt.

Zertifizierung und Qualifizierung gehen Hand in Hand. Die Anforderungen zur Erlangung eines Zertifikats geben indirekt auch das Curriculum und die Inhalte für die Ausbildung vor. Auf der anderen Seite entsteht durch eine professionelle Qualifizierung auch der Wunsch nach einem Zertifikat.

427

In diesem Kapitel werden die Anforderungen an die PM-Berater, die für ein international gültiges Zertifikat im PM-Consulting aus Sicht der IPMA adäquat sind, sowie das derzeit gültige Zertifizierungs-verfahren und daraus folgende Anforderungen an die entsprechende Qualifizierung vorgestellt.

Dieser Beitrag spricht folgende Zielgruppen an:
⇨ Projektmanager, die sich künftig auf Beratung fokussieren wollen,
⇨ Berater, die Beratung im Bereich Projektmanagement durchführen wollen, und
⇨ Entscheider, die im Bereich Projektmanagement einen kompe-tenten Berater suchen.

Anmerkung: Die Rollen werden im folgenden Text in der männlichen Form aufgeführt. Dies soll die Lesbarkeit erleichtern; selbstverständlich sind Frauen damit genauso gemeint wie Männer.

Wer ist ein PM-Berater und mit wem wird er verglichen?

In diesem Abschnitt werden die Profile der Rollen *Projektmanager, Managementberater* und *PM-Berater* miteinander verglichen und ge-geneinander abgegrenzt. Für beide Seiten ist es wichtig, diese Rollen und deren Profile zu verstehen: sowohl für den Klienten und Auftrag-geber, der seine Anforderungen optimal gelöst haben will, als auch für die Person, die eine bestimmte Art von Aufträgen annehmen will.

Über die Anforderungen an einen Projektmanager besteht interna-tional bereits ein recht einheitliches Verständnis, auch wenn der Fokus darauf unterschiedlich ist, z. B. kompetenzorientiert bei der IPMA (si-ehe ICB [1]), prozessorientiert bei PMI (siehe PMBOK [2]). Dies soll an dieser Stelle jedoch nicht weiter vertieft und im Weiteren primär die IPMA-Sicht wiedergegeben werden.

Die Anforderungen an einen Managementberater sind ebenfalls in einem breiten Konsens abgestimmt und im »Common Body of Know-ledge« des ICMCI (International Council of Management Consulting Institutes) [3] festgehalten.

428

Ein gemeinsames Verständnis über die Anforderungen an einen PM-Berater musste innerhalb der IPMA erst erarbeitet werden. Eine der wichtigsten Aufgaben des entsprechenden IPMA-Projekts war die Abstimmung des Tätigkeitsprofils und dessen Abgrenzung zum Profil eines Managementberaters und eines Projektmanagers. Dies geschah nach den IPMA-Regularien in den Jahren 2008 bis 2009 unter Beteiligung aller 50 nationalen Mitgliedsorganisationen.

Diese Abgrenzung wird im Folgenden vorgestellt (siehe auch Abb. 1).

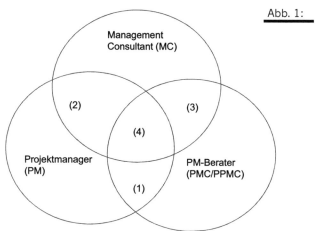

Abb. 1: *Gemeinsamkeiten und Unterschiede von Projektmanagern, PM-Beratern und Managementberatern. Die Schnittbereiche der Kreise entsprechen den Gemeinsamkeiten der jeweiligen Profile. Sie sind durchnummeriert (1–4) und werden in den folgenden Abschnitten unter dieser Nummer detaillierter erläutert.*

Projektmanagerprofil

Ein Projektmanager muss in der Lage sein, zum Erreichen der vom Auftraggeber festgelegten Ziele einfache bis komplexe Projekte zu managen und entsprechend große mit Projektteams zu führen. Hier liegt seine Kernkompetenz und der wesentliche Unterschied zum Management-Consultant (MC) und Projektmanagement-Consultant (PMC). Die Anforderungen an seine Kompetenzen nach IPMA sind in der ICB definiert.

Management-Consultant-Profil

Ein Managementberater muss die Consulting-Techniken und -Interventionen beherrschen und anwenden können und die Managementprozesse im Unternehmen grundsätzlich verstehen. Zusätzlich spezialisieren sich Managementberater in der Regel auf ein Fachgebiet wie

⇨ Rechnungswesen und Finanzierung,

⇨ Geschäftsentwicklung,

⇨ Organisationsentwicklung,

⇨ Innovationsmanagement,

⇨ IT, Telekommunikation,

⇨ Prozessmanagement

⇨ u. a.

Projektmanagement-Consultant-Profil

Die Anforderungen an einen PM-Berater orientieren sich an denen eines Management-Consultants mit dem Fachgebiet »Projektmanagement«. Diese Anforderungen (siehe Tabelle 2) sind in der ICBC (IPMA Competence Baseline Consulting) festgehalten [4]. Zusätzlich muss ein PM-Berater auch selbst Erfahrung in der Durchführung von Projekten haben. Die Anforderungen an seine Projektmanagementkompetenzen sind durch die ICB vorgegeben. Diese Themen werden detailliert im GPM-Standardwerk »Kompetenzbasiertes Projektmanagement« [5] betrachtet.

(1) Gemeinsamkeiten und Unterschiede PM/PMC

Sowohl Projektmanager als auch PM-Berater müssen fundierte PM-Kompetenzen in Übereinstimmung mit der ICB haben. Auch ein Projektmanager muss nach der ICB in der Lage sein, im Rahmen seines Projekts eine Beraterrolle wahrzunehmen. Dennoch wird auch ein erfahrener und kompetenter Projektmanager nicht automatisch zu einem PM-Berater, weil beide Tätigkeiten in der Regel unterschiedliche Denkweisen und Haltungen erfordern:

430

⇨ Ein Projektmanager muss ergebnisorientiert handeln; seine primäre Aufgabe ist es, konkret vereinbarte Liefergegenstände (Deliverables) mit messbaren Eigenschaften im Rahmen des Projekts zu liefern.

⇨ Ein PM-Berater orientiert sich eher an den oft wenig messbaren strategischen Zielen und Vorstellungen des Klienten und muss in der Lage sein, bezüglich der Ziele mit Unsicherheiten umzugehen.

(2) Gemeinsamkeiten und Unterschiede PM/MC
Projektmanagement ist heute auch bei der Beratung nicht mehr wegzudenken. Daher wird auch von einem Management-Consultant verlangt, dass er Basiskenntnisse im Bereich der Projektmanagementmethoden und -instrumente besitzt, sodass er in der Lage ist, Beratungsprojekte im gegebenen Umfeld abzuwickeln.

Umgekehrt verlangt die ICB, dass ein Projektmanager in der Lage ist, situativ auch als Berater, Fachberater und Coach zu fungieren (z. B. über verschiedene Projekt- und Teambildungsphasen hinweg).

(3) Gemeinsamkeiten und Unterschiede MC/PMC
Beide, Managementberater und PM-Berater, müssen Consulting-Kompetenzen entsprechend dem Common Body of Knowledge des ICMCI haben [3]. Die ICBC orientiert sich an diesem De-facto-Standard für Managementberater. Dennoch haben beide grundsätzlich unterschiedliche Vorgehensweisen bezüglich der Beratungsergebnisse:

⇨ Der Managementberater verlässt oft am Ende des Beratungsauftrags den Klienten und überlässt diesem die Umsetzung seiner Vorschläge.

⇨ Der PM-Berater ist durch seine nachgewiesene PM-Kompetenz eher in der Lage, die empfohlenen Lösungen auch als Projektmanager mit einem entsprechenden Realisierungsteam umzusetzen.

(4) Gemeinsamkeiten und Unterschiede PM/MC/PMC
Von allen – Projektmanagern, PM-Beratern und Managementberatern – wird gleichermaßen erwartet, dass sie mit ihren Stakeholdern effektiv kommunizieren können und dass sie gemäß dem anerkannten Ethik-Codex handeln.

431

Der Fokus eines Managementberaters liegt in der Regel auf den Zielen der Stammorganisation. Der Fokus eines Projektmanagers richtet sich primär auf die Erfüllung der Projektziele. Der PM-Berater sollte Fokus auf beide Aspekte gleichermaßen haben.

Henne oder Ei – was war zuerst da?

Die Berufsbezeichnungen »Projektmanager« und »Berater« (Consultant) sind nicht geschützt. Deshalb darf sich, im Gegensatz zum Tischler oder Bäcker, praktisch jeder so nennen. Als »zertifizierter Projektmanager« oder »zertifizierter PM-Berater« darf sich aber nur die Person bezeichnen, die nachweislich auch ein entsprechendes Zertifikat besitzt. Das hilft den Unternehmen, kompetente Personen zu suchen und so die »Spreu vom Weizen« zu trennen.

Aber was muss zuerst da sein – die Lehrpläne für die Qualifizierung oder die Taxonomien für die Zertifizierung?

Gut ausgebildete und erfahrene Projektmanager lernen spätestens durch die Vorbereitung auf die Zertifizierung die »Fremdsprache Projektmanagement«, die aus Fachbegriffen und Methoden nach dem entsprechenden Zertifizierungsmodell besteht. Viele zertifizierte Projektmanager berichten, dass ihnen die Tatsache, eine gemeinsame Projektmanagementsprache zu sprechen, die Zusammenarbeit mit ebenfalls zertifizierten Projektkollegen wesentlich erleichtert.

Zertifizierte Projektmanager gibt es seit ca. 1996 und inzwischen ist das Zertifikat (ob nach dem IPMA 4LC-, PMI- oder PRINCE2-Modell) auf dem Markt weitgehend anerkannt.

Eine Studie der Autorin aus dem Jahr 2008, in der Internet-Jobanzeigen für Projektleiter und Projektmanager für IT-Projekte ausgewertet wurden, zeigt, dass über 60 % der Suchenden als Auswahlkriterium ein Zertifikat voraussetzen. Bei einer ähnlichen Studie im Jahr 2003 waren es nur ca. 30 %.

Bei dem Berufsbild »Projektmanager« wurden die Standards in den 1990er-Jahren weitgehend aus der Best Practices gebildet und die Anforderungen an die Zertifizierung aus diesen Standards abgeleitet. Zu der Zeit gab es bereits zahlreiche Lehrpläne für verschiedene Projektarten. Heute werden die Lehrpläne natürlich auch von den Anforderungen an die Zertifizierung beeinflusst.

Seminare für Managementberatung in unterschiedlichen Branchen und Bereichen werden seit Langem von verschiedensten Institutionen und Bildungsstätten angeboten und an Universitäten abgehalten. Die Anforderungen an ein Zertifikat wurden erst 1998 vom ICMCI im Common Body of Knowledge [3] publiziert.

Für Projektmanagementberater war eine explizite Ausbildung bis ca. 2005 so gut wie nicht vorhanden, obgleich PM-Beratung von vielen Beratern und Beratungsunternehmen angeboten wurde. Die IPMA stellte 2009 eine Taxonomie für die Zertifizierung vor, in der Hoffnung, dass sich Bildungsstätten an dieser orientieren und eine entsprechende Ausbildung anbieten.

Der Nutzen des Zertifikats ist vor allem durch die Referenz gegeben. Der Zertifikatsinhaber erhält die Bestätigung einer unabhängigen und in dem Kompetenzbereich anerkannten Institution über seine Kompetenzen als PM-Berater. Das Zertifikat hat durch die lange bestehenden, weltweit vernetzten und unabhängigen Institutionen eine hohe Bedeutung und Anerkennung. Dieser Nutzen kann in allen Phasen des Beratungsprozesses und insbesondere in der Anbahnungs- und Akquisitionsphase eine erhebliche Wirkung entfalten. Langfristig gesehen wird es so sein, dass potenzielle Auftraggeber in Ausschreibungen vermehrt dieses oder ein vergleichbares Zertifikat fordern und es somit eine wichtige Bedingung für die Teilnahme an Bieterverfahren ist. Zusätzlich ist das Zertifikat auch eine besondere Selbstbestätigung für den Zertifikatsinhaber.

Was zuerst da war – Qualifizierungslehrpläne oder Zertifizierungstaxonomien – ist letztendlich nicht von Bedeutung: Ein Personenzertifikat bestätigt dem Zertifikanten, dass seine Kompetenzen den geforderten Anforderungen in dem jeweiligen Fachgebiet entsprechen. Die Anforderungen werden durch gültige Standards (wie Normen) oder anerkanntes gesammeltes Wissen (Body of Knowledge) einer Disziplin oder Branche normativ festgelegt und durch eine unabhängige und in dem Kompetenzbereich anerkannte Institution bestätigt.

Durch ein Zertifikat belegt der Zertifikant also seine Fachkompetenz und Berufserfahrung (vor allem bei den IPMA- und PMI-Zertifikaten). Dies ist insbesondere bei Berufsbezeichnungen wichtig, die nicht geschützt sind.

Wo und für wen kann ein PM-Berater arbeiten?

Die Anforderungen an einen PM-Berater können von den Aufgabenfeldern im Bereich Projektmanagement in einem Unternehmen abgeleitet werden (siehe Abb. 2).

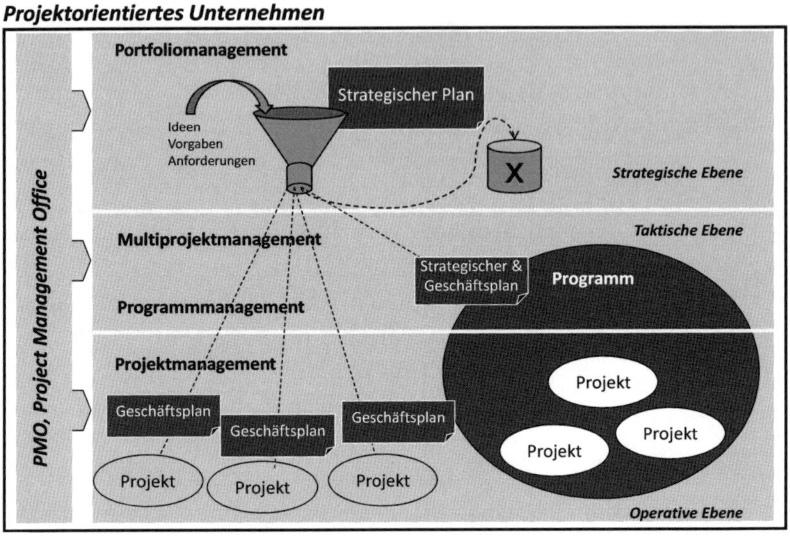

Abb. 2:   *Betätigungsfelder eines PM-Beraters*

Die Betätigungsfelder können alle Ebenen eines projektorientierten Unternehmens oder eines Unternehmens, das die Projektorientierung anstrebt, erfassen.

Auf der strategischen Ebene ergeben sich für die PM-Beratung beispielsweise im Rahmen einer *Organisationsentwicklung* folgende Aufgaben:
⇨ Festlegung der Aufbau- und Ablauforganisation
⇨ Festlegung der Profile, Rollen, Aufgaben und Verantwortungen der eingesetzten Mitarbeiter sowie der Unternehmensstandards und Kennzahlen zur Messung von deren Wirksamkeit
⇨ Erstellung eines unternehmensweit gültigen PM-Handbuchs
⇨ Einführung von Tools und Methoden für Benchmarking, Erfassung und Auswertung von Kennzahlen für folgende Organisations-einheiten:
  – zentrales PMO (Project Management Office)
  – Portfoliomanagement und Erstellung von strategischer Planung
⇨ Vorbereitung der Organisation auf eine Projektmanagementzertifi-zierung nach dem IPMA-Delta-Modell

Auf der taktischen Ebene fallen sowohl Aufgaben der *Organisations-entwicklung* als auch *Controlling*-Aufgaben an, beispielsweise sowohl bei der Implementierung als auch bei der Durchführung von:
⇨ Multiprojektmanagement – z. B. Etablierung der Organisations-einheit mit allen oben beschriebenen Aufgaben und dann fortlau-fend projektübergreifendes Ressourcenmanagement
⇨ Programmmanagement – z. B. Etablieren eines Program Manage-ment Office und dann fortlaufendes Controlling der im Rahmen des Programms durchgeführten Projekte

Auf der operativen Ebene wird die Beratung eher für die *Methoden und Tools* zur Durchführung eines Projekts benötigt und kann bei allen PM-Elementen eingesetzt werden, zu denen der aktuell eingesetzte Projektleiter oder das Projektteam noch nicht genügend Wissen oder Erfahrung haben. Typischerweise sind dies Themen wie
⇨ Erstellung eines Lastenheftes oder Anforderungskatalogs,
⇨ Moderation der Projektstartphase und des Kick-off-Meetings,
⇨ Durchführung initialer Umfeld- und Risikoanalysen,

⇨ Unterstützung bei der Einführung von Konfigurations- und Änderungsmanagement,

⇨ Unterstützung bei Aufwandsschätzung und Terminplanung,

⇨ Einführung von Tools für die Zeiterfassung und das Projektberichtswesen,

⇨ finanzielles Controlling,

⇨ Unterstützung bei Projektmarketing und -kommunikation,

⇨ Einführung und/oder Führen eines Project Office für die administrative Unterstützung des Projekts (wie Statusauswertung, Verfolgung der offenen Aufgaben aus den Projektmeetings, Berichtswesen und Dokumentenmanagement), aber auch

⇨ Beratung und Vorbereitung des Projektteams auf einen Award nach dem *IPMA Project Excellence Model.*

Auch zu Themen aus dem Bereich *Verhaltenskompetenzen* ist oft Beratung und Unterstützung nötig, insbesondere bei Projektleitern und Projektteams mit starkem technischen Hintergrund, beispielsweise bei

⇨ Konfliktmanagement,

⇨ Teambildung und Teamführung,

⇨ Motivationsmaßnahmen,

⇨ Verhandlungen,

⇨ Kreativität,

⇨ Entspannung und Stressbewältigung

⇨ u. a.

Dabei können bei der Projektmanagementberatung folgende Zielgruppen adressiert werden [6]:

⇨ eine einzelne Person zu einer speziell auf ihre Arbeitssituation bzw. ihr Projekt ausgerichteten Problemstellung sowohl im Bereich der technischen als auch der Verhaltenskompetenzen, z. B. den Projektleiter oder den Risikomanager

⇨ eine Gruppe von Personen, z. B. die Beratung eines Projektteams zum konkreten Management eines Projekts oder zur Lösung von Problemen oder Konflikten; oder die Beratung der Mitglieder eines

Organisationseinheit – wie PMO-Mitglieder, Mitglieder des Portfoliomanagements oder der Geschäftsführung eines Unternehmens – auf dem Weg zur Project Excellence oder einer Organisationszertifizierung

⇨ einzelne Personen, das ganze Projektteam oder Personen aus dem Managementteam für Coaching und Mentoring

⇨ eine ganze Organisation mit mehreren Hundert oder Tausend Mitarbeitern, z. B. im Rahmen einer Restrukturierung und Neuausrichtung eines Unternehmens mit Orientierung auf Projektmanagement im Sinne der Organisationsberatung und/oder Organisationsentwicklung (oft mit Open-Space-Methoden und -Techniken)

Beratung ist nicht gleich Beratung

In den letzten Jahren haben sich für die Beratung verschiedene Konzepte und Ansätze herausgebildet [6]. Der klassische Ansatz für die Beratung basiert auf einem *Experten-Laien-Modell:* Fachexperten zu spezifischen Themenbereichen bringen ihr Expertenwissen und extern vorhandene Lösungen in das ratsuchende Unternehmen ein – bzw. zur ratsuchenden Person – und zeigen den Weg zur wirksamen Umsetzung.

Einen anderen Beratungsansatz verfolgt die *Prozessberatung,* die auch *systemorientierte* oder *systemische Beratung* genannt wird. Bei diesem Ansatz wird vom Berater »Hilfe zur Selbsthilfe« geleistet: Der Berater sieht sich hier nicht in der Pflicht, Lösungen extern zu beschaffen, sondern geht davon aus, dass die Lösungen im System liegen und damit in dem zu beratenden Unternehmen. Die Beratung besteht darin, einen Lern-, Arbeits- und Abstimmungsprozess zu organisieren und zu unterstützen, der eine Lösungsfindung und die eigenverantwortliche Gestaltung einer Lösung durch die beratenen Personen oder durch das beauftragende Unternehmen zum Ziel hat.

Aus heutiger Sicht ist es wünschenswert, die Beratungsstrategien »Experten- bzw. Fachberatung« und »Prozessberatung bzw. systemische Beratung« zusammenzuführen. So wird sichergestellt, dass das aktuell im Projekt benötigte Know-how und das erforderliche Fachwissen zusammen mit der Kompetenz des Unternehmens zur Organisation von

Lern-, Abstimmungs- und Lösungsentwicklungsprozessen in einem Projekt betrachtet werden.

Der PM-Berater sollte also Fachberater und Experte im Projekt-, Programm- und Portfoliomanagement mit entsprechender Berufserfahrung in diesem Fachbereich sein. Er sollte aber auch systemorientierter Prozessberater sein – mit der Kompetenz, die erforderlichen Lern-, Abstimmungs- und Lösungsentwicklungsprozesse in der Kundenorganisation auf den Weg zu bringen und diese zu unterstützen, um das jeweilige Vorhaben zum Erfolg zu führen [6].

Welche Qualifikationen erfordert die Zertifizierung?

Die Ausbildung zum PM-Berater sollte Beratungs- und Fachkompetenzen aus den Bereichen der strategischen Unternehmensführung und des Projektmanagements vermitteln. Dabei wird erwartet, dass die angehenden PM-Berater bereits Berufspraxis sowohl im Management von Projekten, Programmen oder Projektportfolios als auch in der Managementberatung haben und sowohl Fachberatung als auch systemische Beratung beherrschen.

Die generellen Anforderungen an einen PM-Berater aus IPMA-Sicht wurden in zwei IPMA-Basiswerken festgehalten:
⇨ die PM-Kompetenzen in der IPMA Competence Baseline (ICB) die gleichermaßen für Projekt-, Programm- und Portfoliomanager gelten [1]; diese Kompetenzen sind detailliert in dem GPM-Standardwerk »Kompetenzbasiertes Projektmanagement« (PM3) ausgeführt [5]
⇨ die Beraterkompetenzen in der IPMA Competence Baseline for PM Consultants (ICBC) [4]

Die Qualifikation sollte also gleichermaßen beide für die Zertifizierung relevanten Kompetenzbereiche abdecken:

Tabelle 1: Projektmanagementkompetenzen gemäß der ICB [1]	
1	**PM-technische Kompetenzelemente**
1.01	Projektmanagementerfolg
1.02	Interessierte Parteien
1.03	Projektanforderungen und Projektziele
1.04	Risiken und Chancen
1.05	Qualität
1.06	Projektorganisation
1.07	Teamarbeit
1.08	Problemlösung
1.09	Projektstrukturen
1.10	Leistungsumfang und Lieferobjekte (Deliverables)
1.11	Projektphasen, Ablauf und Termine
1.12	Ressourcen
1.13	Kosten und Finanzmittel
1.14	Beschaffung und Verträge
1.15	Änderungen
1.16	Überwachung und Steuerung, Berichtswesen
1.17	Information und Dokumentation
1.18	Kommunikation
1.19	Projektstart
1.20	Projektabschluss
2	**PM-Verhaltenskompetenzelemente**
2.01	Führung
2.02	Engagement und Motivation
2.03	Selbststeuerung
2.04	Durchsetzungsvermögen
2.05	Entspannung und Stressbewältigung
2.06	Offenheit
2.07	Kreativität
2.08	Ergebnisorientierung

439

2.09	Effizienz
2.10	Beratung
2.11	Verhandlungen
2.12	Konflikte und Krisen
2.13	Verlässlichkeit
2.14	Wertschätzung
2.15	Ethik
3	**PM-Kontextkompetenzelemente**
3.01	Projektorientierung
3.02	Programmorientierung
3.03	Portfolioorientierung
3.04	Einführung von Projekt-, Programm- und Portfoliomanagement
3.05	Stammorganisation
3.06	Geschäft
3.07	Systeme, Produkte und Technologie
3.08	Personalmanagement
3.09	Gesundheit, Arbeits-, Betriebs- und Umweltschutz
3.10	Finanzierung
3.11	Rechtliche Aspekte

Tabelle 2: Beraterkompetenzen gemäß der ICBC [4]	
C1	**1. Technische Kompetenz**
C1.1	Beratungsstrategien und -konzepte
C1.2	Beratungsphasen
C1.3	Akquisitionsstrategien
C1.4	Organisationsanalyse und Auftragsklärung
C1.5	Beratungsmethoden und Interventionen
C1.6	Evaluierungsmethoden
C2	**2. Verhaltenskompetenz**
C2.1	Professionelle Einstellung und Verhalten des Beraters
C2.2	Multiple Rollen eines PM-Beraters

440

C2.3	Beziehungsmanagement
C2.4	Umgang mit Unsicherheit
C3	**3. Kontextkompetenz**
C3.1	Strategien, Strukturen und Kulturen von Organisationen
C3.2	Managementprozesse
C3.3	Management von organisatorischem Wandel, lernende Organisation und Wissensmanagement
C3.4	Mikropolitik und Macht in Organisationen

Derzeit bieten bereits erfreulich viele Lehranstalten, Hochschulen und (Fern-)Universitäten Lehrgänge für Projektmanagement an. Seminare für PM-Berater findet man dagegen noch recht selten.

Die GPM bietet seit 2009 einen Qualifizierungslehrgang für Personen an, die bereits in der Projektmanagementberatung tätig sind und ihre Kompetenzen weiter ausbauen wollen. Dieser Lehrgang ist auf der Basis der international gültigen IPMA-Anforderungen konzipiert (siehe Tabellen 1 und 2) und deckt durch die geforderten Kompetenzen alle aus der Sicht von IPMA/GPM wichtigen Beratungsphasen ab (siehe auch Abb. 3, [2]).

Abb. 3:   *Phasen eines idealtypischen Beratungsprozesses im Projektmanagement*

Der Lehrgang umfasst fünf Module, die im Laufe eines Jahres absol-
viert werden. Die Module dauern jeweils drei Tage, wobei am ersten
Tag in der Regel die Theorie besprochen und die Projektmanagement-
themen vertieft und an den nachfolgenden zwei Tagen die Themen der
Beratung durchgenommen werden [7]. In den Zeiträumen zwischen
den Präsenzmodulen haben die Teilnehmer ausreichend Möglichkeiten, die Lerninhalte nachzuarbeiten oder vorzubereiten. Von den
Inhalten her bereitet dieser Lehrgang die Teilnehmer auch auf eine
Zertifizierung bei der PM-ZERT vor.

Der Lehrgang ist folgendermaßen aufgebaut:
⇨ Kick-off-Tag: Treffen der Teilnehmer mit den Trainern zum Einstieg
⇨ Modul 1: Einführung in das Konzept der prozessorientierten Beratung und die eigene Beraterrolle
⇨ Modul 2: Vertiefung der unterschiedlichen diagnostischen Methoden für eine Standortbestimmung unter Vermittlung zentraler Ana-
   lyseinstrumente für das operative Projektmanagement

442

⇨ Modul 3: Aufzeigen der Möglichkeiten der erfolgreichen Veränderung in der Unternehmenskultur; Behandlung von gruppendynamischen und mikropolitischen Prozessen

⇨ Modul 4: schrittweise Implementierung des Soll-Konzeptes – Begleitung und Unterstützung des Kunden wird durch Gewinnung von Verhandlungs- und Konfliktbewältigungskompetenz trainiert, Methoden des Coachings und der Supervision werden geübt

⇨ Modul 5: Ergebnisbewertung in dem Beratungsprozess und in der Organisation, Überführung der Erkenntnisse in das Qualitätsmanagement und in die Regelprozesse

⇨ Prüfungsvorbereitungstag: gezielte Vorbereitung auf eine Zertifizierungsprüfung

Wie läuft eine Zertifizierung ab?

Im Folgenden wird eine Zertifizierung nach dem IPMA-Modell beschrieben, die in Deutschland durch die PM-ZERT, die Zertifizierungsstelle der GPM, durchgeführt wird.

Bei der Zertifizierung werden zwei Beratertypen unterschieden, je nach der bisherigen beruflichen Erfahrung der Kandidaten:

⇨ Projektmanagementberater (PMC, Project Management Consultant) und

⇨ Projektmanagement-Strategieberater (PPMC, Programme and Portfolio Management Consultant)

(Die aufgeführten Titel sind jeweils der deutschsprachige und der international gültige englischsprachige Titel.)

Der Zertifizierungsprozess ist für beide Beratertypen gleich, die Zertifizierungsinhalte unterscheiden sich jedoch in Abhängigkeit vom angestrebten Zertifikat – PM-Berater oder PM-Strategieberater (PMC/PPMC).

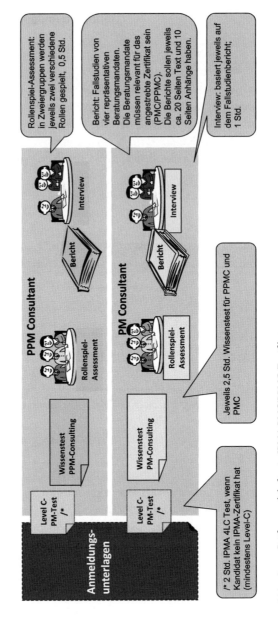

Abb. 4: *Prüfungsmodule für ein IPMA-PMC/PPMC-Zertifikat*

In den folgenden Abschnitten werden diese Beratertypen und der Zertifizierungsprozess detaillierter beschrieben [8].

Beratertypen im Projektmanagement

Projektmanagement-Strategieberater
Zulassungsvoraussetzungen:
⇨ Der Kandidat kann im Zeitraum der letzten acht Jahre mindestens fünf Jahre Erfahrung in der Projektmanagementberatung nachweisen, davon mindestens zwei Jahre im Bereich Programm- und Portfoliomanagement. (Fünf Jahre entsprechen mindestens 150 Beratertagen pro Jahr, d. h. es müssen 750 Beratertage nachgewiesen werden.)
⇨ Der Kandidat kann im Zeitraum der letzten 20 Jahre mindestens drei Jahre Erfahrung im Management komplexer Projekte und Management von Programmen und Portfolios nachweisen.

Schwerpunkte der Beratung:
⇨ Der Kandidat sollte in der Lage sein, PM-Beratung auf der strategischen Führungsebene durchzuführen. Zielgruppe sind z. B. Topmanagement, Projektportfolio- und/oder Programmverantwortliche, PM-Verantwortliche.

Beraterrolle:
⇨ Implementierung und Entwicklung von Projektmanagement in einer Organisation
⇨ strategische Organisationsentwicklung in Bezug auf Projekt-, Programm- und Portfoliomanagement
⇨ Kulturwechsel in Bezug auf Projektmanagementimplementierung und -entwicklung

Beraterkompetenz:
⇨ Der Kandidat beherrscht anerkannte Beratungsmethoden und -instrumente sowie komplexe Interventionsmethoden.

445

Projektmanagementberater

Zulassungsvoraussetzungen:
⇨ Der Kandidat kann im Zeitraum der letzten acht Jahre mindestens drei Jahre Erfahrung in der Projektmanagementberatung nachweisen. (Drei Jahre entsprechen mindestens 150 Beratertagen pro Jahr, d. h. es müssen 450 Beratertage nachgewiesen werden).
⇨ Der Kandidat kann im Zeitraum der letzten 20 Jahre mindestens drei Jahre Erfahrung im operationalen Projektmanagement nachweisen.

Schwerpunkte der Beratung:
⇨ Der Kandidat sollte in der Lage sein, PM-Beratung in Projekten und deren Umgebung durchzuführen. Zielgruppe sind z. B. Projektleiter, Projektteams, Controller, Management der Stammorganisation u. a.

Beraterrolle:
⇨ Beratung für alle Projektmanagementelemente und -aspekte in den Bereichen der technischen, Verhaltens- und Kontextkompetenzen Beraterkompetenz:
⇨ Der Kandidat beherrscht anerkannte Beratungsmethoden und -instrumente sowie Interventionsmethoden.

Zertifizierungsverfahren

Das Zertifizierungsverfahren wird generell von zwei Assessoren durchgeführt. Diese müssen selbst die Anforderungen an einen PM-Berater bzw. PM-Strategieberater (PMC/PPMC) erfüllen, ein entsprechendes Zertifikat besitzen und durch die IPMA bzw. PM-ZERT in ihrer Rolle als Assessor bestätigt werden.

Die Assessoren entscheiden auf Basis der eingereichten Bewerbungsunterlagen über die Zulassung zum Prüfungsverfahren. Der Kandidat wird durch die PM-ZERT-Geschäftsstelle über Zulassung, Ablehnung oder erforderliche Nachlieferungen informiert.

Sofern der Kandidat nicht das erforderliche IPMA-4LC-Zertifikat vorlegen kann, muss er vor dem Einstieg in das Zertifizierungsverfahren für PPM- und PM-Berater den PM-Leveltest für Projektmanager erfolgreich ablegen.

Die einzelnen Teile des Prüfungsverfahrens werden unabhängig voneinander durchlaufen.

Der Kandidat reicht spätestens sechs Wochen nach der Zulassung einen Fallstudienbericht ein. Der Fallstudienbericht enthält eine strukturierte Beschreibung und Bewertung von mindestens vier Beratungsmandaten (-fällen).

Nach der schriftlichen Prüfung zum PM- bzw. PPM-Consulting folgt ein Assessment, in dem die Kandidaten in unterschiedlichen Rollen (PMC oder PPMC) Beratungsfälle bearbeiten.

Abschließend geben die Assessoren dem Kandidaten ein Feedback zu den Ergebnissen des Fallstudienberichts, der schriftlichen Prüfung und des Assessments. Sofern alle Teile bestanden sind, endet die Zertifizierung mit einem einstündigen Interview, in dem das Gesamtbild über die Kompetenzen des Zertifikanten überprüft und abgerundet wird. Abschließend erteilen die Assessoren der PM-ZERT eine Empfehlung für die Ausstellung des Zertifikats.

Tabelle 3: Übersicht der Verfahrensschritte der Zertifizierung			
Nr.	**Verfahrensschritt**	**PMC**	**PPMC**
1	Bewerbung		
1.1	Einreichen des Zertifizierungsantrags	X	X
1.2	Einreichen der Bewerbungsunterlagen	X	X
1.3	Einreichen PM-Projekteliste, Programm-/ Portfolioübersicht	X	X
1.4	Einreichen der Liste der Beratungsmandate	X	X
1.5	IPMA-4LC-Zertifikat (optional)	Level C/B	Level C/B/A
1.6	Zulassung zum Zertifizierungsverfahren	X	X
2	Fallstudienbericht		
2.1	Einreichung Fallstudienbericht	X	X
3	Prüfungen		
3.1	Schriftliche Prüfung PM-Leveltest (wenn kein 4LC-Zertifikat vorhanden)	X	X
3.2a	Schriftliche Prüfung PM-Consulting	X	
3.2b	Schriftliche Prüfung PPM-Consulting		X
3.3	Assessment durch Rollenspiel	X	X
3.4	Feedback zu den Ergebnissen der schrift-lichen Prüfung, des Assessments und des Fallstudienberichts	X	X
3.5	Abschließendes Interview auf Basis des be-standenen Fallstudienberichts	X	X

Abkürzungsverzeichnis/Glossar

GPM:	Deutsche Gesellschaft für Projektmanagement
ICB:	IPMA Competence Baseline, ein PM-Standard von IPMA
ICBC:	IPMA Competence Baseline Consulting; ein Zusatz zur ICB für PM-Berater
ICMCI:	International Council of Management Consulting Institutes
IPMA 4LC:	IPMA 4 Level Certification, das IPMA-4-Stufen-Konzept für Zertifizierung der Projektmanager
IPMA:	International Project Management Association
MC:	Management Consultant
PM-ZERT:	Zertifizierungsstelle der GPM für Zertifizierung in Projektmanagement
PM:	Projektmanagement
PMBOK:	Project Management Body Of Knowledge, ein PM-Standard von PMI
PMC:	Project Management Consultant (PM-Berater)
PPMC:	Programme and Portfolio Management Consultant (Projektmanagement-Strategieberater)
PMI:	Project Management Institute
PMO:	Project Management Office; eine zentrale Stelle im Unternehmen, die das PM unterstützt

Literatur

[1] CAUPIN, GILLES; KNOEPFEL, HANS; KOCH, GERRIT; PANNENBÄCKER, KLAUS; PÉREZ-POLO, FRANCISCO; SEABURY, CHRIS (HRSG.): *ICB, IPMA Competence Baseline Version 3.0. IPMA, 2006; siehe auch http://www.gpm-ipma.de/qualifizierung_zertifizierung/ipma_4_l_q_lehrgaenge_fuer_projektmanager/ipma_competence_baseline_icb.html (30.10.2014)*

[2] PROJECT MANAGEMENT INSTITUTE (PMI): *A Guide to the Project Management Body of Knowledge (PMBOK® Guide). 5th Edition. PMI, September 2012*

[3] *http://www.icmci.org/download/?id=6972570 (30.10.2014)*

[4] BERNARDO, MARIA DO ROSARIO; BARTSCH-BEUERLEIN, SANDRA; GODBOLD, ALISTAIR; TAKAC, RUDOLF CHRISTOPHER (HRSG.): *ICBC – Addition to the ICB, IPMA Competence Baseline for PM Consultants, Version 1.0. IPMA 2011; siehe auch http://www.gpm-ipma.de/fileadmin/user_upload/Qualifizierung___Zertifizierung/Berater_im_PM/ICBC_final_web.PDF (30.10.2014)*

[5] GESSLER, MICHAEL (HRSG.): *Kompetenzbasiertes Projektmanagement (PM3). 5. Aufl. GPM, 2012*

[6] MÖLLER, THOR; FRICK, ANDREAS; BARTSCH-BEUERLEIN, SANDRA: *Qualifizierung und Zertifizierung von Projektmanagement-Beratern. In: Projekte Erfolgreich Managen. Hg. von Möller, Thor; TÜV Media Verlag, 2010*

[7] GPM: *Qualifizierung zum Berater im Projektmanagement (GPM): GPM, 2012; siehe auch http://www.gpm-ipma.de/fileadmin/user_upload/Qualifizierung___Zertifizierung/Berater_im_PM/201409_Broschüre_Berater_im_Projektmanagement_Final_Web.pdf (30.10.2014)*

[8] PM-ZERT: *ZC01 Zertifizierung PM-Berater, Leitfaden für Zertifikanten. PM-ZERT 2012; siehe auch Downloadbereich in www.gpm-ipma.de/qualifizierung_zertifizierung/zertifikate_fuer_berater_und_trainer.html (30.10.2014)*

Zusammenfassung

Die in diesem Beitrag vorgestellte Möglichkeit zur Qualifizierung und Zertifizierung von Projektmanagementberatern über die GPM/PM-ZERT ist in diesem Umfang und dieser Form ein innovatives und in der IPMA weltweit gültiges Modell. Als Basis für die Qualifizierung und Zertifizierung von PM-Beratern dient neben der IPMA Competence Baseline für Projektmanager die IPMA Competence Baseline Consulting.

Durch ein Zertifikat von einer unabhängigen, in dem Fachbereich anerkannten Institution belegt der Zertifikant seine Fachkompetenz. Dies ist insbesondere bei Berufsbezeichnungen wichtig, die nicht geschützt sind (wie Projektmanager und Projektmanagementberater). Das Zertifikat hilft dem Kunden, aus der Menge der selbst ernannten Berater einen wirklich kompetenten Partner auszusuchen.

Die richtigen Wegbegleiter für Ihre Karriere im Projektmanagement!

GPM Deutsche Gesellschaft
für Projektmanagement e. V.

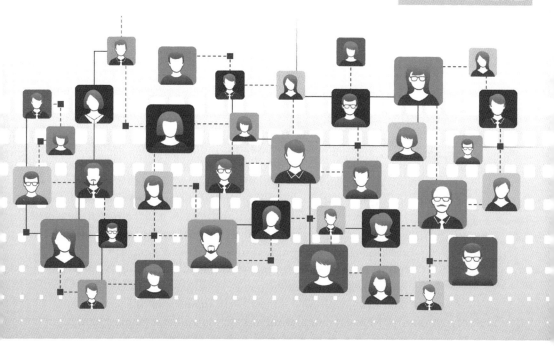

Wir sind die Community der Projektmanager!

Das vielseitige und weit verzweigte Netzwerk der GPM ist der größte
Zusammenschluss von Projektmanagern auf dem europäischen Kontinent.

I **GPM ist Netzwerk**, weil wir regional, national und international Experten
und Interessierte zusammenbringen.

I **GPM ist Wissen**, weil wir Wissen und Erfahrungen aktiv sammeln und teilen.

I **GPM ist Project Excellence**, weil wir seit über 30 Jahren für
Projektmanagement stehen und international in die IPMA eingebunden sind.

I **GPM ist Anstoß**, weil wir neue Methoden entwickeln und unseren Mitgliedern
helfen, diese anzuwenden.

Werden Sie Teil unserer Community.
www.gpm-ipma.de

Mitglied der IPMA»
®

international
project
management
association